プラナカンの誕生

海峡植民地ペナンの華人と政治参加

篠崎香織
SHINOZAKI Kaori

九州大学出版会

はじめに

本書は、二〇世紀初頭に海峡植民地（Straits Settlements）ペナンを生活や事業の拠点とした華人について、出自国（中国）と居住国（海峡植民地ペナン）における政治参加を論じるものである。議論の中心となるのは、一八八一年に設立された華人公会堂（Chinese Town Hall／平章公館）という組織と、一九〇三年に設立されたペナン華人商業会議所（Penang Chinese Chamber of Commerce／檳城華人商務局）[1]という組織である。

本書で扱う時期は、ペナンの華人が主に関わる二つの地域――東南アジアと中国――における秩序の転換期に当たる。東南アジアにおいては、スエズ運河の開通により植民地と宗主国との距離が縮まり、植民地国家における行政の合理化・集権化が本格化し、植民地の住民に対する植民地国家の干渉が増大した時期に当たる。この時期にペナンは、イギリスの直轄領である海峡植民地の一部を構成していた。中国においては、アヘン戦争の敗北に伴う開国を一つの契機として中華世界の秩序が大きく変容し、清朝の統治基盤が動揺し、辛亥革命を経て中華民国の設立に至る時期に当たる。本書は、自らが関わる複数の地域の秩序が大きく転換するなかで、越境を生きるために自らに望ましい秩序を構築すべく、海峡植民地ペナンにおいても中国においても社会の正当な構成要員として認知を得ることに努め、積極的に政治に参加しようとしたペナンの華人に光を当てる。

多様な出自を認める社会を建設するための政治参加

ペナンは、インド洋と南シナ海を結ぶマラッカ海峡北部に浮かぶ島である。面積は約一九五平方キロメートルで、東西の距離は約一四・五キロメートル、南北の距離は約二四キロメートルとそれほど大きくはない。

ペナンが歴史の表舞台に現れるのは、一七八六年にクダのスルタンからイギリス東インド会社に割譲され、イギリスの貿易拠点として開発が始まってからであった。イギリス東インド会社は一八二六年に、ペナン、シンガポール、マラッカを海峡植民地という単一の行政単位に統合した。海峡植民地は一八六七年にイギリス本国の直轄領となり、一九四一年一二月の日本軍の侵攻まで存続した。ペナンは現在はマレーシアという国民国家の一部であり、対岸に位置するスブラン・プライとともにペナン州を構成する。マレーシアは、タイから南に延びる半島部と、ボルネオ島北部のサバ、サラワクの三つの地域から構成される国家で、マレー人を中心とするブミプトラ、華人、インド人で構成される多民族国家である。[2]半島部は、一九五七年にマラヤ連邦としてイギリスから独立した。サバとサラワクは、一九六三年にマラヤ連邦とともにマレーシアという新国家を結成し、イギリスから独立した。

海峡植民地期にペナンは、欧米、中東、インド、中国と結びつき、タイ南西部、スマトラ、マラヤ北部を後背地とするマラッカ海峡北部の結節点として発展し、これらの地域に出自を持つ人たちがつどう多民族社会となった。これに伴いペナンは、イスラム教とマレー語を文化的な核とするマレー世界という土壌のうえに、ヨーロッパやインド、中華世界などの文化的要素が流入し、多文化が重層的に存在する社会となった。

多様な文明や信仰が出会い、交流し、共存してきたペナンの歴史は、今日、人類に残すべき普遍的な価値であるとして、マレーシア人自身に評価され、さらには世界にも評価されている。[3]ペナンはマラッカと抱き合わせで、二〇〇八年七月にユネスコ世界文化遺産「マラッカ海峡の歴史的都市――ムラカとジョージタウン（The Historic Cities of the Straits of Malacca : Melaka and George Town)」に登録された。

ペナンとマラッカの世界文化遺産登録は、マレーシアの現代史において非常に画期的な出来事であった。[4]かつてマレーシアでは、「土着」の人たちおよびその文化以外は、「われわれの文化」として積極的に認知されなかった時代があった。一九七〇年代から一九八〇年代がその時代に当たる。[5]これに対してペナンとマラッカの世界文化遺産登録においては、外来者の血筋を持つ人やその文化も人類に誇れる「われわれの遺産」として位置づけられた。マレーシアの人たちは官民あげて、ペナンとマラッカを「マレー、中華、インド、ヨーロッパ諸文明間の貿易・文化交流の中で形成された東アジアや東南アジアの多文化的な貿易都市の非常に優れた例［Government of Malaysia 2007, 14］」であるとアピールし、それが世界に認められた。

外来者の血筋を持つ人やその文化も「われわれの遺産」であるという考え方が、今日マレーシアで受け入れられるに至った背景には、外部に出自を持つ人たちが自分たちもれっきとした社会の構成員であるとして不断に声を上げ、政治に参加してきた歴史がある。その歴史の始まりは、今日のマレーシアに直接つながるものとしては、一九四〇年代後半の民族政党の設立に見ることができる。

特定の民族の庇護者・代表者を自任する民族政党として最も早く設立されたのは、統一マレー人国民機構（United Malays National Organisation：UMNO）であった。半島部はもともとスルタンを長とする複数のマレー人諸国に分かれており、外部社会との交渉はスルタンが行ってきた。一九世紀以降、これらのマレー人諸国がイギリスの保護下に入ったのも、また国土の一部がイギリスに割譲されたのも、イギリスが各国のスルタンと交渉した結果であった。日本軍政期を経て、イギリスが復帰した後も、スルタンが引き続き日本やイギリスとの交渉役を担った。しかしその交渉の結果、新たな行政単位として一九四六年一月に発足したマラヤン連合（Malayan Union）は、マレー人を主権者とする国を失うものだとしてマレー人の強い反発を呼んだ。マラヤン連合に反対するマレー人が結集し、一九四六年五月に設立されたのがＵＭＮＯであった。ＵＭＮＯはスルタンに代わってマレー人の庇護者を名乗り、マレー人の代表者としてイギリスと協議・交渉を行う主体として認知された(6)。

これに続いて設立されたのが、マラヤ・インド人会議（Malaya Indian Congress：MIC）とマラヤ華人協会（Malaya Chinese Association：MCA）であった(7)。ＭＩＣは一九四六年八月に、ＭＣＡは一九四九年二月に、それぞれ設立された。これら二つの政党は、マレー人と対抗することを目的としていたというよりは、新たな秩序の構築に参与すべく、マレー人とイギリス人とが交渉を行っている場に自らも代表者を送ることを目指した。

これら三つの民族政党は、それぞれ個別の政党という身分を維持したまま連盟党（Alliance Party）を構成し、一九五五年に連邦議会選挙で勝利し与党となった。一九五五年の連邦議会に先駆けて、一九五一年以降地方議会で直接選挙が順次実施され、その最初となったのがペナンのジョージタウン市議会選挙であった。ペナン市議会選挙では、多様な民族の庇護者として自らを位置づける多民族政党が勝利した。このことは、UMNOとMCAが選挙協力を結び、さらには多民族政党である連盟党を結成する背景となった。

独立に向けて、三つの民族政党がイギリスを交えて交渉を行い、スルタンなどマレー人首長制を維持し、その互選で選ばれた国家元首が資源の公的な分配においてマレー人に一定の割合を留保しうる「特別な地位」をマレー人に認めた一方で、華人やインド人など外部に出自を持つ人にも国籍を認めることで決着した。連盟党は一九七四年に国民戦線（Barisan Nasional）に改組され、現在に至るまでマレーシアの与党を構成している。こうしたなかで半島部では、社会の構成員はマレー人、華人、インド人のいずれかに所属するという前提のもと、民族の代表者を通じて政治に参加し、資源の公的な分配や行政サービスを受けるという「民族の政治」が確立していった(8)。

UMNOとMIC、MCAの関係だけ見ると、マレー人が組織化したのに触発されて、インド人や華人も組織化したように見える。インド人や華人は、インドや中国に対する帰属意識が強く、半島部における政治参加に消極的だったという説明がある。しかし実際には、インド人や華人も意思決定の場に自分の代表者を送ろうとする試みを、植民地期からすでに行ってきた。

その例が、ペナン華人商業会議所である。海峡植民地においてヨーロッパ人は、商業会議所を通じて、海峡植民地における意思決定の場である立法参事会（Legislative Council）に代表者を送る権利を持っていた。これをふまえてペナンの華人は、一九〇三年にペナン華人商業会議所を設立し、ペナンの華人にも立法参事会に代表者を送る権利を認めるよう海峡植民地政府に働きかけた。

植民地期に商業会議所が政治参加において重要な意味を持っていた時代に、華人は華人商業会議所を通じて政治参加を試みた。これに対して第二次世界大戦後にマラヤにおいて政治参加を行ううえで重要な意味を持つようになったのは、政党であった。華人商業会議所の指導層たちはこうした変化に対応すべく、ＭＣＡを設立したと見ることもできる。ＭＣＡを設立する際に中心的な役割を担ったのは、各地の華人商業会議所のメンバーであった[Heng 1988, 54–76]。ＵＭＮＯがマレー人の代表者としてイギリスに認められたことで、代表者を派遣する枠組みとして商業会議所に加え民族政党が登場した。こうしたなかで華人は、華人商業会議所のメンバーを中心に、自分たちの代表者を送り出す新たな枠組みとしてＭＣＡを結成したのである。

さらにペナンでは華人商業会議所に先立ち、一八八一年に華人公会堂という機関が設立されていた。ペナン華人商業会議所のメンバーと華人公会堂のメンバーは、多くが重複していた。華人公会堂は、ペナンのヨーロッパ人コミュニティが公権力との関係の強化のために、またコミュニティ内の社交の場として一八八〇年に設立した公会堂（Town Hall）を参照して設立されたものであった。ここにはヨーロッパ人と同等の資格で海峡植民地の社会や公権力に関わろうとした意気込みが見て取れる。

本書の目的の一つは、ペナンの外部に出自を持つ人たちがペナン社会に対してどのように関わろうとしたのかを、海峡植民地の時代にさかのぼり、華人の事例を中心に明らかにすることである。より具体的には、海峡植民地期のペナンにおいて、華人がどのようにペナンおよび海峡植民地において政治に参加し、秩序の構築に参与しようとしたのかを、ペナン華人商業会議所および華人公会堂を中心に明らかにする。

多様な地域とつながるための出自国の重要性

ペナンの文化的多様性を積極的に評価しようとする動きは一九八〇年代以降、ＮＧＯ組織ペナン・ヘリテイジ・トラスト（Penang Heritage Trust：PHT）が主導するかたちで活発化してきた。ＰＨＴは、歴史的町並みの保存や市民に対する啓蒙活動などとともに、学術交流の場も設けてきた。PHTはペナンで創刊された英語新聞スター紙（*The Star*）と協働し、日本の国際交流基金やオランダ系のABNアムロ銀行などから資金的助成を得て、ジョージタウンをユネスコの世界遺産に登録することを目的としたプロジェクト「ペナン・ストーリー」を二〇〇一年に開始した。その一環として二〇〇二年四月に「ペナン・ストーリー——文化的多様性を祝福する国際会議（The Penang Story: Celebration of Cultural Diversity International Conference）」が実施された。

この会議では、ペナンの歴史的建築物をいかに生きた遺産として保存していくかが議論されるとともに、多様な地域とつながっていたペナンの過去が改めて見直された。この会議で報告された論文を収めたものに、［Yeoh 2009］がある。またこれに続いて、ペナンのコスモポリタンな商人たちの経歴を紹介する人物辞典［Loh 2013］が出版された。これらの出版物は、ペナンがマレー諸国やスマトラ島、タイ南部を後背地とし、中国や香港、インド洋世界、中東イスラム世界、ヨーロッパ諸国などと結びつくことにより繁栄してきた過去を鮮明に描き出している。こうした昨今の動向に呼応する研究が、日本においてもなされている。［重松 2012］は、結節点としてのペナンの歴史に着目し、そこにつどった人びとの系譜を描き出している。[(9)]

これらの研究が指摘しているように、ペナンを拠点とした華人の多くは、マラッカ海峡北部地域における錫鉱山やプランテーションの開発と密接に関係していた。これらの事業は、中国から大量に安価な労働者を調達することで成立していた。またこれらの事業に従事する者はほぼ例外なく、労働者が疲れを癒すために消費するアヘンやアルコールの流通・販売を手掛けて財を成した。これらの事業を補完するために、海運業や貿易業、流通業が発展した。ペナンを拠点に多様な地域とのつながりの中で生きていく華人にとって、中国との結びつきは非常に重要であった。中国との結びつきがあったからこそ、ペナンの華人は、ペナンを拠点に多様な地域とつながることができたとも言える。

ペナンの華人が中国との結びつきを維持するうえで、ペナン華人商業会議所が大きな役割を担った。清朝は一九世紀末以降、東南アジアに居住する華人の富を体制の強化や国内の開発のために動員すべく、東南アジアに居住する華人と関係を構築するための経路を整えていった。一九一一年の辛亥革命を経て一九一二年に中華民国が設立されると、新たな秩序において主導権を競う諸勢力のうち中国同盟会が東南アジアに居住する華人との関係構築にとくに積極的であった。中国側のこうした働きかけに対して、ペナンにおいて積極的に反応した主体のひとつが、ペナン華人商業会議所であった。

ペナン華人商業会議所は、ペナンおよび海峡植民地において政治参加に積極的であったとともに、中国における政治参加にも積極的であった。つまりペナン華人商業会議所は、居住国においても出自国においても政治参加に積極的であったと言える。こうしたペナン華人商業会議所のあり方は、同時代の東南アジアの華人をとらえる従来の理解から、大きくかけ離れたものである。

二〇世紀前半の東南アジアには、中国との関係構築に積極的な華人が存在した。これらの華人は、中国という国家に自らを帰属させ、中国という国家を盾に居住国での地位向上を図ったとみなされてきた。これに対して同時代の東南アジアには、居住国に自らを帰属させ、居住国の一員として地位向上を図る者もいたことが指摘されている。両者の間には深い溝があったとされる。

本書が海峡植民地期のペナンに着目するのは、東南アジアの華人をとらえる従来の視点を相対化するためでもある。本書は、海峡植民地期のペナンの華人が海峡植民地ペナンにおいても中国においても積極的に政治に参加し、秩序の構築に参与しようとしたことを示していく。そのうえで、自分がいま生きている場で認知を得るための政治や秩序への働きかけと、外部世界と関係を維持するための政治や秩序への働きかけとがどのように両立していたかに着目する。これが本書のもう一つの目的である。

プラナカンの誕生

本書のタイトルにあるプラナカン（peranakan）という語は、序章で詳しく述べるように、東南アジア華僑華人研究では原住民系社会と文化的・血統的に混血している華人を指す語として使われてきた。しかし本書のタイトルは、そのような意味でプラナカンという語を使っていない。

プラナカンは、「子ども」を意味するマレー語の単語 anak から派生した語で、マレー世界において外部の血統を持ち現地で生まれた者を呼ぶ語である。マレー世界とはマレー語が共通語として流通してきた地域で、今日のマレーシアやシンガポール、ブルネイ、インドネシア、フィリピン南部などに相当する。マレー世界では血統的なマレー人概念と文化的なマレー人概念が歴史的に存在し、前者はムラカ王国の血統的な継承者が、後者はイスラム教とマレー語を核とするマレー文化の継承者がそれぞれ該当した。こうしたなかで、インドやアラブ地域に出自をもつ者も、イスラム教を信奉しマレー語を操る者はマレー人を名乗ることができた。[10] これらの人たちは、マレー人のその時々の都合で、マレー人に内包されることもあれば、プラナカンと呼ばれマレー人から排除されることもあった。

その例として知られるのが、第1章で触れるジャウィ・プラナカン（Jawi Peranakan）である。ジャウィは、「ジャワ」から派生した語である。アラビア語世界では、アジアにおいて中国でもインドでもない今日の東南アジアに相当する地域が「ジャワ（Jawa）」と呼ばれ、その地にはイスラムを受容した国家があることが知られていた。ジャウィは「『ジャワ』を出自とする人や物」を意味し、人間集団を指す場合は「イスラム教を受容したジャワの人」を意味した［Laffan 2003, 13］。ジャウィ・プラナカンは、「混血のジャウィ」、あるいは「地元生まれのジャウィ」を意味した。マレー人はジャウィ・プラナカンという語を、混血性・外来性を強調して使った。これに対してそう呼ばれた側は、現地に生まれ生きていく意志を強調してプラナカンと名乗った。

本書のタイトルのプラナカンには、自らの出自や血統は自分が今生きるその地にないことを認識し、自らが関係性を持つ外部地域とのかかわりを維持しつつ、今いるその地に生きる意志を持ち、その地の社会形成に関わりうる人という意味を込めている[11]。本書が扱う時代のペナンでは、そのようにしてペナンへの関わりを表明する人たちの存在が顕著となった。その中にはジャウィ・プラナカンだけでなく、本書の中心テーマである華人もいて、またインド人やヨーロッパ人もいた。本書はプラナカンの誕生という表現に、プラナカンと呼ばれた人たちの歴史的な起源を探るという意味ではなく、プラナカン的な生き方を選択した人たちに着目するという意味を込めている。

第Ⅰ部　海峡植民地の制度とペナン社会

第Ⅱ部　海峡植民地の秩序構築への積極的関与

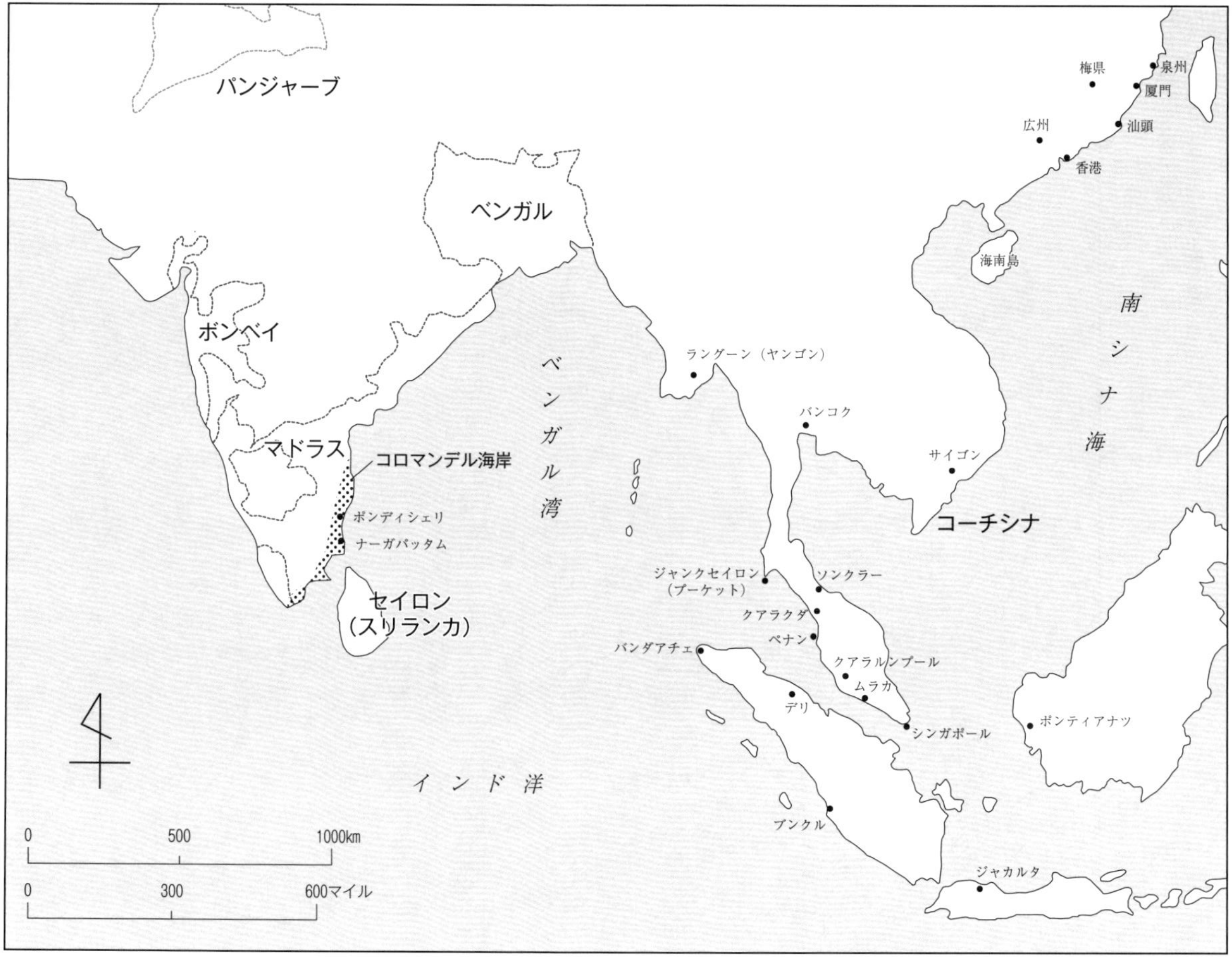

地図1　アジア広域図（インド3管区の区域は1837年頃のもの）

地図 2　マラッカ海峡付近

行政区画は 1914 年頃のもの。

イギリス領マラヤの行政単位は以下の通り。

■：海峡植民地

▨：イギリス保護国となったマレー諸国

国名：マレー諸国連邦

シャムの行政区画については，［Cushman 1991, xxii］を参照した。

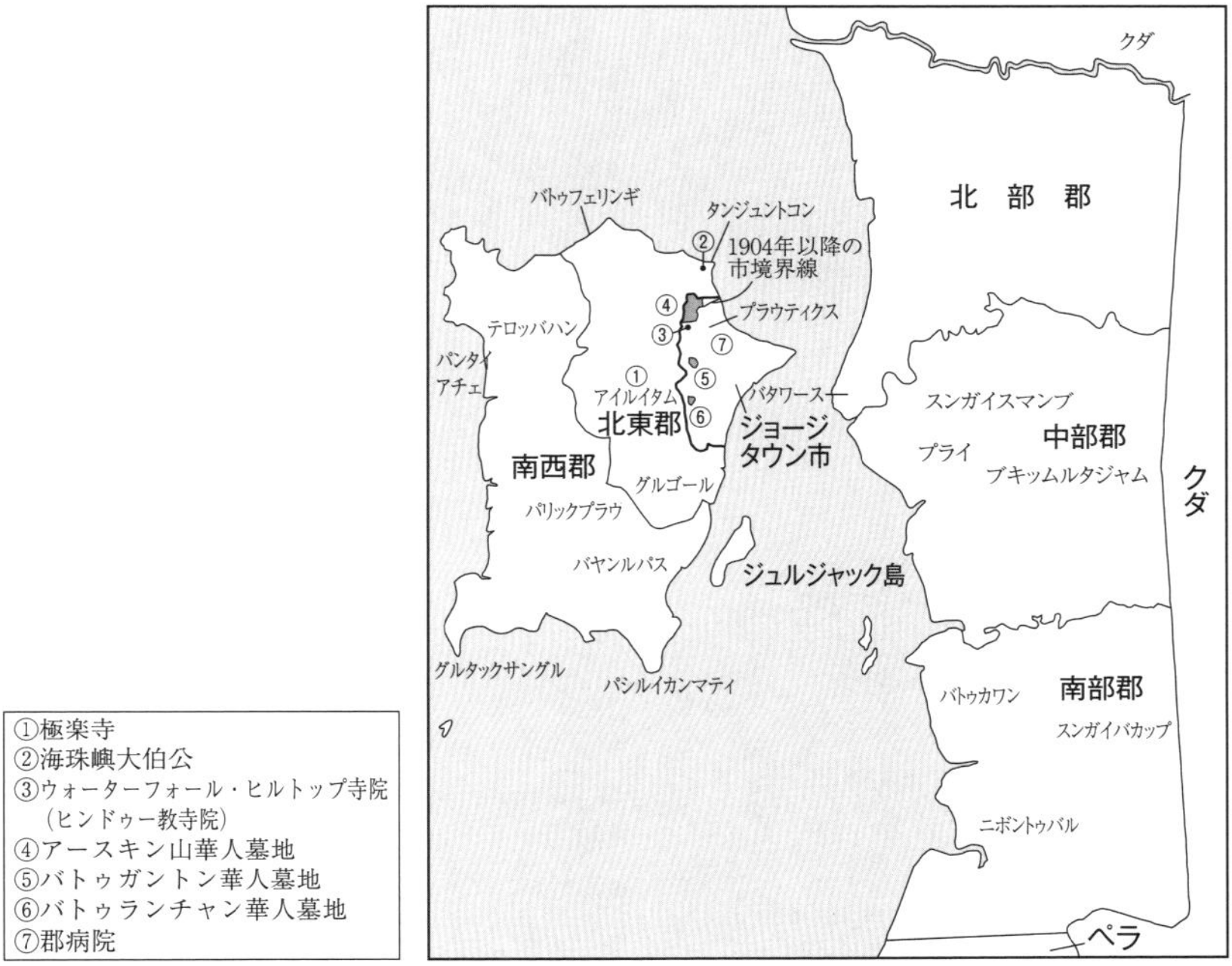

地図3　ペナン島

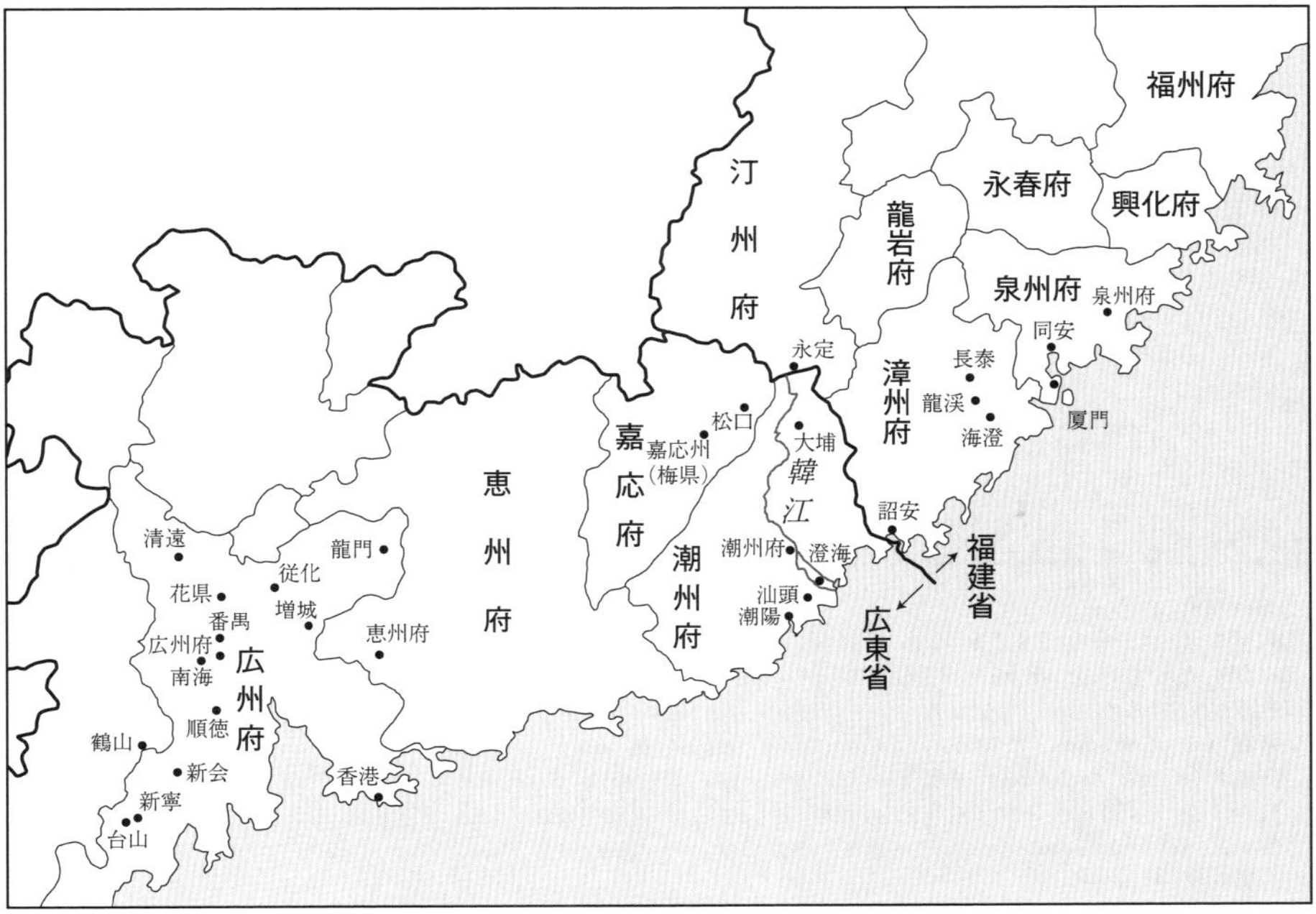

地図4　広東・福建省

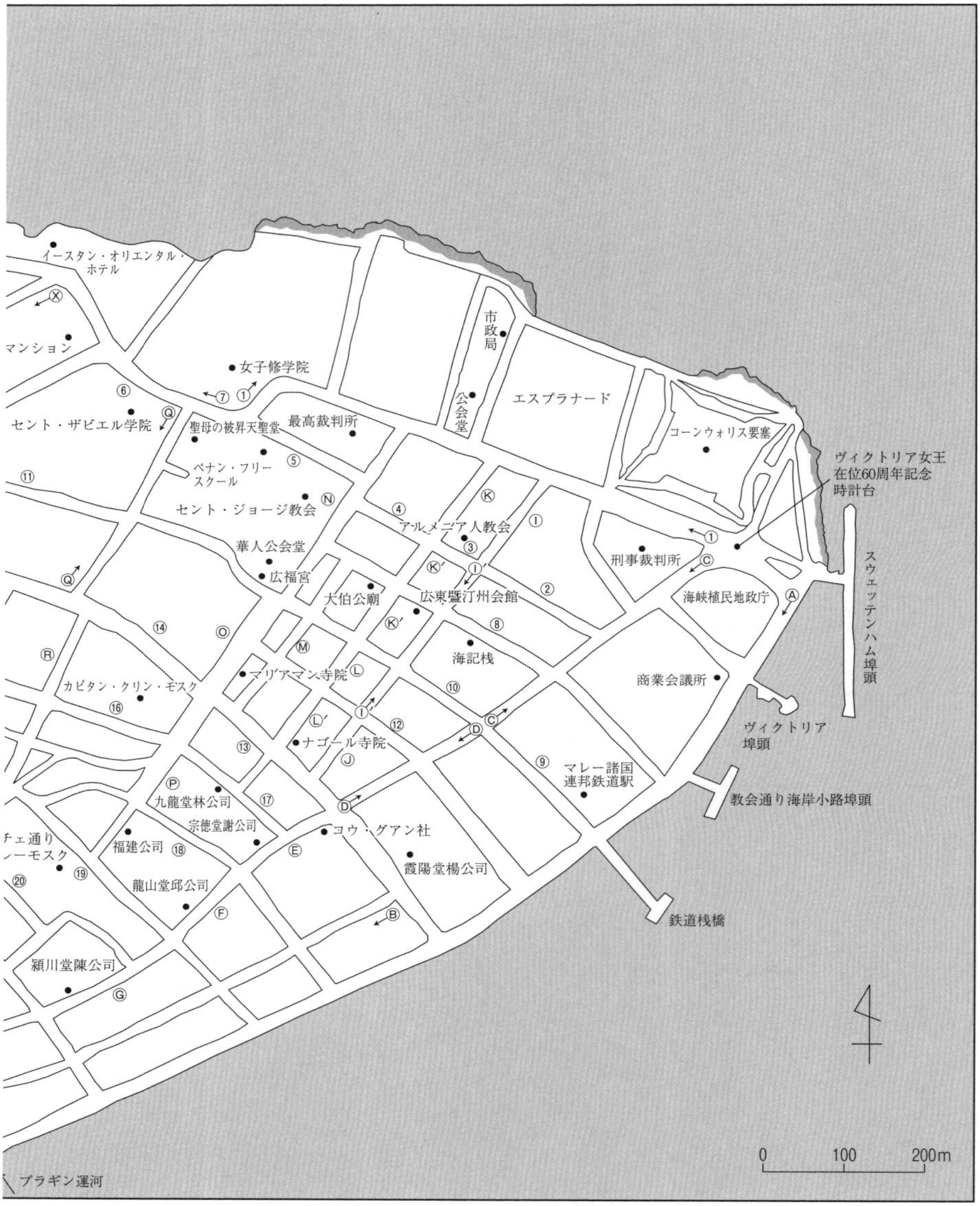

(北西一南東方向)

①玻璃口　Light Street　②漆木街　③呂宋礼拝堂前　④順徳公司　②～④で Bishop Street　⑤紅毛学前　⑥色蘭乳学前

⑦紅毛路　⑤～⑦で Farquhar Street　⑧義興街　Church Street　⑨大街路頭　China Street Ghat　⑩大街　China Street

⑪色蘭乳巷　Muntri Street　⑫巴虱街　Market Street　⑬吉寧仔街　⑭大門楼　⑮牛干冬　⑬～⑮で　Chulia Street

⑯新街　Campbell Street　⑰亜貴街　Ah Kwee Street　⑱本頭公巷　Armenian Street

⑲高楼仔／打石街　Aceh Street　⑳鑑先内　Carnarvon Lane　㉑汕頭街　Kimberley Street　㉒刣牛巷　Malay Street

㉓鹽魚埕　Prangin Lane　㉔湾頭仔　㉕開恒美街　㉖牛車街　㉔～㉖で Prangin Road　㉗港仔墘　㉘紫埕　㉗～㉘で Maxwell Road

㉙徳順路　Tek Soon Road　㉚過港仔第一條路　Magazine Road　㉛過港仔第二條路　Noordin Street　㉜中路　Macalister Road

㉝過港仔　Rider Street

主な街路（北東—南西方向）
Ⓐ新海墘街　Weld Quay　Ⓑ海墘新路　Victoria Street　Ⓒ上庫街　Ⓓ港仔口　Ⓔ中街　Ⓕ緞羅申　Ⓖ打綴街　Ⓗ社尾
Ⓒ～Ⓗで Beach Street　Ⓘ九間厝　Ⓘ′広東街　Ⓙ斎知街　Ⓘ～Ⓙで Penang Street　Ⓚ九間厝後　Ⓚ′広東大伯公街
Ⓛ旧和勝公司街　Ⓛ′咭寧仔街　Ⓚ～Ⓛ′で King Street　Ⓜ十二間　Queen Street　Ⓝ観音亭前　Ⓞ大呇咪　Ⓟ大水井　Ⓝ～Ⓟで
Pitt Street　Ⓠ色蘭乳巷　Love Lane　Ⓡ大門楼横街　Ⓢ番仔塚　Ⓣ沓田仔　Ⓡ～Ⓣで Carnarvon Streets　Ⓤ打索港　Rope Walk
Ⓥ新街横街　Cintra Street　Ⓦ蓮花河街　Leith Street　Ⓧ Penang Road　Ⓨ柑仔園　Dato Kramat Road　Ⓩ Transfer Road

本書で言及のある街路を中心に名称を記載した。紙幅の関係で，すべての街路の名称を記載しきれていない。ここに記載された街路以外にも英語および中国語系言語の名称がある。漢字で示した街路名は福建語での名称であり，同じ街路でも広東語では呼び方が異なる場合がある。漢字表記は［Lo 1900］に依拠した。

地図 5　ジョージタウン（1917 年頃）

プラナカンの誕生——海峡植民地ペナンの華人と政治参加——

序章　東南アジアの華僑華人をとらえる視点

1　マラヤの華僑

次の記事は、「愛国華僑」として知られるタン・カーキー（TanKah Kee／陳嘉庚）[1]が一九二三年にシンガポールで創刊した『南洋商報』[2]に一九四六年一〇月に掲載されたものである。

マラヤの人口は約五〇〇〇万人で、華僑の人口はそのうち半数以上を占めている。各州の都市および郊外において、大・中・小の工業・商業従事者や労働者の多くは華僑である。華僑はマラヤの経済における新鋭軍であり、政治においては最大の納税者である。社会経済生活によって社会政治意識が決定されるという原則に基づけば、マラヤの華僑は社会を決定する者である。華僑は、平和な時代には汗と血を流してマラヤの繁栄を築き、戦争の時代には命をかけてマラヤの領土を防衛した。そのことは、歴史に輝かしく記録された。一〇〇年あまりの間にマラヤが繁栄し進歩を遂げたのは、政治と経済の両輪において大きな原動力があったためである。自由な貿易により商工業を振興するイギリス植民地の寛容な政策と優れた統治理念は、有能で徳のある官僚行政制度を構築した。外来籍の者（外来籍民）はこの国に住むことを享受し、自由に暮らしている。

（中略）

マラヤでは華僑が最大の納税者である。あらゆる納税者は、市民としての資格を持ち、選挙権と被選挙権を持つ。イギリスの国会議員は納税者の代表である。世界の民主的な立憲政治の起源は、マラヤの政治の模範となるべきである。華僑の市民権は、納税者であることを要件とすべきで、それ以外の要件はみな偏った論理である［南洋商報 1946.10.24］。

この記事に先立つ一九四六年四月、マレー人スルタンの権限を縮小し、華人やインド人に広範に市民権を付与するマラヤン連合が発足した。しかしこれに対してマレー人が強く反発したため[3]、イギリスはマラヤン連合に代わる新たな行政枠組みの設立と市民権付与の要件見直しを検討することとした。イギリス人とマレー人による検討委員会（Anglo-Malay Working Committee）が設置され、同年八月から一一月にかけてイギリスはマレー人と非公開で交渉・調整を行った。

こうした背景の下でこの記事は、華僑に市民権を付与するよう主張している。その根拠となっているのが、華僑のマラヤ[4]に対する貢献の大きさである。マラヤの発展において政治的に大きな役割を果たしたのはイギリスであるが、経済的に大きな役割を果たしたのは華僑であるとする。この記事の別の部分では、マラヤの華僑は、「山林を切り開き、田畑を耕し、農村を都市に発展させ」てマラヤの繁栄の基礎を作り、マラヤの経済を支え[5]、政治と経済が結合し生じた力が「マラヤの現代化を促進し光明な社会を繁栄させ」てきたと書かれている。これに加えて、華僑がマラヤに対して義務を履行してきたことが指摘されている。華僑はマラヤにおける最大の納税者であり、第二次世界大戦時には命をかけてマラヤを防衛したとする。これらの功績に照らせば、マラヤの華僑にはマラヤの市民権が付与されて当然だということになるのである。

この記事が興味深いのは、市民権を付与する要件として国籍が必ずしも前提となっていない点である。記事には、「外来籍の者はこの国に住むことを享受し、自由に暮らしている」とある。「外来籍の者」とは、イギリス国籍以外の者を指す。この記事の別の部分には、マラヤン連合の発足後「マラヤ全国の華僑は市民・非市民の権利の問題にさらされており、法律や資格の面から、僑生の立場からあるいは僑民の立場から検討してきた」とある。僑生とはマラヤ生まれの華人を指し、僑民とは中国生まれの華人を指す。マラヤ生まれの華人は出生地主義の原則に基づきイギリス国籍を得ることができた一方で、血統主義の原則に基づき中国国籍を持つこともできた。中国生まれの華人は、他の国籍に帰化していなければ中国国籍者であった。この記事は、マラヤで市民権を与えられるべき華僑にはイギリス国籍者も中国国籍者も含まれ、外国籍の者でもマラヤに対して義務を履行していれば、いずれもマラヤの市民権を付与されるべきだと主張している。

マラヤの市民権は国籍を要件とするのではなく、マラヤに対する貢献と義務の履行を要件とすべしとしてマラヤ市民権を求めるこの記事の華僑の姿に、華僑華人に関する研究を読んだことがある者は多少の違和感を覚えるかもしれない。華僑華人研究において華僑とは、後で詳しく述べるように、中国国籍を維持したまま居住国に居住し、いずれ中国に帰ることを前提とし、中国を祖国とみなし中国に帰属意識を抱き、中国の政治や社会の動向には強い関心を払うが居住国の政治や社会に対して関心が薄い人たちとされてきた。これに対して、居住国の国籍を持ち、居住国の社会の一員であるという意識を持ち、居住国の政治や社会の動向に関心を寄せる人たちは華人と呼ばれ区別されてきた。国籍がなくとも居住国の社会の一員として義務を履行し、居住国の政治的状況に敏感に反応し、居住国での権利を要求するこの記事の華僑は、従来の研究における類型化に当てはまらない存在である。

従来の類型化に当てはまらない華僑のあり方がうかがえる記事をもうひとつ紹介する。

「二重国籍」の時代は過去のものとなった。「華僑に祖国がない時代」も過ぎ去った。……戦前に海外の華人は、外国にいながら祖国を愛し家邦を忘れなかったため、他民族に疑われたり嫌われたり、現地政府から差別を受けたりした。華人は常に「仮住まいの外国居住者」とみなされ、納税の義務はあったが政治的権利はなかった。祖国の政府は力及ばず、海外にいる幾千幾万の華僑の権益を庇護しきれなかった。これがすなわち戦前の華僑が「海外孤児」の状況に置かれた不幸な時代だった。

第二次世界大戦が終わり、南洋各地の民族は民族自決を勝ち取り、独立を要求した。この新たな時代のうねりには抗しきれない。欧米の植民地国家もそのことを認識し、この広大で豊かな熱帯の地から次々に撤退し、各民族に自決と独立を認めた。これにより南洋群島に新しい局面が現れ、南洋群島に居留する者はひとつの新たな課題に直面することになった。今日シンガポールとマラヤの華人はこの新たな課題に直面し、選択をする時がきた。祖国に忠誠を誓うか、居住国に忠誠を誓うか。中国人になるか、現地の公民になるか。「マラヤ人」・「シンガポール人」になるか、「中国人」になるか。シンガポールとマラヤの政府は、我々華人に決意を求めている。忠誠の対象を選択するよう求めている。どっちつかずに躊躇したり、二つの船に片方ずつ足を乗せてうまく立ち回ろうとしたりしてはいけない［鄭 1957］。


この記事は、内政自治を求めるシンガポールの要求を一九五七年四月にイギリスが受け入れ、マラヤ連邦がイギリスからの独立を一九五七年八月に達成し、シンガポールおよびマラヤ連邦で市民権登録が進展するなかで掲載された。この記事からは、マラヤの中国系住民がマラヤ連邦・シンガポールと中国のどちらに忠誠を抱くかで揺れていたことが見いだせる。ただしそれは、忠誠を抱く対象は一つだけという前提に立つものではなかった。この記事は、華僑はどちらにも帰属意識を持てなかったとも読める一方で、華僑はどちらにも帰属意識を抱いてきたとも読める。華僑の時代は終わり、中国人かマラヤ（連邦）人・シンガポール人かを選択しなければならないという表現は、華僑の時代にはどちらかを選択しなくてもよいあいまいな状況があったことを示していよう。

華僑華人研究では一九七〇年代以降、「華僑から華人へ」という視点が広く共有されてきた。これは、中国国外に居住する中国系住民の帰属意識が中国から居住国に移っていく過程に着目する視点である。この前提になっているのは、忠誠心はひとつの対象にしか向けられないという考え方である。忠誠心は、中国というひとつの対象から居住国というひとつの対象に移っていくことが前提とされている。

これに対して上記の記事は、忠誠を向ける対象は複数あってはならず、ひとつだけにするべきで、その対象は居住国であるべきだと述べている。マラヤの中国系住民の中には、従来の研究が想定してきたように、ひとつの対象から別のひとつの対象に忠誠心を切り替えた人たちももちろんいたであろう。しかし上記の記事からは、この時代のマラヤの中国系住民の間には、忠誠や帰属意識を向ける対象は複数であってはならず、ひとつのみにしなければならないという発想の転換を必要とした人たちも存在したことが分かる。

複数の枠組みに自己を位置づける試みは、本書が扱う一九世紀末から二〇世紀初頭における海峡植民地ペナンの中国系住民の間でも広く見られた。この時期のペナンの中国系住民においては、同一の個人や組織が、出自国である中国においても、また居住国である海峡植民地においても、自らをその社会の一員と位置づけ、社会に対する義務を履行することにより社会の一員として権利を獲得しようとする試みが活発になされていた。

しかしそうした側面は、従来の華僑華人研究においては十分に検討されてこなかった。それは華僑華人研究において、とりわけ東南アジアの華僑華人研究において、国民国家建設期以降の東南アジアの中国系住民の帰属意識がそれ以前の時期とは異なり明確に変化したことを強調しなければならない必要性が強く意識されていたためである。このような帰属意識の変化は一九七〇年代以降、「華僑から華人へ」という言葉で表現され、広く共有されていくようになった。それは、「変わらざる中国人」という視点の相対化を狙った一九四〇年代から一九六〇年代の研究を継承しつつ、それを乗り越えるための試みであった。

2　先行研究の整理

(1)「変わらざる中国人」の脅威とその相対化を図る同化論

文化的同化が進展する中国系住民

一九四九年に中華人民共和国が成立したことにより、アメリカを中心とした西側諸国において、東南アジアの中国系住民を経由して中国から東南アジアに共産主義が広まりうることが警戒された。このような警戒が生まれた背景として、東南アジアの中国系住民の間に孫文の革命運動や日中戦争期の抗日運動への支援など、中国のナショナリズムとつながる運動への呼応が歴史的に見られたことがあった。中国系住民が現地住民に文化的に同化せず、固有の文化を維持していることが観察され、「一度中国人であった者は、常に中国人（once a Chinese, always a Chinese）である」というイメージを生み、東南アジアの中国系住民は依然として中国、とりわけ中華人民共和国に忠誠を向けうる存在であると警戒された[6]。こうした警戒が現実のものとなりうるかについて、東南アジアの中国系住民を対象とする研究が一九四〇年代後半から一九六〇年代にかけて進展した[7]。

「変わらざる中国人」という視点に立つ研究として、しばしばパーセル［Purcell 1951］が挙げられる［Skinner 1952, 269；河部 1972, 2：Suryadinata 1978a, 4］。実際パーセルは、東南アジアの中国系住民を対象とした研究で、「中国本国においても海外においても、中国系住民はいかなることが起ころうとも、中国系であるという強い意識を維持し、かつ社会的・文化的統一性を維持するであろう［Purcell 1951, xxvi］」と述べている。また東南アジアの中国系住民は、職業や方言、混血の度合いは多様だが、同一の民族（the same people）であり、文化や宗教、考え方において同質的であると述べた［Purcell 1951, 656–657］。パーセルはマラヤで華人保護官など中国系住民に対応する職務に就いていたイギリス人植民地高官であり、その経験と知見に基づきマラヤの華人についても論じていた。そこでもパーセルは、マラヤの中国系住民の価値観は一割程度がヨーロッパ的なものに変わったが、それ以外は自らの言語と宗教に固執していると述べていた［Purcell 1948, 290］。

しかしパーセルが東南アジアの中国系住民についてその同質性の高さを強調していたのは、彼らを中国の一部として論じるためではなく、東南アジア社会を構成する不可欠な一部であることを論じるためであった。パーセルは中国系の人たちについて、困難な状況における忍耐強さや、適応力、決断力、柔軟性、明朗さなどの気質をあげ、そうした気質ゆえにヨーロッパ人に有用性を見いだされ、東南アジアの植民地経営に組み込まれ、東南アジアの発展を支えてきたと論じた［Purcell 1951, xxvi］。東南アジアの中国系住民は、貪欲、物質主義的、寄生的、高利貸し、利益追求的、独占的など負のイメージで語られているが、これらは徴税請負を中心にヨーロッパ人の植民地経営を補助するなかでついたイメージであり、しかもそうしたイメージを吹き込むのはヨーロッパ人自身であるとし、東南アジアの中国系住民をめぐる問題をヨーロッパ人が作り出してきた側面を批判的に指摘した［Purcell 1951, 663–667］。

パーセルは、タイやインドシナでは中国系住民の現地社会への同化が進展していることに触れたうえで、マラヤのように同化が進展しない地域もあることを念頭に置き、中国系住民も含め文化的に多様な人たちの間に共通の国民意識を醸成することにより、中国系住民の忠誠を中国に向けさせないようにすべきだと論じた［Purcell 1948, 291–292；1951, 669–672］。パーセルの議論は、文化的なアイデンティティと政治的なアイデンティティとを分けて考える現在の華僑華人研究の視点につながるものであるが、そうした側面はあまり注目されず、「変わらざる中国人」という視点に立っているとして批判的にとらえられた。

「変わらざる中国人」を相対化しようとする研究は、アメリカのコーネル大学を中心に進展した。これらの研究は、中国系住民の変動を図る指標として彼らの現地文化への同化の度合いに注目した。タイやジャワを事例としたスキナー［Skinner 1957；1960］や、ジャワ島北岸の都市スマランを事例としたウィルモット［Willmott 1960］などがその例である。これらの研究では、東南アジアにおける中国系社会の歴史は長く、中国系住民は一九世紀末頃までは東南アジアの現地社会に同化しつつあったが、一九世紀末から二〇世紀初頭にかけて、清朝領事の派遣や孫文や康有為など政治活動家の来訪、中国からの移民の増大、中国から来た教師が中国の教科書を使い中国語で教える学校の増加など、中国と東南アジアとの往来が活発化するなかで同化が停滞したとする。[8] またこれらの研究では、現地社会への文化的同化の度合いが高い中国系住民の存在が注目された。ウィルモットは、スマランの中国系コミュニティをとらえるうえで有効で重要な概念として、現地社会への文化的同化の度合いが高いプラナカンというカテゴリーと、中国的な文化をより残しているとされるトトッ（Totok）というカテゴリーがあることを論じた。[9]

スキナーはタイについて、中国系住民のタイ社会への同化を停滞させる要因をタイ政府が政策的に取り除き、中国系住民を排除するのではなく包摂するような対応を取ることで、中国系住民のタイ社会への同化が進展するとした［Skinner 1957］。

スキナーはさらに、タイと比較してジャワについても論じた［Skinner 1960］。スキナーは、タイの中国系住民はタイ風の名前を名乗り、衣服や価値観においてタイ化し、中国系としてのアイデンティティを失うなどタイ社会への同化が進んでいるのに対し、ジャワの中国系住民は中国的な名前を名乗り、中国系としてのアイデンティティを維持しているとし、その違いが生じた要因を説明した。人種に基づく厳格な統治の歴史や、ホスト社会が信仰する宗教、中国系住民への差別などの要因を挙げつつ、スキナーは階級という要因を最も重視し、以下のように述べた。タイでは、エリート層を構成するのはタイ人であり、そのことが社会的上昇を志向する中国系住民のタイ社会への同化を促したのに対し、インドネシアではエリート層を構成していたのは長らくオランダ人や欧亜混血者であった。しかしインドネシアの独立以降、原住民系の人たちが政治や社会のエリート層を構成しつつあるため、インドネシアにおいても華人の同化が進むことが予測される。長い目で見れば東南アジアの大部分において、現地生まれの中国系住民は現地社会に完全に同化するであろう［Skinner 1960, 100］[10]。
ウィックバーグによる中国系メスティーソ（Mestizo）の研究も、以上の流れに位置づけることができる［Wickberg 1964］。その趣旨は以下のとおりである。スペインがマニラに拠点を置いて間もなく、マニラにおいて交易活動を行う中国系人口が増加するなかで、スペインは中国系の定住者に対してインディオ同様にカトリックへの改宗を求めた。中国系カトリック教徒とインディオのカトリック教徒との間で婚姻が増え、その子孫が中国系メスティーソ・コミュニティを形成していった[11]。三世紀にわたるスペイン統治期に、スペイン文化はインディオ文化と混成していき、その担い手となったのはインディオと中国系メスティーソであった。一九世紀後半以降、インディオと中国系メスティーソを隔てていた法的な区分が消滅し、両者の境界線は文化的にも法的にもあいまいとなった。中国系メスティーソの中には、フィリピン・ナショナリズムの担い手となったり、インディオとしてのアイデンティティを持つ者が現れたりした。

文化的同化が進展しない中国系住民

以上のように一九五〇年代から一九六〇年代にかけて、東南アジアの中国系住民を「変わらざる中国人」としてとらえる見方を相対化する研究が進展した。その際の主なアプローチは、東南アジア在地社会に文化的に同化した中国系住民や、在地の文化を受容して独自のコミュニティを形成した中国系住民の存在を明らかにすることであった。こうした研究は、タイ、インドネシア、フィリピンの事例に基づいて進展した。

他方で、こうした研究が当てはまらないとされた地域があった。それはマラヤとボルネオであった。スキナーは、東南アジアにおいて中国系住民の同化が進むとの見通しを示したが、中国系住民の割合が五分の一を超えるマラヤとボルネオについては、そう結論するのは難しいとした［Skinner 1960, 100］。

マラヤにもババ（Baba）やニョニャ（Nyonya）、プラナカン、海峡華人（Straits Chinese）など文化的・血統的に混血性が高い人たち（これについては後述）が存在する。しかしその数は相対的に少なく、中国系住民の大部分は中国的な文化を維持していることが観察された。一九四八年に発足したマラヤ連邦では、一九四九年に華人政党のＭＣＡが設立された。一九四〇年代末から一九五〇年代にかけて中国系コミュニティはＭＣＡを代表者として、華語[12]で教授する学校の存続を求め、マレー人の代表者たるマレー人政党のＵＭＮＯと交渉を行った。その結果、華語やタミル語など母語で教授する学校が初等教育レベルにおいて、国民教育制度の一部を構成することが認められた[13]。こうした経緯によりマラヤの中国系住民は、中国文化に対して依然として強い愛着を持つという印象を持たれることとなった。また華語で教授する小学校が存続することにより、文化的な純血性が高い中国系社会が再生産されると見られた。同化や文化変容の度合いを「変わらざる中国人」を相対化する指標とするならば、マラヤの中国系住民は依然として「変わらざる中国人」ということになった。

一九七〇年代以降の研究は、後述するように華僑と華人という語の使い分けに敏感となっていったのに対し、そのような視点は一九六〇年代までの研究にはほとんど見られない。パーセルは、「overseas Chinese」に対する主権を主張すべく中国政府が華僑という語を使い始めたことに言及し、華僑はすなわち海外に居住する中国系住民であると述べている［Purcell 1951, 668］。パーセルは東南アジアの中国系住民について、単に「Chinese」と表記することもあれば、「overseas Chinese」と表記することもあり、厳密な使い分けをしていない。ウィルモットは華僑という語を中国国外に居住するすべての中国系の人たち（all persons of Chinese descent living overseas）を指す語であると紹介しているが、スマランの中国系コミュニティをとらえるうえでプラナカンとトトッというとらえ方の方がより有効であるという文脈で紹介しているのみである［Willmott 1960, 104］。

一九五〇年代から一九六〇年代にかけて日本においても、冷戦という文脈の中で、東南アジアの中国系社会の動向が注目されていた。それらの研究では、東南アジアの中国系住民の中には東南アジアの居住国の国籍を取得した者が少なくないことは指摘されていた。しかしそうした人たちに対しても、華僑という語が一般に使われていた[14]。

(2) 華僑と華人の峻別

当事者の意志を重視する新たな視点

一九七〇年代以降も、「変わらざる中国人」という視点の相対化が引き続き課題となっていた。一九六〇年代までの研究が主に文化変容に着目していたのに対し、一九七〇年代以降の研究は当事者たちの意志に着目した。冒頭で紹介した『南洋商報』の記事のように、マラヤの中国系住民の間には一九五〇年代後半までに自らはもはや華僑ではないとする言動が現れていた。このことが一九七〇年代以降、学術的に重視されるようになった。すなわち、東南アジアの中国系住民の多くは居住国の一員として生きていく意志を持ち、中国の国民であるとの意識を持つ人は非常に少なく、したがって東南アジアの中国系住民が中国共産党の手先になる可能性は少ないとする議論がなされるようになった。またこれと並行して、中国共産党は文化大革命の時期を除き、東南アジアの中国系を利用して共産主義を東南アジアに輸出しようという意志が希薄だったことを明らかにする研究も進んだ。こうしたなかで一九七〇年代の研究において、華僑と華人の峻別が明確になされるようになった。

中国系住民および中国共産党の意志に注目する研究は、一九七〇年代以前の同化論が適用不可とされたマラヤおよびマレーシアとシンガポール[15]を対象とする研究者が中心となって論じた。また同化の進展が社会的な摩擦の減少にほとんど寄与しなかったインドネシアを対象とする研究者にも共有されていった。その背景には一九六〇年代から一九七〇年代にかけて、激動するインドシナ情勢に加え、マレーシア、シンガポール、インドネシアにおいて「変わらざる中国人」像の払拭が必要とされた国内情勢があった。

インドネシアでは一九六五年にインドネシア共産党が首謀者とされるクーデター未遂事件、すなわち九・三〇事件が発生し、スハルトがこれを鎮圧した。この成功によりスハルトは治安維持回復のための権限を掌握し、スカルノ政権を支える一翼であったインドネシア共産党を排除した。その過程において、五〇万人とも一〇〇万人とも言われる人々が殺害された。インドネシア社会では、インドネシア共産党の背後に中国共産党が存在するという見方が広まりつつあり、軍による共産党の排除が進展するとともに、社会の側において中国系学校や商店の焼き討ちなど中国的なものを排除する動きが進展した。共産主義者や中国系として見られることは、生命や財産を危険にさらすことを意味した。インドネシア政府は、中国の影響を遮断し、反中国・反華人を掲げて進展する暴動を抑え、国内の中国系資本を動員して経済を立て直すために、中国系住民を中国国籍者とインドネシア国籍者とに厳格に区分し、後者を中国的な文化・社会制度の禁止や制限を通じてインドネシア社会に統合する同化政策を導入した。しかしスハルト期を通じてインドネシアの中国系住民は、インドネシア国籍を保有し文化的に同化しても、中国系としてくくりだされて区別され、区別が差別に転化する状況が発生することとなった[16]。

マレーシアでは、一九六九年にクアラルンプールで発生し、半島部全体で死者一九六人、負傷者四三九人を出す惨事となった五月一三日事件が起こった。同年五月一〇日に実施された総選挙で野党が躍進し、その結果を祝う野党支持者（主に華人）と不満に思う与党支持者（主にマレー人）が街頭に繰り出すなかで、華人とマレー人との衝突が発生した。マレーシア政府は非常事態を宣言し、国会と州議会および憲法を停止し、軍・警察・与党で構成される国家運営評議会（National Operation Council）を設置した。同評議会が同年一〇月に公表した報告書は、事件を悪化させたのはマラヤ共産党や毛沢東思想のシンパや秘密結社であり、その多くは華人であるとした［National Operation Council 1969］[17]。華人は、共産主義とつながり、民族間の対立や治安を悪化させる要素であると位置づけられた。

シンガポールでは一九六一年以降、与党人民行動党（People's Action Party：PAP）と同党から分裂して設立された社会主義戦線（Barisan Sosialis）との対立が深まっていた。一九六三年二月に社会主義戦線は、シンガポールの治安を危険にさらし、同年九月に予定されていたマレーシア発足を破壊する共産主義的な陰謀を企てたとして、幹部や支持者が大量に逮捕された[18]。これ以降社会主義戦線は弱体化した。社会主義戦線は周縁化されていくなかで、急進的な主張に訴えるようになり、一九六六年から一九六七年にかけて中国の文化大革命の影響を受けた言動が目立っていた［田中 1990, 299-300；程 2008］。シンガポールのこうした状況は、マレーシアやインドネシアから、また東南アジアへの共産主義の浸透を懸念していた西側諸国から警戒されることとなった。

インドネシアのスラバヤで生まれ、マラヤのイポーで育ち、イギリス、マラヤ、中国などで研究者としての基礎を培ったワン・ガンウー（Wang Gungwu／王賡武）は、上記のようなシンガポールとマレーシアの情勢に触れ、同地の中国系住民は共産主義者か潜在的な共産主義者であるという疑念を持たれているとし、その疑念を解くためにマラヤの中国系住民の政治的志向性を論じた［Wang 1970］。どの地域に政治的な関心を向けるのかを基準にマラヤの中国系住民を三つに類型化し、その政治を植民地期から独立後まで論じた。三つの類型は、A：直接的・間接的に中国の政治とつながり、自分の運命が中国の未来と共にあるととらえ、マレー人や他民族の政治的発展を自身とは無関係であると無視・軽視する人たち、B：国家レベルの政治や国際政治にあまり公然と参与せず、自らの商業活動の発展にもっぱら関心を抱き、マラヤの中国系社会内部のヒエラルキーにおいて政治に関心を持ち、自らの利益や中国系社会の利益に抵触する限りにおいてマレー人や他民族の政治に注意を払う人たち、C：マラヤに忠誠を抱き、マレー人の政治に注意を払う人たち、である。ワンは一九六〇年代の状況について、中国からの影響を受けやすいAのような人たちが実際に存在するものの、その規模は非常に小さく、共産主義者というより中国ショービニストであるとした。マラヤで多数派を占めるのはBのような人たちで、この人たちが華語教育の維持を求める推進力となっており、民族の利益を最優先するようなコミュナルな政治がマラヤで進展する一要因であるとした。Bの人たちの要望を受けて他民族と交渉するのは、Cの人たちであるとする。Cの人たちも少数派であり、Bの人たちの交渉役を買うことにより自らの立ち位置を確保する側面もあるとした。しかしCの人たちはコミュナルな政治の相対化を志向する人も多く、板挟みとなることも多いとした。

ワンは以上の三類型を東南アジアに対しても広く適用し、「変わらざる中国人」のイメージを与えてきたのはA

の人たちであり、東南アジアに独立国家が成立した後の時代において唯一華僑（overseas Chinese）と呼びうるのはAの人たちであるとした［Wang 1991c, 141］。

華僑とはどのような人たちを指すのか。ワンは華僑という語の起源をたどり、華僑の概念を整理している[19]。まず華僑の「僑」の字が一時的な居住者を意味する「僑居」という語で公的な文書に使われるようになった経緯をたどり、以下のように論じた。一八五八年の清仏天津条約で条文に「中国に一時的に居住する外国の公人」という文があり、そこで初めて公的文書に「僑居」が使用された。公的文書で海外に居住する中国系住民に対して「僑居」が使われるようになったのは、一八八五年の天津条約であった。さらに一八九五年の下関条約および一八九六年の日清通商航海条約において、公的な保護を受けられる海外在住の中国系住民という意味で「僑」の字が使われるようになった［Wang 1981, 122–123］。華僑の語が公的な文書に現れるのは一九〇四年で、外務部から朝廷への上奏文に使われた［王 1978, 30］。一九〇九年に清朝が血統主義に基づく国籍法を制定し、中国国外に居住する中国系住民、すなわち華僑は、清朝の臣民となった［Wang 1981, 123–125］。

ワンはさらに以下のように続ける。清朝が華僑の語を公文書で使用し、中国国外に居住する中国系住民に対する主権を国際社会に表明していくのと並行して、華僑の語は中国国内外において民間でも広く使われるようになった。そのきっかけは、革命を鼓舞する「革命歌」であった。この歌には、中国国外に居住する中国系住民を華僑と呼び、華僑に反満革命への支援を求める歌詞がある。この歌詞は、清末に非常に広く読まれ革命思想を広めるうえで大きな影響を与えた鄒容の『革命軍』（一九〇三年）に収められていた。この書を高く評価していた孫文は一九〇六年までに、中国国外に居住する中国系住民を指す語として華僑を使い始めた。中国国外に居住する中国系住民が孫文の運動を支援したことにより、華僑は革命派から「愛国的」だと評されるようになり、それが愛国的な華僑というイメージにつながっていった［Wang 1981, 123–124］。また華僑の語は、ヨーロッパ諸国が東南アジアを植民地化するにあたりその担い手としてヨーロッパ人殖民者が東南アジアに進出したのになぞらえ、東南アジアへの殖民者というニュアンスでも使われていた［Wang 1991b, 28–30］。

以上のようにワンは、華僑には中国の公権力が管轄し保護を与える対象であるという意味や、東南アジアにおいて殖民活動を行う者という意味がこめられているとした。このことを踏まえてワンは、東南アジアの中国系住民を一九世紀末から一九四〇年代末までについて華僑と呼ぶことに問題はないが、一九世紀以前の時代、および東南アジアに独立国家が誕生して以降の時代については華僑と呼ぶのは不適当であるとした［Wang 1991b, 35–37］。

フィッツジェラルド［Fitzgerald 1972］は、東南アジアの中国系住民に対する中国共産党の政策を分析し、東南アジアの中国系住民を中国共産党の「第五列」とみなす見方の相対化を図った。中国共産党は文化大革命の時期を除いて、東南アジア諸国との友好関係の構築に腐心しており、東南アジア各国が国内の中国系住民と中国共産党との関係に疑念を持っていたため、その疑心を晴らすことを最優先課題としており、東南アジアの中国系住民を手先として扱おうという意志は希薄だったと論じた。これと併せて、東南アジアの中国系住民がすでに中国よりも居住国に帰属意識を向けていることや、中国的な言語や文化に愛着を持っていたとしてもそれは国籍や政治的忠誠を通じた中国との紐帯を意味しないことを指摘した。

インドネシアのジャカルタで生まれ、シンガポールの大学と、インドネシア、オーストラリア、アメリカの大学院で学び、シンガポールを拠点に研究を行ってきたレオ・スルヤディナタ（Leo Suryadinata／廖建裕）も、東南アジアの中国系住民が台北であれ北京であれ中国を庇護者とみなす集団だと画一的にとらえる視点を批判した［Suryadinata 1978a］。スルヤディナタは、スキナーやウィルモット、ウィックバーグ、ワンなどの研究を挙げ、東南アジアの中国系住民は文化的に多様で決して同質的な集団ではなく、政治的志向性も多様であることが明らかにされているとした。そのうえで、東南アジアの中国系住民が居住国の国籍を取得する傾向が顕著であることから、一般に中国よりも東南アジアの居住国を志向しており、中国共産党の動員に応じる可能性は低いとした。また東南アジアの中国系住民が政府や社会から排除されたり暴力を受けたりした事例を比較し、中華人民共和国はソ連との対立において優位に立つという国益に見合うときのみ東南アジアの中国系住民を保護する傾向にあると分析した。

フィッツジェラルドもスルヤディナタも、タイトルや本文に「overseas Chinese」の語を使っており、この語が漢字で華僑の語に相当するとして、以下のような趣旨の断りをわざわざ入れている。中国共産党は一九五〇年代半ば以降、主に中国国籍者に限定して華僑という語を使うようになったが、他方で中国を祖国とみなし何らかのかたちで中国に愛着を維持する人たちに対しても、国籍を問わず、「愛国華僑」などのように華僑という語を使うこともある。中国共産党の政策を分析することを目的とするため、華僑という語を使わざるを得ないが、この語が東南アジアの文脈において不適切であることは承知している。東南アジアの中国系住民は、漢字では華人や華族といった語を、英語ではチャイニーズを、インドネシア語ではプラナカンなどの語を使う傾向がある［Fitzgerald 1972, x；Suryadinata 1978a, 1］。

スルヤディナタは、インドネシアにおける中国系住民の政治的志向性とそれを原住民系とされる人たちがどのように認識してきたかを論じた研究［Suryadinata 1978b］では、東南アジアの中国系住民の多くは居住国の国籍者であるか永住者であるため、中国国籍を持ち中国国外に一時的に居住する者を意味する華僑（overseas Chinese）を使うのは不適当であり、華人（ethnic Chinese）と呼ぶべきだと述べている［Suryadinata 1978b, 3］。

日本における新たな視点の共有

こうした流れを反映して、日本においても一九六〇年代末以降、華僑と華人とを峻別する視点が広く共有されるようになった。

岡部は、東南アジアの中国系住民は国際社会から、また在地の原住民系住民から、中国共産党の「第五列」とみなされがちであるが、それは非体系的な観察に基づく印象論であるとした。マレーシアおよびシンガポールでは、中国系住民のマレー人への同化はほとんど見られないが、マラヤ連邦の独立とシンガポールの自治達成以降、中国に忠誠をつくす華僑としての存在からマラヤあるいはシンガポールに忠誠をつくす華人へと転化する現地化の歩みが見られるとした。それを跡付けるべく岡部は、一九五五年から一九六六年の主要華語新聞二紙を対象に中国関連記事を抽出して数量的な分析を行った。その結果、中国関連記事の全体的な掲載スペースの縮小、中国の国内政治・外交に関する記事スペースの大幅な減少、文化関連記事の割合の相対的な増加という傾向を指摘し、政治の領域において現地化が進展しているとした。これに加えて岡部は、一九六六年にシンガポールの中国系住民を対象に中国に対する意識調査を行い、シンガポールの中国系住民は中国に対する文化的な関心は高いが、政治的な帰属意識においては現地化が進んでいると分析した［岡部 1968］。

この研究において岡部は、中国系住民を意味する語として華人を使用するとしている。岡部は、華僑とは他国に僑居（仮住まい）する中国人の意味であるため、東南アジアに生まれ、現地国籍を有し、心理的にも現地の一部となっている中国系住民も含めて華僑の語で一括するのは不適当であるとした。岡部はまた、マレーシアとシンガポールでは華僑という語は過去のものとなり、華人という言葉が使われていると指摘した［岡部 1968, 15］[20]。

戴は、華僑の語を慎重に使うべきであるとの主張を、学術界のみならず、マスコミやジャーナリズムも含め広く日本社会に対して発信した［戴 1980a；1991］。戴は、インドネシアの九・三〇事件やマレーシアの五月一三日事件において、社会矛盾のはけ口が中国系住民に向けられたと指摘した。一九六〇年代末から一九七〇年代初めにかけて日本企業の東南アジア進出が急速に活発化するなかで、戴は、日本社会では東南アジア進出の仲介者やパートナーとして華僑への関心が高まりつつあるが、華僑が東南アジアの居住国で置かれている状況を把握しないと、華僑をスケープゴートのような立場に追いやることに日本が加担しかねないと指摘した［戴 1980b, 42–44］[21]。

こうした問題意識に基づき戴は、主に日本社会を対象に、華僑にまつわる誤解と神話を相対化する論考を発表していった。戴は、東南アジアの中国系住民は商業的に成功し裕福であるというのは神話でしかなく、階層的には多様であるとした。また東南アジアの中国系住民が中国的な文化を実践していることを根拠に、現地社会に同化せず原住民系住民と対立しているととらえたり、今なお限りない国家的忠誠を父祖の地である中国に持ち続けているととらえたりするのは誤りであるとした。文化的な忠誠と政治的な忠誠は分けて考えるべきであるとし、東南アジアの中国系住民は中国文化を継承しつつも、政治的には居住国の国籍を取得し、居住国の一構成員として国づくりに参与しているとした。華僑という語は中国国外の地に仮住まいし、いずれは中国に帰るという意味を含むため、居住国の国籍を取得し、居住国の一員として生きる東南アジアの中国系の人たちに対して華僑という語を使うのは適当ではないとした［戴 1980a］。戴は東南アジアの中国系住民の意識の変化を、『落葉帰根』から『落地生根』へ」と表現した。「落葉帰根」はいずれ中国に帰ること、「落地生根」は居住国に根を生やして生きることを意味する［戴 1980c］。

以上のように一九七〇年代に、東南アジアの中国系住民に対して国際社会および居住国の非華人系住民から向けられる疑念を晴らすことにより、東南アジアにおける情勢の安定化に寄与しようとする研究が進展した。疑念を晴らす方法として、華僑と華人を厳密に峻別し、華僑から華人への意識の転換を重視するアプローチがとられた。それは、東南アジアの中国系住民の多くは居住国の一員として生きていく意志を持つ華人であり、もはや中国に忠誠を誓う華僑ではなく、したがって中国共産党に動員される可能性は少ないという論理であった。

(3)「華僑から華人へ」

アイデンティティ変容への着目

一九七〇年代の研究を受けて一九八〇年代以降、二つの研究が進展した。一つは、東南アジアの中国系住民を華僑と華人とに峻別したうえで、「華僑から華人へ」の帰属意識がいつどのように転換したかについての研究である。

一九八〇年代の中国は、西側諸国や東南アジアのＡＳＥＡＮ諸国（マレーシア、シンガポール、インドネシア、フィリピン、タイ）にとって大きな脅威ではなくなっていた。中国はソ連の脅威に対抗するため、一九七〇年代以降アメリカやＡＳＥＡＮ諸国との関係構築に努めていた。また一九七八年に改革開放政策に転じ、西側諸国やＡＳＥＡＮ諸国とも対外関係を拡大・深化させていった。こうしたなかで、西側諸国やＡＳＥＡＮ諸国において、東南アジアの中国系住民を中国共産党の「第五列」とみなす傾向は弱まった。

他方で、改革開放以降の中国には海外からの対中投資が増加し、そのなかで東南アジアの中国系資本からの投資も増加した。一九八〇年代後半に天安門事件と冷戦の終結、ソ連の崩壊という事態が起こるなかで、中国は国際的な孤立を回避すべく、「大中華経済圏」の構築・強化を提唱した［田中 2002, 3］。このことも作用し、台湾や香港、東南アジアの中国系住民と中国との関係が注目され、その文化的・経済的一体性を強調するような議論が現れた[22]。

これに対して、東南アジアの中国系資本の中国への投資は中国に対する愛国心に基づくものではなく、利益を見込んだ経済的な動機に基づくものであることが指摘された。そのなかで、東南アジアの中国系住民がもはや中国人意識も中国への特別な親近感も持っていないことが論じられた［岡部 1989；田中 1990；1995；2002；岩崎 1997；Ong 1999］。

こうした背景もあり、シンガポールやマレーシアでは一九八〇年代以降、「華僑から華人へ」の意識転換に注目する研究が進展した。「華僑から華人へ」の意識転換を扱った研究として、中国を志向していた華僑がシンガポールを志向するシンガポール人になっていく過程を論じたヨンの研究がある。第二次世界大戦以前より華僑は、社会、文化、制度、経済など各方面においてシンガポールに根差していたため、また自らの利益を守るためにシンガポールの政治に参加することが有利であると判断したため、志向性の転換は傷みなく円滑に進んだと述べた［Yong 1992c］。また崔は、一九四五年から一九四九年には華人の多くはまだ中国を思い、居住国にアイデンティティを持たなかったが、一九五〇年から一九五五年の過渡期を経て、一九五六年から一九五九年には多くの華人が公民権を取得し、居住国に国家アイデンティティを抱き始めたとした［崔 1990］。同書には、イェン・チンホアン（Yen Ching Hwang）が序言を寄せており、「東南アジア華僑華人の近代史の分野で、重要なテーマの一つが華僑から海外華人への変遷の過程である」と述べている［崔 1990, 2］。

「華僑から華人へ」の意識転換が主眼ではない研究においても、「華僑から華人へ」の意識転換が言及された。蔡史君は、日本占領期にマラヤの中国系住民の間に、移民的な思想を捨て、居住国の政治や経済に関心を寄せ、他の民族と共同で独立した自立的な国家を作ることにより、侵略や略奪から身を守らねばならないという思想が現れたとする［蔡 1984］。謝詩堅と陳剣虹は、一九五〇年代に入ってから一九五七年に独立するまでに、多くの中国系住民が僑民意識を捨て、マラヤの市民権を取得し、他の民族と協力しながら独立を勝ち取ったとする［謝 1984；陳 1984］。王慷鼎は、シンガポールの華語新聞の歴史を論じるなかで、「華僑から華人へ」の変遷を紙面からとらえる章を設けている［王 1995］。

日本国内でも一九八〇年代以降、「華僑から華人へ」の意識転換が重視されるようになった。［游 1990, 14］や［戴 1991, 20］、［可児・游 1995, 20］には、節や小見出しのタイトルに「華僑から華人へ」という語が使われている。日本学術振興会が発行し、学術研究の最前線を紹介する『学術月報』に掲載された［今富 1991］は、「華僑から華人へ」というタイトルで東南アジア華人研究の進展について紹介している。

このような流れに対して、慎重さを求める指摘もなされた。原は、東南アジアの中国系住民の東南アジア居住国への定着の過程を重視するあまり、東南アジアの中国系住民が持っていた中国との関係が軽視される傾向が生じているると指摘した。原は、マラヤの中国系住民が第二次世界大戦後しばらくの間中国に対して強い帰属意識を抱いていたことを十分に認識したうえで、痛みをも伴った帰属意識の転換に着目すべきだと論じた［原 1993；2001］。

華人を対象とした政治研究の進展

一九七〇年代の研究を受けて一九八〇年代以降進展した研究のもう一つは、華人を対象とした政治研究の進展である。新たな国民国家において華人がどのように位置づけられるのかをめぐり、華人内部にも意見の相違や対立が存在し、それが国民統合全体にも影響を及ぼしたという関心から、華人を対象とした政治研究が進展した。これらの研究では、華人社会は決して一枚岩ではないことが指摘され、華人社会内部における分裂や対立が注目された。

華人社会内部における分裂や対立は、植民地期にさかのぼって説明された。植民地期に中国系社会では、出身地、教育的背景、使用言語などの違いにより中国を志向するグループと居住国を志向するグループが形成され、その志向性の違いが脱植民地期および国民国家形成期における中国系社会内部の政治的な分裂や対立につながったと説明された[23]。移民の歴史が古く、現地に生まれ、現地語に馴染んでいたり、植民地宗主国の言語で教育を受けたりした者は、居住国（既存の植民地国家または未来の独立国家）を志向したとされる。これに対して、移民第一世代や現地に生まれても中国系言語[24]で教育を受け、華人社会の中だけで社会化した者は、中国を志向したとされる。

海峡植民地を含む英領マラヤでは、生活文化や言語がマレー化・イギリス化した華人を、プラナカン、ババ（男性）、ニョニャ（女性）、海峡華人[25]などと呼んだ。彼らはマラヤに生まれ、マレー語やマレー的な生活文化に馴染み[26]、英語教育を受けて英語や西洋的な価値観に通じ、中国や中国文化とは疎遠であったとされる。そのため、植民地政府や他の民族と密接な関係を構築することができ、そうした関係性を通じて社会的上昇を図ったとされる。こうした華人は、英語派華人と呼ばれる。英語派華人が自らの利益を代表する組織として設立したのが、一九〇〇年七月にシンガポールで設立された海峡華人系英国臣民協会（Straits Chinese British Association：SCBA）であるとされる［Heng 1988, 26–30；Yong 1992b, 87–91；金子 2010, 37–39；田中 2002, 31–32；田村 2013, 28–29］。

これに対峙されるのが、華語派華人と呼ばれる人たちである。地縁や血縁に基づくネットワークの中だけで社会化し、中国系言語のみで生活し、基本的に英語を話せず、他民族との交渉・交流は極めて少ないとされる。彼らは中国で展開する運動の影響を直接的に受け、またマラヤでは相対的に社会的・経済的に恵まれない地位に置かれていたため、中国志向を強めたと説明される。出身地域や方言の多様性を超えて華語派華人を横断的に組織化したのは、いずれも中国から輸入された機関であると説明される。一九〇〇年代には清朝政府が主導して設立されたとされる華人商業会議所、一九一〇年代には革命派が中心となって設立した国民党、一九二〇年代には中国共産党の支援を受けて設立されたマラヤ共産党など、中国における運動をマラヤの華人社会に広めるうえで影響力を持つ機関が現れたとされる。また一九〇〇年代半ば以降近代的な華語学校が設立され、中国から派遣された教員が中国の教材を使って教育したことも、中国への志向性を強める要因であったとされる［Heng 1988, 18–26；Yong 1992b, 83–87；金子 2001, 39–46；田中 2002, 32–35；田村 2013, 23–26］。

以上の議論の主眼は、脱植民地期・国民国家形成期の華人社会の分裂・対立にある。その背景として植民地期の華人社会について言及するため、植民地期の華人社会についても分裂・対立の側面が強調されがちとなっている。国民統合と華人というテーマにおいて、華人の庇護者を自認するＭＣＡなど民族別政党が国民に政治参加のチャンネルを提供するマレーシアの「民族の政治」は、あまり肯定的に評価されてこなかった。「民族の政治」は民族の利益に敏感な国民に政治指導者が応対するなかで構築され、各民族が民族の利益を優先することにより国民統合が阻害されうると考えられた［岡部 1989；加藤 1990；Anderson 1998；金子 2001；原 2002］。これに対して、現実の社会においてあらゆる個人は権力関係や利害関係の中で生きており、そのなかで互いに異質性を認識しあう人々が自らの固有性を維持しつつ共存する方策として、マレーシアにおける「民族の政治」というあり方を評価する視点もある［山本 2006］(27)。

3 「華僑から華人へ」という視点の問題点

(1) 一元的にとらえられるアイデンティティ

「華僑から華人へ」という視点に立つ研究は、文化的なアイデンティティと政治的なアイデンティティとを切り離し、中華文明の継承者としてのアイデンティティと、非華人が多数派・主流派を占める居住国の国民としてのアイデンティティとが両立する側面に注目した。こうした研究は、文化的多元主義に基づく秩序の構築を後押ししてきたと言える。そのことが一つの要因となり、東南アジアの華人は現在に至るまでに、決して平坦ではない長い道のりではあったが、国民としての正当な地位が文化的な固有性により拒否されない状況を獲得しつつあると言える。

他方で「華僑から華人へ」という視点は、越境の中を柔軟に生きてきた華人の生き方を硬直的にとらえる視点ともなっている。

第一に、個人がアイデンティティを持ちうる対象は常に一つという前提に立っていることである。岡部は、「シンガポール華人の対中国態度を決定する一つの要因は、シンガポール（マレーシア）に対しどの程度忠誠であるか、帰属感を持っているか」であるとし、「シンガポールと自己を同一視する度合いが高いほど中国との紐帯感は弱まると考えられる」と述べている［岡部 1968, 24］。原は、中国を自らの祖国とみなし、中国の発展・強大化を誇りとし、なんらかの形で中国の国内政治に参画することを責務と考える意識を中国志向と定義する。これに対し、マラヤを祖国とみなし、マラヤの政治に参画し、マラヤにおいて国民としての合法的な権利を求めようとする意識をマラヤ志向と定義する。原はこの二つの意識が対局にあるとする［原 2001, 12–13］。

マラヤおよび東南アジアの華人を志向性ごとに三つのグループに類型化したワンの議論においては、グループ間の境界線を明確に引くことは難しく、グループ間でも移動があるとしている［Wang 1970；1991］。ここでは、一人の個人が同時に複数のグループに所属することは想定されておらず、つねにいずれか一つのグループに所属することが前提とされている。とりわけある個人が、中国を志向するグループAと現地を志向するグループCの双方にかかわることは想定されていない。

華人を英語派と華語派に分けて考える視点においても、個人がアイデンティティを抱く対象は一つであることが前提とされている。英語派と華語派の両側面を持つ人物の存在も指摘されているが(28)、基本的に両者は交わらず、両者の間には深い溝があるとされる。とりわけ英語派と華語派の議論においては、ある人物の行動を、その人物の出身地、教育的背景、言語など、その人物が持つ文化的な要素や属性から説明する傾向がある。また脱植民地期・国民国家形成期における華人社会の分裂を、それ以前から歴史的・構造的に存在していたと説明するため、植民地期の華人社会についても分裂を強調しがちとなる。

これに対して、個人のアイデンティティは重層的かつ複合的に形成されており、一元的ではないことが指摘されている。またアイデンティティを規定するのは文化的な要素や属性というよりは、利害であることが指摘されている。一般に個人は、複数の集団性や枠組みに重層的にかかわって生きており、社会的な競合などその時々の状況に応じて、自らを同一化する集団性や枠組みを選択することが指摘されている［古田 1984；田村 1988；山影 1994］。

スペイン領フィリピンでは一八世紀半ば以降、中央集権化、税制改革、産業振興が進展し、異質な存在である華人はカトリックへの改宗を通じてスペインの臣民として統合された。これにより、のちにインディオと社会的・文化的に同化し、フィリピン・ナショナリズムの担い手となる中国系メスティーソと呼ばれる社会が進展したとされる。これについて菅谷は、中国系メスティーソの中には祖先崇拝を核とする道教・仏教的信仰体系を維持したり、中国からの新来移民と関係を構築したり、中国との関係を維持したりする側面も見られ、出自国から居住国への同化や統合が単線的・一元的に進展したわけではないと指摘する［菅谷 2006；2016］。

山本は、一九五〇年代から一九六〇年代の北ボルネオ（現在のマレーシア・サバ州）の事例に基づき、「華僑から華人へ」という視点がアイデンティティの対象を一つに限定する見方に立つため、華人の多様性をとらえきれないと指摘した。山本は、中国を共産主義者から解放する拠点として北ボルネオ社会の建設・発展に尽力した華人の事例と、木材輸出のために外部（主に香港）との関係性を維持・強化すべく北ボルネオにおける政治・行政枠組みを活用した華人の事例を論じた。山本は、北ボルネオの華人が持ちうる利益は多様であり、利益を獲得するための手段や枠組みもまた多様であると指摘した。そうした多様性は、出自国から居住国に単線的に不可逆的にアイデンティティが変化することを前提とした視点や、「居住国か中国か」という二者択一的な視点ではとらえきれないとした［山本 2006］。

アイデンティティが出自国から居住国に単線的かつ不可逆的に転換していくという視点を、奈倉と市川も批判的にとらえている。市川は、パプアニューギニアからオーストラリアに移住する華人や、マレーシアからパプアニューギニアに移住する華人の事例を論じている［市川 2009］。奈倉は一九四〇年代から七〇年代に東南アジアから中国に帰国した華僑を事例とし、移動を通じて複数の場にかかわって生きるなかで重層的な自己意識を持つに至ったり、アイデンティティの枠組みを特定の地域ではなく自らの移動の過程そのものに見いだしたりする華人の事例を論じている［奈倉 2011；2012；2014］。

本書が扱う一九世紀末から二〇世紀初めのペナンの華人も、越境を生きるなかで複数の社会との関係性の中に生きる人たちであった。本書では、ペナンの華人がペナンを拠点に多様な地域とのつながりの中に生きており、そのつながりの中で中国との関係が資源となっていたこと、また多様な地域とのつながりが中国と関係を結ぶときの資源となっていたことを確認する。そのうえで、ペナンの華人は一つの公権力の庇護の下に自らを位置づけて、複数の地域における利益を守ったというよりは、それぞれの地域の秩序やルールを踏まえてその地域の公権力と関係を構築し、自らの利益を守ろうとしていたことを示していく。また個人や集団が何に利益を見いだすかの選択と、その利益を守るための枠組みの選択において、出身地、教育的背景、使用言語が必ずしも決定的な要因ではなかったことを示していく。

(2) 一人の個人に一つの国籍

東南アジアの中国系住民が、中国と居住国のどちらかを選択しなければならなかったのは、国際関係に規定されていたためだという指摘も可能であるように思われる。志向する対象が中国であれ居住国であれ、志向する先にあるものとして想定されているのは、国家の庇護を受けるということである。個人が世界の中で生存を確保するうえで、時として国家の庇護が重要となる。このことに関して、個人が庇護を求めうる国家はその個人が国籍を持つ国家であり、ある国家の国籍を持つためには他の国家の国籍を持つことができないという考え方がある。このように考えるなら、中国と居住国双方を志向できなかったのも当然だということになる。

しかしここで想起したいのは、ある国家の国籍を持つためには他の国家の国籍を持つことができないという考え方、すなわち一人の個人に一つの国籍という国籍唯一の原則は、二〇世紀初頭に現れた規範であったことである。それ以前の時代には、国籍唯一の原則は存在していなかった。「華僑から華人へ」という視点の第二の問題は、この視点が現れた時代の規範を、そのような規範がなかった時代にも当てはめていることである。

現在の世界では、地球上の領土はどこかの国民国家に所属し、個人はたいていの場合どこかの国民国家の国籍を持つものとされる。こうした状況は一八世紀末以降西欧で、明確な境界で区切られた領域上に国民を主権者とする国家、すなわち国民国家が登場したことに端を発する。一九世紀から二〇世紀にかけて地球上のあらゆる領土は、どこかの国民国家に組み込まれ、その中に植民地という統治形態も存在した。植民地では、その植民地の宗主国を出自とする住民以外は、主権者たる国民という位置づけを与えられなかったものの、植民地の領域とそこに住む住民は国民国家である宗主国の統治と管理を受けることになった。明確な領域概念を持たなかった非西欧地域には、国境という明確な境界線が引かれることとなり、東南アジアも例外ではなかった。

他方でこの時期の世界には、輸送力とスピードが大幅に向上した蒸気船の登場という背景もあり、強制的あるいは自発的に国境を越える人たちが大量に発生した[㉙]。この時代を「大量移民の時代」と呼ぶ論者もいる［Hatton and Williamson 1998；杉原 1999］。こうした大量の越境者たちの管理が国家にとって問題となり、国籍唯一の原則へと発展していく背景となった。

国民国家を支える資源である税と兵士を国民から調達するために、国民国家は国民に対する主権を強めた。そうしたなかで、国家間の衝突も生じた。一八一二年に米英戦争が勃発した背景の一つに、イギリス出身でアメリカに帰化した水夫たちをイギリスが徴用したことがあった［Koslowski 2003, 3-4；Spiro 2010, 113］。イギリスでは一八七〇年の帰化法により国籍の離脱が定められるまでは、君主への忠誠は永久的なものとされたため［近藤 2004, 61］、アメリカに帰化したイギリス出身者はイギリスからイギリス国籍者として扱われた[㉚]。米英戦争後も、ヨーロッパ諸国で生まれアメリカに帰化した人たちの国籍がヨーロッパの出自国とアメリカとの間で問題となる同様のケースが頻発した。そのためアメリカはヨーロッパ諸国と二国間条約を結び、アメリカに帰化した者はアメリカで一定の期間居住したのちに、ヨーロッパの出自国の国籍を放棄できるという取り決めをした。アメリカは一九世紀後半にこうした二国間条約を二六件結んだ［Koslowski 2003, 4；Spiro 2010, 113–114］。

この過程において二重国籍を否定的にとらえる見方が一般化し、その流れの中で一九三〇年に国際連盟で「国籍法の抵触に関連するある種の問題に関する条約」が採択された［Koslowski 2003, 5–6］。この条約の前文には、「全ての人が国籍を持つこと、また国籍は一つのみであることを各国が認識することが、国際社会にとって一般的な利益である」という文言がある。この条約は、国籍唯一の原則が国際社会に広く共有されていく一つの契機となった。

貞好は、二〇世紀前半に世界がこうした大きな価値観の変化を遂げたことを指摘したうえで、そうした変化が生じる前の時代には、華人が国籍を取得する際の選択肢は必ずしも「中国か居住国か」に収斂しなかったと論じている。二〇世紀初頭のオランダ領東インドでは、出生地主義に基づくオランダ臣民籍（オランダ市民権を伴うオランダ国籍とは異なるもので、本国のオランダ人と同等の権利を保証しない）、清朝・中華民国国籍、イギリス国籍、台湾籍を通じた日本国籍など、華人が取りうる国籍の選択肢は多元的に存在し、複数国籍を使いこなす者もいたと指摘する［貞好 2006］。

村上は、清末の廈門においてイギリス国籍や台湾籍（日本国籍）などを取得し、それらの公権力を介入させることによって地方官や地域住民との間の紛争を自らに有利に解消しようとした華人の事例を論じた。これらの華人の多くは、東南アジアと中国とを往来していた人たちで、そのほとんどが海峡植民地と関係のある人たちであった。村上は、これらの華人は自らの利益に照らして国籍を選択し、選択した国籍に魅力がなくなれば別の選択肢を選ぶか、選択肢を増やして対応したと述べる［村上 2013］。

一九世紀から二〇世紀前半のペナンの華人に対しても、本書全体を通して見ていくように、国籍唯一の原則が必ずしも厳格に施行されていなかった。ペナンの華人も、彼らを管理する国家（主に海峡植民地／イギリスと中国）も、一人の個人に一人の国籍という考え方があることは認識しており、その規範に基づいて行動することもあった。しかし、一人の個人が複数の国籍を持つことも制度上可能であった。海峡植民地政府も、清朝政府および中華民国政府も、重国籍を問題視することはあったが、重国籍を完全に排除する制度の変更などの対応は取らなかった。

こうしたなかでペナンの華人も、オランダ領東インドの華人や廈門の華人（その一部はペナンの華人と重複しうる）と同様、複数の国家に保護や庇護を求めた。ペナンの華人は、オランダ領東インドの華人や廈門の華人同様、越境の中を生きており、国境を越えて問題を抱えることが多かった。いずれの国家も自国外で権力を行使することが困難である場合があるため、ペナンの華人は、自らの抱えている問題にどの国家が介入できるのか、あるいはどの国家の介入を得ると最も効率的かを検討し、どの国家に庇護や保護を求めるのかを問題の性質ごとに判断していた。

ペナンの華人の中には、村上が指摘するように、取得した国籍に魅力がなくなれば、ほかの国籍を取得する者もいたと思われる。しかし資料から読み取れるペナンの華人の姿は、海峡植民地あるいは中国における制度の使い勝手が悪いと感じたときに、より使い勝手がよい制度を求めて渡り歩くというよりは、海峡植民地や中国の制度が自分にとってより使い勝手がよくなるように、制度を管轄している政府やその制度にかかわる社会に働きかけたり交渉したりする姿である。

本書は以上のような側面に着目し、国籍唯一の原則が普及する以前に、あるいはその過程において、一九世紀末から二〇世紀初頭のペナンの華人が国家とどのような関係性を築いていたのかを明らかにしていく。このような議論は、今日の世界を考えるうえでも大きな意義を持ちうる。今日の世界では、国家と個人が相互に国籍にまつわる権利と義務を吟味し、新たな可能性を探りつつ、関係を結ぶ状況が増大しているためである。

一九四八年に採択された世界人権宣言第一五条は、国籍を持つ権利を人権として認め、個人の側から国籍を見るという視点を導入した。公益的観点から生じるとされる不都合は、国家間協定や国内法の整備で解決することが可能であり、複数の国の国籍を持つことが望ましい者には、それを認めるべきであるとの考え方が現れた［岡村 2003, 58］。このことは、国籍唯一の原則が絶対的な規範ではなくなったことを示していた。

二〇世紀後半以降、越境者の送り出し国を中心に、重国籍を認める国家が増加した。中南米諸国では一九九〇年代以降、アメリカに越境者を送る国々において、重国籍を認める法改正が行われてきた(31)。インド政府は二〇〇三年一月に、在外のインド系外国人に重国籍を付与する方針を表明した。東南アジアにおいても、二〇〇三年八月にフィリピンで在外フィリピン人の重国籍を認める法律が成立し［岡村 2003, 59-63］、ベトナムで一九九八年に国籍法が改正され、ベトナム社会主義共和国国籍を持たない在外ベトナム人を居住国の国籍を喪失することなくベトナムの国民として認定すると定めた［古屋 2009］。

越境者の存在は、国籍唯一の原則が形成されていくことになった要因であり、かつその相対化を進展させている要因でもある。国籍唯一の原則が確立していった二〇世紀という時代をとらえるうえでも、またその規範が相対化されつつある今日的状況を考えるうえでも、ペナンの華人を含めた一九世紀から二〇世紀初頭の時代の越境者の生き方を個人と国家との関係に即してとらえなおすことには意義があるだろう。過去は、それより後のある時点から絶えず再構築される。一九世紀末から二〇世紀初頭のペナンの華人をとらえるうえで、国籍唯一の原則が絶対的な規範ではなくなりつつある現在は、華僑と華人を峻別することが急務とされた時代に比べ、より柔軟なとらえ方が可能であるように思われる。

(3) 常に中国との関係で規定される華人性

東南アジアの中国系住民が文化的な固有性を維持し、居住国の原住民系の社会に文化的に同化しない要因は、中国との関係の中で醸成される華人としての意識の強さで説明されてきた。東南アジアの華人はもともと同化の過程にあったが、一九世紀末から二〇世紀初頭以降に中国との接触が増えたことにより、同化が停滞したと論じられてきた［Skinner 1957；1960；Willmott 1960；Lea 1960］。

また以下のような説明もある。中国からの移民は、地縁・血縁・方言に基づき集団形成をすることはあったが、明確な国家意識や民族意識は持たず、地縁・血縁・方言のまとまりに断片化されていた。しかし二〇世紀初頭以降、民族としての自覚や連帯感が現れていった。その要因となったのは、清朝の領事派遣、康有為らによる清朝の近代化を目指す改革運動、清朝の主導のもとで設立された華人商業会議所、孫文など革命派による清朝打倒と共和制樹立を目指す運動などの影響である［須山・日比野・蔵居 1974, 98；Yen 1976, 286–289；2006, 141–142；Heng 1988,

19–20；森川 1995, 162–163；金子 2001, 36–45］。

これらの説明は、ある個人が自らを華人として認識する要因や、華人という集団性が形成される要因として、中国との物理的・心理的なつながりを重視している。中国における運動の影響を受けて「華人であること」の意識に目覚めた者も、おそらくいたであろう。しかし東南アジアの華人が「華人であること」を意識した要因は、常に中国からの影響であったとは限らない。これが、「華僑から華人へ」という視点が持ちうる三つ目の問題点である。

近年においては、個人が自らを華人として認識したり、華人という集団性が形成されたりすることを、中国とのつながりではなく、その個人や集団が身を置いている社会の文脈に基づき説明する試みが活発化している。ノニニとオンは、学術研究において華人性（Chineseness）が常に中国との関係で規定されてきたと批判する。二人は、中国社会に関する人類学的な研究が発展するなかで、中国国外の華人社会研究が発展してきた側面を指摘する。多くの研究者が冷戦期に中国で調査を行えず、中国国外の華人社会で調査を実施したためである。中国社会の宗族を研究したモーリス・フリードマンもその一人であり、シンガポールと香港の華人社会を中心に調査を実施した。フリードマンはその調査フィールドを「残滓中国（Residual China）」と呼んだ。このような見方をノニニとオンは、中国大陸にこそ真の中国文化があり、それ以外の地域の華人社会は不完全な複製で、文化的な正統性を欠くとする視点につながりうると批判した［Nonini and Ong 1997；Ong 1999[32]］。

貞好と津田はインドネシアの華人について、インドネシアの公権力や社会から否応なしに華人と認識されるなかで、華人が「華人であること」をどう引き受けてきたかを論じている［貞好 2004；津田 2011］。北村も同様の視点から、一九五〇年代から一九六〇年代にかけてインドネシア地域から旧植民地宗主国オランダへの移住を選択したり、その選択を余儀なくされたりした華人を扱う。文化的・社会的に現地（インドネシアとオランダ）化の度合いが高くとも、また当事者がそのことをどれほど強く自覚していようとも、他者から華人として括られてしまう人たちが「華人であること」にどう向き合うかを論じている［北村 2014］。

黄は、タイ、マレーシア、シンガポールで一九八〇年代から教勢を増している徳教という宗教慈善文化団体について、それが東南アジアで独自に発展したことを明らかにしたうえで、徳教を通じた宗教・文化活動の実践の中で「華人であること」が東南アジア独自の文脈で実践されていると論じている［黄 2011］。

山本は、「華僑から華人へ」という視点は、華僑と華人の間の選択を本人の意思次第であるととらえがちとなることを指摘する。個人や集団が自己をどう位置づけるかは、それが他者からどう受け入れられるかによっても大きく左右されるため、いかなる環境に置かれ、そのなかで他者との関係の中でどのようにして華人が華人として生きることになったのかをとらえる必要があるとする［山本 2006, 254-256］。

これらの研究はいずれも、越境の過程の中で、また居住国の文脈の中で華人性をとらえる試みである。本書もこうした試みの一つとして、海峡植民地ペナンの文脈において華人がどのように自らを華人として認識し、華人性をどのようにとらえていたのかを明らかにする。

海峡植民地政府は、雑多な住民を出身地や言語ごとにまとめ、その代表者を通じて住民を管理し統治した(33)。しかし統治者の思惑がそのまま被統治者に受け入れられたわけではなかった。海峡植民地のマレー人／ムスリム社会では、マレー人という集団性をどのように規定し、その代表者を誰にするかについて、統治される側が積極的に発言していた(34)。ペナンの華人が自らを華人として認識するうえでも、海峡植民地政府による統治の枠組みが大きく影響していた。本書では、海峡植民地における統治の枠組みにおいて、華人という枠組みがどのように位置づけられ、それに対してペナンの華人がどのように対応したのかを明らかにする。

マラヤにおけるマレー人／ムスリムという集団性に関する議論は、華人とインド人の存在を意識して展開したものでもあった［Ariffin 1993；坪井 2004；2011；2013］。ペナンの華人が自らを華人として認識するうえで、異なる文化を持つ隣人との関係も大きく影響していた。ペナンでは雑多な住民の中から華人も含めていくつかの集団性が現れ、それぞれが自らの固有性を顕示しながら、その集団性を社会や公権力に認知させようとしていた。固有性を顕示する際には、それぞれの集団の存在が互いに意識されていた。本書は、ペナンの多民族社会がどのような論理で動いており、そのなかで華人が自らをどのように位置づけ、華人性がどのように再解釈・再構築され、他の民族と関係を構築しようとしていたのかについても明らかにしていく。

(4) 固定化される華僑イメージ

「華僑から華人へ」という視点が持つ第四の問題点は、華僑のイメージが固定化されてしまう点である。「華僑から華人へ」という視点に立つ研究においては、華僑像を再検討するという方法を取るのではなく、東南アジアの中国系住民がもはや華僑ではなく華人であることを提示するというアプローチをとった。華人がどのような人たちかを鮮明化するために、華僑は対比の素材として二項対立的に置かれ、華人的ではない側面、すなわち居住国ではなく出自国中国に対して帰属意識を持つ側面が強調された。

例えば、「中国に忠誠をつくす『華僑』としての存在から、マラヤあるいはシンガポールに忠誠を尽くす『華人』へと急速に転化していった［岡部 1968, 307］」と表現したり、東南アジアの華人は今なお限りない国家的忠誠心を彼らの父祖の地である中国に持ち続けていると断じてはいけない［戴 1974, 12］などと記述したりすることは、華僑のイメージを固定化する作用を持った。

華僑が中国に忠誠を持ち、愛国的だったというイメージは、辛亥革命につながる孫文らの革命運動への支援と、日中戦争期における抗日救国運動において語られることが多い(35)。このうち本書では、辛亥革命前後の時期までについて、愛国的な華僑というイメージを検討する。

すでに紹介したようにワンは、華僑という語は革命派による運動を通じて広く民間に広がったと指摘している［Wang 1981, 123–124］。成田も、華僑という語を積極的に使い始めたのは革命派であったと指摘する［成田 1941,

3–4][36]。革命派は自らの運動への動員を図る際に、中国国外に居住する華人を華僑と呼んだ。そう呼ばれた人たちの中には、革命派の運動を支援した者も多かった。資金的な支援をした者のみならず、武装蜂起に参加し命を落とした者もいた。辛亥革命の成功後、革命派は中国国外に居住する華人を「愛国的」と評し、中国国外に居住する華人からの支援を維持・強化すべく努めた[37]。中国国外の華人と密接にかかわりながら活動した革命派の人物や、革命派の活動を支援した中国国外在住の華人たちも、革命の成功や中華民国の建国における華僑の功績を論じる書物を著した[38]。こうしたなかで、「愛国的な華僑」というイメージが広がったと言える。

華僑が「愛国的」であると評価される行為は、辛亥革命や中華民国の設立に身も心も財産も自己犠牲的に捧げた行為であると言えよう。これに関して本書は、何をもって「愛国的」と評価するかについて検討する。これは、清朝の改革・打倒や中華民国の建国に身も心も財産も捧げた人たちを否定するものではない。本書が問題にしたいのは、研究に価する行為として自己犠牲的な行為や精神がもっぱら評価される点である。自己犠牲的な行為や精神を評価することが、国家や民族のために自己を犠牲にしろと個人に強要する論理に根拠を与えうることも考慮しなければならない。

ペナンには、清朝打倒をかかげた武装蜂起が相次いで失敗し窮地に立たされた孫文とその家族をペナンに受け入れ、その生活を支える者たちがいた。また一九一〇年一一月に中国同盟会の幹部が集結して行われた「ペナン会議」では、最も大規模で熾烈だったとされる広州黄花崗蜂起の実行が決定され、ペナンの華人はこれを支持し、資金的支援を行った。一九一一年四月二七日に決行された黄花崗蜂起にペナンから参加し、命を落とした者もいた。従来の研究においては、こうした自己犠牲的な側面ばかりが注目され、肯定的に強調される傾向があった［Yen 1976；張少寛 2004］。

これに対して本書では、「金を出す以上口も出す」というようなペナンの華人のかかわり方に光を当てる。愛国とは国家の建設に資することだと考えるならば、政治や行政のあり方を監視し問題があればそれを指摘し、政治や行政の応答性を高めることも国家の建設につながりうる行為である。本書はそのような行為に注目する。

華僑という語を定義するにあたり、ワンや成田の研究を始めとし、その語源をたどる研究がなされてきた。これらの研究はいずれも、華僑と呼ばれる人たちを動員する側からの見方となっている。清朝政府や革命派が中国国外に居住する華人を動員するうえで、その人たちを華僑と呼ぶに至った経緯が明らかにされてきた。これに対してこれらの研究は、動員される側が華僑という語をどのように受け取ったのかについてはほとんど論じていない。動員する側とされる側が同じ認識を持つこともあるが、つねにそうであるとは限らない。

本書では、華僑という語により動員される側が華僑の語に対してどのような認識を持っていたのかについて、ペナンの華人の事例を明らかにする。ここで注目するのは、ペナンの華人の中には華僑という語を、中国の公権力が付与する権利にアクセスする際に、それらにアクセスするために設置された中国国内の経路を使わず、海外から中央の権威に直接通じる特別な経路を使える資格として認識していた側面があったことである。ただし本書のこうした見方は当然のことながら、華僑として動員された人たちすべてに当てはまるわけではない。動員される側にも多様な思惑があることを前提とし、そうした多様な思惑のひとつとして上記の側面に着目する。

(5) ペナンから論じることの意義

ペナンには、華僑華人研究が前提としてきた枠組みを相対化しうるような事例が複数存在する。そうした事例にあたる華人公会堂やペナン華人商業会議所については、周年事業の一部として刊行された記念刊行物などにおいて、設立の時期や設立者、歴代の幹部、主要な出来事などについて情報が整理されてきた［陳剣虹 1983；2003；鄭 1978；1983］。しかしこれらの研究においては、ローカルなコミュニティの歴史の蓄積に重点が置かれている。

より大きな視野においてペナンの華人をとらえようとする研究は、徴税請負制度の研究において活発に行われてきた。公権力とフォーマル・インフォーマルな関係を築き、ペナンを拠点にペラやクダなどのマレー諸国やスマトラ、ビルマ、タイ南部などで事業を展開した華人の存在が明らかにされた［Godley 1981；1993；Trocki 1990；2009；Cushman 1991；Butcher and Dick 1993；Wu 2003；2009］。またこれらの研究と相互に補完するかたちで、海峡植民地期におけるペナンの外部世界とのネットワークに注目する研究［Yeoh 2009；Loh, et al. eds. 2013；黄 2015］や、ペナン社会内部のネットワークに注目する研究［Wong 2015］が二〇〇〇年前後から活発化している。これらの研究は経済史的な側面が強く、個人の事業の発展が国家との密接な関係の上に展開していた点において、個人と国家との関係性に注目する。これに対して本書では、ペナンの華人が華人や華僑という集団性を枠組みとして、公権力や社会と交渉を行うべく海峡植民地および中国において政治に参加し、自らにとってより理想的な秩序の構築に参与していく側面に着目する。

4　本書の視点

(1)　用語の定義

①　華　人

本書における華人は、中国に出自をたどることができ、なんらかのかたちで中華文化を継承していると認識する人、あるいは他者からそのように認識される人を指す。国籍や出生地、居住地は問わない。

華人という語はすでに見てきたように、居住国の国籍を持つ華人に限って使われることがある。しかし華人という語は、国籍という属性と文化的・血統的な属性の双方を含む「中国人」という語から、文化的・血統的な属性のみを抽出して概念化した語でもある。[39]このことを踏まえて本書では、文化的・血統的な人間集団という意味で華人という語を使用する。中国に居住する者や中国国籍を持つ者も、上記の定義に当てはまれば華人と呼ぶ。また華人と同じ意味で、中国系住民という語を使っている。

なお組織名など固有名詞に華僑という語が使われている場合は、華僑という語を使用する。また資料の中で華僑という語が使われている場合、華僑という語をそのまま使用する方が資料の文脈をより明確に示しうる場合は、華僑の語を使用する。

② 民族

本書では華人を民族としてとらえる。民族とは、なんらかの文化的な特徴を共有するとみなされ、そのことによって括りうる人間集団であると定義する。本書は、民族が自立を高めたいという欲求を持ったときに、自立を達成する手段や方法は多様であり、独自の国民国家の建設が唯一の選択肢ではないという前提に立つ[40]。このことは具体的には、以下の三点に留意するものである。

第一に、自らと民族を同じくする者が設立した国家が必ずしも唯一の自立の枠組みではない点である。華人という民族の国家として中華民国が設立されたが、ペナンの華人の中には中華民国を自立の枠組みとして認識していなかった者や、海峡植民地およびイギリスという枠組みを自立の枠組みとしてとらえる者、自立の枠組みを中華民国のみに一元的に求めなかった者も少なくなかった。本書では、個人が国家を通じて自立を達成するうえで、個人は国家を選択することができ、出自や民族的な同一性によってその選択が制限されるものではないととらえる。現実の社会では、ある国家がある民族を国民として認めないこともあるが、それは民族と国家との関係が原理的に固定されているためではなく、その国家と民族をめぐり個別の歴史的な事情があるためである。

第二に、自立を求める民族はすべからく独自の国家を持つわけではないという点である。自立を達成する方法に、その民族を主権者とする国民国家の設立がある。この論理に基づけば、独立国家において国民を構成するのは一つの民族のみとなる。しかし現実の社会では、複数の民族が国民を構成する多民族国家も多い。ある多民族国家において非主流あるいは少数派の立場にある民族が、主流派・多数派の民族と交渉するなどして国家のあり方に働きかけ、その国家を自らに引き付けて自前の国家として作り上げていくこともある。これは、既存の国家を受け入れたうえで、その国家の枠内で民族としての自立を高めていく試みと位置づけることができる。

このようにとらえるなら、第三に、植民地統治者を排除して国民国家を建設したわけではなく、植民地国家という既存の国家の枠内で自立を求める運動についても、その主体性を正当に評価しうるという点である。このことは東南アジア史研究において進展してきた植民地期のとらえ直しとも関連する。東南アジア史研究は一九六〇年代以降、東南アジアの主体性を重視する自律史観の確立を課題として進展し、そのなかで一九九〇年代以降植民地期のとらえ直しが進展した(41)。東南アジアの植民地期は一般に、欧米諸国が一方的な支配と搾取を進展させ、在地の住民は受け身で支配されるか、反乱と抵抗以外に対応する能力を持たなかったと見られてきた。これに対して、植民地化は欧米諸国の思うままに進展したわけではなく、在地住民のしたたかで複雑で能動的な関与があり、在地社会の意向にも規定されながら進展したことが指摘されている［池端 1994；弘末 2004］。

③ 政治参加

本書は副題にあるとおり、政治参加に着目するものである。政治参加と言えば、有権者が選挙での投票を通じて代表者を選出し、間接的に政治参加するという形態がまず想定されるであろう。中国においては中華民国期に選挙を通じた代表者の選出という制度が導入されたものの、海峡植民地においてはそのような制度は部分的にしか存在せず、本書において政治参加という語を使うのは適当ではないという考え方もあるかもしれない。しかし、政治参加の形態は多様であることが指摘されて久しく、政治分析において投票以外の政治参加に注目することの重要性が指摘されている。そのことを踏まえて蒲島は、政治参加を「政府の政策決定に影響を与えるべく意図された一般市民の活動［蒲島 1988, 3］」と定義し、この定義が政治学で広く受け入れられている［山田 2016, 5–6］。本書における政治参加の定義も蒲島の定義に基づく。

蒲島はヴァーバらの研究［Verba et al. 1971；Verba and Nie 1972］やハンティントンらの研究［Huntington and

Nelson 1976］を踏まえ、政治参加の形態として投票、選挙活動、地域活動、個別接触[42]、暴力を挙げている。地域活動には、請願や陳情、デモや集団交渉、役職者や有力者を通じた働きかけなど、制度的な活動と非制度的な活動の双方が含まれる［蒲島 1988, 7–11；81–83］[43]。本書が扱うペナンの華人は、部分的・限定的であるにせよ、投票や選挙活動という形態での政治参加を行っており、またそれらの形態での政治参加が部分的・限定的であったからこそ、地域活動に含まれる形態の政治参加を活発に行っていたと言える。さらに付け加えるなら、ペナンの華人にとって一八七〇年代前半までは暴力と個別接触が重要な政治参加の形態であったが、一八七〇年代半ば以降それらの形態に訴えることがリスクを生じさせたり、効力を低下させたりしたため、地域活動を主とする形態に変わっていったととらえることができる。

山田は、政治学の分野における政治参加研究はサーヴェイ・データに基づく行動論的分析に大きく偏っており、データを安定的に取得できる国が分析対象となりやすく、民主主義体制での合法的・制度的参加にもっぱら着目してきたと指摘する。そのため政治学における政治参加研究では分析の対象は有権者に限定され、それ以外のアクターは分析の外に置かれ、公民権運動などの参政権の拡大を求める運動は社会運動として社会学で研究されてきたと指摘する。これに対して山田は、制度化された政治的代表システムを媒介とした利益の反映がうまくいかない場合に、人々は往々にして非制度的な社会運動[44]を介して国家に働きかけ、社会運動が政策に影響を与えたり、社会運動の主体が制度内に参入していったりすることもあることから、制度的な政治参加と非制度的な社会運動を政治体制と関連付けて政治過程や政治権力を分析する視点が重要であるとする［山田 2016］。

この指摘は、制度化された政治的代表システムを通じた政治参加と、そのシステムの外部に置かれた人たちがそのシステムへの参加を求める活動（往々にしてシステムの外部で展開される）と、そのシステムに参加している人たちがシステムの外部で展開する活動とをいったん区別したうえで、制度化されていない活動も含めて政治参加をとらえ、政治を分析することの重要性を示している。この指摘を踏まえるなら、本書が扱うペナンの華人は、制度化された政治的代表システムを活用しつつ、そのシステムが自らの利益をうまく反映しきれていない部分については政治的代表システム外での集団交渉や陳情・請願という手段も使いながら公権力に不断に働きかけ、制度的な政治的代表システムへの参加拡大を試みていたと言え、政治参加という概念でとらえることができる。

(2) 資 料

本書が主に依拠する資料は、公文書と新聞や雑誌などの定期刊行物である。

海峡植民地に関する公文書として、まずCO 273ファイル(*Straits Settlements Original Correspondence, Colonial Office Record*)がある。これは、植民地省が各植民地や関係省庁とやりとりした文書の中で、海峡植民地に関する文書をファイルしたものである。海峡植民地総督と植民地大臣との間で交わされた書簡や、外務大臣と植民地大臣との間で交わされた書簡、またペナンおよび海峡植民地の住民と植民地大臣との間で交わされた文書などが収められている。このほかにペナン駐在参事官や、華人保護署などをはじめとし、海峡植民地の諸機関が発行していた年次報告書や、海峡植民地政府官報、立法参事会議事録などを使用した。

清朝政府の動向や上諭[45]は、光緒帝の在位期間に関しては『光緒朝東華録』と『大清徳宗景皇帝實録』を、宣統帝の在位期間に関しては『東方雑誌』(後述)を使用した。

定期刊行物については、ペナンで発行された新聞を最も頻繁に使用している。主に使用したのは三紙(英語新聞二紙、華語新聞一紙)で、その詳細は以下のとおりである。

『ペナン・ガゼット・アンド・ストレイツ・クロニクル(*Pinang Gazette and Straits Chronicle*、以下ペナン・ガゼット)』は一八〇五年に創刊された『プリンス・オブ・ウェールズ・アイランド・ガゼット(*Prince of Wales Island Gazette*)』に由来する英語新聞である。『プリンス・オブ・ウェールズ・アイランド・ガゼット』は一八二七年八月に一度停刊したが、一八三三年七月に再度刊行され、一八三八年四月に『ストレイツ・クロニクル(*Straits*

Chronicle)』を吸収し、『ペナン・ガゼット』として刊行された。その理事にはペナン商業会議所のメンバーが恒常的に含まれており、同紙はペナンのヨーロッパ人商業界の利益を代弁する新聞として認識されていた［Write and Cartwrite 1908, 258–259］。一九一〇年頃の発行部数は六五〇部であった［SSBB 1910］。

英語新聞『ストレイツ・エコー（*Straits Echo*）』と華語新聞『檳城新報（*Penang Sin Poe*）』は、いずれもクライテリオン・プレス（Criterion Press／點石齊印字公司）が発行していた新聞であった。クライテリオン・プレスは一八八三年にリム・ホアチアムが設立した印刷会社で、その息子リム・センフイが同社より一八九五年に『檳城新報』を、一九〇〇年にマレー語の新聞『チャハヤ・プラウ・ピナン（*Cahaya Pulau Pinang*、「ペナン島の光」の意）』を、一九〇三年に『ストレイツ・エコー』を創刊した。クライテリオン・プレスは一九〇二年に有限会社となり、常務取締役をリム・センフイが、理事をクア・ベンキーやコー・ジュートック、ゴー・ブンケンなど、ペナン華人商業会議所および華人公会堂の理事を務める人物が務めた。『ストレイツ・エコー』および『檳城新報』は、ペナン華人商業会議所および華人公会堂と近い関係にあったと言える。一九一〇年頃の発行部数は、『ストレイツ・エコー』が七五〇部、『檳城新報』が四〇〇部であった［SSBB 1910］。

華人公会堂とペナン華人商業会議所は、一九一一年頃まで革命派と距離を置いていた。おそらくそのことを反映して『ストレイツ・エコー』と『檳城新報』には、革命派を支援した人たちの情報が一九一一年頃まであまり登場しない。革命派の支援者については、一九一〇年にペナンで創刊された『光華日報』が有力な資料となるが、同紙の現物が確認できるのは残念ながら一九二七年以降である［Lim 1992, 100］。そのため革命派の支援者については、先行研究でも使用されてきた『華僑革命史』［陳 1921］や『檳城閲書報社卅周年紀念特刊』［劉惟明 et al. 1937］、などの資料を参照した。ただし一九一一年以降は、革命派の支援者がペナン華人商業会議所に合流していくため、その言動が『檳城新報』に頻繁に現れるようになる。『檳城新報』を資料とすることにより、ペナンにおける革命派の支援者についても新たな側面を提示することが可能となる。

このほかに、シンガポールで発行された『ストレイツ・タイムズ（*Straits Times*）』と『叻報（*Lat Pau*）』も補足的に使用した。『ストレイツ・タイムズ』は一八四五年に創刊し、海峡植民地のみならず、マレー諸国連邦、フィリピン、ジャワ、スマトラ、ボルネオ、シャム、フランス領インドシナなどでも流通していた［Write and Cartwrite 1908, 156］。一九一〇年頃の発行部数は二、〇〇〇部であった［SSBB 1910］。『叻報』は富裕な海峡華人一族を出自とし、香港および上海で買弁を行っていたシー・イウレイ（See Ewe Lay／薛有礼、1851-1906）が一八八一年にシンガポールで創刊した華語新聞である［Chen 1967, 24-53］。一九一〇年頃の発行部数は五五〇部であった［SSBB 1910］。

雑誌で多用したのは『東方雑誌』である。同誌は一九〇四年に商務印書館が創刊した月刊誌である（一九二〇年～一九四七年まで一月に二回発行、その後は再び月刊誌となる）。前述したように、宣統帝の在位期間の清朝の朝廷の動向や上諭に関する情報のほか、辛亥革命以降の主な出来事を記録した日誌や、公布された法令などについて、同誌を参照した。本論で使用したのは、一九七二年に出た復刻版である。セクションが変わるとページが新たに振られてしまう一方で、第一期第一巻から巻数が変わっても一貫してページに通し番号が付いているため、引用の際には通し番号を表記する。

(3) 本書の構成

以上の問題関心に即し、本書は次の構成をとる。

第I部「海峡植民地の制度とペナン社会」では、ペナンがイギリス東インド会社の拠点となって以降、そこにどのような社会が形成されたのかを明らかにする。第1章では、異なる地域をつなぐことを営みとする人たちが世界各地からペナンに集まり、ペナンに多民族社会が形成されたこと、ペナンを拠点に事業を展開した人たちはそれぞれの強みを活かして国際分業のネットワークの一部を構成していたこと、出自国とのつながりがそれぞれの強みとなっていたことなどを確認したうえで、ペナンにおける華人社会の形成過程をとらえる。第2章と第3章では、海峡植民地における司法・行政制度の構築過程を整理し、海峡植民地における労使対立や、中国と海峡植民地との往来に伴う危険を解決するうえで、海峡植民地の制度を活用するようになっていった華人の姿を描く。華人が問題を海峡植民地政府に持ち込むなかで、海峡植民地政府はそれなりの応答性をもって対応し、華人は海峡植民地の制度をそれなりに「使える」制度として認識するようになっていった側面に着目する。またそうした交渉のなかで、海峡植民地や宗主国イギリスの制度が構築されていく側面もあったことを見る。

第Ⅱ部「海峡植民地の秩序構築への積極的関与」では、海峡植民地の制度を単に利用するだけでなく、自らにとってより使いやすい制度にすべく、ペナンの華人が海峡植民地において積極的に政治参加を試み、秩序構築に参与しようとした側面をとらえる。ペナンの華人は一八七〇年代前半まで、暴力と海峡植民地政府への個人接触を通じて海峡植民地政府から事業の許認可を獲得し、その事業の遂行が政治的な影響力の源泉となっていた。しかしその構図は一八七〇年代半ば以降崩壊した。ペナンの華人は、海峡植民地政府に対して合法的な集団交渉を行うようになり、その際にヨーロッパ人のやり方を参照した。その顕著な例が、ヨーロッパ人の公会堂を参照して設立された華人公会堂と、ヨーロッパ人に会員を限定したペナン商業会議所を参照して設立されたペナン華人商業会議所であった。このことについて、第4章で華人公会堂を、第5章でペナン華人商業会議所をそれぞれ扱う。第6章と第7章では、民族横断的な協働への華人公会堂およびペナン華人商業会議所の積極的な参与について論じる。第6章では、ペナンの港湾の整備や改善を海峡植民地政府および本国植民地省に求めるプラットフォームとして一九〇六年に発足したペナン協会を取り上げる。第7章では、ジョージタウン市政のさまざまな事柄に関して市と住民とを橋渡しし、住民の意思が市政により反映されることを願って一九一〇年一一月に設立された納税者協会を取り上げる。

第Ⅲ部「秩序転換期の中国との関係構築」では、体制維持を図る清朝政府とその打倒を目指す勢力とが財源や人材の調達を中国国外に居住する富裕な華人に期待し、彼らとの関係構築を積極的に図るなかで、ペナンの華人は中国における安全確保を目的とし、政治情勢が流動的なかでそれぞれの勢力と多元的に関係構築を図ったことを論じる。第8章は、海峡植民地の華人と清朝政府とを結ぶ経路として、一九世紀末に清朝領事—外務部—朝廷という経路が確立し、二〇世紀初頭に商業会議所—商部—朝廷という経路が確立し、そのなかでペナン華人商業会議所が清朝商部との関係構築に利を見いだした背景を明らかにする。第9章は辮髪を切るか否かをめぐる論争を取り上げ、ペナンの華人が中国における動向や論理を参照しつつ、海峡植民地の論理を重視した行動を取ったことを論じる。第10章では、辛亥革命に呼応して行われた資金的支援を革命への支持ととらえる見方の相対化を図る。辛亥革命に呼応してペナンの華人が資金的な支援を行ったのは、革命への支援というよりも、革命によって混乱した社会の救済であった側面に光を当てる。またこれらの資金的支援は、新中国の建設のために無償で財産や生命を差し出すものというよりは、「金を出す以上口も出す」ことを前提に新中国の建設にかかわり、新たな秩序の構築に参画しようとする意志の表れであった側面を見る。第11章では、中華民国の成立により中国において公権力の担い手が交代することが確実でありながらも、どの勢力が公権力を掌握するか不確実な状況の中で、ペナンの華人がどのような対応を取ったのかを見る。中国側には、中国同盟会系の勢力が主導して設立された華僑連合会、福建省臨時省議会や参議院への華僑議員、袁世凱に近い共和党などの窓口が設置された。こうしたなかでペナンの華人は、ペナン華人商業会議所が中心となり、中国における公権力の座をめぐり競合しあう複数の勢力と関係構築を図っていたことを示す。

以上の議論を踏まえて終章で、本章で示した「華僑から華人へ」という視点が持つ四つの問題点、すなわち、一元的にとらえられるアイデンティティ、一人の個人に一つの国籍、常に中国との関係で規定される華人性、固定化される華僑イメージを、本書がどのように相対化することができるのか、また相対化することの意義は何かについて論じる。

第 I 部

海峡植民地の制度とペナン社会

ブルー・マンション（チャン・ピーシーの住宅兼事務所）（2009 年 9 月筆者撮影）

第1章　海峡植民地ペナンの法的地位と多民族社会の構成

本章の目的は、本論が直接議論の対象とする二〇世紀初頭のペナンがどのような状況にあったのかを、そこに至るまでの展開を歴史的に追うことによって把握することである。具体的には特に以下の三点に着目する。

第一に、海峡植民地の法的・行政的な位置づけを整理し、その中におけるペナンの位置づけを確認することである。

第二に、ペナンがマラッカ海峡北部における結節点であることを確認することである。ペナンを拠点とする華人も多様な地域とのつながりの中で生きていたことを確認するとともに、多様な地域とつながるうえで中国とのつながりが重要であったことと、多様な地域とのつながりが中国とのつながりを強化していたことを確認する。

ペナンが多様な地域と結びついていたことは、多くの先行研究で指摘されてきた。その多くは、事業家たちのネットワークをたどるものである［Fujimoto 1989；Trocki 1990；Cushman 1991；Godley 1993；Wu 2003；2009；Khoo 2009；Loh et al. 2013］。本章では、これら先行研究に基づいて事業家たちのネットワークをおさえるとともに、ペナンの貿易に関する輸出入相手地域や地域ごとの品目などのデータを整理することにより、ペナンとさまざまな地域とのつながりを把握する。一九世紀末から二〇世紀初頭におけるペナンの貿易実態を、詳細に整理した研究はない。［杉原 1996］はアジア間貿易における海峡植民地の位置づけを明らかにしているが、ペナンの個別のデータは示されていない。［Chuleeporn 2009］は、二〇世紀初頭にペナンが地域の交易港からヨーロッパ企業のマラヤでの拠点へと性格を変化させたと論じ、その根拠として同時期におけるペナンの輸出入相手地域を貿易総額の割合で整理したが、地域ごとの品目は示していない。[Loh 2009]は、アジア系海運業を主体とするペナン・周辺地域間の貿易がペナン・ヨーロッパ間の貿易を支えていたと論じるうえで、一九世紀初頭の貿易品目・金額を一部示しているのみである。

第三に、ペナンが結節点として繁栄するなかで、世界の各地から多様な出自の人たちを引きつけ、多民族・多文化社会となっていたことである。社会の多様性を当時の人口統計を用いながら提示するとともに、ペナン固有の文脈の中で形成された集団や、人口統計と現実とが一致しない部分などについて説明する。

1　ペナンの成り立ちと法的地位の変遷

(1)　イギリス東インド会社によるペナンの獲得(一七八六年)

ペナンの開発は、一七八六年にイギリス東インド会社がペナンを獲得して以降、進展した。イギリス東インド会社はエリザベス女王の特許により「喜望峰からマゼラン海峡にいたる」地域の貿易独占権を与えられて、一六〇〇年一二月三一日に設立された。その当初の目的は、東南アジア島嶼部で産出される胡椒などの香辛料を獲得することであった[信夫 1968, 3-6]。しかしそれは、オランダとの熾烈な競合を招くことになった。イギリス東インド会社は、ジャカルタやアンボン、マカッサル、バンテンなどから撤退し、一六八五年にスマトラ島南部の西海岸に位置するブンクルに拠点を構えたが、そこでの胡椒の取引はあまりふるわなかった[弘末 1999, 128]。

イギリス東インド会社はその後、インド経営に専念していたが、一八世紀後半以降、東南アジア島嶼部における拠点の確立を再び模索し始めていた。その背景は二つあった。

一つは、インドの防衛という背景であった。インドには唯一西海岸のボンベイに造船所があったが、軍事上重要な地域は東海岸側であった。三月から一〇月までは、東海岸に船舶を停泊させることはできたが、それ以外の時期は季節風の影響により、安全に船舶を停泊させることはできなかった。船舶をボンベイに回送することは非常に時間がかかり、また困難であったうえ、半年の間東海岸を防衛する勢力が存在しないという危険を抱えていた。東インド会社の艦船は、季節風の影響を避けてアチェやマラッカ海峡に赴いていた［信夫 1968, 49–50］。

もう一つは、中国との交易の発展という背景であった。一八世紀後半よりイギリス東インド会社は、広東を拠点とした貿易を隆盛させつつあった。イギリス東インド会社の船舶はインドと中国の間を航行する際、食糧補給や船舶修理のために途中で寄港しなくてはならず、寄港地は季節風の関係でマラッカ海峡に求められた。しかし同社はブンクル以外には拠点を持たなかったため、ジャカルタなどオランダ東インド会社の支配下にある港湾を利用せざるを得なかった。イギリス東インド会社はその使用料を負担として感じ、またそのほかにもさまざまな不便さを感じていた［信夫 1968, 51］。

このようななかでイギリス東インド会社は、アチェやクダのスルタンに数回にわたって使節を送り、同社の拠点の確立について交渉した。同社はアチェに一七七一年から一七八四年まで四回使節を送ったが、アチェのスルタンはいずれも拒否した。一方で同社のカントリー・トレーダー（東インド会社からアジア域内貿易を許されたイギリス人私貿易商人［鈴木 1999, 154］）であったフランシス・ライト（Francis Light）は、一七七一年にクダのスルタンと港湾譲渡の交渉を試みた。クダのスルタンはその頃、スランゴールのブギス人からの攻撃に悩んでおり、イギリス東インド会社による軍事的支援と引き換えに、同社に港湾を譲渡すると回答した。しかし同社は軍事的支援を拒んだため、交渉は決裂した。ライトは一七八一年に、同社の総督にジャンクセイロン島の領有を提言し、同社のマラッカ海峡における拠点の候補地に同島も加えられることとなった［信夫 1968, 51–53］。[1]

しかしシャムにおける政治的変化がクダを取り巻く状況を変化させ、クダとイギリス東インド会社との交渉が再開することになった。シャムは一六世紀末よりアユタヤ朝が統治していた。クダは一七世紀半ば頃からアユタヤ朝の朝貢国に位置づけられ、その保護を受けた一方で、朝貢のシンボルである金銀葉樹（bunga mas dan perak）と貢納品を三年に一度朝貢し、シャムへの戦時協力が求められた［Andaya 1982, 65–66；黒田 2001, 165］。アユタヤ朝は、一七六七年にビルマ軍の攻撃を受けて滅亡した。その後トンブリー朝が興ったが、一七八二年にラーマ一世はこれを廃し、バンコクにラタナコーシン朝を開いた。ラーマ一世はビルマへの侵攻を計画しており、アユタヤ朝と朝貢関係にあったクダ、パタニ、クランタン、トレンガヌに対して、ラタナコーシン朝とも朝貢関係を結び、同朝に対する軍事的支援を強化するよう迫った。他方クダは、ビルマからも軍事支援の要請を受けていた。ビルマとラタナコーシン朝の戦いに巻き込まれるのを恐れたクダのスルタン・アブドゥラは、ライトを通じてイギリス東インド会社にペナン島の割譲を申し入れ、それと引き換えに同社の保護を確保しようとした。ライトは一七八六年八月に、ジョージ三世イギリス国王の名の下に、ペナン島の正式な割譲を受けた［Andaya 1982, 106–107］。

しかしこの時イギリス東インド会社は、シャムやビルマ、またオランダなど他勢力との衝突に巻き込まれることを恐れて、クダに与える保護の内容をあいまいにしたまま、ペナン島を占拠した。スルタン・アブドゥラはイギリス東インド会社に軍事的支援を要求し続けたが、それが受け入れられなかったため、一七九一年にペナン島を攻撃した。しかしこれは、失敗に終わった［鈴木 1999, 173］。クダのスルタンは、六、〇〇〇ドルの年金を受け取ることと引き換えに、イギリス東インド会社に対してペナン島の割譲を正式に認める条約に調印した。またイギリス東インド会社は、一八〇〇年に年金額を一万ドルに引き上げ、それと引き換えにペナン島の対岸の地区を獲得し、その地区をプロヴィンス・ウェルズリーと名づけた［Mills 2003, 50］。

イギリス東インド会社はペナンを獲得したが、すぐにその開発に着手したわけではなかった。同社はマラッカ海峡に海軍基地を確立しようと計画していたものの、当初その候補地とされたのはアンダマン諸島であった。しかしその計画は一七九六年に放棄された。一方、東インド会社がマニラを征服するために派遣した艦隊が一七九七年にペナンに停泊したことがきっかけとなり、ペナンに海軍基地を建設する計画が浮上した。イギリス東インド会社はペナンに監督官（Superintendent）を派遣し、ベンガル管区の管轄下に置いた。一八〇〇年にその役職名は準知事（Lieutenant-Governor）に改称された。一八〇五年にペナンはマドラス、ボンベイ、ベンガルと同等の地位である管区（Presidency）に昇格された。[(2)] これは、ペナンに軍事拠点としての大きな可能性を期待する東インド会社の意向を示していた［Mills 2003, 40-41］。

イギリス東インド会社がペナンを獲得した当時、ペナン島にはマレー人一五八名が居住するのみであった。一七八七年から一七八八年にかけて、マレー人、華人、チュリア人（後述）、キリスト教徒[(3)]などが流入し、ペナン島の人口は八二九名に増加した［Nordin 2007, 184］。こうしたなかで、交易が拡大していった。一七八九年の貿易額は八五万三、〇〇〇スペイン・ドルで、一八〇四年にその額は一四一万八、〇〇〇スペイン・ドルに増大した。イギリスとインドの産品（アヘン、毛織物、綿布、絹布、鉄、火薬など）がペナンを通じて東南アジア島嶼部各地に輸出され、ビルマやスマトラ、マラヤの物産（米、錫、香辛料、籐、砂金、象牙、胡椒など）がペナンを通じてインドや中国、イギリスに輸出された［Mills 2003, 54］。

ペナンにおける交易の発展は、シャム南部西海岸の重要な交易拠点であったジャンクセイロン島の衰退も背景としていた。ジャンクセイロン島は一八世紀末から一九世紀初頭にかけてビルマの攻撃を受け、港市としての機能を破壊され、ペナンがその機能を代替するようになった。シャム南部西海岸で産出される錫などの産物は、ペナンを通じて世界市場に供給されるようになった［黒田 2001, 174-175］。

クダのクアラクダを通じて交易を行ってきたアチェ人も、ペナンを通じて交易を行うようになった。彼らは、ピディで産出される檳榔子を主要な取り扱い産品としていた。檳榔子は、マラッカ海峡周辺やインドで広く嗜好されていた。のちにアチェ人は檳榔子のほかに、砂金、胡椒、米、アチェ産の布をペナンに持ち込み、ペナンでアヘン、綿花、タバコ、鉄製品などベンガルからの製品や産品を入手した［Lee 1995, 75-76］。

しかしこうした動きとは対照的に、イギリス東インド会社はペナンに対する関心を低下させていった。第一にペナンは海軍基地として不適格であることが判明した。港湾としては優れているが、造船所を作るのは困難であることが分かった。またペナンで入手しうる木材は造船には適さず、ビルマまで行かないと造船に適した木材を入手できないことが分かった。海軍基地を建設する計画は、一八一二年に中止された。第二に、東南アジア島嶼部を包括する交易拠点として機能することが困難であることが判明した。ペナンにおける交易は一八一〇年まで増加したが、その後は一八一九年までほぼ横ばいで、シンガポールの開港後は減少した。ペナンは東南アジア島嶼部において西の端に位置していた。周辺地域の商人にとって、関税の低さと規制の緩さは十分な魅力であったが、それ以外の商人にとっては、交易拠点が集中する地域に至るまで海賊の多発するマラッカ海峡を数百マイル航行することを考えると、ペナンはさして魅力的ではなかった。したがってペナンの交易は、ビルマやマラヤ西海岸、スマトラとの交易にほぼ限定されることとなった［Mills 2003, 58］。

(2) イギリス東インド会社によるシンガポールとマラッカの獲得（一八二四年）

ペナンを獲得した後、イギリス東インド会社は思いがけないかたちで、マラッカ海峡に新たな重要な拠点を獲得した。オランダがフランス革命軍に占領されたとき、オランダは海外植民地を対仏同盟国のイギリスに引き渡したため、イギリス東インド会社は一七九五年にマラッカを、一八一一年にジャワをそれぞれ獲得した。しかしオランダがフランス支配から脱し主権を回復すると、イギリスはフランスへの対抗上オランダとの協調関係を重視し、一八一六年にジャワを、一八一八年にマラッカをそれぞれオランダに返還した。

イギリス東インド会社の社員であったスタンフォード・ラッフルズ（Thomas Stamford Raffles）はこれに猛反対した。イギリスがすでに獲得していたペナンとブンクルは、インド・中国航路から遠く、マラッカに代わる拠点を獲得する必要があると主張し、その拠点をリアウ諸島に見いだそうとした。しかし同諸島周辺の主な拠点はすでにオランダの支配下にあり、「一インチの土地も残されていない」状況にあった。そのようななかで、マレー語の文学や歴史書に造詣の深かったラッフルズは、一七世紀初期にジョホール王国で編纂されムラカ王国にたどりうる王家の正統性を叙述した『スジャラ・ムラユ（*Sejarah Melayu*）』に登場するいにしえの都市「シンガプラ」に目をつけた。ラッフルズは、イギリス本国やイギリス東インド会社から全面的な支持が受けられないなか、一八一九年一月二九日にシンガポールに上陸し、三〇日にシンガポールの事実上の支配者であったトゥメンゴン・アブドゥル・ラフマンと予備協定を、二月六日にジョホール王国のスルタンに擁立したトゥンク・フセインと友好同盟条約を締結した［信夫 1968, 295–303；Mills 2003, 65–71］。シンガポールには理事官（Resident）が派遣され、一八一九年から一八二三年まではブンクルのラッフルズの管轄下に置かれ、一八二三年以降はベンガル管区の管轄下に置かれた［Mills 2003, 78］。

イギリスのシンガポール領有が正式に確立したのは、オランダなどヨーロッパ諸国に対しては一八二四年三月に締結した英蘭条約においてであり、またスルタンやトゥメンゴンに対しては一八二四年八月に締結した条約においてであった。さらに英蘭条約では、イギリス東インド会社の拠点ブンクルと、オランダ東インド会社の拠点マラッカが交換され、マラッカ海峡の東側をイギリスの、西側をオランダの勢力圏として相互に認めることとなった［Mills 2003, 80–82；86–88］。この結果イギリス東インド会社はマラッカ海峡に、ペナン、シンガポール、マラッカという三つの拠点を確立することとなった。

(3) 海峡植民地の成立とその法的地位の変遷（一八二六―一八六七年）

イギリス東インド会社は一八二六年に、シンガポールとマラッカをペナンに統合し、海峡植民地という行政単位を発足させた。その地位や所轄は数回の変遷を経て、一八六七年にイギリス本国の植民地省（Colonial Office）の直轄領となり、その制度が日本軍による占領まで続いた。海峡植民地が植民地省の所轄となった背景には、自分が生活する社会の秩序を維持するため、強制力を運用する方針を自分たちで決定し、施行することを目指した、シンガポール在住のヨーロッパ人商人による強い働きかけがあった。

海峡植民地が発足した当初、イギリス東インド政府は海峡植民地をマドラス、ボンベイ、ベンガルとともに管区の地位に置いた。海峡植民地の首府はペナンに置かれ、海峡植民地全体を管轄する総督（Governor）がペナンに駐在し、そのほかに三地域それぞれに駐在参事官（Resident Councillor）が置かれた。

しかし初期の段階において海峡植民地の経営はあまりうまく行かず、海峡植民地への支出が同地からの収入を上回る状況が続き、特に人件費の高さが問題視された。イギリス東インド会社は、一八三〇年に海峡植民地を管区から理事官区（Residency）に降格し、ベンガル管区の管轄下に置き、海峡植民地に派遣する人員の等級を下げることにより、人件費の削減を図った。これによって海峡植民地全体を統括する理事官がペナンに駐在し、三地域それぞれに副理事官（Deputy Resident）が置かれた。理事官は海峡植民地で施行する地方条例を制定する権限を持っていたが、それらが法的な拘束力を持つにはベンガル総督の承認が必要であった。一八三二年に理事官は総督に、副理事官は駐在参事官に改称されたが[4]、その権限は理事官に付与された権限と同じであった［Mills 2003, 104–106］。

なお一八三二年に総督府は、ペナンからシンガポールに移った。これは、マラッカ海峡における交易・商業の中心として、シンガポールの重要性が増したためであった。マラッカ海峡における交易・商業において、ペナンはその中心性をシンガポールに明け渡しただけでなく、イギリス東インド会社における行政的な地位においても、中心性を失った。一八三〇年以降、海峡植民地が植民地省の直轄領として発足する一八六七年まで、シンガポールの地位に比してマラッカとペナンの地位は低下し続け、シンガポールの歴史がほとんど海峡植民地の歴史として語られるまでとなった［Mills 2003, 38］。

一八五八年にイギリス東インド会社が廃止され、インドがイギリスの直轄領となり、イギリス本国のインド省（Indian Office）の管轄下に置かれると、海峡植民地も同省の所轄となった。しかし海峡植民地の理事官区としての法的地位は変わらず、拘束力を備える地方条例の制定や、人事の決定、予算の決定などにおいて、インド総督の承認が必要とされた［Mills 2003, 99–100］。

こうした状況は海峡植民地において、主にシンガポールのヨーロッパ人商人の間に強い不満を引き起こした。海峡植民地には「公司」や「会」、「会党」などと呼ばれる華人の結社が多数存在した。これら結社の実体は、錫鉱山やプランテーションを経営したり、アヘンやアルコールなどの専売を政府から請け負ったりする企業体であったが、企業体同士の対立や紛争において、また公権力による管理に対抗する際、しばしば暴力を行使した。シンガポールでは一八四〇年代から、こうした結社を取り締まる法律の制定を承認するよう、ベンガル総督やインド総督に求める声が上がっていたが、それはことごとく無視されたり却下されたりしていた［Blythe 1968, 63–100］。またマレー諸国では諸国間の対立や、地方首長間の争いや王位継承争いなどさまざまな対立が頻発し、それぞれの勢力が錫鉱山の利権をめぐる華人「公司」とそれぞれに結びつき、しばしば無秩序な状況が発生していた。海峡植民地の商人は、海峡植民地総督に秩序維持への介入を求めたが、ベンガル総督やインド総督はイギリス東インド会社が地元勢力間の争いに巻き込まれることを恐れ、海峡植民地の総督に対して徹底的な不干渉主義を取るよう指示した［Mills 2003, 203–209］。シンガポールの商人は、海峡植民地において拘束力や強制力を伴う条例の制定を行えるよう、海峡植民地をインドの管轄から分離することを長年求めていた。

そうした声は、一八五〇年半ば以降さらに強まった。そのきっかけとなったのが、インドで二つの法案が通過したことであった。一八五五年に通過した「貨幣条例」は、海峡植民地を含め東南アジア島嶼部で広く流通していたメキシコ・ドルに対し、インドの通貨であるルピーを通用させようとするものだった。また一八五六年には、海峡植民地の港湾施設の維持のため、海峡植民地に港湾税を課すことが決定した。シンガポールのヨーロッパ人商人は一八五五年八月一一日に貨幣条例に反対する大集会を開き、シンガポールのインドからの分離を要求することを決議した。一八五七年九月に行われた会議でも同様の内容が決議され、イギリス本国の議会に陳情として送られた。

一八五八年より海峡植民地を管轄したインド省の大臣は、一八五九年三月にインド総督に対して、海峡植民地を植民地省に移管することについて意見を求めた。インド総督は同年一一月に、①海峡植民地はインドとあらゆる面において状況が異なり、海峡植民地の官吏から十分な情報を得ることも困難であるため、海峡植民地の事柄を処理する余地はない、②華人やマレー人の問題に対処しうる官吏を育成することは、インド政府にとって困難である、③戦時においてインドは、海峡植民地を防衛する力を持たない、④海峡植民地の収入は大幅に増加している一方、支出に大幅な増加はなく、海峡植民地の収入がその支出をまかなえるようになると思われる、と回答した。これによってインド省と植民地省の間で、植民地省への海峡植民地の移管に関する協議が開始した。進展中の案件や将来の支出額をめぐり、陸軍省と大蔵省も巻き込む調整に長い時間が費やされたのち、一八六六年八月に海峡植民地の移管が決定し、一八六七年四月に海峡植民地は植民地省の直轄領（Crown Colony）として発足した［Mills 2003, 311-326］。

(4) 植民地省の直轄領へ——行政機構の発展（一八六七年—二〇世紀初頭）——

海峡植民地で行政機構の最高位にあったのは、総督（Governor）であった。海峡植民地政府はシンガポールに置かれ、シンガポールに総督が、マラッカとペナンには駐在参事官が常駐した。総督は、植民地行政官からなる行政参事会（Executive Council）の補佐を受けた。また条例（Ordinance）の制定や予算の策定において、立法参事会の補佐を受けた。立法参事会は、行政参事会メンバーと、総督が任命した非官職議員から構成された。立法参事会を通過した条例は、地方条例としての効力を持ち、特に断りがない限り、シンガポール、ペナン、マラッカにおいて一律に適用された。

イギリスは当初、交易拠点の獲得にのみ関心があり、マラヤ全体を領土的に支配することには消極的だった。しかし、第4章で詳しく述べるように、一八七四年に政策を転換し、錫の産出地であるペラ、スランゴール、パハン、ヌグリスンビランなどのマレー諸国を保護国化した。各国にはイギリス人理事官が置かれ、スルタンはマレー人の宗教と慣習に関する事柄以外はすべてにおいて理事官の助言を求め、それに従わねばならないとされた。徴税や行政は、理事官の助言に従って、スルタンの名の下に行われた。一八九六年にはこれらのマレー諸国を連邦化し、マレー諸国連邦（Federated Malays States）[(5)]として編成し、スランゴール王国の首府クアラルンプールに連邦政府を設置した。

海峡植民地総督は、マレー諸国連邦の高等弁務官（High Commissioner）も兼任した。海峡植民地はイギリスの直轄領である一方、マレー諸国連邦はイギリスの保護国であり、それぞれの法的地位は異なっていたが、いずれも国際社会に対してはイギリスの一部であった。華語文献は海峡植民地を「三州府」と表記し、マレー諸国連邦を「四州府」と表記し、二つを合わせて「七州府」と表記することもあった。これらの表記は、「三州府」も「四州府」も国際社会に対してはイギリス領であるが、それを統括する行政的な枠組みが異なることを、華人も認識していたことを示していよう。

一九〇九年以降は、独立を維持していたジョホールと、シャム領であったクダ、クランタン、プルリス、トレンガヌもイギリスの保護国となった。しかしこれらの保護国は、一つの行政単位に連邦化されることはなかった。

ペナンの行政区分は、ペナン島は北東郡（North-East District）と南西郡（South-West District）の二地区に、プロヴィンス・ウェルズリーは北部郡（Northern District）・中部郡（Central District）・南部郡（Southern District）の三地区にそれぞれ分けられた。北東郡にはジョージタウン市が設置されて市政が行われ、それ以外の地域は郡の下にムキム（mukim）という行政単位が置かれた。一八九三年当時ペナン島には、北東郡に六ムキム、南西郡に一二ムキムが置かれていた［Map of Penang Island 1893］。

2　周辺地域とのつながり

(1)　ペナンから見たアジア間国際分業体制の構造

一八五〇年頃までのペナンの交易は、インドとアチェとアメリカを結ぶ交易が主であった。インドから綿布とアヘンがペナンに輸入され、それがペナンを通じてアチェに輸出され、アチェからは胡椒や檳榔子、米がペナンに輸入され、ペナンから胡椒がアメリカに輸出されるという構図であった。アチェ産の胡椒のアメリカへの輸出は、一八三〇年代より成長し、一八四五年以降、さらに飛躍的に成長した。この貿易には、南インドに出自を持つムスリムや、アラブ人、アチェ人、華人など多様な人びとが携わった。ただし一八五二―五三年当時の海運記録によると、ペナンを出港した船舶の船長の多くが南インドに出自を持つムスリムの名前であり、このことからこの時期の交易の主な担い手は、南インドに出自を持つムスリムであったと考えられている［Fujimoto 1989, 55–57］。

このような状況は、一八五〇年代から六〇年代にかけて変化を遂げ、マラッカ海峡における交易の様相が急速に多様化し、成長した。その背景には三つの要因が考えられる。第一に一八二六年にイギリスがビルマを征服し、一八五〇年代を通じてビルマにイギリスの勢力が確立したことであった。第二に、シャム南部とマラヤ北部のマレー諸国の所属をめぐる混乱状況が一八四二年に終結し、ペラやシャム南部の錫鉱山の開発が進展したことであった［Fujimoto 1989, 54］。第三に、一八六〇年代半ば以降、スマトラ島のデリ（現在のメダン）、スルダン、ランカなどでタバコのプランテーションの開発が始まったことであった。その事業に投資し、労働者を調達したのは、主にペナンの華人であった［Reid 2005, 197–198］。

一九世紀後半以降、アジアにおいて国際分業体制が確立されていったことが指摘されている。例えばマラヤの錫

表1　アジア諸国のポンド換算貿易額（単位：百万ポンド）

		インド	ビルマ	シャム	海峡植民地	仏領インドシナ	蘭領東インド	中国	日本
1880	輸出	56.49	6.42	1.73	12.95	3.95	11.52	26.65	5.24
	輸入	39.78	5.29	0.99	13.63	1.61	12.11	20.15	6.90
1890	輸出	67.30	8.63	3.21	21.32	2.31	13.23	26.24	9.46
	輸入	49.20	6.89	1.64	24.55	2.47	11.78	28.43	13.03
1900	輸出	66.11	13.25	3.10	26.26	6.05	19.22	27.74	20.83
	輸入	53.33	8.19	2.25	31.41	7.44	14.67	28.85	29.16
1910	輸出	128.08	21.75	8.31	37.82	9.97	33.30	52.03	50.15
	輸入	87.51	12.43	4.73	42.52	7.65	26.25	62.35	57.75

出所：［杉原 1996, 48–49］より該当年を抜粋。

やゴムが工業国に輸出されるとき、その背景には、そこで働く労働力は中国やインドから調達され、労働者の食料としてビルマやシャムから米が、ジャワから砂糖が供給され、衣類にインド製や日本製の綿布・綿製品が供給された［杉原 1996, 30］。こうした物通や人の移動は、それぞれの地域が個別に関係を結んで展開していたのではなく、海峡植民地を中心としたネットワークを通じて展開していた［杉原 2001, 9–10］。海峡植民地の中でも、東南アジアにおける貿易の一大拠点として機能していたのはシンガポールであった。これに対してペナンは、マラッカ海峡北部における一地方拠点として機能していた。

表1でアジアの他の地域との比較において海峡植民地の貿易規模を把握したうえで、海峡植民地およびペナンにおける貿易規模および貿易相手地域を見てみよう。表2－1から表2－5は、シンガポールとペナンの主な輸入元と輸出先を表している。また表3は各地域からの主要品目を示している。

貿易額において、シンガポールは多いときでペナンの一〇倍、少ないときでもペナンの二倍の規模の貿易を取り扱っており、その差は歴然としている。なおマレー世界における一大交易拠点であったマラッカは、この頃にはその機能を完全に失っていた。

シンガポールとペナンいずれにおいても、主要な輸出入相手地域であったのは、イギリス本国、中国・香港、インドなどであった。シン

表2-1　シンガポールとペナンの貿易における主な輸入元と輸出先（1860年）

シンガポール				ペナン			
輸入元	ルピー	輸出先	ルピー	輸入元	ルピー	輸出先	ルピー
イギリス本国	22,515,940	中国	7,450,283	マラヤ[*1]	3,858,862	マラヤ[*1]	5,067,279
ヨーロッパ	4,829,750	イギリス本国	6,690,532	シャム	2,351,093	イギリス本国	4,944,767
中国	4,695,589	ジャワ，リアウなど	3,589,911	イギリス本国	2,199,476	アメリカ	2,409,044
ジャワ，リアウなど	4,636,598	シャム	2,504,472	ベンガル	1,546,143	シャム	2,124,903
シャム	1,946,955	コーチシナ	1,933,364	中国	587,180	中国	1,108,021
ボルネオ	1,931,126	アメリカ	1,889,693	マドラス	475,777	ベンガル	1,012,417
ボンベイ	1,833,169	マラヤ	1,863,633	ヨーロッパ	231,970	マドラス	407,222
マラヤ	1,785,366	カルカッタ	1,835,895	ボンベイ	131,379	ヨーロッパ	208,889
カルカッタ	1,683,311	ヨーロッパ	1,671,352	アメリカ	15,428	ボンベイ	97,047
スマトラ	1,442,979	ボルネオ	1,578,991	その他[*2]	5,491,514	その他[*2]	3,592,667
コーチシナ	1,187,644	スラウェシ	1,386,653	合計	16,888,822	合計	20,972,256
マニラ	1,039,883	ボンベイ	1,180,962				
スラウェシ	967,954	スマトラ	930,154				
アメリカ	812,597	マドラス	648,068				
オーストラリア	796,323	オーストラリア	194,965				
マドラス	280,024	マニラ	119,744				
その他	5,741,672	その他	6,410,076				
合計	58,126,880	合計	41,878,748				

出所：[RASS 1861]
*1：ボルネオを含む。
*2：シンガポール，マラッカ，ジャワ，コーチシナを含む。

表2－2　シンガポールとペナンの貿易における主な輸入元と輸出先（1865年）

シンガポール				ペナン			
輸入元	ルピー	輸出先	ルピー	輸入元	ルピー	輸出先	ルピー
イギリス本国	19,022,331	中国	11,571,098	イギリス領ビルマ	2,528,405	スマトラ	5,022,410
ジャワ，リアウなど	10,813,376	カルカッタ	11,193,213	カルカッタ	2,507,985	イギリス本国	4,835,640
中国	8,793,059	ボンベイ	5,231,373	シャム	2,316,050	中国	2,528,532
カルカッタ	6,967,915	シャム	5,048,547	マラヤ	1,769,960	シャム	2,319,155
ヨーロッパ	4,073,729	ジャワ，リアウなど	4,678,115	スマトラ	1,769,960	イギリス領ビルマ	2,279,025
イギリス領ビルマ	3,942,429	コーチシナ	3,205,759	イギリス本国	1,241,921	マラヤ	1,738,843
シャム	2,737,218	イギリス本国	3,170,347	中国	1,203,055	アメリカ	1,094,965
ボルネオ	1,981,443	アメリカ	3,170,347	マドラス	393,765	カルカッタ	1,085,390
マラヤ	1,861,552	ボルネオ	2,026,809	ヨーロッパ	74,409	マドラス	395,198
ボンベイ	1,505,984	マラヤ	1,694,022	ボンベイ	33,835	ヨーロッパ	127,965
コーチシナ	1,150,448	イギリス領ビルマ	1,425,061	その他*1	4,464,722	ボンベイ	21,345
スマトラ	1,055,828	ヨーロッパ	1,408,671			その他*1	4,181,885
スラウェシ	870,201	スマトラ	1,123,428	合計	17,419,087	合計	25,630,298
アメリカ	133,553	スラウェシ	1,073,057				
その他	9,087,078	その他	8,929,463				
合計	75,000,332	合計	69,924,375				

出所：[RASS 1865]

*1：シンガポール，マラッカ，ジャワ，コーチシナを含む。

表 2－3　シンガポールとペナンの貿易における主な輸入元と輸出先（1870 年）

シンガポール				ペナン			
輸入元	ドル	輸出先	ドル	輸入元	ドル	輸出先	ドル
イギリス本国	10,535,546	イギリス本国	5,528,931	スマトラ	2,265,896	イギリス本国	2,811,525
香港	4,449,967	アメリカ	2,951,750	シャム	2,236,975	スマトラ	2,439,842
カルカッタ	2,983,749	シャム	2,851,474	シンガポール・マラッカ	2,116,949	シンガポール・マラッカ	2,164,054
ジャワ	2,923,536	香港	2,720,434	イギリス本国	1,699,579	マラヤ	1,437,356
マラヤ	2,224,270	ジャワ	2,557,243	インド	1,523,445	シャム	1,358,451
ペナン	1,719,132	コーチシナ	2,174,427	マラヤ	1,378,291	インド	1,015,814
シャム	1,663,746	マラヤ	1,481,697	香港	875,416	香港	904,724
マラッカ	1,637,511	マラッカ	1,177,702	イギリス領ビルマ	730,567	イギリス領ビルマ	693,141
コーチシナ	1,582,874	ペナン	1,091,376	中国	209,275	中国	196,319
ボルネオ	1,258,766	カルカッタ	1,070,815	合　計	6,233,088	合　計	6,242,401
スマトラ	941,669	サラワク	986,909				
中国	813,176	中国	966,290				
合　計	16,387,007	合　計	18,284,795				

出所：[BBSS 1870]

表2－4　シンガポールとペナンの貿易における主な輸入元と輸出先（1880年）

シンガポール				ペナン			
輸入元	ドル	輸出先	ドル	輸入元	ドル	輸出先	ドル
イギリス本国	15,236,569	オランダ領インド	13,928,261	イギリス本国	3,910,874	スマトラ	4,578,403
オランダ領東インド	9,342,735	イギリス本国	8,953,346	香港	2,505,876	イギリス本国	2,692,605
香港	7,326,906	アメリカ	5,129,146	シャム	2,269,384	シンガポール・マラッカ	2,416,106
イギリス領インド	6,564,810	シャム	4,219,442	シンガポール・マラッカ	2,223,390	マラヤ	1,674,670
ペナン・マラッカ	6,068,979	香港	3,667,122	スマトラ	2,209,213	香港	1,398,794
シャム	4,791,171	フランス	3,599,632	イギリス領ビルマ	2,078,460	イギリス領ビルマ	1,325,549
マラヤ	2,989,770	フランス領インド	3,599,632	イギリス領インド	2,029,836	イギリス領インド	1,175,190
イギリス領ビルマ	2,190,104	ペナン・マラッカ	3,152,523	マラヤ	1,821,159	シャム	1,084,519
中国	1,114,017	マラヤ	2,590,941	中国	175,043	ドイツ	1,073,815
フランス領インド	965,603	中国	2,429,230	ドイツ	149,213	アメリカ	876,710
フランス	803,928	イギリス領ビルマ	1,379,214	日本	100,000	中国	705,813
サラワク	773,316	イギリス領インド	869,070	アメリカ	47,719	日本	6,000
合　計	60,675,733	合　計	54,578,981	合　計	6,233,088	合　計	6,242,401

出所：[BBSS 1880]

表 2-5-1　シンガポールとペナンの貿易における主な輸入元と輸出先（1910 年）

シンガポール				ペナン			
輸入元	ドル	輸出先	ドル	輸入元	ドル	輸出先	ドル
オランダ領東インド[*2]	49,595,688	イギリス本国	45,919,796	マラヤ[#1]	41,837,496	イギリス	41,353,282
マラヤ[*1]	44,437,674	オランダ領東インド[*2]	36,889,988	イギリス領ビルマ	10,763,061	マラヤ[#1]	17,817,401
イギリス本国	30,778,474	マラヤ[*1]	31,337,612	香港	10,198,314	オランダ領東インド[#2]	8,661,163
シャム[*3]	26,455,105	アメリカ大西洋側	19,650,050	イギリス本国	8,239,309	アメリカ大西洋側	7,446,008
イギリス領インド[*4]	23,071,780	ドイツ	10,512,638	オランダ領東インド[#2]	7,015,813	イギリス領インド[#4]	4,255,254
香港	22,972,009	シャム[*3]	10,500,200	シャム[#3]	6,357,247	香港	3,309,929
日本	7,771,290	フランス	8,846,152	シンガポール	6,082,470	ドイツ	3,307,140
中国	7,549,262	イギリス領インド[*4]	6,916,188	イギリス領インド[#4]	5,977,291	シャム[#3]	2,486,154
仏領コーチシナ	7,333,804	香港	6,625,944	ドイツ	1,481,222	シンガポール	1,868,527
イギリス領ビルマ	6,975,283	ペナン	5,188,227	中国	787,126	セイロン	1,703,632
オーストラリア	5,586,642	ロシア	5,155,026	イタリア	678,547	フランス	1,538,805
サラワク	5,348,326	サラワク	4,830,729	日本	638,370	イギリス領ビルマ	1,420,241
マラッカ	4,897,985	マラッカ	4,545,232	ベルギー	545,372	オランダ	678,016
ドイツ	3,939,567	日本	4,110,203			イタリア	617,286
アメリカ大西洋側	3,406,648	イギリス領ビルマ	3,891,919			マラッカ	551,758
ペナン	2,141,986	中国	3,751,381			ロシア	547,108
イタリア	1,979,881	ベルギー	3,561,458	合　計	103,565,502	合　計	100,499,975
ベルギー	1,846,357	イタリア	2,158,683				
オランダ	1,745,227	英領北ボルネオ	1,902,846				
フランス	1,661,509	仏領インドシナ	1,886,768				
		オーストリア・ハンガリー	1,850,203				
		セイロン	1,830,745				
		オランダ	1,319,433				
		オーストラリア	1,102,461				
		デンマーク	1,062,727				
合　計	257,441,265	合　計	219,520,497				

出所：[RTSS 1910]

表 2－5－2　シンガポールとペナンの貿易における主な輸入元と輸出先：表 2－5－1 の＊1～＊4 と #1～#4 の内訳

*1　マラヤ　内訳

シンガポールへの輸出		シンガポールからの輸入	
スランゴール	15,348,314	スランゴール	14,027,828
ジョホール	9,958,279	ペラ	6,155,787
ペラ	7,691,278	ジョホール	4,788,252
ヌグリスンビラン	6,214,234	ヌグリスンビラン	2,969,549
パハン	2,052,696	パハン	1,443,737
クランタン	1,658,932	クランタン	1,273,404
トレンガヌ	1,513,941	トレンガヌ	679,055
合　　計	44,437,674	合　　計	31,337,612

#1　内訳

ペナンへの輸出		ペナンからの輸入	
ペラ	33,254,811	ペラ	12,454,114
スランゴール	4,547,829	スランゴール	3,537,993
クダ	2,807,697	クダ	1,398,038
ヌグリスンビラン	1,227,150	ヌグリスンビラン	244,396
パハン	9	パハン	181,615
		クランタン	1,245
合　　計	41,837,496	合　　計	17,817,401

*2　オランダ領東インド　内訳

シンガポールへの輸出		シンガポールからの輸入	
ボルネオ	12,569,783	ジャワ	12,606,145
ジャワ	10,460,157	スマトラ東海岸	8,428,467
スマトラ東海岸	9,924,245	ボルネオ	5,401,379
バリ・ロンボック	3,064,991	スラウェシ	3,149,210
リアウ・リンガ	2,871,319	リアウ・リンガ	1,609,044
スラウェシ	2,736,059	バリ・ロンボック	1,283,727
ナトゥナ諸島・アナンバス諸島	1,851,615	モルッカ諸島	799,489
スマトラ西海岸	1,157,134	スマトラ西海岸	612,139
モルッカ諸島	893,921	ナトゥナ諸島・アナンバス諸島	479,918
アチェ	8,775	アチェ	269,304
その他	4,057,689	その他	2,251,166
合　　計	49,595,688	合　　計	36,889,988

#2　内訳

ペナンへの輸出		ペナンからの輸入	
スマトラ東海岸	2,555,762	スマトラ東海岸	6,722,346
アチェ	2,136,719	アチェ	1,233,744
スマトラ西海岸	1,877,092	スマトラ西海岸	682,579
ジャワ	254,040	ジャワ	22,494
ボルネオ	192,200		
合　　計	7,015,813	合　　計	8,661,163

*3　シャム　内訳

シンガポールへの輸出		シンガポールからの輸入	
大陸部	22,950,330	大陸部	9,652,413
半島部東海岸	3,504,719	半島部東海岸	842,862
半島部西海岸	56	半島部西海岸	4,925
合　計	26,455,105	合　計	10,500,200

#3　内訳

ペナンへの輸出		ペナンからの輸入	
半島部西海岸	6,354,980	半島部西海岸	2,486,094
大陸部	2,267	大陸部	60
合　計	6,357,247	合　計	2,486,154

*4　イギリス領インド　内訳

シンガポールへの輸出		シンガポールからの輸入	
カルカッタ	12,259,926	カルカッタ	3,805,056
ボンベイ・マラバール海岸	7,766,215	ボンベイ・マラバール海岸	2,084,264
マドラス・コロマンデル海岸	3,045,639	マドラス・コロマンデル海岸	1,026,868
合　計	23,071,780	合　計	6,916,188

#4　内訳

ペナンへの輸出		ペナンからの輸入	
カルカッタ	3,875,305	カルカッタ	2,865,594
マドラス・コロマンデル海岸	1,852,718	ボンベイ・マラバール海岸	933,497
ボンベイ・マラバール海岸	249,268	マドラス・コロマンデル海岸	456,163
合　計	5,977,291	合　計	4,255,254

出所：[RTSS, 1910]

(合計額は貿易総額であるため必ずしも表中の数字の合計とは一致しない。)

表3　ペナンと各地域間の輸出入額と主要品目

年	輸入元	輸入額 ($1,000)	主要品目	輸出先	輸出額 ($1,000)	主要品目
1870	スマトラ	2,266	胡椒 (52%), 銀貨 (11%), 安息香 (5%), 檳榔子 (5%)	イギリス本国	2,812	錫 (41%), 胡椒 (26%)
	シャム	2,237	錫 (96%)	スマトラ	2,440	銀貨 (40%), 反物 (35%), アヘン (9%)
	シンガポール・マラッカ	2,117	銀貨 (39%), 反物 (20%)	シンガポール・マラッカ	2,164	錫 (45%), グッタペルカ (9%), 米 (8%)
	イギリス本国	1,700	反物 (33%), 銀貨 (19%)	マラヤ	1,437	銀貨 (60%), アヘン (16%), 米 (10%)
	インド	1,523	アヘン (63%), 反物 (20%)	シャム	1,358	銀貨 (48%), アヘン (19%), 反物 (10%)
	マラヤ	1,378	錫 (78%), 銀貨 (11%)	インド	1,016	錫 (45%), 胡椒 (18%), 檳榔子 (12%)
	香港	875	銀貨 (10%), タバコ (7%), 金 (6%), 茶 (5%)	香港	904	錫 (40%), 胡椒 (14%), 米 (7%)
	ビルマ	731	米 (40%), 皮 (18%)	ビルマ	693	銀貨 (14%), 反物 (13%), 糸 (8%)
	中国	209	陶磁器 (19%), 塩 (11%), 銀貨 (7%), 肉 (7%)	中国	196	米 (32%), 錫 (22%)
1880	イギリス本国	3,911	銀貨 (50%), 綿製品 (23%)	スマトラ	4,578	銀貨 (33%), 米 (13%), 綿製品 (12%), アヘン (8%)
	香港	2,506	絹 (21%), 銀貨 (10%), 小麦 (6%), 豆 (6%)	イギリス本国	2,693	錫 (26%), 砂糖 (23%), 胡椒 (14%)
	シャム	2,269	錫 (87%)	シンガポール・マラッカ	2,416	錫 (47%), 米 (10%), 銀貨 (6%)
	シンガポール・マラッカ	2,223	綿製品 (31%), 銀貨 (21%), アヘン (4%)	マラヤ	1,675	銀貨 (20%), アヘン (18%), 米 (14%), 七面鳥 (13%)
	スマトラ	2,209	胡椒 (42%), 檳榔子 (15%), タバコ (14%)	香港	1,399	錫 (32%), 銀貨 (17%), 胡椒 (12%)
	ビルマ	2,078	米 (89%)	ビルマ	1,326	錫 (31%), 絹 (20%), 砂糖 (17%), ココナツ (12%)
	インド	2,030	アヘン (63%), 綿製品 (15%)	インド	1,175	錫 (36%), 檳榔子 (17%)
	マラヤ	1,821	錫 (81%)	シャム	1,085	銀貨 (31%), アヘン (28%), 綿製品 (6%)
	中国	175	金銀紙 (19%), 銀貨 (11%), 生絹 (10%), 肉 (9%)	ドイツ	1,074	データなし
	ドイツ	149	薬 (19%), ビール (19%), 綿製品 (14%)	アメリカ	877	錫 (99%)
	日本	100	銀貨 (100%)	中国	706	砂糖 (58%), 錫 (29%)

年	輸　入　元	輸入額($1000)	主　要　品　目	輸　出　先	輸出額($1,000)	主　要　品　目
1890	ペラ	6,621	錫（97%）	スマトラ	6,933	米（20%），銀貨（15%），綿製品（7%）
	ビルマ	6,271	米（96%）	イギリス本国	6,457	錫（58%），白胡椒（12%），黒胡椒（9%）
	香港	4,539	金（15%），絹製品（11%），保存食（8%）	ペラ	5,238	銀貨（31%），米（28%），アヘン（13%）
	イギリス本国	3,721	綿製品（43%），銀貨（23%）	シンガポール	4,783	錫（78%），米（5%），銀貨（5%）
	スマトラ	3,635	黒胡椒（64%），タバコ（18%）	香港	3,496	米（41%），錫（14%），砂糖（11%）
	シャム西海岸	3,335	錫（69%），黒胡椒（8%）	シャム西海岸	1,951	銀貨（42%），アヘン（17%），米（12%）
	インド	2,689	アヘン（64%），綿製品（19%）	インド	1,550	錫（64%），黒胡椒（18%），檳榔子（11%）
	日本	1,231	銀貨（96%）	中国	1,486	錫（73%），綿（11%），黒胡椒（8%）
	スランゴール	1,091	錫（99%）			
1895	ペラ	9,889	錫（94%），砂糖（4%）	イギリス本国	10,113	錫（65%），砂糖（6%），白胡椒（5%）
	香港	6,049	衣類（11%），小麦粉（6%），保存食（6%）	スマトラ	6,347	銀貨（26%），米（23%），綿製品（13%）
	ビルマ	5,109	米（83%），豆（5%），宝石（2%）	ペラ	5,974	米（24%），アヘン（20%），銀貨（9%）
	イギリス本国	4,083	綿製品（47%），肥料（4%），銀貨（4%）	シンガポール	4,994	錫（61%），銀貨（15%），ゴム（4%）
	スランゴール	3,111	錫（99%）	アメリカ大西洋側	3,327	錫（77%），ナツメグ（7%），黒胡椒（1%）
	シャム西海岸	3,057	錫（77%），豚（9%），黒胡椒（5%）	香港	2,373	砂糖（20%），錫（13%），米（9%）
	シンガポール	3,056	銀貨（27%），アヘン（15%），綿製品（13%）	アチェ	1,776	米（30%），綿染物（21%），アヘン（9%）
	日本	2,945	銀貨（98%）	シャム西海岸	1,629	アヘン（23%），銀貨（18%），米（16%）
	カルカッタ	2,698	アヘン（80%），ズック（3%），ギー（2%）	中国	1,563	錫（76%），米（12%），銀貨（9%）
	アチェ	1,676	黒胡椒（67%），檳榔子（17%），ゴム（6%）	スランゴール	1,303	米（59%），アヘン（15%），綿織物（7%）
	スマトラ	1,541	石油（23%），グッタペルカ（12%），タバコ（12%）	ビルマ	1,132	絹（20%），ココナツ（11%），傘（11%）
	マドラス	1,294	綿製品（65%），牛（8%），塩（5%）			

1900	ペラ	12,056	錫（86%），砂糖（7%），錫原石（4%）	イギリス本国	21,302	錫（80%），白胡椒（4%），黒胡椒（3%）
	香港	9,944	金（20%），小麦粉（7%），絹製品（6%）	ペラ	7,927	アヘン（24%），銀貨（19%），ふすま（18%）
	ボンベイ	6,128	銀貨（99%）	アメリカ大西洋側	6,524	錫（84%），黒胡椒（8%），ナツメグ（3%）
	イギリス本国	5,229	綿布（42%），金物（6%），機械（4%）	スマトラ	5,859	米（33%），銀貨（19%），綿布（6%）
	ビルマ	4,980	米（75%），宝石（8%），ふすま（7%）	香港	3,712	錫（33%），米（19%），砂糖（16%）
	シャム西海岸	4,470	錫（80%），黒胡椒（8%），豚（6%）	シンガポール	2,830	グッタペルカ（39%），米（13%），錫（11%）
	カルカッタ	4,211	アヘン（78%），コリアンダー・シード（8%）	アチェ	2,816	米（19%），アヘン（10%），綿布（10%）
	スマトラ	3,233	タバコ（24%），グッタペルカ（21%），石油（19%）	カルカッタ	2,021	檳榔子（48%），錫（17%），砂糖（12%）
	アチェ	2,245	黒胡椒（60%），檳榔子（28%），ゴム（7%）	シャム西海岸	1,297	アヘン（33%），銀貨（21%），米（18%）
	シンガポール	2,032	アヘン（27%），綿製品（20%），米（8%）	ビルマ	1,021	ココナツ（15%），カレー（11%），檳榔子（11%）
	ドイツ	1,682	ビール（20%），衣類（14%），保存食（7%）			
1905	ペラ	32,391	錫原石（57%），錫（30%），砂糖（3%）	イギリス本国	25,513	錫（85%），インドゴム（5%）
	香港	9,284	金（20%），タバコ（8%），小麦粉（7%）	アメリカ大西洋側	13,934	錫（81%），黒胡椒（5%），タピオカ（2%）
	シャム西海岸	8,190	錫（54%），錫原石（21%），黒胡椒（4%）	ペラ	8,724	銀貨（25%），米（21%），アヘン（12%）
	ビルマ	8,145	米（82%），ふすま（6%），魚の浮袋（2%）	スマトラ	5,087	米（51%），綿製品（10%），銀貨（7%）
	イギリス本国	7,208	綿製品（47%），衣類（5%），機械類（3%）	香港	3,585	砂糖（22%），皮（14%），銀貨（13%）
	スランゴール	5,027	錫（96%）	フランス	3,129	錫（75%），コプラ（18%），タピオカ（6%）
	スマトラ	3,717	石油（18%），コプラ（16%），黒胡椒（16%）	シャム西海岸	2,434	アヘン（14%），米（14%），綿製品（13%）
	カルカッタ	3,656	アヘン（53%），ズック（9%），石炭（9%）	シンガポール	2,430	銀貨（33%），黒胡椒（15%），砂糖（13%）
	シンガポール	2,692	綿製品（16%），米（15%），砂糖（14%）	カルカッタ	1,818	檳榔子（58%），錫（28%），サゴ（11%）
	アチェ	1,530	黒胡椒（55%），檳榔子（32%）	イタリア	1,589	錫（83%），コプラ（15%）
	ドイツ	1,307	ビール（27%），衣類（25%），綿製品（6%）	ビルマ	1,384	ココナツ（22%），カレー（16%），檳榔子（14%）
	マドラス	1,239	綿製品（76%），牛（9%）	ドイツ	1,208	錫（42%），コプラ（20%），タピオカ（15%）
				オーストラリア	1,173	錫（81%），コプラ（10%），黒胡椒（7%）
				スランゴール	1,145	米（54%），綿製品（10%），保存食（7%）
				アチェ	1,020	米（27%），綿製品（22%），砂糖（9%）

出所：［RMD 1870；1880；1890; RTSS 1895；1990；1905］より作成。

ガポールもペナンも、そもそも中国とインドの中継地点として設立されたため、それも当然と言えば当然である。またシンガポールとペナンいずれにおいても、輸出先に欧米諸国が数多く見られ、二つの港が欧米市場への窓口となっていたことが分かる。

シンガポールとペナンのいずれの統計にも見られる地域として、「マラヤ」、「シャム」、「オランダ領東インド」などもあった。そのなかでも、シンガポールおよびペナンへのアクセスのしやすさによって、地域によってさまざまな結びつきの様相が存在した。最も顕著にその違いが確認できるのは、表2－5－1および表2－5－2である。表2－5－2では「マラヤ」、「オランダ領東インド」、「シャム」に関して、さらに地域を細かく分けて、統計を示している。

「マラヤ」の中でシンガポールとの輸出入額が突出しているのはスランゴールである一方で、ペナンにおいてはペラの輸出入額が突出している。ただし、スランゴールとペラ、さらにヌグリスンビランなど、シンガポールにもペナンにもアクセスしやすい地域は、それぞれの傾向はあるものの、二つの流通拠点を選択することができた。他方、シンガポールと隣接するジョホールや、東海岸のクランタンおよびトレンガヌはシンガポールとの結びつきが強く、ペナンと隣接しているクダ（一九〇九年にシャム領からイギリスの保護国となる）はペナンとの結びつきが強いという明確な傾向を持つ地域もあった。

「オランダ領東インド」においては、ほとんどの地域においてシンガポールとの輸出入額がペナンのそれより大きい。ペナンにおいて最大の輸出入相手地域はスマトラ東海岸であるが、シンガポールとスマトラ東海岸の輸出入額はそれをはるかに上回っている。ペナンとの輸出入額がシンガポールのそれを上回っているのは、アチェとスマトラ西海岸であった。オランダ領東インドの大部分の地域がシンガポールより東側にあり、それらの地域はほとんどの場合において、シンガポールを流通拠点としていた。

「シャム」に関しては、大陸部（Siam Proper）と、半島部西海岸、半島部東海岸という分類がある。このうちシンガポールは大陸部との結びつきが強い一方、ペナンは半島部西海岸との結びつきが強い。一九一〇年の海峡植民地の統計によると、シャムからシンガポールへの輸入品で主なものは米一、七六四万九、〇〇〇ドルと錫五五二万一、〇〇〇ドルであった［RTSS, 1910］。他方表2より、シャムからペナンへの輸入品は歴史的に半島部西海岸の錫に限られていたことが分かる。なお表2・表3ともに、一九〇九年以前のデータに関しては、シャム半島部西海岸という項目の中に一九〇九年までシャム領であったクダとの輸出入が含まれている。シンガポールへの輸入品の多くは大陸部からの米である一方、シャムからペナンへの輸入品の大部分はクダを含む半島部西海岸の錫であったという明確な違いがあった。

インドシナとの貿易は、シンガポールにおいては活発であったが、ペナンではほとんど観察されなかった。

表3に基づきさらに細かく、ペナンを通じて展開されていた国際分業のネットワークを確認してみる。一八七〇年から一九〇五年まで、ほぼ共通したパターンが観察できる。シャムとマラヤからは錫が、スマトラやアチェからは胡椒やタバコなどの農産物のほか石油がペナンに輸入された。これらの産物は、イギリスやアメリカ、ドイツ、イタリア、オーストラリア、香港、中国などに輸出された。ビルマから輸入された米と、イギリスやインドから輸入された綿製品、インドから輸入されたアヘンは、錫鉱山やプランテーションで働く労働者が消費するために、シャム、マラヤ、スマトラに輸出された。

(2) ペナンを拠点に周辺地域で事業を展開した人びと

ペナンから見た国際分業体制の構造を体現するような実業家として、以下の人びとが有名である。

モハメド・メリカン・ヌルディン（Mohamed Merican Noordin、またはMohamed Noordin Marakayar）は南インド・ポンディシェリ出身のムスリムで、一九世紀初めにペナンに移住し、一八二〇年代頃から一八七〇年に死去するまで、ペナンにおける有力な商人として認識された。南インドに出自を持つムスリム商人は、インドからアチェに布製品を輸出し、アチェやスマトラから胡椒を輸入し、それをペナンから世界市場に輸出する事業に従事していた。モハメド・メリカン・ヌルディンもそうした交易を通じて、一八三〇年代までに事業を確立した。一八三八年の記録によると、九月一日にペナン港に停泊していた二二隻の船舶のうち、五隻がモハメド・メリカン・ヌルディンの所有であった。彼はスマトラ、ビルマ、インド、中国などと交易を行っていた。デリからは胡椒、ピディからは檳榔子、タバコ、木綿、ポニーなどを輸入していた。ビルマとの交易においては、米を輸入し、ダマール（フタバガキ科の樹木から採取できる樹脂）と檳榔子を輸出していた。中国との交易も、あまり深入りはしなかったが行っており、樟脳などを中国から輸入し、ペナンや周辺地域から輸入した檳榔子、マット、硫黄、ヨーロッパ製品、錫、カルダモン、食用クラッカー、スペイン・ドルなどとともにインドに輸出していた。彼はマレー人、インド人、ヨーロッパ人の妻と、また華人と思われる妻との間に、息子六人と娘五人をもうけた。三男のハビブ・メリカン・ヌルディン（Habib Mercan Noordin）と、四男のモハメド・マシュルディン・メリカン・ヌルディン（Mohamed Mashurdin Merican Noordin）は、モハメド・メリカン・ヌルディンの事業を受け継ぎ、それをさらに発展させた［Fujimoto 1989, 45；59–62；Mahani 2013, 130］。

コー・スーチアンは一七九七年に福建省漳州府龍渓県霞嶼社で生まれ、一八二二年にペナンにやって来た。ペナンで行商などを行いながら資金をため、シャム南部のプーケット近辺に渡った。婚姻によりプーケットの有力者の支援を得て、錫鉱山を開拓し、一八四四年にアユタヤ朝よりアヘン専売の許可を得た。さらに一八五四年にはラノン（Ranong）県知事に任命され、同地における政治的・経済的基盤を確立した。コー・スーチアンは一八七〇年代に、ペナンで蒸気船運行会社であるコウ・グアン社（Koe Guan／高源）を設立し、ペナンとシャム西海岸の間で鉱山労働者とアヘンの輸送を独占した。コー・スーチアンは、シャム人の父親と華人の母親の間にペナンで生まれた Sit Kim Lean との間に五人の息子をもうけ、またその他二人の妻との間にそれぞれ一人ずつ息子を得た。息子たちはシャム南部の県や州の知事に任命され、コー一族の政治的・経済的勢力が拡大した。Sit Kim Lean との間に生まれた五人の息子の中で最も年長のコー・シムコンは、一八七七年に父親の後を継いでラノン県知事に任命され、チュムポン州（Monthon Chumphon）の高等弁務官（Superintendent Commissioner）に任命された。(6) 三男のコー・シムキムはクラブリ（Krabri）県知事を補佐し、その息子コー・ジュートックはペナンでコウ・グアン社の経営を担当した。同社は一九〇三年にペナン－中国間の航路を開始し、鉱山労働者の輸送を拡大して急成長した。コー・スーチアンが晩年に結婚した妻との間に一八五六年に生まれたコー・シムビーは、一八八五年にクラブリ県知事に、一八九〇年にトラン（Trang）県知事に任命され、一九〇〇年にプーケット州の高等弁務官に任命された。一九〇六年にオーストラリア人実業家とプーケットにトンカー湾錫浚渫社（Tongkah Harbour Tin Dredging Co. N. L.）を設立し、錫鉱山を開発した［Cushman 1991, 9–15］。

一八五〇年にペナンで生まれたリム・レンチークは、ペナンからスマトラ、クダ、ペラ、シンガポール、セイロン、ビルマなどに事業を拡大した。彼の父親は厦門近郊に位置する沿岸部の村からペナンに移住し、シャムの有力者の娘と結婚した。一八七九年に父親が引退した際、リム・レンチークはその事業をすべて受け継ぎ、ペナンとアチェを結ぶ海運事業を開始した。またペナンで精米事業に着手し、一八八八年にクダのスルタンより二〇年間の独占権を付与され、クダの首府アロースターで精米所を開設した。またクリムでアヘンの専売も手がけた［Wu 2003, 38–44］。

オーガスト・フッテンバック（August Huttenbach）は、一八五〇年にドイツ連邦領邦ヘッセン大公国のヴォルムスで生まれた。同市のラテン・カレッジを卒業し、ヘッセン大公国軍に従軍し普仏戦争で戦地に赴いたのち一八七二年二月にカッツ・ブラザーズ社（Katz Brothers）(7) の補佐としてペナンに移った。一八八五年に兄弟とともにペナンとシンガポールにフッテンバック・ブラザーズ社（Huttenbach Brothers）を、ペナンにフッテンバック・リーベルト社（Huttenbach Liebert）を、ロンドンにフッテンバック社（Huttenbach）を創業した。ペナンとアチェを結ぶ定期航路や、ペナンとインドのコロマンデル海岸とを結ぶ蒸気船による定期航路を最初に開設したのは、フッテンバックであった。さらに、南インドのナーガパッタム経由でヨーロッパへの郵便船を就航し、ペナンとフィラデルフィアを結ぶ石油輸送船の直行便を開設した。フッテンバックは一八八九年にイギリス国籍に帰化し、ペナンおよび海峡植民地における行政職を積極的に務め、一八九四年に立法参事会の議員に任命されたほか、ジョージタウン市政委員を務めた［Wright and Cartwright 1908, 747］。

このほかに第8章で取り上げるチャン・ピーシーも、ペナンを拠点にスマトラやアチェ、ペラ、スランゴールなどにおいて、事業を手広く展開した実業家として非常に有名であった。

ペナンを拠点に事業を展開した人たちは、それぞれの強みを活かして国際分業のネットワークの一部を構成し、ネットワークを機能させていた。ペナンを拠点に事業を展開する華人が強みとしたのは、鉱産物や農産物を生産する労働力を動員しうることであった。その強みを補強すべく、労働力や生産物の移動に必要な船舶の航行を提供したり、労働者が必要とする食料や日用品の貿易・流通に従事したりするなど、多角的に事業を展開していった。ペナンを拠点に事業を展開する華人にとって、国際分業のネットワークに参入し多様な地域とつながるためには、労働者の調達を中心とした中国とのつながりが重要になっていたと言える。

3　多民族社会を構成する人びと

(1)　センサスに見る人口構成

結節点として成長するペナンの人口は、一七八八年に一、〇〇〇人を数え、一八〇四年に一万二、〇〇〇人に増加した［Mills 2003, 52］。人口の増加は、社会の多民族化をもたらした。一九世紀前半のペナン島とプロヴィンス・ウェルズリーにおける人口構成は表4、表5のとおりであった［Mills 2003, 250］。ペナン島では一八五〇年代以

表4　ペナン島の人口（1818—1860年）

	マレー人	ヨーロッパ人	インド人	華　人	合　計
1818年	12,190	n.d.	8,197	7,858	35,000
1380年	11,943	1,877	8,853	8,963	33,959
1842年	18,442	1,180	9,681	9,715	40,499
1851年	16,570	347	7,840	15,457	43,143
1860年	18,887	1,995	10,618	28,018	55,956

出所：[Mills 2003 (1961), 250]

表5　プロヴィンス・ウェルズリーの人口（1820—1860年）

	マレー人	ヨーロッパ人	インド人	華　人	合　計
1820年	5,399	n.d.	338	325	6,185
1833年	41,702	n.d.	1,087	2,259	45,953
1844年	44,271	107	1,815	4,107	51,509
1851年	53,010	n.d.	1,913	8,731	64,801
1860年	52,836	76	3,514	8,204	64,816

出所：[Mills 2003 (1961), 250]

降、華人の人口が他の民族の人口数を圧倒し始めた。

この二つの表では、「マレー人」、「ヨーロッパ人」、「インド人」、「華人」という分類がなされているが、ペナンおよび海峡植民地の住民の括り方がおおむねそのような形を取るのは、人口統計を見る限り一八九一年以降であった。それ以前の人口統計では、例えば表6のような括り方をしていた。

表6の分類は、海峡植民地全体および、それぞれの地域に対して適用されたものであった。元の表では「囚人」というカテゴリーがあるが、それを各カテゴリーに含めた以外は、民族（nationality）の分類はそのまま引用した。この表では、「ヨーロッパ人とアメリカ人（European and Americans）」、「アルメニア人、ユダヤ人、ユーラシアン（Armenian, Jews, Eurasian）」、「華人（Chinese）」の間で太線が引かれており、それ以外の人びとに関してはアルファベット順に並べられたのみであった。

これに対して、一八九一年のセンサスでは、「ヨーロッパ人とアメリカ人」、「ユーラシアン」、「華人」、「マレー人とその他の島嶼部出身者（Malays and Other

表6　ペナンとプロヴィンス・ウェルズリーの人口（1881年）

Nationality	Penang Island	Province Wellesley	Total
European and Americans	607	65	672
Armenian	32	0	32
Jews	32	0	32
Eurasian	1,352	245	1,597
Chinese	45,135	22,219	67,354
Achinese	177	50	227
Africans	4	6	10
Anamese	35	0	35
Arabs	521	53	574
Bengalees and other Natives of India not paticularised	1,133	722	1855
Boyanese	56	2	58
Bugis	33	54	87
Burmese	197	1	198
Dyaks	0	1	1
Japanese	3	1	4
Javanese	683	624	1,307
JawiPekan	4,486	176	4,662
Malays	21,724	61,209	82,933
Manilamen	6	0	6
Parsees	5	0	5
Persians	1	0	1
Siamese	261	314	575
Singhalese	22	3	25
Tamils	14,271	10,749	25,020
Total	90,776	96,494	187,270

出所：*Report on the Census of Penang 1881.*　民族の分類は変更せずそのまま引用した。

表7　海峡植民地の人口と民族別統計（1901年）

民族（Nationalities）	ペナン*	ペナン島	ジョージタウン	シンガポール	マラッカ	合　計
ヨーロッパ人とアメリカ人	1,160	993	788	3,824	74	5,058
ユーラシアン	1,945	1,649	1,560	4,120	1,598	7,663
華人						
広東人（Cantonese）	18,355	15,741	14,456	30,729	1,507	50,591
福建人（Hokkien）	29,072	24,777	21,825	59,117	5,661	93,850
海南人（Hailam）	2,830	2,148	1,925	9,451	4,507	16,788
客家人（Kheh）	7,951	5,094	2,296	8,514	1,981	18,446
海峡生まれ（Straits-born）	23,569	18,095	13,914	15,498	4,955	44,022
潮州人（Teo-Chiu）	15,985	5,262	3,403	27,564	681	44,230
福州人（Hok-Chiu）	661	346	224	12,888	176	13,725
言及なし（Tribe not stated）	1	0	0	280	0	281
合計	98,424	71,463	58,043	164,041	19,468	281,933
マレー人とその他の島嶼部出身者						
先住民（Aborigines）	0	0	0	0	82	82
アチェ人（Achinese）	378	292	271	2	0	380
ボヤン人（Boyanese）	307	300	275	2,712	77	3,096
ブギス人（Bugis）	6	4	4	999	6	1,011
ダヤク人（Dayaks）	8	8	8	29	0	37
ジャワ人（Javanese）	1,206	736	501	8,519	324	10,049
ジャウィ・プカン（Jawi-Pekan）	7,308	5,550	5,057	665	0	7,973
マレー人（Malays）	96,664	27,379	9,843	23,060	72,489	192,213
マニラ人（Manilaman）	17	17	17	94	0	111
サムサム（Sam-Sam：Malay-Siamese）	106	0	0	0	0	106
合計	106,000	34,286	15,976	36,080	72,978	215,058
タミル人とその他のインド出身者						
ベンガル人（Bengalis）	1,816	1,178	1,016	3,242	73	5,131
ビルマ人（Burmese）	167	162	127	14	1	182
パールシー人（Parsees）	11	11	11	26	0	37
タミル人（Tamils）	36,057	17,389	15,000	13,791	1,202	51,050
第16マドラス歩兵隊（16th Madras Infantry）	0	0	0	750	0	750
合計	38,051	18,740	16,154	17,823	1,276	57,150
その他の民族						
アフリカ人（Africans）	17	1	1	8	1	26
アンナン人（Anamese）	4	4	4	15	0	19
アラブ人（Arabs）	544	473	405	919	45	1,508
アルメニア人（Armenians）	21	21	21	79	6	106
日本人（Japanese）	169	161	160	766	20	955
ユダヤ人（Jews）	45	45	45	462	0	507
ペルシア人（Persians）	0	0	0	6	0	6
シャム人（Siamese）	1,378	555	490	168	4	1,550
シンハラ人（Sinhalese）	68	58	58	244	17	329
言及なし（Nationalities not stated）	381	381	381	0	0	381
合計	2,627	1,699	1,565	2,667	93	5,387
総合計	248,207	128,830	94,086	228,555	95,487	572,249

* ペナン島，プロヴィンス・ウェルズリー，ディディンの合計。
出所：[Innes, 1901] より筆者作成。民族の分類は変更せずそのまま引用した。

表 8　海峡植民地における各民族の人口割合（1901 年）　（%）

	ペナン	ペナン島	ジョージタウン	シンガポール	マラッカ	合 計
欧米人	0.47	0.77	0.84	1.67	0.08	0.88
ユーラシアン	0.78	1.28	1.66	1.80	1.67	1.34
華人	39.65	55.47	61.69	71.77	20.39	49.27
マレー人とその他の島嶼部出身者	42.71	26.61	16.98	15.79	76.43	37.58
タミル人とその他のインド出身者	15.33	14.55	17.17	7.80	1.34	9.99
その他の民族	1.06	1.32	1.66	1.17	0.10	0.94
合計	100.00	100.00	100.00	100.00	100.00	100.00

出所：［Innes, 1901］より筆者作成。民族の分類は変更せずそのまま引用した。

Natives of the Archipelago）」、「タミル人とその他のインド出身者（Tamils and other Natives of India）」、「その他の民族（Other Nationalities）」というカテゴリーが設定され、さらに言語や出身地、文化的背景の差異によって、サブカテゴリーが設定されていた。一九〇一年のセンサスもこうした分類方法を踏襲しており、それは表7のとおりであった。

表7の統計に基づき、民族ごとの割合を出すと、表8のとおりとなる。ペナン島とプロヴィンス・ウェルズリーを合わると、華人とマレー人が約四割ずつ、インドに出自を持つ人たちが一五パーセント前後であったが、ジョージタウンでは、華人とインドに出自を持つ人たちの割合が増加した。ペナンにおけるマレー人の大部分は、プロヴィンス・ウェルズリーに居住していた。華人の人口が全体の七割を超えていたシンガポールや、マレー人の人口が全体の七割を超え、その他の民族がほぼ華人のみであったマラッカに比べると、海峡植民地の中でペナンはより多民族的な状況にあったと言える。

以上のデータより、ペナンにおける多民族社会の輪郭をある程度描くことは可能である。しかし、輪郭線を明確に引くことができない領域が、当然のことながら多々存在する。また一九世紀後半から二〇世紀初頭のペナンという固有の地理的・歴史的文脈において、立ち現れたカテゴリーも存在する。それぞれのカテゴリーについて、もう少し詳しく見ていく。

(2) 各カテゴリーの内訳

① ユーラシアン

海峡植民地においてユーラシアンとは、主にヨーロッパ人とアジア人の混血者を意味した。ペナンにおけるユーラシアン・コミュニティの歴史は古く、その起源は、ライトがペナンを獲得した直後にペナン建設の人材としてクダから帯同した人たちに辿りうる。彼らは一七八六年の聖母の被昇天の祭日(八月一五日)にペナンに上陸したとされ、それにちなんで名づけられた聖母の被昇天聖堂(Cathedral of the Assumption)というカトリック教会がジョージタウンのファーカー通りにある。

ライトがクダから帯同した人たちはもともとプーケットに居住していた人たちで、その多くがポルトガル人とタイ人との混血者でカトリックであった。プーケットは錫の積み出し港として交易拠点に発展し、そこに一六世紀半ば頃ポルトガル人が入り、タイ人と通婚して定住コミュニティを形成した。しかし一七七〇年代末以降プーケットでキリスト教徒に対する迫害が始まったため、ユーラシアンの多くが対岸のクダに逃れた。ライトがクダ王家と交渉する際、ユーラシアンが通訳や仲介役を務めた。

ユーラシアン・コミュニティはカトリック教会の周辺に集住した。ペナン島にはユーラシアンが集住した地域が二ヵ所あり、カンポンスラニ(Kampung Serani)と呼ばれた。スラニはマレー語で、ポルトガル人とその子孫、カトリックなどとほぼ同義の語である。集住地区の一つは聖母の被昇天聖堂の周辺で、もう一つはジョージタウンから西北に約四キロメートルの場所に位置するプラウティクス(Pulau Tikus)にある無原罪の御宿り教会(Church of The Immaculate Conception)周辺である[Sibert 2002]。

なお二〇世紀初頭においてユーラシアンは、欧亜混血者だけでなく、アジア人系混血者に対しても使われることがあった。インド系の父親と中国系の母親を持つP・V・ロック(第6章・第7章参照)は、ユーラシアンとして

表9　ペナンにおける華人のサブカテゴリーとその割合

	ペナン		ペナン島		ジョージタウン	
福建人	29,072	29.74%	24,777	34.84%	21,825	37.75%
海峡生まれ	23,569	24.11%	18,095	25.44%	13,914	24.06%
広東人	18,355	18.78%	15,741	22.13%	14,456	25.00%
潮州人	15,985	16.35%	5,262	7.40%	3,403	5.89%
客家人	7,951	8.13%	5,094	7.16%	2,296	3.97%
海南人	2,830	2.89%	2,148	3.02%	1,925	3.33%
合　計	97,762	100.00%	71,117	100.00%	57,819	100.00%

出所：[Innes, 1901] より筆者作成。民族の分類は変更せずそのまま引用した。

認識されていた。

②　華　人

出身地域と方言

一九〇一年のセンサスによると、人口のうえでペナンの華人社会を構成する主なカテゴリーは、福建人、海峡生まれ、広東人、潮州人、客家人、海南人であった。表7の数字をもとに、それぞれの割合を出すと表9のようになる。

ペナンにはこうしたカテゴリーに対応する華人組織があるため、これらのカテゴリーはペナンの華人の認識とおおむね一致していたと言えよう。しかしペナンの華人社会で生きていくうえでまず意識されたのは、自分が「福建幇」と「広東幇」のいずれに属しているかということであったと言える。これは、海峡植民地あるいはマラヤで出生した「海峡生まれ」の人も同様であった。福建幇と広東幇は、単純に省の範囲と重なるものではなかった。福建幇とされるのは、「漳州および泉州出身の厦門語を話す人びと」であり、それ以外の人びとは広東幇に属するものとされた。

福建という名前のついた早期の組織および施設に、福建公塚がある。これはジョージタウン市内およびその近郊に設立された福建系の共同墓地の総称である。そのうち最初に設立されたのは、一八〇五年に設立されたバトゥランチャンの墓地であった。バトゥランチャンは、ペナンの行政・経済の中心であるジョージタウン市中心から南西約六キロメートルのところに位置する。この墓地の設立・維持において、漳州と泉州の出身者が寄付金を寄せていた。

しかし漳州および泉州出身者がすべてこの墓地に埋葬されたわけではなかった。例えば詔安県は漳州府に属すが、詔安県出身者は広東義塚に埋葬された。ペナンの詔安県出身者は、客家語を話す人びとであった。張少寛によれば、福建公塚では厦門語を話す漳州人と泉州人が優勢で、それ以外の方言を話す人に対しては福建省の出身者であっても排他的であったという［張 1994, 249］。同じく福建省に位置する汀州府の出身者も、広東義塚に埋葬されており、それも彼らが客家語を話す人びとであったためだと思われる。

また一八八六年ごろから、福建公司という組織が存在した。これは「五大姓」による組織であった［張 2003, 22-23］。五大姓とは、漳州府海澄県を出自とする邱氏、林氏、謝氏、楊氏と、泉州府同安県を出自とする陳氏を指した。これら五大姓は、それぞれ公司を設立していた[8]。一八八八年七月以降、広福宮（第4章を参照）の福建幇の代表は、福建公司が五大姓公司から二人ずつ任命することとなった［王 1999, 20］。ウォン［Wong 2015］は、五大姓とコー・スーチアンおよびその子孫たちとが連携して構築したネットワークが、一九世紀のペナンの経済をけん引した主な要因であるとする。

広東という名前のついた早期の組織に、広東系の墓地である広東義塚がある。これは、一七九五年あるいは一八〇一年に設立されたとされている［張 2003, 25-26］[9]。広東義塚は一八九一年に新しい規約を制定し、三一人の理事を選出し、墓地の運営を組織化した。この時から一九二〇年まで、広東公司という名称を使用した。一九二五年（あるいは一九二一年）より広東・汀州会館（広東曁汀州会館）という名称を使用し、海峡植民地政府に結社として登録した［梁 1973, 7-9］。同会館は、一九七三年の時点で以下の団体を傘下団体としていた［檳城広東曁汀州会館 1973］。

広東系：台山寧陽会館、南海会館、番禺会館、順徳会館、新会会館、中山会館、三水会館、肇慶府会館、

東安会館、花県会館

客家系：嘉応会館、恵州会館、大埔同郷会館、増龍会館、従清会館、永定同郷会館、汀州会館

潮州系＋客家系：潮州会館

海南系：瓊州会館

これらの団体の名称は、中国の地域名に由来している。その多くは広東省に所在するが、福建省漳州府詔安県や汀州府出身者の例のように、広東省以外の地域に所在するものも含まれている。また広東省出身者の中には、広東人や潮州人、客家人、海南人など、異なる方言集団が存在するが、ペナンではこれらさまざまな方言集団が広東幇として包摂的に括られていた。こうした包摂性は、福建幇が厦門語を話す漳州人と泉州人に限定されるのに対し、対照的である。こうした状況は、一九世紀初頭にすでに見られ、同世紀末には定着していたようである。

一八二八年に広東義塚に対して寄付をした県や府の名前が、「広東省曁汀州府詔安県捐題買公司山地」という石碑に記されている。それによるとこの時寄付を提供したのは、広東省広州府の県（順徳県、新寧県、新会県、従化県、香山県、清遠県、南海県、番禺県、増城県）、広東省潮州府および同府の大埔県、広東省嘉応州、広東省恵州府、福建省汀州府、福建省漳州府詔安県であった［張 2003, 27］。

このうち、増城県、嘉応州、恵州府、大埔県、汀州府、詔安県の出身者は、客家人であると言われている。これら客家人は、合同で海珠嶼大伯公を祀る［鄺 1979, 726；王 1998b］など、早くからまとまりを示していたとされる。海珠嶼大伯公はタンジュントコンに位置し、設立時期は一七九二年、あるいは一七九九年、一八五一－一八五六年の間など諸説ある［王 1998b, 16–21］。他方でこれら客家人は、出身地域ごとに個別の組織も設立していた。そうした組織として、嘉応会館（一八〇一年）、増龍会館（一八〇二年：「増」は広東省広州府増城県を、「龍」は広東省恵州府龍門県をそれぞれ指す）、恵州会館（一八二二年）［羅・胡 1973, 114］、永大館（一八四〇年：「永」は福建省汀州

府永定県を、「大」は広東省潮州府大埔県をそれぞれ指す）［王 1998b：48］、従清会館（一九〇〇年以前に設立：広州府従化県および清遠県に由来）［Lo 1900, 30］がある。これらの地域を冠した組織は、いずれも広東・汀州会館に所属している[10]。

潮州府の出身者の多くは、潮州人という方言集団として認識される。潮州という地名を冠した組織として、一八五五年の土地契約書や、一八六〇年の広東義塚への寄付者の記録において確認しうる潮州公司がある。潮州公司が一八五五年に取得した土地に、潮州出身者の合同の祖廟として韓江家廟が設立された。その時期は、一八六四年であるとされている［陳 2010, 30；王 1998a, 18］。韓江は、大埔、潮州、澄海、汕頭などを流れる潮州府で最大の河川の名前に由来する。韓江家廟は一八九一年に海峡植民地政府に対し、潮州公司の名義で団体登録を行った［陳 2014］。「潮州」と「韓江」という名称について王は、客家人が多い大埔県出身者を包摂すべく、韓江という名称が強調される側面があると指摘する。韓江家廟には「九美斉栄（九つの美が一斉に栄える）」や「九邑流芳（九つの村の美名を後世に残す）」という扁額が掲げられている。九という数字は、潮州府に一七八三年以降九つの県が置かれたことに由来しており、大埔県も含めたすべての県を包括する意図の表れだと解釈されている［王 1998a, 18–22］[11]。

一九世紀末には、海南人も広東公司に参加していた。海南人が設立した寺廟に、天后宮がある。天后宮の設立時期は不詳だが、最も古い扁額が一八七〇年であることから、その頃には設立されていたことが分かる。一八九五年に天后宮がチャーチ・ストリート（Church Street／義興街）からラブ・レーン（Love Lane／色仔乳巷）[12]に移動した際に設置された石碑に「瓊州館遷建碑記」とあり、天后宮は瓊州館として認識されていたことが分かる［檳城瓊州会館館史 1973, 97］。瓊州は、海南島の古い名前である。また一九〇〇年に書かれた資料では瓊州会館[13]の名称が確認でき、瓊州会館は天后宮とも呼ばれているとある［Lo 1900, 233］。一八九一年以降、瓊州会館において一八九五年頃の指導者の一人であった馮爾志や、一九一〇年代の指導者であった林英文や朱育仁などが広東公司の理事を務めていた［檳城広東暨汀州会館 1973, 12–16］ことから、瓊州会館は少なくとも一八九一年までには広東公司に参加していたようである。

「公司」、「会」、「会党」――武力に訴える企業体――

出身地域や方言に基づく組織と並んで、ペナンの華人社会を動かしていたのが、「公司」、「会」、「会党」などと呼ばれる組織であった。これらの組織は、経済的な利益をめぐる競合の中から生まれたもので、企業体としてとらえることができる。しかし一般の企業と異なるのは、競合に打ち勝つ手段としてしばしば武力に訴えたことであった。人員を動員するうえで出身地域や方言などの関係性が利用されたため、これらの組織は出身地域や方言などの枠組みと重なっていた。

ペナンにこうした組織が現れたのは、一七九六年という説がある。当初は、ギーヒン（Ghee Hin／義興）またはサンハップフイ（San Hup Hoey／三合会）という組織があるのみで、この組織はすべての方言集団を包括し、方言集団間の争いを調停していた［Mak 1973, 31］。

このうちギーヒンから、客家系と福建系が離脱した。客家系は一八〇一年に独自にワーサン（Wah Sang／華生）を設立し、一八二〇年にハイサン（Hai San／海山）に改称した。福建系は一八〇〇年にギーホック（Ghee Hock／義福）を設立し、それが一八四四年にキエンテック（Kien Tek／建徳堂）またはトアペーコン（Toa Peh Kong／大伯公）に改称した［Mak 1973, 32］。ウォンは、ギーヒンは新寧出身の広東人、潮州人、恵州出身の客家人、福建人で構成され、キエンテックの中心は福建系五大姓であり、キエンテックと客家人が主体であるハイサンは連携関係にあったと分析する［Wong 2015, 63–67］。

これら組織は、第4章で詳しく見るように、一八八〇年代まで相互に対立していた。その原因は、経済的な利害をめぐるものであったと言われている。例えばハイサンとギーヒンは、アルコールとアヘンの専売権をめぐって対立していた。ギーヒンはアルコールの専売を独占していたが、一八一〇年代末から一八二〇年代にかけてハイサンがそこに進出し、一八二五年以降ハイサンとギーヒンの対立が激化した［Mak 1973, 40–42］。

一八五〇年代から一八六〇年代にかけて、これら組織の武力衝突が頻発し、規模も拡大していった。また非華人がこれらの組織に加入し始めた。一八五四年の記録によると、あるマレー人村落のプンフル（村長）は、それに先立つ二、三年前から自分も含めてムスリムの男性住民はすべてハイサンに入会していると語っていたという［Blythe 1969, 103］。一八六七年八月一日から一五日には、海峡植民地で史上最悪とも言われる武力衝突がキエンテックとギーヒンとの間に発生した。キエンテックは赤旗会（Red Flag Society/Bendera Merah）と、ギーヒンは白旗会（White Flag Society/Bendera Putih）[14]とそれぞれ提携して争ったため、衝突は拡大と激化の一途をたどった。赤旗会と白旗会は、インド系（ムスリムおよびヒンドゥー教徒）とジャウィ・プカン、マレー人によって構成されていた。さらに、ペラやプーケットなど周辺地域の兄弟組織と連携し、加勢したりされたりするなかで、武力衝突が頻発・拡大することもしばしばであった。

こうした衝突は、一八七四年にイギリスが介入することによって収拾した。「会」や「会党」の多くは、一八七三年以降危険結社（Dangerous Society）に指定され、植民地政府の管理の対象となっていたが、それは一八七七年以降さらに強化された［RCP 1877］。このなかで「会」や「会党」は解体されていった（第2章および第4章を参照）。

③　マレー人とその他の島嶼部出身者

ジャウィ・プカン、ジャウィ・プラナカン

都市部のムスリムの中には、南インドに出自を持つムスリムやその子孫が少なからず存在した。そうした人たちがジャウィ・プカンまたはジャウィ・プラナカンと呼ばれた。

「はじめに」でも述べたように、マラッカ海峡地域およびボルネオでは、血統的なマレー人概念と、文化的なマレー人概念が歴史的に存在していた。マレー人とは狭義にはムラカ王国を血統的に継承する者であったが、イスラム教とマレー語を核とするマレー文化の継承者もマレー人として認識されていた。こうしたなかで、インドやアラブ地域に出自を持つ者も、イスラム教を信奉しマレー語を操る者はマレー人と名乗れる状況にあった。これに対して一九世紀のペナンでは、マレー人として括りうる者をマレー人とは区別してとらえようとする人たちが存在した。そのために形成されたのが、ジャウィ・プカンというカテゴリーであった。

ジャウィ・プカンのジャウィは、「はじめに」で説明したように、アラビア語起源の語で「イスラム教を受容したジャワ（今日の東南アジアに相当する地域）の人」を意味した。ジャウィ・プカンとは、「町のジャウィ」という意味である。郊外に住むマレー人が町（pekan）に住むムスリムを「外来者（foreigner）」と認識し、自分たちと区別してジャウィ・プカンと呼んだという説がある［Fujimoto 1989, 41］。

表7からは、ジャウィ・プカンの人口がジョージタウンに集中していたことが分かる。フジモトは、一九〇三年時点のデータを示し、ペナン島には六七ヵ所モスクがあり、そのうち二二ヵ所がインド系ムスリムにより設立されたモスクで、そのほとんどがジョージタウンに所在しており、郊外のモスクはマレー人が設立したものが多かったと指摘する［Fujimoto 1989, 79］。

ジャウィ・プカンとしばしば同義語として使われる語に、ジャウィ・プラナカンがある。これは「はじめに」でも述べたように、「混血のジャウィ」、あるいは「地元生まれのジャウィ」という意味である。マレー人は、南インドに出自をたどれるムスリムに対しその混血性・外来性を強調してこの語を使い、一方そう呼ばれた側は、ペナンで生まれペナンを地元として生きていく意志の表明としてプラナカンと名乗ったと言われる。

ジャウィ・プカンやジャウィ・プラナカンと呼ばれる人たちは一般に、社会的・経済的にムスリム社会の上層に位置すると言われる［Fujimoto 1989, 71］。これに対して、底辺に属していた人たちがジャウィ・プカンやジャウィ・プラナカンと呼ばれる人たちを構成していったという説明もある。上述した赤旗会や白旗会を構成していた大部分は、ジャウィ・プカンおよびジャウィ・プラナカンであったと言われている。これに関して、海峡植民地は一八七三年までインドおよびセイロンの犯罪者の流刑地であり、刑期を終えた彼らが海峡植民地に留まり現地の女性と結婚し、その子孫がジャウィ・プカンまたはジャウィ・プラナカンとなり、華人をモデルにして自前の結社を結成し、自分とその家族を守ったという説明もある［Blythe 1969, 130］。

二〇世紀初頭のペナンでも、郊外のマレー人と都市の混血のムスリムとの対立がしばしば見られた。それは例えば、ムスリムの婚姻・離婚を登録する権限を持つカディの任命において表れることがあった。カディは一八八二年から一九〇八年まで、ムスリム・コミュニティが選出した人物を総督が「承認」するかたちで任命されていた。こうしたなかで一九〇四年に、カディを務めていた人物の死去に伴い、新たなカディを任命する必要が生じた。そのために、ジョージタウン市中心部に位置するカピタン・クリン・モスク（Kapitan Kling Mosque）(15)を拠点とする混血のムスリムが会議を召集した。しかしこの会議には、郊外（ウェルズリー南部郡ニボントゥバル）を拠点とする有力者ハジ・マット・サマン［Report 1903］が人々を動員して出席し、多数決原理を通じて自らの意向を反映させたことがあった［PGSC 1904.6.13；PGSC 1904.7.11］。

混血のムスリムがペナンのムスリム全体を代表するような言動を行ったときに、疑念や批判が向けられることもあった。カピタン・クリン・モスクでは一九〇四年頃から、「ムスリム・ソサエティ（Muslim Society）」という組織が、同モスクの寄進財の管理について海峡植民地政府に対して意見を表明したり、同モスクでの宗教行事を主催したりするなど、活発な活動を行っていた。ムスリム・ソサエティは一九〇六年九月二三日に、寄進財局(16)のムスリム委員の変更を政府に求めるべく、同二八日に会合を行うことを『ストレイツ・エコー』で告知した［SE 1906.9.23］。これに対して『ストレイツ・エコー』に、ムスリム・ソサエティとはいかなる組織で、同組織が主催する会議はペナンのムスリム全体が関わる事項を決定するうえでいかなる正統性を持つのかと問い、会議を行うならペナンのムスリム・コミュニティにおいて著名で影響力を持った人物がその会議を招集すべきだとする投書が寄せられた［SE 1906.9.24］。

ジャウィ・プラナカンという項目は、一九一一年の人口統計では消滅する。この背景についてフジモトは、ジャウィ・プラナカンのエリート層には子女の出生を登録する際にマレー人として登録する傾向が一八三〇年代から見られ、その傾向が二〇世紀初頭に急速に進展したためだとする。フジモトは、インドに出自を持つムスリムはすべて公的にはマレー人として扱われるようになったとする。他方でジャウィ・プラナカンの個人の認識においては、インドに出自を持つという認識がその後も維持されたとする［Fujimoto 1989, 47］。

社会における認識においても、ジャウィ・プラナカンというカテゴリーが全く消えてなくなったわけではなかった。一九二一年の人口統計報告書で担当官は、インドに出自を持つ人びとに関する説明の中で、ジャウィ・プカンに触れていた。そこには、ペナンにおいて『ジャウィ・プカン』すなわちインド人とマレー人の混血の人びとの人口は多く、彼らは聡明で勤勉である［Nathan 1922, 86］と記されており、ジャウィ・プカンの存在が社会的には認識されていたことが分かる。またマレー語による文通を通じてマレー人の団結を図ったマラヤ・ペンフレンド同盟において、ペナンにある本部の主導者がアラブ系ムスリムやジャウィ・プラナカンであり、純粋なマレー人ではないとして、一九三〇年代後半にリーダーシップを拒否されることがあった［Roff 1994, 212–221］。

チュリア人、クリン人

ジャウィ・プカンやジャウィ・プラナカンと呼ばれた人たちとほぼ重なる人たちを指す語として、チュリア人(Chulia) やクリン人 (Kling)[17] という語もある。チュリア人とは、インドのコロマンデル海岸地域の人を指す語で、九世紀から一三世紀にタミル地方を中心に南インドを支配したチョーラ朝に由来する語であると考えられている。クリン人という語は、紀元前四世紀から紀元前二世紀（または一世紀）にインド半島東北部の海岸地帯に存在したカリンガ王国に由来する語であると考えられている。これらの語は、南インドに出自を持つ人を指す語として、マラッカ海峡周辺で一五世紀以降使われていた。ジョージタウン市中心部には、南インドに出自を持つムスリム商人が集住した通りがあり、そこはチュリア通りと名付けられた。このほかに南インドに出自を持つムスリムの集住地区として、宝石商や金貸し業者が多いピット通りや、漁師や海運業者が多いキング通りなどがあった［Fujimoto 1989, 36］。

海峡植民地およびペナンにおいて、チュリア人とクリン人は南インドに出自を持つ人を指す語として互換的に使われ、ムスリムとヒンドゥー教徒両方が含まれた。しかし次第にクリン人は、南インドに出自を持つムスリムを指す語に転じていったという［Fujimoto 1989, 30-31］。海峡植民地の人口統計担当官による一九〇一年の報告書には、ペナンでは「『クリン人（Orang Kling）』は常にタミル語を話すムスリムを指し、タミル語を話すヒンドゥー教徒は『ヒンドゥー人（Orang Hindu）』と呼ばれている」と記されている［Innes 1901］。他方で一九〇四年二月二日付の『ストレイツ・エコー』では、ヒンドゥー教徒の祭礼であるタイプーサムの様子を伝える記事が、「クリン人のお祭り（The Kling Festival）」という見出しで掲載されていた［SE 1904. 2. 2］。二〇世紀初頭においては、南インドに出自を持つ人を指してクリン人と呼ぶ場合と、南インドに出自を持つ人のなかでムスリムのみをクリン人と呼ぶ場合とが、まだ混在していたようである。

一八七〇年代以降、南インドに出自を持つムスリムは、クリン人という語を自称として積極的に使用しなくなったとの指摘もある。南インドに出自を持つムスリムであるメリカン一族の中には、出生登録をするとき、一八七〇年頃までは民族を記入する欄に「クリン人」と記載する者が多かった。しかし一八七〇年代以降、メリカン一族の多くは自分の子供を、マレー人あるいはジャウィ・プラナカンとして登録するようになった。例えばモハメド・アリー・メリカンという人物は、一八七三年に第一子をマレー人として登録し、一八七六年に第二子をジャウィ・プラナカンとして登録したという［Fujimoto 1989, 46］。

④　タミル人とその他のインド出身者

一八七一年のペナンのセンサスでは、インドに出自を持つ人を指す語として、「ベンガル人とその他のインド出身者で特定できない人（Bengalees and other Natives of India not paticularised）」、「ヒンドゥー人（Hindoos）」、「クリン人またはタミル人（Klings or Tamils）」という項目が見られた。一八六〇年代後半頃より、インドから海峡植民地に渡航する労働者が増加し、特に一八六〇年代以降急激に増加した。これら渡航者の大部分はインド南東部出身者で、タミル語を母語とするタミル人と総称される人たちであった［重松 1999, 62］。おそらくこうした状況を反映し、一八八一年の海峡植民地のセンサスでは「ヒンドゥー人」という項目が消え、「ベンガル人とその他のインド出身者で特定できない人」と「タミル人」という項目が残り、大部分がタミル人に分類された。一八九一年には「ヨーロッパ人とアメリカ人」、「華人」、「マレー人とその他の島嶼部出身者」と同レベルのカテゴリーとして「タミル人とその他のインド出身者」が設定された。その下位概念に「ベンガル人」と「タミル人」というサブカテゴリーが設けられ、その中で最も人口が多かったのは「タミル人」というカテゴリーとなった。一九〇一年以降も、この分類が踏襲された。

ただし「タミル人」の中身もまた多様であった。一九〇一年の人口統計報告書によると、「タミル人」一万九、九三四人の中にはムスリムのタミル人六三四人と、ヒンドゥー教徒のタミル人一万七、七七三人、北部インド人六二二人、ビルマ人五人が含まれていた［Innes 1901］。

二〇世紀初頭の資料で確認しうる限り、タミル人がアーリヤ人かドラビダ人かをめぐり、タミル人という集団性が議論されることはあった［SE 1903.10.9；10.21；11.27；12.14］ものの、「タミル人」というまとまりで結社や組織が設立されることはなかった。インド系を包括する組織は、インドやヒンドゥーという名前を冠することが多かった。

インドを出自とするヒンドゥー教徒、ムスリム、キリスト教徒、タミル人、セイロン人などを包括する組織として、一八九二年にインド人協会（Indian Association）が設立された［陳綠漪 2003, 285］。この組織は、一九〇〇年の時点で存在が確認できるが［RCP 1900］、一九〇五年までには活動を停止していた［SSGG 1909.9.1］。

一九〇四年頃には、ペナン・ヒンドゥー人協会（Penang Hindu Association）が設立された。これは、インドに出自を持つヒンドゥー教徒とキリスト教徒に対して開かれた組織であり、宗教を目的としないという相互の了解に基づき、設立された［SE 1906.6.6］。しかし、ムスリムおよびヒンドゥー教徒の寄進財局が一九〇五年に設立されたのをきっかけに、ペナン・ヒンドゥー人協会はヒンドゥー教徒の利害に関わる問題への関与を強めた。こうしたなかで、キリスト教徒を中心に同協会を離脱する者が現れた［SE 1906.6.6］。

一九一二年にはペナン・ヒンドゥー会議協会（Penang Hindu Sabha Association）[18]が設立された［SSGG 1912.5.31］。同協会は、ヒンドゥー人およびインド人の教育の推進や福祉の向上に関心を示すとともに、寄進財局に対して積極的に働きかけを行った［PGSC 1913.4.14］。寄進財局がマリアマン寺院（Mariaman Kovil）[19]に参拝料を課したことに対して、一、〇〇〇人の出席者が参加した一九一三年四月の会合では、ペナン・ヒンドゥー会議協会の中心人物が積極的に発言し、参拝料の廃止とヒンドゥー教徒の代表者の交代を政府に求めることが決議された［PGSC 1913.4.29；4.30］。

こうした状況と並行して一九〇六年頃、ヒンドゥー教徒とキリスト教徒を包括するインド系の組織として、インド・セイロン協会（India-Ceylon Association）が設立された［Wright and Cartwright 1908, 747；SSGG 1912.5.17］。ヒンドゥーという語がヒンドゥー教徒に限定され、インド系の人たちを包括しうる概念として機能しなくなるなかで、インドやセイロンという語が浮上したことが分かる。そのような状況において、タミルという語が使用されることはなかった。

本書で言及するインドに出自を持つ人たちとして、シク人（Sikh）とパターン人（Pathan）、チェッティ（Chetty）もいる。シク人は、今日パキスタンとインドの国境を跨がって位置するパンジャーブ地方を出自とする。シク人は一八四〇年代頃には、海峡植民地にいたとされる。先に述べたとおり海峡植民地はインドおよびセイロンの犯罪者の流刑地であり、一八四八年に起こった第二次パンジャーブ戦争で捕らえられた兵士たちがペナンおよびシンガポールに流刑され、そのなかにシク人もいたとされる［Rajindar 2001］。パターン人はパシュトゥーン人とも呼ばれ、現在のアフガニスタン中部・南部とパキスタン北西部に両国の国境を跨いで居住する民族である。ペナンのシク人とパターン人の多くは、第三次ラルッ戦争で治安回復に当たったスピーディー元ペナン警察署長が、パンジャーブ地方でリクルートした兵士に由来するとされる［Metcalf 2008, 102-106］。チェッティは今日のタミル・ナドゥ州のチェッティナードゥに出自があると言われる商業カーストで、一五世紀から一六世紀には東南アジアにおける彼らの活動が知られていた。繊維製品や塩などの貿易に従事していたが、一九世紀頃から貸金業に主に従事するようになった。チェッティヤールとしても知られている［重松 2012 ; Ummadevi and Sivachandralingam 2016］。

＊＊＊

以上をふまえて、一九世紀末から二〇世紀初頭のペナン社会の特徴を以下のようにまとめることができる。

海峡植民地の人口統計では、「ヨーロッパ人」、「ユーラシアン」、「華人」、「マレー人とその他の島嶼部出身者」、「タミル人とその他のインド出身者」というカテゴリーが現れた。このカテゴリーに従ってペナンの人口の大まかな傾向を把握すると、ペナン全体（ペナン島とプロヴィンス・ウェルズリー）では、「華人」と「マレー人とその他の島嶼部出身者」がそれぞれ約四〇パーセントを占め、「タミル人とその他のインド出身者」が一五パーセントを占めた。都市部（ジョージタウン）では「華人」が約六〇パーセントを占め、「マレー人とその他の島嶼部出身者」と「タミル人とその他のインド出身者」が二〇パーセント弱を占めた。

人口統計の「華人」の下位カテゴリーには複数の方言集団が存在するが、ペナンの華人社会で重要だったのは、福建幇と広東幇という括り方であった。福建幇は「漳州および泉州出身の厦門語を話す人びと」に限られ、それ以外の人たちは広東幇に括られた。

人口統計における「マレー人とその他の島嶼部出身者」と「タミル人とその他のインド出身者」というカテゴ

リーは、出身地域に基づいた分類となっていた。このように括るなかで位置づけが難しい人たちとして、インドに出自を持つムスリムがいた。マレー人概念には、マレー文化の継承者を出自にかかわらず包摂しうる側面もあったため、インドに出自を持つムスリムはマレー人を名乗り、マレー人として包摂される側面もあった。他方で彼らの出自が外部にあることが強調され、マレー人とは別のカテゴリーとして扱われることもあった。インドに出自を持つことから人口統計において「インド出身者」としてカウントされることもあった。

人口統計に「タミル人とその他のインド出身者」という項目があり、ペナンのインド出身者の多くはタミル人に分類されていた。しかしタミル人を名乗る組織などは二〇世紀初頭までに設立されることはなかった。インドに出自を持つ者を包括する概念として、インドやヒンドゥーという語が使われた。しかし寄進財局の設立をきっかけに、ヒンドゥー教徒の利益を重視する動きが顕著となり、ヒンドゥーという語はヒンドゥー教徒を対象とする組織に使われるようになった。ヒンドゥー教徒とキリスト教徒を包括する組織には、インドやセイロンという語が使われた。インドという語を使う組織にムスリムが含まれた時期もあったが、一九〇〇年代半ば以降一九一〇年代初頭においてはそうした組織にムスリムは参加していなかった。また人口統計のカテゴリーには存在しないが、ペナンの社会において存在が認知されているシク人やパターン人、チェッティなどの民族や人間集団のカテゴリーが存在していた。

第2章　海峡植民地の制度に訴える華人越境者

よりよい生活を求めて越境した華人が頼りにしたものに、地縁や血縁に基づくネットワークがある。こうしたネットワークは、漢民族が中国大陸で移住を繰り返すなかで歴史的に形成されてきたもので、同郷関係に基づいた社会組織は遅くとも明代には形成されていたと言われている［吉原 1995, 196］[1]。こうした地縁や血縁に基づく関係性が、華人の越境を支えていたとされる。例えば杉原は、海峡植民地と香港を中継地点として東南アジアと中国との間を往来する華人を支えた要因の一つに、中国の伝統的社会原理のうち同郷性による結合が機能していたと指摘する。こうした結合は、「たとえば福建出身の者なら誰でもお互いを信頼して自由に労働契約を結べるような状況を作りだし」、「他の集団に対してはある程度閉鎖的であるが、集団の内部では移動のコストを大幅に下げるとともに……心理的な自由度を保障するものであった」ため、華人は「異国の法律や習慣に親しんでいなくても比較的簡単に出稼ぎができた」と説明される［杉原 2001, 261–262］。

海峡植民地に渡った華人が、地縁や血縁のネットワークを通じて移動していたのは事実である。しかしそのネットワークは必ずしも、安全を保証するものとは限らなかった。越境者を危険にさらすのは、越境先の異邦人であるとは限らず、越境を手引きした同郷者である場合も少なくない。海峡植民地への華人の渡航は、外国の企業や機関が華人の雇用に直接関与していた南北アメリカへの渡航とは異なり、華人が華人を雇用する場合がほとんどで、華人の間で労使の摩擦が生じることも多かった。

本章の目的は、海峡植民地に渡った華人が移動の過程や越境先で生じるリスクを回避するうえで、越境先の制度を積極的に利用していたことを明らかにすることである。具体的には、海峡植民地に渡った華人の間で、渡航してそれほど年月が経っていない者も含めて、イギリス人官吏の華人保護官（Chinese Protector）を長とする華人保護署（Chinese Protectorate）[2]や裁判所、警察など海峡植民地の制度を通じて、同郷者とのトラブルを解決するという発想が広く見られたことを示すことである。植民地統治者の言語に通じていない華人であっても、華人社会に閉じこもって生きていたわけではなく、海峡植民地の制度を積極的に利用して、身近な問題を解消しようとする者が少なくなかったことを示すことにより、華人社会を英語派と華語派に分けてとらえる見方を相対化していく。また一九世紀末頃までに海峡植民地を拠点とする華人にとって、海峡植民地が「使える」制度として活用されるようになっていたことを示す。「使える」制度の使い勝手をよりよくしようとするさまざまな交渉を、本章に続く第3章から第7章で論じていくこととなる。

同郷者とのトラブルを解決するうえで華人保護署を活用した事例については、[Ng 1961]と[白石 1975]が華人保護官の年次報告書を資料として一部触れている。第1節ではまず、これらの先行研究を踏まえて華人保護署の設立過程を整理する。そのうえで、華人保護官の年次報告書に加え『叻報』や『檳城新報』などの華語文献を資料とし、華人保護署を通じて同郷者とのトラブルを解消しようとする華人の姿をより克明に浮かび上がらせる。第2節では、海峡植民地の調停機関（裁判所）および強制力（警察）を利用した事例を見る。第3節では、移動に伴う危険からの保護を海峡植民地政府に求めた事例を見る。

1 海峡植民地政府による保護・管理制度の設立

(1) 入境者の管理・保護の始まり――インド人渡航者への対応――

マラッカ海峡周辺、すなわちマラヤやスマトラ、シャム南部でプランテーションや錫鉱山の開発が進展するのに伴い、多くの地域でインドや中国からの労働者が導入された。労働者の多くは海峡植民地を経由し、そこで雇用先を見つけて各地域に再渡航したため、海峡植民地はインドや中国からの労働者の集積・供給基地として機能するようになった。そのようななかで一八七〇年代頃から、誘拐されたり騙されたりして海峡植民地に連れて来られたり、海峡植民地から再渡航させられたりする労働者の存在や、労働者斡旋ブローカーの強い束縛・拘束を受けている労働者の存在が問題視されるようになった。海峡植民地政府はこの状況に対して、海峡植民地に流入してくる人びとを、国籍を問わずすべて管理と保護の対象とする体制を整えていった。

海峡植民地への流入者に対して最初に対応が取られたのは、インド人渡航者であった。一八六〇年代後半頃から、マドラス管区タンジョール県ナーガパッタム（Nagapatam）港から海峡植民地に渡航する労働者が増えた。ハタウェイ・ナーガパッタム徴税官補佐代理の報告によれば、組織的な誘拐という状況はないものの、海峡植民地での労働が富とばら色の将来をもたらすと説き、労働者を確保しようとする「メイストリ」と呼ばれる労働者斡旋ブローカーが存在し、その甘言を簡単に信じて渡航する「無知なクーリー」がいた。また女性の労働者斡旋ブローカーが、夫や両親と不和となった女性を説得し、海峡植民地行きの船に乗せてしまうケースや、本人に渡航の意思はあるが両親の承諾を得ていない子供が労働者斡旋ブローカーを父親や叔父であると称して渡航するケースもあった。ハタウェイの後任者であるストークス・ナーガパッタム徴税官補佐代理は、タンジョールの人口が非常に密で、外国に出稼ぎに行くことがすでに長い間一般的になっているため、「渡航者に対するしかるべき待遇と、誘拐の阻止が十分に保障される限り、外国に出稼ぎに行く習慣を取りやめることは望ましくない」とした。そのうえで、ナーガパッタムに渡航者保護官を任命し、渡航者の受け皿となる海峡植民地のペナンとシンガポールや、ビルマ南東部のモールメイン（モーラミャイン）において何らかの策を講じ、渡航者の保護を図るよう提言した［Stokes 1870］。

これらの報告を受けてインド中央政府が採用した方策は、一八七一年に「移民輸出法」を制定し、マラヤへの移民を公的・全面的に禁止することであった。その結果、インドからの労働者が減少し、それがマラヤのプランテーション経営者の不満を引き起こした。海峡植民地政府はプランテーション経営者の利益を代弁し、インド中央・マドラス管区両政府に対して抗議・陳情を行った。その結果、海峡植民地は一八七二年に「移民輸出法」の対象地域から除外された。しかしマドラス管区政府はこの措置に批判的で、南インドからの移民の保護に関する方針・措置を独自に作成した。マドラス管区政府はインド中央政府と海峡植民地政府に対して、自身と同様の方針・措置に基づき、南インドからの移民に対する保護措置を求めた［重松 1999, 98–100］。

海峡植民地政府はこれを受けて、インド人移民の管理・保護に関する条例の作成を開始し、最終的に一八七六年にインド人移民保護条例（一八七六年）を施行した。この条例は、海峡植民地で労働するという契約で渡航費の前借りを受けてインドから渡航するインド出身者を管理・保護の対象としていた。インドから海峡植民地への移動と海峡植民地での労働契約の締結・履行、契約終了後のインドへの帰還は、マドラスと海峡植民地に常駐した移民保護官の管理下で行われた。また海峡植民地からマレー諸国への移動と、そこから海峡植民地やインドに戻るまでの移動は、イギリス政府の保護下に置かれた［Ordinance No. I of 1876］。

ただし実際には、この条例に基づいてマドラス管区政府と海峡植民地政府の保護を受けて渡航する人はそれほど多くなく、年間一、〇〇〇～三、〇〇〇人程度であった。これに対し、条例の保護を受けない渡航者は、年間一万

表 10　インドからペナンへの渡航者とペナンからインドへの帰還者数（1880―1904 年）

	ペナンへの渡航者				インドへの帰還者
	条例に基づく前借渡航者	条例に基づく自由契約者	条例に基づかない渡航者	合　計	
1879 年	n.d.	n.d.	4,379	n.d.	n.d.
1880 年	1,191	n.d.	3,755	4,946	n.d.
1881 年	879	n.d.	5,769	6,648	5,269
1882 年	1,452	n.d.	8,276	9,728	5,947
1883 年	1,450	n.d.	8,979	10,429	9,041
1884 年	1,539	n.d.	14,365	15,904	10,749
1885 年	n.d.	n.d.	19,819	n.d.	n.d.
1886 年	n.d.	n.d.	n.d.	n.d.	n.d.
1887 年	2,875	n.d.	n.d.	n.d.	n.d.
1888 年	2,884	n.d.	n.d.	n.d.	n.d.
1889 年	2,747	n.d.	n.d.	n.d.	n.d.
1890 年	n.d.	n.d.	15,341	n.d.	n.d.
1891 年	3,443	n.d.	26,446	29,889	23,912
1892 年	1,628	n.d.	16,370	17,998	17,722
1893 年	2,106	n.d.	15,877	17,983	14,044
1894 年	1,688	n.d.	13,156	14,844	13,537
1895 年	1,549	n.d.	14,413	15,962	12,360
1896 年	2,652	n.d.	17,498	20,150	12,977
1897 年	2,599	n.d.	18,000	20,599	14,280
1898 年	2,989	n.d.	15,825	18,814	11,500
1899 年	4,677	2,217	14,304	21,198	10,799
1900 年	7,615	7,052	20,684	35,351	10,955
1901 年	2,785	3,476	16,931	23,192	15,434
1902 年	2,430	1,595	16,217	20,242	17,219
1903 年	572	1,982	19,479	22,033	16,868
1904 年	2,670	3,527	24,504	30,701	19,550

n.d.：データなし

出所：［RAP］該当年より作成。

五、〇〇〇人から二万五、〇〇〇人ほどであった（表10）。一八九九年に新しいインド人移民条例（Ordinance No. VII of 1899）が制定されて以降、インドからの渡航者すべてが保護の対象となった［RAP 1899］。

（2）華人渡航者への対応と華人保護署の設立

マラッカ海峡周辺地域に労働者を提供したもうひとつの地域が、中国であった。さまざまな地域から海峡植民地に人口が流入するなかで、シンガポールでは一八四〇年以降、ペナンでは一八六〇年以降、華人が全人口の約半数を占めるようになった［Mills 2003, 250］。華人の渡航者への対応は、数的な増加のみが問題だったわけではなく、その大部分が「公司」や「会」、「会党」などと呼ばれる華人の企業体にリクルートされていたことも問題となっていた。これらの企業体は他の企業体との競合に打ち勝つ手段として、また海峡植民地政府に対抗する手段としてしばしば武力に訴えたため、海峡植民地の秩序を脅かす存在として一八五〇年代以降問題視されつつあった。労働者はこれら企業体の経済活動を支えるとともに、武力衝突の際に兵士として動員される存在でもあった。またこれら企業体による労働者の管理は、武力を通じて行われることも少なくなかった。

海峡植民地に渡航する華人労働者の中には、中国で契約を結んで渡航してくる者もいたが、「客頭《ケトウ》」と呼ばれる労働者斡旋ブローカーに渡航費を前借りして渡航し、海峡植民地に到着した後客頭の手引きで雇用先を見つける者もいた。中国は一八六六年に続定招工章程条約をイギリスとフランスと締結し、本人の意に沿わない渡航や労働契約を中国本土において取り締まる制度を一応確立していた。しかしこの条約は、海峡植民地で結ばれる労働契約を取り締まる効力は持たなかった[3]。渡航費を前借りして渡航する場合、渡航代は新客《シンケ》[4]の労働賃金から天引きされることになっていたが、その割合は客頭が一方的に決めており、渡航費の三〜四倍の金額が天引きされることもあった。また海峡植民地に到着してから仕事場に送られるまで、劣悪な環境の中で、客頭が雇った用心棒によって暴力的に管理されることも多かった［Ng 1961, 76–79］。

表11　ペナンへの華人渡航者数（1880—1904年）

	渡航者総数	渡航費支払い済み渡航者数	渡航費未払い・待機所収容者数	華人保護署で契約した渡航者数	契約先				
					海峡植民地	海峡植民地以外	スマトラ	マラヤ諸国	シャム領
1880年	30,886	17,402	13,484	13,949	5,274	8,675	6,992	1,105	578
1881年	42,056	21,262	20,794	19,043	6,939	12,104	7,759	2,708	1,358
1882年	45,122	28,111	17,911	20,078	9,045	11,033	n.d.	n.d.	n.d.
1883年	47,930	31,733	16,197	18,913	7,671	11,242	6,871	3,717	590
1884年	38,231	25,076	15,181	16,628	5,640	10,988	9,055	1,650	211
1885年	42,142	25,108	17,034	19,749	5,404	14,345	11,727	2,241	362
1886年	57,186	n.d.	23,459	24,746	6,221	18,525	12,719	5,407	n.d.
1887年	65,348	n.d.	22,904	26,359	5,464	20,895	12,854	7,672	n.d.
1888年	76,792	60,604	16,188	19,329	2,476	16,853	11,682	4,666	n.d.
1889年	44,441	35,190	9,251	12,605	3,007	9,598	7,439	1,721	275
1890年	36,044	29,231	6,813	9,605	1,880	7,725	5,651	1,449	n.d.
1891年	49,066	40,650	8,416	8,967	n.d.	n.d.	n.d.	n.d.	n.d.
1892年	45,227	38,946	6,281	12,620	n.d.	n.d.	456	n.d.	n.d.
1893年	68,251	58,284	9,967	17,250	n.d.	n.d.	n.d.	n.d.	n.d.
1894年	46,230	40,147	6,083	10,893	n.d.	n.d.	n.d.	n.d.	n.d.
1895年	60,559	51,828	8,731	11,725	n.d.	n.d.	n.d.	n.d.	n.d.
1896年	57,055	47,524	9,531	10,136	n.d.	n.d.	n.d.	n.d.	n.d.
1897年	41,124	36,200	4,916	5,699	n.d.	n.d.	n.d.	n.d.	n.d.
1898年	44,811	39,807	5,004	5,668	1,478	n.d.	n.d.	1,118	n.d.
1899年	51,299	46,928	4,371	4,576	n.d.	n.d.	n.d.	n.d.	n.d.
1900年	72,821	65,582	7,239	6,881	n.d.	n.d.	n.d.	n.d.	n.d.
1901年	66,411	n.d.	n.d.	4,498	n.d.	n.d.	n.d.	n.d.	n.d.
1902年	69,762	65,317	4,445	4,488	n.d.	n.d.	n.d.	n.d.	n.d.
1903年	75,401	n.d.	n.d.	4,488	n.d.	n.d.	n.d.	n.d.	n.d.
1904年	67,693	n.d.	n.d.	3,288	n.d.	n.d.	n.d.	n.d.	n.d.

n.d.：データなし

出所：Annual Administration Report, Penang, 1880–1904, Annual Report on the Chinese Protectorate, 1880–1904.

このような状況は一八六〇年代以降さらに顕著となった。その背景には、マラッカ海峡地域における労働者の需要の増大があった。とりわけスマトラのデリでは、ナツメグやたばこ、カカオなどのプランテーションの開発が急速に進み、デリのプランターたちは海峡植民地の客頭を通じて労働力を調達した。デリでの労働条件は海峡植民地やマラヤの労働条件より有利である場合も多かったが、デリでの死亡率が高かったことから、デリでの労働は苛酷であるというイメージが華人労働者の間に広まっており、デリでの労働は不人気であった。またジャワにおいても労働力不足が生じ、オランダ人プランターは海峡植民地における労働力の調達に期待した。シンガポールやペナンでは一八七〇年以降、華人労働者を騙したり、誘拐したり、暴力で脅したりしてスマトラに労働力を送ろうとする客頭が現れた。客頭の多くは「会党」や「公司」などの企業体に所属していた [Thio 1960, 62–65]。

海峡植民地における労働者の確保が困難となるなかで、胡椒やガンビールのプランテーションを経営する海峡植民地の華人が一八七一年と一八七三年に華人渡航者の保護を求める陳情書を海峡植民地政府に提出した [Thio 1960, 66 ; Ng 1961, 79]。これは一八七三年に移民条例 (Immigrants Ordinance) の制定につながったが、労働者を安く調達することにより関心があったヨーロッパ人の強い反対に遭い、条例は施行されなかった [Thio 1960, 68]。海峡植民地政府は、華人渡航者の保護よりも公司や会党の管理に重点を置いた。しかし華人渡航者をめぐる状況はますます悪化し、公司や会党の管理も進展しなかった。本国の植民地省から海峡植民地に対して、何らかの対応を採ることも求められた。こうしたなかで海峡植民地総督は、華人を取り巻く労働環境について調査を行う委員会を設置した。この委員会の報告書は、一八七六年一一月に立法参事会に提出された。報告書は、労働者の待遇は市場原理によって適正な水準に維持されているが、華人が海峡植民地に到着してから労働契約を結ぶまでの過程について、海峡植民地政府は管理を厳格化すべきであるとした。また公司や会党の影響力を低下させるために、華人渡航者が頼るべきは公司や会党などではなく海峡植民地政府であることを教え、政府が華人の支持を得る必要があるとした。そのために、華人保護官をシンガポールとペナンに配置することが提言された [Thio 1960, 68–73]。

これを受けて海峡植民地政府は、一八七七年三月に華人移民条例（Chinese Immigrants Ordinance）と誘拐条例（Crimping Ordinance）を制定した。誘拐条例は同年五月に、華人移民条例は同年九月に施行された。同年五月に華人保護官が任命され、六月に華人保護署が開設され、八月に華人保護官補佐（Assistant Chinese Protector）が任命された［Thio 1960, 77］。

初代の華人保護官はピッカリン（W. A. Pickering）で、シンガポールに常駐した。また華人保護官補佐としてデニス（N. B. Dennys）が任命され、主にペナンで職務を遂行した。ピッカリンは一八六二年より福州や高雄、安平の海関（Maritime Customs Department）で勤務し、輸出入品の記録係などを勤めていた。その間、中国語の読み書きと、福建語や客家語、潮州語、広東語などを習得した。一八六七年に海関を辞め、イギリスに戻り現地の企業で勤めたあと一八七〇年に「健康状態の悪化」を理由にイギリスを去り、一八七一年より海峡植民地政府で中国語の通訳として働いていた。デニスは一八六三年より北京のイギリス領事館で見習い通訳として従事し、翌年通訳試験に合格したが、一八六五年に領事館での仕事を辞め、香港で英語新聞『チャイナ・メール』の編集者となった。これ以降、新聞・出版業に従事し、海峡植民地政府も利用した『広東語会話ハンドブック』なども手がけた。またマカオでクーリー貿易の廃止に携わり、華人労働者に対する不当な扱いを改善した経験があった［Ng 1961, 80–81］。

華人移民条例は、一等および二等船室の旅客ではない華人を対象とし、華人労働者が海峡植民地で雇用者と労働契約を結び、その契約がしかるべく履行されることを監視・管理するものであった。誘拐条例は、海峡植民地に到着した労働者が騙されたり脅されたりして、自らの意思に反して海峡植民地から再渡航させられないよう阻止することを目的とした(5)。客頭など移民斡旋業者は、すべて政府から許可を得ることが義務付けられた。雇用先が見つかるまで新客が滞在する待機所も、海峡植民地政府が直接管理するか、政府から許可を得た民間業者が営業するなど、すべて海峡植民地政府の管理下に置かれた。渡航費を前借りして海峡植民地に到着し、その後雇用主を探す場合、華人保護署で労働契約を取り結ぶことが義務付けられ、契約期間は最長二年までとされた［Ordinance No. II of 1877］。

海峡植民地に到着した華人労働者は、以下の手続きを踏んで労働に従事するに至った。労働者を乗せた船が中国から到着したら、華人保護署の官吏が乗船してそれを検査し、労働者一人一人にメモを渡した。それには、労働者は渡航費を支払う義務があるが、いかなる束縛や拘束も受けるものではなく、斡旋業者や雇用主から不当な扱いを受けた場合はそれを華人保護署の官吏に訴え、海峡植民地政府から保護を得るよう書かれていた［RCP 1877］。労働者は下船したあと待機所に移動し、そこで華人保護官および華人保護官補佐の面談を受け、渡航費の支払いが済んでいるかどうか質問を受けた。渡航費支払済みの者や、下船後二四時間以内に渡航費を支払う者は、雇用先および契約内容について質問され、契約内容に関して華人保護官から説明を受けた後、待機所を出ることが許された［Ordinance No. II of 1877］。面談の際、労働者からシンガポールに親戚や友人がいると申告があれば、華人保護署がその人物を探し出した［RCP 1877］。到着後二四時間以内に渡航費を支払わない労働者は、待機所で雇用先が決まるまで待機させられ［Ordinance No. II of 1877］、雇用先が見つかれば華人保護官の立会いの下で雇用主と労働契約を結んだ。その内容は華人保護署の登録簿に登録され、その登録番号と同じ番号を記載した契約書の写しが労働者と雇用者双方に渡された。労働契約を締結する際、また親戚や友人が渡航費を負担している場合においても、華人保護官は労働者に対して、海峡植民地政府がいつでも労働者の訴えを聞き、合法的な労働契約が履行されるよう保証しているため、秘密結社に入会してその保護を得る必要はないと説明した。また雇用者が労働者を不当に扱ったり、労働者が契約を破棄したりした場合、いずれも処罰されると説明した［RCP 1877］。

これと並行して、第4章で述べるように、「会党」や「公司」の取り締まりが強化された。華人保護官は結社登録官を兼任し、結社を再登録させてその構成員を把握し、武力紛争が起こった場合にはその地域の責任者を召喚する権限を得た［Ng 1961, 90-91］。海峡植民地からの追放という罰則を盾にすることにより、「会党」や「公司」の責任者を管理し、ひいてはこれら企業体間の紛争を管理することが可能となった［白石 1975, 86–87］。

(3) 華人保護署を積極的に活用する華人渡航者

華人労働者を管理・保護する制度が整うと、華人労働者はより有利な雇用条件を引き出すために、積極的にその制度を利用し始めた。ピッカリンはその事例を以下のように報告している。

海峡植民地政府から許可を受けたある労働者斡旋業者は、シンガポールのある企業からラブアン炭鉱に華人労働者を二〇人送りたいと要請された。その業者は自分の労働者待機所に労働者がいなかったため、契約書案を持参してピッカリンを訪れ、手助けを要請した。ピッカリンはその斡旋業者に、二〇〇人の労働者を受け入れたばかりの労働者待機所を紹介した。だが労働者は、斡旋業者が提示する契約内容が事実であることと、派遣先でも政府の保護を受けられることを華人保護官が保証しない限り、契約を結ばないと主張した。そこでピッカリンがその待機所に行き、渡航先で海峡植民地政府から保護を受けられることを保証し、契約内容が有利なことを説明した。その結果、契約に応じる意向を見せた者が多数現れ、ピッカリンはそのうち二〇人を連れて華人保護署に移動し、契約内容を説明した。すると労働者は、契約を結ぶことはできないと言い出した。斡旋業者は渡航者に対して、月給七ドルと事前に説明していたが、契約書には食事なしで月給七ドルと記載されており、月給から食費として天引きがある可能性があった。ピッカリンは渡航者に対して、契約を結ぶか否かは完全に個人の自由だが、これほど好条件の契約は数年待たないと巡り合えないと説得し、その結果四人が契約に応じることになった。契約書には、華人保護署で契約する際に四ヵ月分の給料二八ドルを前払いするとあったが、彼らを雇用する企業は労働者がラブアンに渡航するときに給料を支払いたいと申し入れたため、ピッカリンはそれを許可した。ピッカリンは斡旋業者の前で労働者たちに、ラブアンに渡航するときに二八ドルが支払われることと、その中から中国からシンガポールまでの渡航費を支払うこと、残りのお金は自由に使ってよいこと、もしその他に何らかの費用が不当に差し引かれることがあれば、ラブアンへの渡航を拒否してよいことを説明した。ラブアンに向かう蒸気船に乗り込んだ彼らを訪ねたピッカリンは、彼らが二八ドルを受け取り、シンガポールまでの渡航費として一三〜一五ドルを支払い、残りを中国に送金し、「たいそう喜んでいた」ことを確認した［RCP 1877］。

ピッカリンは翌年一八七八年の年次報告書で、華人保護署には約二、〇〇〇件の訴えが持ち込まれ、華人保護官やその部下がそれを仲裁・調停したり、警察に訴えを届けたりしたと報告している［RCP 1878］。一八七九年の年次報告書では、華人の間で最も多い案件は小額の金銭の貸し借りをめぐるトラブルで、小額賠償裁判所（Court of Request）に案件を持ち込む華人も増加しているが、華人保護署に案件を持ち込む華人も依然として多く、その件数は二、六三四件であったと報告されている［RCP 1879］。

華人保護署を利用する華人の姿は、華語新聞にも登場する。広東人の区祥は一八八七年五月一一日に華人保護署で契約を結び、新客としてジャワ島スルポンで客家人の呉寿が所有する木板工場で働いていた。契約期間が終了したため、区祥は呉寿に対してシンガポールに戻りたいと申し入れたが、呉寿はそれを聞き入れず、新たな契約の締結や、新たな契約書の発行などを行わないまま区祥に労働を課した。区祥はシンガポールへの逃亡を試みたが、それに気づいた呉寿に連れ戻され、何度も殴られたあと陳という人物に転売され、労働を強要された。区祥は、契約を終えシンガポールに戻ろうとしていた広東人の鄧という人物に華人保護署で発行された契約書を託し、区姓の人々に自身の状況を知らせ、華人保護署に通報するよう伝えるよう頼んだ。華人保護署はその契約書が本物であることを確認し、この件に関して調査を開始した［叻報 1894.4.16］。

一八九六年一二月九日に広東人の関亜興と李亜興の二人が華人保護署を訪れ、一八九二年に広東人の梁維生に騙され、不本意な労働を課されたと訴えた。それによると、月給六ドルで石油の採掘に従事するという契約に応じ、スラウェシ島カリボンに派遣されたが、木材伐採に従事させられ、過酷な労働を課せられたうえ、数年間給料が支払われなかった。そのため二人は小船に乗ってシンガポールに逃れ、華人保護署を訪れて窮状を訴えた。華人保護官は、梁維生が華人保護署で契約を結んでいないことを根拠に、梁を拘束した［叻報 1896.12.11］。

こうしたなかで雇用者側は、「以前はムチを使って効率的に労働者に仕事をさせることができたが、今では少し怒鳴ったり小突いたりするだけで治安判事に訴えられかねない」という状況に立たされることになった［RCP 1878］。自らが強制力を行使できなくなった雇用者もまた、労働者を管理するうえで何らかの強制力が必要となったとき、華人保護官の持つ強制力に訴えるようになった。また雇用者間のもめ事も、華人保護官に持ち込まれるようになった。

リアウのシンケップで錫を採掘しているシンガポールのある企業が、シンガポールで労働者を確保するよう楊振祥に委託した。楊振祥は客頭の邱枝を通じて、広東省恵州府の海豊と陸豊出身者三〇人を雇うことにした。楊振祥と邱枝は一八九二年二月二八日に華人保護署で契約を結び、渡航者がシンガポールに到着したときに渡航者に二ドル支払い、渡航者がシンケップに着いてから一〇ドル支払うことで合意した。しかし渡航者三〇人のうち一八人は、シンガポールで一〇ドル支払われることになっていると主張して、下船を拒否した。楊振祥と渡航者がもめているうちに、乗船するはずだったシンケップ行きの船は出てしまい、楊振祥は渡航者をシンケップに送ることができなかった。そこで楊振祥はこの問題を、華人保護署に報告した［叻報 1892.3.30］。

雇用者間のもめ事として、以下のような記事がある。一八九〇年六月七日深夜に、汕頭からシンガポールに船が到着した。乗船者は船上で夜を明かし、翌日下船することとなった。その船には潮州人の客頭である陳麗庭が、一二人の新客を連れていた。陳麗庭の友人である陳琛琪は、船上で陳麗庭を訪ね、陳麗庭が多くの新客を連れているのを見て、一人につき八ドル出すから新客を二人譲ってほしいと言い出した。陳麗庭は、すべての契約は華人保護署で行う必要があり、またこれら新客の斡旋料として一二ドル支払われることになっているとし、その申し入れを拒否した。すると陳琛琪は、睡眠薬入りの茶を陳麗庭に飲ませ、陳麗庭が眠っている隙に新客一〇人を連れて下船してしまった。翌日の朝、永祥美客桟の従業員で広東人の全が、新客を引き取るために船上に陳麗庭を訪ね、眠っていた陳麗庭を起こした。陳麗庭は新客一〇人がいなくなっていることに気づき、陳琛琪の策略にかかったことを悟った。陳麗庭は残った新客二人を連れて華人保護署を訪れ、事情を説明した。華人保護官は署員一人を全と陳麗庭に同行させ、いなくなった新客を探した。するとニュー・マーケット通りにあるガンビール商店の和隆号で、陳麗庭は自分が連れてきた新客を一人見つけた。陳麗庭は華人保護署の署員とともに和隆号に入り、その新客にどこからやって来たのかを訊ねていると、和隆号の店主が現れた。店主は、友人に五ドルを支払いその新客を調達したが、それ以外は何も知らないと述べた。陳麗庭はその友人はどこにいるのかと訊ねたが、店主はこれに対して、友人は所用で外出しており不在であると答えた。陳麗庭は、五ドル支払うから新客を連れて帰りたいと申し入れた。しかし店主は、友人との関係があるため勝手にそれに応じることはできないとし、陳麗庭の申し入れを拒否した。陳麗庭と署員は力ずくで新客を連れ出そうとしたため、店主と激しい口論となった。店主は店を閉め切り、陳麗庭と署員に暴行を振るわんとしたが、全がそこから逃げ出して警察に駆け込んだ。ほどなくして警官が駆けつけ、新客を保護し、和隆号の店主を逮捕した［叻報 1890.6.10］。

ペナンの華人保護署にも、労使関係を初めとしたさまざまなトラブルが華人から持ち込まれた。ペナン在住の客家人の胡は、ペナン島内陸部のバリックプラウに農園を購入し、労働者として新客を多く雇っていたが、新客たち五人に不当に扱われていると訴えられた。胡は治安判事に一〇〇ドルの賄賂を渡し、起訴を免れようとしたが、治安判事は胡を地方裁判所に訴え、胡は禁固三ヵ月と罰金一〇〇ドルの支払いを命じられた［檳城新報 1900.12.10］。胡はこれを不服として控訴し、高等裁判所では減刑となり、禁固一ヵ月と罰金五〇ドルの支払いを命じられた［檳城新報 1901.4.18］。

ペナン島ジョージタウンのキャンベル通りにある遊郭・南発楼で働いていた阿好という遊女は、ペナン華人保護署に遊郭の女郎主を告発した［檳城新報 1897.3.8］。これも労使関係をめぐるトラブルの一種と言える。

ペナンの華人保護署には、家出人や行方不明者の捜索などの問題も持ち込まれた。プロヴィンス・ウェルズリーのブキッムルタジャムで貿易業に従事していた客家人の戴阿世は、ペナンを訪れたときにシャム人女性と知り合って結婚し、妻と一緒にブキッムルタジャムに戻った。ある日、戴阿世が外出から帰宅すると、妻が荷物とともに忽然と姿を消していた。戴阿世は父親に何が起きたのかと訊ねると、妻はペナンに行くと言って出て行き、自分はそれを引き止め切れなかったとの答えであった。戴阿世はペナンに華人保護官を訪ね、妻がいなくなったと訴え、その足で警察を訪ねて逮捕状を要請した。妻は捕らえられたが、起訴されず釈放された［檳城新報 1895. 8. 29］。

ある労働者甲は、一八九六年九月八日にプロヴィンス・ウェルズリー中部郡プルマタンパウのスンガイドゥアで沐浴を楽しんでいたときに、突然ワニに襲われた。甲の雇い主は甲をあちこち捜したが行方が分からず、九日に華人保護官にこの件を報告した。華人保護官は甲の捜索を部下に命じた［檳城新報 1896. 9. 10］。

以上の事例が示すように、華人保護官の任命と華人保護署の設立は、新来の華人が直面していた雇用者や斡旋業者による不当な扱いを解消するものとなった。こうしたなかで新来の華人は、華人保護官および華人保護署に労使問題を積極的に持ち込み始めた。また自ら強制力を行使できなくなった雇用者側も、労働者の管理や雇用者間のもめ事などさまざまな問題を、華人保護官および華人保護署に持ち込むようになった。さらには、家出人や行方不明者の捜索なども、華人保護署に持ち込まれた。

一八八一年から一八九一年まで駐シンガポール清朝領事を務めた左秉隆と交友があった李鐘珏は、一八八七年五月下旬から六月中旬頃シンガポールに左秉隆を訪れ、そのときに見聞したことを『新嘉坡風土記』[6]として著した。そのなかで李は、清朝領事ができることは「すべて華人保護官が奪ってしまい、多くの束縛を受けている。そのため清朝領事は、船舶の登録証明書を発行する以外は、ただ義塾を興すのを奨励し、上諭を説き、文会を開き、教化を行うのみである」と記していた［李 1994, 164］。

シンガポールには清朝領事が一八七七年から派遣されていた。清朝による領事の派遣は、中国国外に居住する華人の保護という文脈でとらえられ、中国国外に渡航したり居住したりする華人を「棄民」として扱ってきた清朝の政策（第3章を参照）の転換点ととらえられてきた。[7] これに対して最近の研究では、清朝による領事の派遣は必ずしも在外華人の保護を主な目的としていたわけではないことが指摘されている。箱田は、清朝は中国国内における渡航者の保護と管理には着手したものの、領事を派遣して中国国外に居住する華人を保護するという発想は当初希薄で、領事裁判権を獲得して欧米諸国との対等性を実現することが領事派遣の一要因であったと指摘する［箱田 2012, 41–70］。そのため清朝政府内には、東南アジアに領事を派遣することに対し慎重・消極的な意見もあった。清朝政府には、西洋諸国による中国への領事派遣という経験を通じて、領事とは貿易を求めて中国を訪れる西洋諸国が貿易を許可されたかわりに自国商人の商業活動を監督・管理するものであるという認識が存在していた。清朝政府は、東南アジアに清朝領事を派遣することは、そこに居住する華人に対して清朝政府が監督・管理を及ぼそうとする意志の表れとなり、東南アジアを自国領として管轄する欧米諸国との間に複雑な外交問題を引き起こしうると懸念する声があった［青山 2014, 30–45］。

青山によれば、中国国外に居住する華人に保護を与えることで彼らを資金源としうるという認識が清朝政府内に共有されたのは一八八〇年代後半であり、領事の派遣において欧米諸国との対等性の実現に加え華人の保護が強く意識されるようになったのもそれ以降のことであったという［青山 2014, 104–106］。

こうしたなかで駐シンガポール清朝領事は、海峡植民地に居住する華人を保護するという意識が薄かったり、また清朝政府が海峡植民地の華人を監督・管理する意志があると海峡植民地政府から疑念を抱かれることを警戒したりするなかで、設立後しばらくの間、海峡植民地の華人の保護をあまり積極的に請け負わなかったようである。そのため海峡植民地の華人は同郷者とのトラブルを解消するうえで、中国の公権力やその出先機関に保護を求めることはほとんどなく、海峡植民地の制度を通じて自らの身の安全の確保を図っていたのだと思われる。

2　海峡植民地の司法・治安維持制度の利用

(1)　調停機関の利用

植民地期の東南アジアについて、オランダ領東インドの事例に基づき、厳格な人種原理に基づく秩序が法制度を通じて形成されたと説明されることがある。これに対して海峡植民地では、ムスリムの婚姻に関してカディに一部裁判官としての権限が認められていた[(8)]以外は、すべての国籍者および民族に同一の司法制度が適用されていた。海峡植民地を拠点に移動する華人は、身の回りのもめ事を解決するうえで、裁判所に直接訴えることも多かった。

海峡植民地では、行政官が司法官を兼任していたが、一八六八年に行政と司法が分離し、最高裁判所（Supreme Court）が設置され、裁判官（judge）が任命された。一八七三年には、シンガポール、ペナン、マラッカそれぞれに下級裁判所が設置された［Ordinance No. V of 1873］。一八七八年裁判条例において下級裁判所は、小額賠償裁判所、下級判事裁判所（Magistrates' Court）、検死官法廷（Coroner's Court）、治安判事（Justice of the Peace）によって構成されると定められた［Ordinance No. III of 1878］。小額賠償裁判所は賠償請求金額が一〇ドル未満の案件を扱い［Ordinance No. V of 1873］、警察判事が裁判所委員（Commissioner of the Court）として審理・裁判を担当した。下級判事裁判所は、民事・刑事双方の審理・裁判を扱い、警察判事あるいは警察判事として任命された治安判事がそれを担当した。なお、下級判事裁判所は一九〇七年に廃止され、それに替わって地方裁判所（District Court）と刑事裁判所（Police Court）が設置され、前者が民事訴訟を、後者が刑事訴訟を扱うこととなった［Abdul 1994, 6–7］。

一八七九年の華人保護官の年次報告書によると、華人がしばしば利用したのは小額賠償裁判所だったようだ。華人保護署が扱う案件の中で最も多かったのは、小額の金銭の貸し借りをめぐるトラブルであった。こうしたトラブルは裁判でも解決できたが、その際には訴えの金額の一部を予備費として裁判所に支払わねばならず、一ドルの返済を得るのに五〇セントを支払うような状況が発生した。そのため華人は裁判所よりも華人保護署に問題を持ち込む傾向があった。しかし一八七九年以降、小額賠償裁判所の訴訟料が値下がりしたため、同裁判所に案件を持ち込む華人が増えたという［RCP 1879］。

『檳城新報』には、労使問題や事業をめぐるトラブルを解決するために、また（あわよくば）よりよい待遇を得るために、裁判所に訴える人々の姿が垣間見える。

潮州人甲は見習いの木工職人で、数ヵ月前に潮州からペナンにやって来て、叔父の木材店に住み込みで働いていた。甲は下級裁判所に対して、給料は毎月一五ドルのはずなのに数ドルしか支給されていないとし、給料未払いで叔父を訴えた。これに対して叔父は、給料を年間四〇ドルと定め、月々規定どおり支給することを定めた契約書を裁判所に提出した。下級裁判所の裁判所委員は、契約書で定められている給料と甲が現在得ている金額が合致しているため、甲の叔父が給料の支払いを遅らせているという事実はないとし、甲が虚偽の告発を行ったと判断した。裁判所委員は甲に対して、今回は大目に見るが再度同じことをしたら厳重に処すると警告し、謹んで仕事に励み、叔父を親のように慕い、よく助けるよう命じた［檳城新報 1897.6.11］。

キャンベル通りに住む潮州人の郭は、華人保護署で契約を結び、潮州人の楊を使用人として雇った。しかし楊は契約期間が終了する前に、一八九七年一〇月二七日に衣服と現金約一〇ドルを持って逃亡した。郭はこれを警察に報告し、警察は楊を捕らえた。下級判事は二九日に三週間の禁固刑を楊に言い渡し、出所したら郭の家に戻って奉公するよう命じた。しかし楊はそれを守らなかったため、下級判事は一一月一九日に楊を再度提訴し、三週間の禁固刑に処した。下級判事は、出所したら郭の家で奉公するよう再度命じ、もし奉公したくないなら郭が支払った身請け代を返済するよう命じた［檳城新報 1897.11.22］。

邱華樹は一八八九年から一八九一年にかけて邱允恭とともにスマトラのデリでアヘンの専売を請け負ったが、邱允恭がその利益を自分に渡さないとして高等裁判所に訴えた。高等裁判所はクアラルンプールにいた邱允恭に対して、ペナンに来て尋問に応じるよう求めた［檳城新報 1896.2.30］。

ペナンの機械工場開和号は、邱漏欉が数千ドルの借金返済に応じないと訴えた。高等裁判所の取調べに対して邱は、借金を返済する資金がなく破産を申し立てたため、高等裁判所は邱漏欉に対する訴えを取り下げることとした［檳城新報 1896.12.7］。

福建人の蔡は仕事仲間の許を雇い、一八九七年一月に自身の帆船でシンガポールからペナンに物品を輸送させたが、許はその後帰らず音信不通となった。蔡がペナンにやって来て調べたところ、自分の船が他人に使われていることを発見した。蔡は許を見つけ抗議したが許はこれを認めず、蔡は許を訴えた。三月半ばころ下級判事による訊問で許は、帆船が座礁して損壊し、運転できなくなって途方にくれていたところ、日ごろから親交のある余という商人が六ヵ月の期限で一九六ドルを貸してくれて、それで修理したと供述した。下級判事は、本件は高等裁判所で判決を出すべきだと判断した［檳城新報 1897.4.29］。

広東人のある女性はキャンベル通りにある遊郭で遊女として働いていたが、男性甲と一緒に逃亡し、甲はその女性を娶った。ある日その女性がその遊郭の前を通りかかったとき、女郎主とばったり会ってしまった。女郎主は女性従業員に命じてその女性を捕らえさせ、その女性を遊郭に引き入れ殴打したが、通りかかった人に諌められた。女性は女郎主を訴え、一八九七年八月二五日に下級判事による裁判が行われ、女郎主と女性従業員にそれぞれ一〇ドルと三ドルの罰金の支払いを命じた［檳城新報 1897.8.27］。

異なる民族の間でも、裁判所が利用された。ウェルズリーのあるマレー人が、一八九五年九月六日に自分を銃で撃ったとして華人を訴え、九月一八日にウェルズリーの下級判事裁判所で訊問が行われた。ところが被告の華人は、「夜家で寝ていたらドアをこじ開ける音がして黒い影が見え、山猫がニワトリやアヒルを食べているのだと思い、銃に緑豆をつめて撃ったら命中した。声が聞こえてマレー人だと分かり、後を追ったが行方が分からず、マレー人のプンフルに通報した」と供述した。下級判事が原告の傷跡を調べたところ、それが緑豆を受けた傷であることが分かり、盗みを行ったため撃たれたものだとし、マレー人は一ヵ月の禁固刑が言い渡された［檳城新報 1895. 9. 21］。

以上のようにペナンでは、国籍・民族的背景に関係なくさまざまな人々が海峡植民地の司法制度を利用して、身近な問題を解決しようとしていた。時には身内の問題が司法制度に持ち込まれることもあった。ちなみに一八九五年にペナン全体で裁判に持ち込まれた案件は、小額賠償裁判所に二、〇六九件、下級判事裁判所に九、〇一九件が持ち込まれ、また最高裁には刑事事件が一六三件、民事事件が九五六件持ち込まれた［RAP 1895］。一九〇五年には小額賠償裁判所に四、一六三件、下級判事裁判所に九、〇八九件、最高裁には民事事件一、二四七件が持ち込まれた［RAP 1905］。

(2) 強制力の利用

警察に問題を持ち込み、制裁を委ねる華人も少なくなかった。

マレー通りでサメ革を扱っていた福建人の邱は、一八九七年五月四日に福建人の林にサメ革九枚一・五ドル相当を盗まれた。邱は林を捕らえ、私服刑事（暗察）に引き渡した。翌五日に下級判事裁判所で訊問が行われ、林は前科者ですでに五回禁固刑に処せられていることが分かり、今回は六ヵ月の禁固刑に処せられた［檳城新報 1897. 5. 8］。

海南人の邱は一八九七年五月四日夕方にチュリア通りに住む福建人の荘の家に忍び込み、空き巣を働いた。荘は邱を捕らえ、巡査に引き渡した。翌五日に下級判事裁判所で訊問が行われ、邱を禁固三ヵ月に処した［檳城新報 1897. 5. 8］。

客家人の張亜質は邱亜美に刃物で足を切られたため、ペナン駐在参事官事務所に邱を捕まえるよう訴えた。邱は捕らえられ、禁固二年に処せられた［檳城新報 1895.9.21］。

ある華人女性は一八九七年七月のある日、夜中三時に突然のニワトリの鳴き声で起こされ、飼っていた一二羽のニワトリのうち一〇羽がいなくなっていることに気づいた。夜が明けてから警察に通報し、自身も辺り一面を探したところ、チョウラスタ市場で海南人の何がニワトリ九羽を路上で売っているのに遭遇した。女性はそのニワトリを近くで仔細に観察し、それらが自分のニワトリだと確信し、巡査を呼んで事情を話した。巡査は何を捕らえ、下級判事裁判所に身柄を送った。八月二日に下級判事裁判所は訊問を行い、何は容疑を否認した。下級判事裁判所は、原告に証人がいないため何かを盗んだと判断するのは難しいが、何の挙動にも不審な点があり、盗みを犯していないと断言するのも難しいとした。そこで何に保証人を探し、六ヵ月の執行猶予を与え、その間に罪を犯したら保証人に五〇ドル支払わせると命じたが、何は保証人を見つけることができないとし、裁判官は何に禁固刑三ヵ月を言い渡した［檳城新報 1897.8.4］。

住民が住民同士の問題を解決するために、植民地政府に対してさらに厳格な強制力を行使するよう要請することもあった。一八九七年八月にペナンの華人は一三〇の人名・屋号の連名のもと、空き巣や侵入が増加しつつあるジョージタウンの治安悪化を訴え、政府が治安維持を強化するよう海峡植民地政府とペナン駐在参事官事務所およびペナン華人保護署に陳情した。署名者の中には、チア・テクスン、ウィ・ホックブン、オン・ハンチョン、リム・ホアチアム、チュン・ケンクイの企業である海記桟など、当時のペナン華人社会で指導的立場にあった人たちの名前や企業名がある。

このうちリム・ホアチアムとチュン・ケンクイは、第4章で見るように、一八六〇年代から七〇年代に有力な公司で指導的立場にあった人物で、一八七〇年代に公司に対する海峡植民地の管理が強化した過程においては、海峡植民地の公的な強制力による治安統制を受ける側にいた。そうした人物が、一八九〇年代末には空き巣への対応を海峡植民地の公的な強制力に訴えていた。この背景には、第4章で述べるように、華人指導層が一八七〇年代以降海峡植民地の公的な強制力に依存せざるを得なくなったこと、あるいは依存できるようになったことが影響していたと思われる。公的な強制力の統制を受ける側にいた者が、同じ強制力による統制を求めているところに、強制力の活用が住民にとっても利益となっていた側面を見ることができる。

陳情の内容は以下のとおりである。ペナンでは空き巣や侵入、辺鄙な場所での強盗が増加している。その第一の原因は、遊民の増加である。遊民は仕事をせずぶらぶらし、しばしば盗賊団を結成し、盗みで生計を立てようとする。彼らは人里離れた辺鄙な場所に巣窟を構える一方、市街地の喧しい場所も絶好の隠れ家としている。そのため、駐在警官を増員してこの地域でのパトロールを増やし、遊民に遭遇したり悪人の隠れ家を発見したりしたらそれをすぐさま捕らえ、盗賊の源を一掃してほしい。また、空き巣や窃盗が増加しつつある第二の原因に、窃盗犯に対する罰則が軽すぎることがある。窃盗犯に対する罰則はたいてい一週間から二週間の拘留のみで、拘留期間は最長でも二年に満たない。この罰則は犯罪者が過ちを悔いる契機として、十分ではない。その証拠に、犯罪者の中には刑務所をまかないつきの休養所とみなし、出所後さらに強壮となり、その体力を侵入技術の向上に役立たせる者もいる。したがって、窃盗犯を大通りで鞭打ちにして公衆にさらしていた五〇年前の刑罰の復活を求める。この刑罰は誰もが恐れていたため、窃盗を犯す者が少なかった。犯罪者達を怖気づかせることで犯罪を予防すべきだ［檳城新報 1897.8.27］。

一八九六年を例にとると、警察が検挙した案件は九、二八八件で、そのうち八、九〇三件が下級判事裁判所へ、二三八件が最高裁判所に送られた［RAP 1896］。ペナンの人々は、自らの安全・安寧を脅かす事態に遭遇したとき、それを警察に訴えた。すでに危害を受けた場合も、警察を通じて、その制裁を司法制度にゆだねた。治安の統制を受けた側が、治安の統制を求めることもあった。植民地における公的な強制力は、植民地の住民を管理・統制する道具でもあった一方で、植民地の住民が安全や安寧を確保する道具としても活用されていた。このことから、植民地統治は統治者による一方的な支配の構造にあったわけではないと言える。

3　移動時の安全確保

海峡植民地の華人は、海峡植民地を拠点として中国と東南アジア島嶼部との間で人・物・情報などの流通に従事する者が多かった。彼らにとって、自分自身および自分の出資した人的資源や物品などが中国と海峡植民地およびその周辺地域との間を安全に移動することが肝要であった。海峡植民地の華人は移動時の安全確保を、しばしば海峡植民地政府に求めた。

シンガポールに停泊していたジャンク船の所有者や船長など華人一七人が、一八七六年四月二九日に海峡植民地総督と海軍中佐に対して、海賊からの保護を求める陳情書を華語で記した署名付きで提出した。それによると、陳情者の一人が所有するジャンク船キム・シアンスン号が一八七六年三月一日に厦門からシンガポールに向けてコーチシナ沖を航行していたとき、華人の海賊に襲われて一九人が殺され、積荷をすべて略奪された。その後も三隻のジャンク船が襲われ、そのうち一隻は海賊行為に利用されるようになってしまった。陳情者は、海賊は儲けを最大限にするためシンガポールから中国に戻るジャンク船を狙っているとし、シンガポールから中国に帰る途中コーチシナ沖で華人の海賊に襲われる危険性が高いと指摘した。陳情者は、イギリス政府の保護がなければ貿易活動を放棄せざるを得ないと訴え、マラヤ、シャム、コーチシナ沿岸部をイギリス軍がパトロールするか、ジャンク船を警護するよう陳情した。自分たちが貿易活動を放棄すれば海峡植民地の貿易が不振に陥りうるといわんばかりの論理で、海峡植民地の公権力に対応を迫っているのが興味深い。

この陳情書は、キム・シアンスン号の被害状況を調査した港湾官の報告書とともに海峡植民地政府に受理された。海峡植民地政府は、フランス領コーチシナの沿岸で海賊行為が発生しているとし、フランス領コーチシナ総督に海賊行為を鎮めるよう協力を求め、その協力を得た。またイギリス海軍中佐と同海軍上級士官にも、同様の依頼をした。イギリス海軍上級士官はイギリス海軍モデスト号の艦長で、同号がちょうど香港を出港することになっていたため、コーチシナ海岸沿いと海南島近辺を航行することを承諾した。また海南島に停泊しているイギリス海軍エグリア号の司令官に対し、ジャンク船が海峡植民地から中国に戻る五～七月の間、当該海域を航行するよう要請した［CO 273/84/9220］。

陳情者たちが往来するもう一方の発着点である中国の公権力は、第3章および第8章で詳しく見るように、一八九〇年代前半まで自国臣民の海外渡航を禁止し海外渡航者を保護しないという立場を正式なものとしていた。こうしたなかでシンガポールの華人陳情者の間には、もう一方の発着点における公権力は海上の安全確保という問題に関してあまり頼りにならないだろうという認識があったのだと思われる。移動時における安全を確保するうえで海峡植民地に保護を求める交渉については、第3章でも扱う。

＊　＊　＊

一九世紀から二〇世紀前半における海峡植民地への人の移動は、海峡植民地およびその周辺地域での就労を目的に渡航する人たちが大半を占め、そのなかで華人の割合が高かった。一八六〇年代以降、スマトラなど海峡植民地の周辺地域で開発が進展し、労働者の需要が高まるなかで、華人労働者を確保するために労働者の意にそぐわない労働斡旋や雇用が華人労働斡旋業者によって行われるようになった。華人労働斡旋業者の多くは華人の公司と関係があり、労働者の管理や縄張り争いにおいて公司はしばしば武力を発動する存在であった。海峡植民地を拠点に事業を行う者は、労働者の確保が困難であるとして、海峡植民地政府に介入を求めた。海峡植民地政府は、華人労働者の意にそぐわない労働斡旋や雇用を取り締まるという名目で、海峡植民地に労働力を留める方策をとった。そのようななかで一八七七年に華人保護署を設立し、その長として華人保護官を置いた。

職を求めて新客として渡航してきた華人は、華人保護署を積極的に利用するようになった。彼らは労働斡旋業者や雇用者から不当な待遇を受けたときに、またより有利な労働環境を確保したいときに、華人保護署の調停力や強制力に訴えるようになった。華人は、労使関係のトラブル以外にも、事業をめぐるトラブルや家出人・行方不明者の捜索などさまざまな問題を華人保護署に持ち込むようになった。また裁判所や警察を利用する華人も少なくなかった。その中には、中国から渡航してきたばかりの新客など、ペナンにおける居住歴がそれほど長くないと思われる人たちも含まれていた。

華人のトラブルの相手は多くの場合華人で、時には身内である場合もあり、そうした相手とのトラブルを海峡植民地という外国の制度を通じて解決するという方法が積極的に取られた。海峡植民地の強制力の厳格化を求め、身辺や財産の安全を確保しようとする者や、海上での安全確保を海峡植民地に求める者もいた。海峡植民地政府は、海峡植民地の住民の要望に理があると判断すれば、国籍や民族を問わず調整を請け負った。こうしたなかで海峡植民地の華人にとって海峡植民地は、一九世紀末頃までにかなり「使える」制度として認識されていったと言える。こうしたなかで海峡植民地の華人の中には、「使える」制度の使い勝手をよりよくしようという者が現れるようになった。ペナンの華人もその例外ではなかった。

第3章　華人系イギリス国籍者の認知をめぐるせめぎ合い

何者にも支配されない個のあり方を実現する方法の一つとして、二〇世紀に民族自決という概念が広まり、それを実現する制度として国民国家が広く受け入れられた。ある個人は何らかの民族に属し、その民族を主権者とする国家を持つことで自立を確保し、国際社会に参加して、その参加者たる他の国民国家の国民と同等な立場で関係性を結びうるとされた。

他方で二〇世紀初頭において、欧米や日本などの国民国家間の競争の結果、アジアの大部分が複数の異なる国民国家を宗主国とする植民地となった。当時の国際社会において、植民地の住民は宗主国に所属するものとされたが、植民地出身者は宗主国出身者と同様の権利を保障されたわけではなかった。アジアの多くの植民地において、宗主国出身の住民と植民地出身の住民は「人種」概念によって区別され、「人種」ごとに享受しうる権利が適用された。民族自決と人種原理が交錯し矛盾する状況に置かれた植民地出身の住民は、民族自決の論理を推し進めることによって、矛盾を解消しようとした。植民地出身の住民は、宗主国出身者及び国際社会を構成するさまざまな民族と同等の立場で関係性を構築するため、植民地出身の住民を主権者とした自前の国家を設立する運動を展開していくようになった。

これに対して一九世紀から二〇世紀の海峡植民地には、宗主国、すなわちイギリスの国籍を所有することを主張して、近隣植民地における人種原理を乗り越えようと試みる華人がいた。海峡植民地は周辺の植民地と多少事情が異なり、「人種」ごとに権利の差異を定めた条例はなく、法律や法廷は「人種」を問わず同一の制度が適用され、あからさまな「人種原理」は存在しなかった。海峡植民地を拠点に周辺地域で事業を展開する華人は、周辺の植民地を訪れたときに「人種原理」に遭遇した。本章の第一の目的は、海峡植民地では法制度の面で「人種原理」が存在しなかったことを確認し、イギリス国籍の保持を主張して東南アジア植民地国家の人種原理を超えようとした海峡植民地の華人の試みと、それに対する海峡植民地政府及び東南アジアの植民地の宗主国政府の対応を見ることである。

「われわれ」意識を同じくする「同胞」とまとまることは、自立につながるとされてきた。しかし第2章でも見たように、「同胞」が「同胞」の安全を保証するとは限らない。中国沿岸部では「帰国者＝富裕者」という認識が一八四〇年代に一般化し、海峡植民地の華人が中国に帰国したときに、「同胞」であるはずの中国の華人に騙されたりゆすられたりして金品を巻き上げられ、命をも失うケースが続出していた［村上 2000］。地方官は海外渡航を禁止する上諭を口実とし、帰国者を保護しなかったばかりか、ゆすりを働いたり、地元のごろつきと結託して帰国者を騙したりして、帰国者から金銭を奪うことも少なくなかった。

このようななかで海峡植民地出身のイギリス国籍を持つ華人の中には、民族的出自を同じくする「同胞」とのトラブルを解消するうえで、清朝政府に保護を求めることに見切りをつけ、イギリス政府に保護を求める者が現れた。他方で、イギリス国籍者であることを盾にして、清朝の秩序を無視し、その公権力の強制力から逃れようとする者もいた。本章の第二の目的は、イギリス国籍を所有することを主張して、中国の秩序を超えようとした海峡植民地出身の華人の試みと、それに対する海峡植民地政府、在中国イギリス公使・領事、イギリス本国、清朝政府の対応を見ることである。

本章では、国籍の相互承認においてグレーゾーンが存在した一九世紀から二〇世紀初頭のアジアにおいて、個人と国家との間で、また国家間で展開したせめぎ合いを浮き彫りにする。まず海峡植民地においてイギリス国籍がどのような効力を持っていたのかを明らかにし、交渉を通じて、時には嘘をついてまでイギリス国籍を取得しようとした華人がいたこと示す。その背景に、イギリス国籍者であることを盾にして東南アジア植民地国家における人種原理を乗り越えようとする試みや、「同胞」による暴力を回避する試みがあったことを提示する。この過程において、イギリス国籍に付随する権利が正当に行使された一方で、その権利が濫用されたケースも多く、それに対して公権力が講じた対応を見る。

なお、本章の議論と密接に関係する議論として、［村上 2013］の第九章「利用される『帝国』」がある。イギリス国籍を盾にして中国で安全を確保したり、中国の秩序から逃れたりしようとする華人の試みについて、本章は海峡植民地における華人の交渉を重点的にとらえるものである。これに対して村上は、海峡植民地の華人が往来した対岸の厦門においてイギリス国籍を盾にした華人の事例を豊富かつ詳細に扱っている。村上の議論と本書とを合わせて読むことで、海峡植民地の華人が行き来した両岸の事情をより明確に把握することができるだろう。

1　海峡植民地におけるイギリス国籍

海峡植民地でイギリス国籍者は、特権的な立場にあると言われることが多い。その根拠は、イギリス国籍者が立法参事会や華人諮詢局、市政委員会のメンバーや治安判事などの要職に任命されたことである［明石 1980, 115–116；131；Yong 1992b, 87–91；金子 2001, 37–38］。しかしこれら要職の権限や要職に就く資格については詳細に論じられていない。

一八六九年からイギリス国籍の華人が常に一名任命されていた立法参事会は、行政参事会とともに総督を補佐するもので、総督が条令を制定する前にそれを諮問する場であった。立法参事会は、植民地官僚からなる行政参事会の官職議員と総督が任命した民間人の非官職議員により構成されていた。議員は法案の各条項に対する修正を提案でき、議決権を持っていた。しかし官職議員が常に過半数を占めていたため、立法や予算の策定において非官職議員が総督や植民地行政官の意向を完全に阻止することはほとんど不可能であった［Braddell 1931；Winstedt 1931］。総督の諮問機関ということならば、華人には華人諮詢局（Chinese Advisory Board）という場も存在した。ペナン華人諮詢局のメンバーは、第4章でみるように華人公会堂の理事が多く、華人公会堂の理事の多くがペナン生まれであったため、結果としてペナン生まれの者が大部分を占めた。これに対してシンガポール華人諮詢局では、中国生まれでイギリス国籍を持たない華人も任命されており、華人諮詢局のメンバーはイギリス国籍者に限られていたわけではなかった。一九〇〇年までにシンガポールの華人諮詢局メンバーに任命された人数は合計三四名で、そのうちシンガポール生まれは一三名、中国生まれが七名（そのうち三名がイギリス国籍に帰化）、その他（アンナン）一名、出生地不明一三名であった［Fong 1990, 76–78］。植民地政府に対して華人の利益を訴えることができるのは、イギリス国籍を持つ華人にのみ限られていたわけではなかった。

市政委員会は、マラッカ、シンガポール、ペナンの中心部にそれぞれ設置され、住宅、土地、建物、所有財産に課された地方税の収入と、海峡植民地政府からの予算により運営されていた。第7章で詳細に述べるとおり、市政委員会を構成する市政委員の被選挙権を持つのはイギリス国籍者に限られたが、市政委員を選出する選挙権は一定の額の家屋税を納めている者に与えられており、非イギリス国籍者も市政議員を選出する権利を持っていた。家屋税を含むさまざまな税金の税率は、すべての不動産所有者に対して一律に設定されており、イギリス国籍の有無によって税率が異なることはなかった。

治安判事は、暴動発生時に治安維持を行う人員が足りない場合、総督の命を受けて特別の治安官を召集する権限や、緊急事態宣言発令時に非合法・不穏に集まっている人々を解散させる権限を持っていた［Ordinance No.VI of 1872］。また四季裁判所（Courts of Quarter Sessions）や治安判事裁判所（Magistrates Court）において、軽犯罪を裁く判事に任命され得た［Ordinance No. V of 1873］。治安判事の任命に関して、国籍に関する条項はない［Ordinance No. V of 1873］。中国で出生し、おそらくイギリス国籍に帰化していないと思われる者も任命されていたため、非イギリス国籍者でも治安判事に任命されたと思われる。

このように行政機構の要職への任命は、役職によってはイギリス国籍を持つ者のみに限られていなかった。またイギリス国籍者のみに限られている役職でも、非イギリス国籍者の利益をもある程度考慮することが期待されていた。植民地政府はイギリス国籍を持つ住民だけに破格の待遇を与えたわけではなく、イギリス国籍を持たない者の利益もある程度反映させようとしていたのである。

イギリス国籍の有無は、税制や許認可の獲得など日常生活を送るうえでも、権利の差を生むことはなかった。海峡植民地が成立した一八六七年から一九〇〇年までの酒・アヘンの販売、質屋の経営、水先案内人の資格、馬車・人力車の運転とそれによる運輸業などの免許・許認可の付与・費用、その操業に伴う税額、特許権の申請、不動産の所有などに関して、法律上は国籍に関する条項は特に見られない。酒・アヘンを製造・販売する権利は、ある人物がその権利に課せられた税を払う能力があり、専売を受け持つ区域の管理や精製・製造の調整を行うのに適格であると思われた場合、競売あるいは私的に売却することによって付与される［Ordinance No. IV of 1870］としか書かれていない。質屋経営の権利は、その権利の使用料やそれに伴う税を支払う能力がある人物に、競売あるいは私的な売却によって総督により付与されると記されているのみであり［Ordinance No. VII of 1872］、国籍に関わる記載はない。特許の申請においては、「外国同胞（alien ami）は植民地に居住していようがいまいが、この法令の元に特許を申請できる」とある［Ordinance No. XII of 1871］。

不動産の所有に関しては、外国人も「海峡植民地に居住する出生による臣民であるかのように、あらゆる意図・目的において、完全に同じ権利（rights）、優遇措置（remedies）、免責（exemptions）、特権（privileges）を伴って」、土地や不動産の所有、売買、譲渡を行えるとしている。条例の前文には、「外国人が海峡植民地内の不動産を所有・譲渡する際の権利に関して疑問が生じているが、それを取り除くことは得策である」という文言もある［Ordinance No. No. XIII of 1875］。国籍により移動・転居を制限する条項や法令も特にない。

イギリス籍船舶の所有はイギリス国籍者にのみ許可されたが、海峡植民地から出港する船舶に対する検査項目やその費用は、イギリス籍船舶・外国籍船舶を問わず同一の規定が適用されている。たとえば海峡植民地の港から出発する定員三〇名以上のすべての船舶は、船の状態、乗客数、定められた資格を持つ乗員の搭乗、航程、燃料・水・食料の蓄えなどの点検を係員から受けることを義務づけられていた［Ordinance No. VII of 1890］(1)。また蒸気船舶に関しては、①海峡植民地で登録した船、②イギリス本国またはイギリス領で登録した船で、海峡植民地で搭乗を行う船、③海峡植民地で搭乗を行い、別の海峡植民地の港に向かう外国籍の船、④海峡植民地で搭乗を行い外国に向かう外国籍の船の所有者・船長に該当する場合は、必ず航海前に船体・エンジン・機器類などの点検を受けることが義務付けられていた［Ordinance No. II of 1885］(2)。司法制度も民族・国籍を問わず一律の制度が適用されていた［Ordinance No. V of 1873］。

これらのことから日常生活を送るうえで、イギリス国籍を持つ者のみが特に大きな権利を法律上享受していたとは言い難い。

さらに一八六七年以降、イギリス国籍への帰化は比較的容易となった。帰化条令には、帰化によるイギリス臣民(naturalized British subject)は、特に規定されている事項以外は、出生によるイギリス臣民(natural-born subject)と同等の権利を享受すると定められていた。帰化申請をする権利は、海峡植民地に居住するすべての人に認められていた。年齢、出生地、居住地、職業、海峡植民地における居住年数、海峡植民地に永住する意志を記した嘆願書を海峡植民地政府に提出し、海峡植民地がその嘆願書を受理したのちに、定められた期間内に総督の任命した人物の前で宣誓すれば、帰化が認められた［Ordinance No. VIII of 1867］(3)。イギリス国籍に伴う権利を享受したいなら、そのように自らの地位を変更しうる余地が大いにあり、実際に帰化した者も多数いた。

それでは、イギリス国籍に伴う権利とは皆無だったのだろうか。上に引用した帰化条令の中に「特に規定されている事項以外は」と但し書きがある。イギリス国籍保持者と外国籍保持者で権利が異なり、またイギリス国籍を持っていても出生によるイギリス国籍者と帰化によるイギリス国籍者を区別し、後者を出生によらない国籍者（non natural born subject）として外国籍保持者と同等に扱う領域が存在した。それはイギリス領外におけるイギリスの公権力からの保護にかかわる領域であった。海峡植民地の華人によるイギリス国籍の認知を求める交渉は、すべてこの領域において展開していた。

2　イギリス領外におけるイギリス国籍者の保護

海峡植民地におけるイギリス国籍には、二つのカテゴリーがあった。一つは①海峡植民地およびイギリス領で出生した出生によるイギリス国籍者（natural born British subject）であり、もう一方は②帰化によるイギリス国籍者（naturalized British subject）であった。海峡植民地政府は海峡植民地で出生したすべての人を両親の国籍や血統を問わずすべてイギリス国籍者とし、そう認定した人物に対して海外でイギリス公使や領事の保護を保証するパスポートを発給していた。(4) イギリス領を離れたイギリス国籍者に関して、イギリス政府がその者の「保護（protection）」に義務を負ったのは①のみであった。②に関しては、その者のために「便宜と手助け（good office and assistant）」を図るのが望ましいとあるだけで、イギリス政府による保護は義務ではなく、保証されたものではなかった。

出生によるイギリス国籍者のみがイギリス政府の保護を得る権利があることは、海峡植民地の華人に知られていた。イギリス国籍者であることを主張し、イギリス当局に対して自身に対する保護を要求する華人と、その華人がイギリス当局による保護を受ける権利を持つか否かを判断するイギリス当局との交渉は、その華人が海峡植民地及びその他のイギリス領で出生したという事実の有無をめぐって行われた。

一九世紀末から二〇世紀初頭の海峡植民地では、海峡植民地で出生した事実がなくとも、交渉次第で海峡植民地で出生したことを海峡植民地政府に認めさせうる余地が存在した。海峡植民地では一八六八年に死亡・出生登録条例が施行され、出生の届出を義務としたが、それ以前の出生者に関しては出生記録が存在しなかった。また同条例は最初の一〇年間、十分に施行されていなかったため、海峡植民地で出生したにもかかわらず、それを公的な文書等で証明することが困難な者も多数存在したという。[5] そのため海峡植民地政府は、家族や親戚、友人の証言に基づき、ある個人が海峡植民地で出生したことを認めることがあった。一八九九年に当時の海峡植民地総督であったミッチェルは、海峡植民地からの追放[6]を発令された者の中に自身が出生によるイギリス国籍者であることを申し立て、追放の取り消しを図ろうとするケースが増えていると報告していた。ミッチェル総督は、彼らの申し立ては十分な証拠に基づいていない場合も多いが、他方で彼らが海峡植民地生まれではないことを証明し、その申し立てを却下することも困難であると指摘していた。[7]

イギリス国籍者としての認知をめぐるせめぎ合いの事例として、タン・アーユ（Tan Ah Yu）の事例が興味深い。[8] 一九〇四年八月二八日にペナンの華人一〇人が連名で、シャム領クダ[9]駐在のイギリス領事を通じて、一八九六年にイギリス国籍者として登録したタン・アーユを保護するよう、海峡植民地総督に陳情した。陳情によると、タンはクダのスルタンに不動産を没収されたためイギリス領事に介入を求めたが、イギリス領事はタンに出生証明書の提出を求め、それがない限りタンをイギリス国籍者として認めないと回答したとのことだった。陳情者たちは、タンはイギリス国籍者登録書を所持しており、それはすべてのクダの官吏の面前で当時のイギリス領事スキナーが署名した確かなもので、その時にタンの出生について誰も疑問を差し挟まなかったとした。またタンが出生した頃、出生地であるプロヴィンス・ウェルズリーのブキッムルタジャムでは出生登録条例がまだ施行されておらず、出生証明書を取得するのは困難だと訴えた［CO 273/300/35711］。

ペナン駐在参事官によれば、クダのスルタンがタンの不動産を没収したのは以下のような経緯によるものであった。タンはバガンサマ（Bagan Samah）[10]に住む華人数人とともに、クダのスルタンに陳情を送り、ある郡長が退職するときに巨額の賄賂を受け取ったと告発した。スルタンはバガンサマに役人を送り、この件についてタンから事情を徴収しようとしたがタンは不在であった。近隣の華人住民に陳情書について訊ねたところ、彼らは陳情について何も知らず、署名した事実もないと語った。スルタンは事実確認のためにタンを召喚したが、タンはそれを拒否した。スルタンは調査の結果、タンが署名を偽造し誣告を行ったとの結論に至り、タンに対して逮捕状を出した。しかしタンが逃亡したため、彼の店と不動産を押収した。

イギリス領事が出生証明書の提出を求めたのは、タンが一八九〇年にマレー人を相手に訴訟を起こした際、クダの裁判所でタンが自身について広東省広州府の新寧出身であると陳述していたためであった。またペナン駐在参事官は、タンは一〇年前に父親を亡くしたと発言しており、タンがブキッムルタジャムで出生したことを証明しうる家族がいない以上、タンを出生によるイギリス国籍者として認めるすべはないと判断した［CO 273/316/40328］。

これに対して陳情者たちは、タンの陳述の主旨は自分の父親タン・アーキウが新寧出身であるということだと主張し、アーキウは一〇年前に海峡植民地を離れて以来子供や友人との連絡を絶っていたため、アーユはアーキウが死んだと思っていたのだろうとアーキウが語っていると述べた。また陳情者たちは、アーユがアーキウの子供としてブキッムルタジャムに出生したことと、アーユの一歳の誕生日に行った儀礼に同席したことを証言する用意があると述べた。陳情者たちは総督に対して、ペナンの華人保護官やブキッムルタジャムの郡長にタンの出生についてさらなる調査を行わせるよう求めた［CO 273/300/35711］。しかし、タンが出生によるイギリス国籍者であることを示す証拠がないため、タンをイギリス国籍者として認められないという植民地政府の判断は覆らなかった。

タンは一九〇四年一二月二九日に、ペナン駐在参事官や在シャム領マレー諸国イギリス領事、海峡植民地総督などとやり取りした文書をすべて同封し、イギリス国王エドワード七世と外務大臣に陳情を提出した［CO 273/316/40328］。外務大臣は一九〇五年八月八日にタンに返答し、バンコクのイギリス公使に問い合わせた結果、タンが一八九〇年にクダの裁判所で自身が中国の出身であると陳述しており、ブキッムルタジャムで出生したことを示す証拠もないため、イギリス政府はタンの主張を受け入れることはできず、タンとクダのスルタンとの問題に介入することもできないと返答した［CO 273/315/42424］。

タンはこれに懲りず、新たな外務大臣が任命されると一九〇六年四月六日付で外務大臣に再度陳情を送り、前任者の決定を再考するよう陳情した。タンは出生・死亡登録官から受け取った手紙を同封し、プロヴィンス・ウェルズリーでは一八七六年三月一日以前に出生登録は行われておらず、自分が生まれたのは一八七一年二月一二日であるため、出生登録証を提出するのはほとんど困難だと訴えた。またクダの法廷での自身の証言が、自身がイギリス国籍者でないことの証拠とされているが、そのような証言をしたことはないと否定し、フォレスト在クダ・イギリス領事に再調査を行うよう依頼した。これに対して外務大臣は同年五月一九日付で、決定は変わらないと返答した。タンはその後七月二〇日にも外務大臣に陳情し、外務大臣から八月二七日に決定は変わらない旨返答を受けた。外務大臣は自分に直接陳情を送るのではなく、クダのイギリス領事を通すのが正しい手順であるとタンをたしなめた［CO 273/323/32357］。

フォレスト領事はクダでタンと面会し、一九〇七年一二月七日付で在バンコク・イギリス公使に書簡を送り、タンの申告がすべて虚偽であることを確信したと報告した。その根拠としてフォレスト領事は、タンに母親と祖母について質問したところ母親と祖母の年齢差は九歳だけであったことと、タンの誕生を祝う宴会に出席したという男にタンの家族について質問したがその男は何も答えられなかったことを挙げた。フォレスト領事は、数ドルつめば証言を頼むこともできるため、その男の証言は重要でないとした［CO 273/343/11375］。

タン・アーユと海峡植民地政府及びクダのイギリス当局は、イギリス領で出生した者はイギリス国籍者でありイギリス領外でイギリスの保護を得ることができるという原則を共有し、タンがイギリス領で出生したか否かをめぐって争っていた。タンはイギリスの公権力のどのレベルに交渉すべきかを認識していた。タン・アーユが自身の出生について語ったことは真実であったのか、それとも虚偽であったのかを知るすべはないが、あの手この手でイギリス国籍者として認知を受けようとする華人は実際多かった。厦門のイギリス領事は、イギリス国籍者として同領事館に登録を申請する華人の中には、使い回しや偽造が明らかなパスポートや、全く別人の写真が貼付されているパスポートを持参する者が非常に多いことを指摘していた［CO 273/152/7141］。イギリス国籍者として認知を受けようとする華人の存在は、イギリスの保護が有名無実ではなく実際に機能しており、華人がイギリス当局による公権力の実行性に一定の評価と信頼を寄せていた表れと見ることができよう。

3 東南アジア植民地国家における「人種原理」を超える試み

民族的背景を問わず、海峡植民地で出生した者をすべてイギリス国籍者とし、イギリス政府による保護を保証した海峡植民地政府の方針は、周辺の東南アジア植民地政府との交渉においても一貫していた。海峡植民地出身の華人は海峡植民地を通じて、東南アジア植民地政府に自らがイギリス国籍者であると認めさせ、人種原理を超えようとした。

(1) フランス領インドシナ

フランスは一八八〇年代半ばまでにベトナムにおいて、南圻（コーチシナ）を直轄領、中圻（アンナン）と北圻（トンキン）を保護領とする植民地支配を確立した。その住民は、いくつかの異なる法的地位に分類された。まず、①フランス国民と、②非フランス国民に分かれた。①はさらに公民権を持つ市民（citoyen）と隷民（sujet）に分かれ、市民に分類されたヨーロッパ人にはフランス法が適用され、隷民に分類されたコーチシナを出自とする者には土着の法および現地人司法制度が適用された。②は外国人と被保護民（protégé）に分かれ、アンナンとトンキンを出自とする者が被保護民とされた［高田 2003, 16］。

海峡植民地でイギリス国籍者としてパスポートの発給を受けたチュー・エンチュンが、コーチシナで裁判を受けることになった。これに関して在サイゴン・イギリス領事はコーチシナの裁判所より、シンガポールで発給された「イギリス国籍者として保護を得る資格を持つ」という文言が記載されているパスポートはその所有者にイギリス国籍者の地位を与えるものかとの照会を受けた。イギリス領事は一八九九年一〇月一〇日付の文書で海峡植民地政府に対し、「私の回答は唯一『そうだ』なのだが、コーチシナの裁判所はパスポートだけでは不十分と判断したようだ」と説明し、コーチシナの裁判所が海峡植民地政府に対して、海峡植民地で発行されたパスポートがその所有者をイギリス国籍者であると確証する証明書を提出するよう求めていると伝えた［CO 273/256/13334］。

海峡植民地政府は同一六日付で在サイゴン・イギリス領事に返信し、イギリス国籍者の身分は文書の所有によって獲得されるものではなく、出生により付与されるものであると述べた。チュー・エンチュンがパスポートを所有しているのは、彼がイギリス領で出生したことを示す証拠を総督が受け入れ、イギリス国籍者として認定したことを示すと説明した。

しかしコーチシナの検察長官はこの回答に納得せず、再度在サイゴン・イギリス領事に説明を求めた。海峡植民地政府は在サイゴン・イギリス領事に対し、コーチシナの検察長官に以下のように説明するよう求めた。

海峡植民地で生まれたアジア系イギリス国籍者は法的観点から見て、イギリス本国で生まれたイギリス系イギリス国籍者と完全に同等の権利と特権を有している。アジア系であることや民族的な出自は、イギリス国籍者の権利になんら影響を与えるものではない。海峡植民地の法律はイギリス本国の法律と同様、アジア系イギリス国籍者とヨーロッパ系イギリス国籍者、あるいはその他の民族的出自を持つイギリス国籍者との間にいかなる差異も設けていない。ムスリム婚姻条例や労働者の出入境に関する条例など、一部の人に対して特別な法律を設けていることもあるが、それ以外はすべての人に対して同じ法律が適用され、あらゆる人が例外なく同じ法廷で裁かれる。アジア人向けの特別な法廷は存在しない。……チュー・エンチュンはインドシナにおいて、ヨーロッパ系イギリス国籍者が裁かれる法廷と同じ法廷で裁かれる権利を持ち、それゆえ彼の案件は海峡植民地で裁かれるべきである。また海峡植民地政府が彼に発給したパスポートは、その他のイギリス国籍者――ヨーロッパ系であるかアジア系であるかを問わず――が享受しているのと同様の権利と特権を、彼に付与するものである［CO 273/256/13334］。

チュー・エンチュンの扱いが最終的にどうなったか資料では確認できないが、在サイゴン・イギリス領事が一九〇〇年二月四日付で海峡植民地総督に送った書簡によると、法務官（Avocat General）はチュー・エンチュンがイギリス国籍者であることを強く否定しているとのことであった［CO 273/256/13334］。

また、以下のような事例もあった。サイゴンを出境するアジア人は、フランス当局から保護を得るために六～一五ピアストル支払ってパスポートを取得することが義務付けられていた。シンガポールのＳＣＢＡは、イギリスのパスポートを持つアジア系イギリス国籍者に対するこのような処遇は不利益をもたらし、イギリスの威信を傷つけるとして、海峡植民地政府を通じて植民地大臣に陳情書を送った。在パリ・イギリス領事は、イギリスのパスポートを所有しイギリスの保護が保証されているイギリス国籍者が、不必要な保護を得るために出境パスポートを有料で取得させられるのはおかしいとして、一九〇一年五月六日にフランスの外務大臣に書簡を送った［CO 273/275/16450］。フランスの外務大臣は六月一七日付で在パリ・イギリス領事に書簡を送り、インドシナ総督にすでに連絡を取り、その回答を受け取り次第それを報告すると伝えた［CO 273/275/21281］。しかしシンガポールのＳＣＢＡは、同年九月の時点でこれに関する返答はまだないと報告していた［Anonymous 1901］。

(2) アメリカ領フィリピン

一八九六年八月三〇日にルソンにおけるカティプーナンの蜂起で始まったフィリピン革命は、一八九八年四月以降、スペインに宣戦布告したアメリカによる介入を受けた。そのなかでアギナルドが五月に革命政府を樹立しフィリピンの独立を宣言したが、アメリカは八月にマニラを占領しフィリピン全土に軍政をしいた。アギナルドは一八九九年一月にフィリピン共和国憲法を公布し、フィリピン共和国の成立を内外に宣言した。しかしアメリカはそれに先立つ一八九八年一二月にスペインとの間にパリ講和条約を結び、フィリピン諸島の領有権を獲得していた。フィリピン共和国政府とアメリカ軍は二月に戦争状態に入り、最終的にアメリカが一九〇二年七月にフィリピン諸島全域を平定した［池端 2002, 115–124］。

この過程でアメリカは一八九八年九月に、華人のフィリピン入国を禁止する法令を公布した［高橋 2003, 80］。そのようななかで、海峡植民地政府に華人系イギリス国籍者から、フィリピンに渡航するためのパスポートを発給してほしいとの要望が数件持ち込まれた。海峡植民地政府は一八九九年七月一九日に在シンガポール・アメリカ領事に対し、華人がフィリピンに渡航しうるかどうかを問い合わせた。これに対する同二一日のアメリカ領事の回答は、華人のフィリピンへの入境はアメリカの法律に基づく規定により、特別な例外を除いて禁じられているとのことだった。その規定とは以下のようなものであった。

以前マニラに居住していた熟練・非熟練華人労働者で、現在マニラに不在だが、以前マニラに居住していたことを証明する証拠がある場合、マニラへの帰還を許可する。その証拠となるのは、スペインが発行した証明書や、在外アメリカ領事による証明書である。これらの証明書は精査され、さらなる証明書の提出を求められることもある。これらの証明書がなければ、いかなる国籍の華人であっても、その帰還を許可しない［CO

273/259/149］。

このほかに、アメリカ合衆国と清国との合意に基づき、清国政府発行の証明書を取得し、それがアメリカ領事に認められればフィリピンへの渡航を許可するとの免除規定があった。その際、華人はすべて中国領事館での登録が義務付けられていた。しかし華人がアメリカ政府から入国許可を取得するのは、実際にはほぼ不可能であった［高橋 2003, 81］。

海峡植民地政府はアメリカ領事の返答に対して、一二月二〇日に以下の二つの質問を提出した。一つ目は、アメリカ合衆国の法律を植民地に適用するには植民地との合意書が必要であるが、フィリピンに法律を適用するにあたりしかるべき法的手続きを取ったのかという質問であった。二つ目は、アメリカのこの法律は中国政府との条約に基づくもので、中国国籍者にのみ適用しうるものだが、この規定を華人系イギリス国籍者に適用する法的根拠は何かという質問であった。

これに対して在シンガポール・アメリカ領事は、一九〇〇年一一月二七日に以下のように回答した。まず一つ目の質問に対して、華人の排斥を定めたアメリカの法律と同じ条項が、軍政令に基づき軍政下に置かれているフィリピン諸島で施行されるとした。二つ目の質問に対しては、華人の排斥を定めたアメリカの法律は、中国の国籍者であるか他国政府の国籍者であるかを問わず、すべての華人に適用するとした［CO 273/259/149］。

海峡植民地総督からこの件に関して報告を受けた植民地大臣は、その書簡を外務大臣に転送した。在アメリカ・イギリス大使はアメリカ政府にこの件について照会し、一九〇一年五月七日に以下のような返答を得た。①中国の国籍者であるか他国政府の国籍者であるかを問わず、フィリピンから華人を排斥する。②この措置は軍事侵攻という状況において、軍事的な必要性により導入されているもので、平時における恒久的な政策に影響するものではないと想定している。③華人の排斥に関する軍政令は、アメリカの華人排斥法をフィリピンに拡大したものではない。軍事的な必要性に対するしかるべき措置として、同法令の条項を導入したのであり、同法令からは独立して施行されている[CO 273/275/18735]。

以上のように、一八九八年九月に華人に対して施行されたフィリピンへの入境制限において、特例を除き、華人は華人である以上いかなる国籍を持っていても、その適用対象とされた。

(3) オランダ領東インド

オランダ領東インドでは、域内の住民は原住民・外来東洋人・ヨーロッパ人に分類され、それぞれのカテゴリーに居住地や服装が定められ、また適用される税制・法律・法廷などが異なっていた[Rush 1990, 14]。外来東洋人は主に華人やアラブ人を指すカテゴリーであった。一九一〇年にオランダ国籍という制度が導入されたが、スルヤディナタによればこれはオランダ領東インドの人々に対するオランダの主権を国際社会に宣言するものではあったが、オランダ国籍者の中に「オランダ人」とそれ以外という法的地位が設けられ、「オランダ人」の地位がそれ以外の人々の地位に優越するように設定されていたという。「オランダ人」とは、非アジア人でオランダに出自を持つ人々とされた[Suryadinata 1981, 26–28]。オランダ領東インドでは、民族的な出自が個人の法的地位を決定していた。

これに対して、外来東洋人という身分ではなくイギリス国籍者という身分で、オランダとの交渉を試みる人たちが海峡植民地に存在した。海峡植民地政府も住民からの陳情を受理し、オランダ政府と交渉する役割を請け負っていた。

ペナンを拠点にスマトラ島北部で事業を行う人びとが、オランダのアチェ制圧に巻き込まれ損害を蒙ったとし、海峡植民地政府を通じてオランダ政府に対し賠償を求めた。一八七九年五月二三日にペナンの商人五名は連名で海峡植民地総督に陳情を送り、オランダ領プサガン（今日のインドネシア・アチェ州ビルン県プサガン郡）で蒙った損失に関して、オランダから賠償を得るよう調整を求めた。この陳情を提出したのは、華人三名と混血系のムスリム一名、インド系ないし混血系のムスリム一名で、このうち華人二名以外はイギリス国籍者であった。

陳情者は以下のように述べている。彼らはいずれも在ペナン・オランダ領事の許可証を取得し、その許可証で入港が許可されているスマトラ東海岸の港を目指してそれぞれペナンを出港した。スマトラ東岸部では一八五〇年代以降、オランダによる征圧が進展しており、オランダは一八七三年以降アチェと戦争状態にあった。しかしプサガンは、オランダ領事の許可証で入港が許可されている港の一つであり、陳情者によれば「戦争状態にあるアチェ・ブサールからも遠い、比較的平和な港」であった。陳情者はスマトラの産物を取り扱うためにプサガンに店舗を構え、自分たちが存在していることを、オランダ当局が認識していると考えていた。

陳情者のプサガン滞在中、五月一二日にプサガン沖にオランダの軍艦が現れた。その翌日、陳情者の船舶はオランダ人官吏による立ち入り検査を受けたが、密輸品も禁制品も見つからず、特に何もとがめられなかった。軍艦はその間もプサガン沖に停泊し続け、一五日朝六時に突如陸地に向かって発砲を開始した。陳情者は店舗から商品を持ち出す猶予を与えるようオランダ人官吏に頼んだが、オランダ人官吏は「お前の金や商品のことなど知らぬ」と言い、陳情者の要求をすげなく拒否した。発砲は夜八時まで絶え間なく続き、その後軍艦はプサガンを離れた。プサガンの村はすっかり焼け落ち、陳情者五人は総額約一万八、〇〇〇ドルの損失を蒙った。陳情者は、発砲が始まる前に警告を発するなどして、自分たちをプサガンから退去させる方策を講じることが十分できたはずなのに、オランダ人官吏はそれを怠ったとしてオランダ政府に賠償を求め、その調整を海峡植民地総督に求めた［CO 273/100/441］。

海峡植民地総督は九月一二日に在シンガポール・オランダ領事に書簡を送り、一〇月二五日にオランダ領事を通じてアチェ総督から回答を得た。アチェ総督は、プサガンに滞在するには滞在許可が必要であるが、陳情者からは滞在許可の申請を受けておらず、またたとえその申請を受けたとしても滞在は許可しておらず、いずれにしてもアチェのオランダ当局は陳情者がプサガンに滞在し店舗を構えていることを認識していなかったと回答した。そのため発砲によって生じた損失は全面的に陳情者の責任であり、オランダ政府にその責任を求めるのは過度な要求であるとし、賠償要求を拒否した［CO 273/100/441］。

海峡植民地政府はこれを受けて、一〇月二九日付で在シンガポール・オランダ領事に返信し、プサガンとの交易を禁止・制限する通告が出されていたかということと、プサガンに滞在するのに特別な許可が必要だったかについて質問した。これに対して一二月九日に、オランダ領事を通じてアチェ総督の回答が海峡植民地総督に伝えられたが、大きな進展は見られなかった。アチェ総督は、プサガンとの交易を制限する規制はないが、外来東洋人はオランダ領東インド一八七二年第四〇号法令に基づき、許可なしでオランダ領内に定住・滞在することはできないと指摘した。プサガンを攻撃したときに、アチェのオランダ当局はプサガンに外来東洋人が滞在していたことをそもそも認識していなかったのだから、存在しなかった人々に対して賠償するということはありえないと回答した［CO 273/100/441］。

ペナンの商人たちの訴えは、海峡植民地政府の働きかけにより実を結んだとは言いがたい。しかし、海峡植民地政府がアジア系住民からの陳情を受理し、欧米の植民地宗主国との交渉を引き受けてくれることは確認されたであろう。

オランダ領東インドにおける人種原理を国籍の原理で乗り越えようとする試みは、他にも見られた。海峡植民地の華人系イギリス国籍者はオランダ領東インドにおいて、イギリス国籍者としてではなく華人として扱われた。これに対してシンガポールのＳＣＢＡは海峡植民地政府を通じて在シンガポール・オランダ領事に書簡を送り、オランダ領東インドにおける華人系イギリス国籍者に対する待遇は、ヨーロッパ系イギリス国籍者に対する待遇と同等であるべきだと訴えた。ＳＣＢＡが一九〇七年にオランダ領事から受け取った回答は、「イギリス国籍者と認識されるに足る資格を持つ者、あるいはその他の何らかの理由によりヨーロッパ人と同等の権利を持つ者については、華人系イギリス国籍者に対してヨーロッパ人に適用する法律を適用する［Song 1984, 489］」というものであった。

SCBAは、この回答の意味がよく分からないとして、オランダ領事に対してさらなる説明を求め、一九一〇年一月に以下のような回答を得た。

帰化したイギリス国籍者が、あらゆる面において生粋のブリトン人と同等にイギリス国籍者としてヨーロッパ人のカテゴリーに含まれる条件は、家庭や家族、婚姻関係において西洋の法律を適用していることである。ある華人系イギリス国籍者が家族関係に西洋諸国の家族法を導入していれば、その人物はヨーロッパ人に含まれうる。華人系イギリス国籍者がイギリス風の名前を名乗り洋服を着用しても、それのみによってヨーロッパ人が享受する特権や利益に浴す資格はない［Song 1984, 489–490］。

一九二〇年代初めの記述には、オランダ領東インドにおいて「海峡華人の政治的身分はいまだ全面的に認知されていない」とあった［Song 1984, 489–490］。オランダ領東インドにおいて華人系イギリス国籍者は、ヨーロッパ系のイギリス国籍者と同一のカテゴリーとして扱われたのではなく、外来東洋人というカテゴリーとして扱われた。人種原理が優勢な東南アジアの周辺国において、華人系イギリス国籍者はイギリス国籍者として自己主張し、人種原理を超えようとした。海峡植民地政府は周辺国政府に対して、アジア系であることや民族的な出自はイギリス国籍者の権利になんら影響を与えないとし、華人系イギリス国籍者をヨーロッパ系イギリス国籍者と同様に扱うよう一貫して主張した。その主張は必ずしも周辺国に認められなかったが、こうしたやり取りを繰り返すなかで海峡植民地では、イギリス国籍を持つ者は民族的背景を問わずイギリス領外で海峡植民地政府の保護を受けられることが、政府と住民との間で確認されることとなった。また人種原理を超えようとする訴えを、海峡植民地政府が引き受けてくれて交渉してくれることが確認された。

4 「同胞」からの暴力を回避する試み

(1) 華人系イギリス国籍者による正当な権利の行使と権利の濫用

海峡植民地の華人が中国に帰国したとき、「同胞」であるはずの中国の華人に騙されたりゆすられたりして金品を巻き上げられ、命をも失うケースが続出していた。中国沿岸部では「帰国者＝富裕者」という認識が広まり、帰国者の富を狙う犯罪が常態化していた。しかし帰国者は、中国で役人の保護を求めることができなかった。その背景には、清朝政府が発した上諭があった。康熙帝（在位一六六一－一七二二年）、雍正帝（在位一七二二－一七三五年）、乾隆帝（在位一七三五－一七九六年）は、海外に長期に滞在する者や永住する者に対して、斬首刑をも含む厳格な処罰を定めた。これら皇帝たちは、一六六一年から一六八三年にかけて鄭成功とその子孫が台湾を拠点に展開した反清復明運動の経験を踏まえ、海外に居住する華人は清朝の脅威となりうるという認識を持っていたため、海外居住者に対して厳格に対応したとされる［Yen 1985, 19–22］。

これら上諭は、嘉慶・道光年間（一七九六－一八五〇年）には有名無実化していた。しかし上諭そのものは廃止されず残っていた。地方官の中にはこれを口実とし、帰国者に対して十分な保護を与えないばかりか、ゆすりを働く者も現れた［荘 1989, 259–260］。

その背景として、福建と広東の沿海部では地方官が帰国者に対してあまりよい感情を持っていなかったことが指摘されている。一八世紀末から一九世紀初頭にかけて福建・広東沿海部では、アヘン貿易が活発化した。福建・広東沿海民を主体とするこのアヘン貿易は、家族・親戚や知り合いなどのつながりの上に小規模の取引が集積されたものであり、零細な主体が無数に外国船に群がり、外国語を話し外国船からアヘンを直接購入するかたちで行われた。こうした貿易は、広州を拠点とする清朝の貿易管理体制外で行われたものであり、清朝の沿海統制を揺るがす要素となった。こうしたなかで地方官の間には、福建・広東沿海民に対する敵視が強まっていた［村上 2013］。またそのような敵意は、海外からの帰国者にも向けられるようになった［Yen 1985, 21-31］。

こうしたなかで、南京条約により一八四三年一月に厦門が正式に開港したとき、海峡植民地などイギリス領に居住していた華人で厦門を訪れた者の中には、中国でさまざまな犯罪に巻き込まれるのを恐れ、イギリス国籍者としてイギリスの保護を受ける者が現れた［村上 2000］。また華人系イギリス国籍者は一八五八年六月に結ばれた中英天津条約によって、中国において刑事訴訟事件で訴えられても、中国の法律に拘束されない存在となった。同条約には、刑事訴訟事件の被告は被告と国籍を同じくする裁判官と法律によって処罰し、領事が円満に処理できない事件については中国側官憲の協力を得て両者が協力して解決に当たるという規定が含まれた［本野 2004, 48］。

一八六〇年代以降清朝政府は、財政源として、また国内開発の資金源として、中国国外に居住する華人の財力に着目し始めた。清朝政府は彼らの帰国を奨励し、中国への投資を誘致すべく、第8章で詳しく見るように、帰国者保護を命じた上諭の公布、領事の派遣、保商局の設立、帰国者に対する罰則の撤廃などの措置を講じた。しかしこれらの措置はあまり効果を発揮せず、海峡植民地から中国に帰国した際に犯罪に巻き込まれる者は跡を絶たなかった。「同胞」からの暴力が多発するなかで、中国の公権力が頼りにならないため、海峡植民地出身の華人の間で、イギリスの公権力の保護を通じて自身や家族、財産の安全を確保する試みが顕著となった。

イギリスはイギリス国籍者と認知した者に対して、一貫して保護を与えた。そのようななか、中国の秩序に背く行為を働いて、中国の公権力より懲罰を課されたとき、イギリス国籍者であることを盾にして中国の公権力の強制力から逃れようとする者が現れた。華人系イギリス国籍者の保護に奔走するイギリス公使・領事の姿と、それを盾にして中国の公権力から逃れようとする試みを示すものとして、リー・シュエユエンの事例を以下に紹介する。

海峡植民地総督が発行したパスポートを持ち、汕頭のイギリス領事館でイギリス国籍者として登録したシンガポール出身のリー・シュエユエンは、一八九七年一〇月に恵潮嘉道の道員[11]に逮捕・投獄された。この知らせを受けた在汕頭イギリス領事フォードは、道員に繰り返しリーの釈放を要求したが、道員はそのつど拒否した。この報告を受けた北京のマクドナルド・イギリス公使は一一月三日に総理衙門を訪れ、両広総督に対してリーの釈放を命じるよう求めた。総理衙門はこれを受け入れ、両広総督から命令を受けた道員はリーを釈放した。

マクドナルド公使は一一月一七日に総理衙門に対して文書を送り、一八八六年に出された通商約章類纂では「被逮捕者が自身をイギリス国籍者であると申告した場合、即座にイギリス領事に真偽を確認する。イギリス領事がその人物をイギリス国籍者であると認めた場合、イギリス領事がそれを裁く」と定められているにもかかわらず、道員はこれに背いたとして、総理衙門に道員に対する厳しい措置を求めた。またリーが負傷し不動産を剥奪されたことに対して、賠償を求めた [CO 273/243/818]。

一八九八年一月一三日にマクドナルド公使はイギリス本国の外務省に書簡を送り、フォード領事と協議の結果、総理衙門に対して道員の解雇と、リーに五、〇〇〇ドルの慰謝料を支払うよう要求することが望ましいとの結論に達し、総理衙門にさらに圧力をかけていくと報告した [CO 273/243/7349]。マクドナルド公使は一八九八年二月二四日に総理衙門に再度書簡を送り、道員の解雇を要求した。この書簡によると道員の言い分は、リーがチェン・フォンハオと組んでニン・ペイリンから旧暦八月に賭博場を取り上げ、その経営に当たっていると通報があったため、リーを逮捕したというものであった。しかしマクドナルド公使は、チェン・フォンハオは旧暦八月に挙人の試験を受けており、その頃潮州には不在だったため、通報されたような事実はありえないと断じた。マクドナルド公使は、恵潮嘉道の道員はリーの主張を一切聞かず、十分な調査も行わず、国際的な問題処理が求められるそのポストに不適格であることが明らかであるとし、総理衙門に対して道員の解雇を求めた。また総理衙門の使者が七四九ドル相当の物品をリーから持ち去ったとし、その返還と賠償を求めた [CO 273/243/10015]。

フォード領事は同年三月一九日に恵潮嘉道の道員と面会し、道員からリーが賭博場を経営しており、中国当局の干渉を受けないようイギリス国籍を利用していると聞いた。フォード領事はその事実を確認するため、領事館の通訳に対し、信頼できる人物を雇ってリーが住んでいた村に派遣し調査を行わせるよう命じた。通訳は、村に賭博場はあるがいずれもリーとは無関係だと報告した。

しかしその後、事態は急変した。フォード領事は報告を受ける二週間後に、領事館の使用人から、リーが賭博場の経営者であることは汕頭では有名な話であると聞かされた。フォード領事は事実を確認するため、リーを汕頭の領事館に召喚したが、リーは体調不良を訴えて来館を拒否した。またフォード領事は、領事館の通訳に雇われてリーの村で調査を行った者から、リーが賭博場を経営していることは事実であり、通訳が賄賂を得てその事実を隠蔽していたとの告発を受けた。さらにフォード領事はそれと前後して、潮州で活動しているアメリカ人バプテスト派宣教師や広東で活動しているフランス人宣教師からも、リーが素行不良で、不当な手段で国籍証明を取得したらしいとの情報を得た。

フォード領事は事実確認をするためにリーを再度召喚したが、リーがそれを無視したため、九月一七日にリーの身柄を拘束し汕頭の領事館に連行した。その翌日にフォード領事は海陽の知県から、リーが運営する賭博場が海陽にも拡大しつつあり、それが同地の状況を悪化させていると報告を受けた。フォード領事は、そうした状況について証言しうる証人を得て領事裁判所でリーに対する裁判を行い、賭博場の経営と周辺地域の社会情勢の悪化を理由に、二六日にリーに対して懲役三ヵ月を言い渡した。また刑期を終えてもその態度に改善が見られなければ、中国からの追放を命じるとした。

リーはイギリス国籍者としてイギリス領事裁判所で裁かれたが、フォード領事はマクドナルド公使に対して、「リーはイギリス国籍者ではないのではないかと、個人的には強く疑っている」との見解を示した。その根拠の一つとして、海峡植民地ではほとんどすべての華人がマレー語を話せるのに、リーは生まれてから一六歳まで海峡植民地に住んでいたわりにはマレー語が一言も話せないと指摘した。それでもなおフォード領事は、リーがイギリス国籍者でないことを示す証拠が提出され、海峡植民地政府が発行したパスポートが取り消されるまでは、リーをイギリス国籍者として扱うと公使に報告した［CO 273/253/1648］。

このように中国に駐在していたイギリスの公権力は、イギリス国籍者として認知した者を手厚く保護し、その者の利益を守るために中国当局と交渉を行った。海峡植民地出身の華人の中には、イギリス国籍者という身分を活用する者がいた一方で、その身分を盾にして中国の公権力から逃れようとした者がいた。

(2) 華人系イギリス国籍者を認定する二つの基準

華人系イギリス国籍者による正当な権利の行使と権利の濫用の間で、彼らを保護するために実際に奔走するイギリス当局は、保護すべき対象を認定するうえで、より慎重であったことは容易に想像できる。イギリスは中国と容易に往来できる香港に直轄領を構えており、在中国イギリス当局は香港出身の華人系イギリス国籍者による権利の濫用を警戒していた。このような背景の下、在中国イギリス公使・領事は華人系イギリス国籍者の認定基準において、海峡植民地政府とは異なる独自の基準を設定した。そのため、海峡植民地で出生によるイギリス国籍者として認定され、イギリス政府による保護を約束された人がいざ中国を訪れてみると、イギリス人官吏に保護を拒否されるケースが頻発していた。こうした状況に対して海峡植民地総督は、イギリス本国の植民地省や外務省を巻き込んで、在中国イギリス公使・領事に対して度重なる抗議を行っていた[12]。

在中国イギリス公使が華人系イギリス国籍者を認定する独自の基準を最初に導入したのは、一八六八年であった。オールコック在中国イギリス公使は、華人系イギリス国籍者と、中国の法律に従うべき地元民とを区別することが非常に難しく、それが当事者にとっても、またイギリス・中国両政府にとっても大きな不都合を生じさせているとし、以下の通告を発布した。

すべての華人系イギリス国籍者は、中国に居住したり中国を旅行したりする場合、中国風の服装を着用せず、地元民との区別が可能となるような服装を着用するよう命じる。中国に居住・滞在するすべての華人系イギリス国籍者は、この命令と規定に従わない限り、中国の法廷においてイギリスの保護や介入を求める資格はないと警告する［Alcock 1868］。

華人系イギリス国籍者を認定する基準として、服装を条件とするこの規定を、本書では「服装に基づく認定基準」と呼ぶことにする。オード海峡植民地総督は、服装に基づく認定基準に強く反対し、出生によるイギリス国籍者に対してこの通告が適用されないよう通告の改正を希望すると一八六九年三月に植民地大臣に伝えた。これに対してオールコック公使は、国籍の選択を明示するよう華人系イギリス国籍者に求める必要があるとし、改正に応じなかった［Straits Settlements 1898］。しかしオールコック公使の通告は、「海峡植民地で出生した者は親の国籍を問わずすべてイギリス国籍者」と認定する海峡植民地政府の出生地主義の原則と直接矛盾するものではなかった。したがって海峡植民地側も、この通告は受け入れた。

しかし在中国イギリス公使・領事は、もう一つの独自の認定基準を導入していた。それは、たとえイギリス領で出生しても、両親が出生または帰化によるイギリス国籍者でなければ、イギリス国籍者として認めないというものであった。この認定基準を本書では「両親の国籍に基づく認定基準」と呼ぶ。この認定基準は、海峡植民地政府のイギリス国籍者の認定基準と真っ向から矛盾した。

「両親の国籍に基づく認定基準」の根拠となったのは、一八六五年と一八六七年にエドムンド・ホーンビー(Edmund Grimani Hornby)在中国・日本イギリス最高裁判所裁判長が在中国イギリス領事に対して出した指示であった。一八六五年の指示は以下のようなものであった。

イギリス領で生まれた華人はイギリスの法律に照らせばイギリス国籍者である。しかし中国当局に対しては、帰化や出生によりイギリス国籍を持つ両親の下に生まれた子でない限り、たとえイギリス領で出生した華人であっても、イギリス国籍者として認めない。イギリス領でイギリス国籍を取得した者は、イギリス領を出るとイギリス国籍者とは認められない。中国に入国した瞬間に中国国籍者となる。

華人系イギリス国籍者は特権を享受する資格があるが、それに伴う不利益も受け入れなければならない。それらの特権とは条約で定められている。出生によるアングロ・サクソン系イギリス国籍者は、中国内地に永住することや、パスポートなしで旅行すること、不動産の購入や相続、中国籍船舶の所有などが不可能である。それは華人系イギリス国籍者も、同様に不可能である［O'Conor 1885］。

一八六七年の指示も、これとほぼ同様の内容であった。

イギリス領で出生した親かイギリス国籍を取得した親の下にイギリス領で生まれた華人は、すべてイギリス国籍者である。しかし中国当局との関係において、イギリス領で出生したとしても、その者の親が帰化によるイギリス国籍者または出生によるイギリス国籍者でない場合、その者は中国ではイギリス国籍者として扱われない。イギリス市民権の付与に関するイギリスの法律に基づけば、華人はイギリス領で出産すれば、その子どもは出生によるイギリス国籍者の地位を付与される。本規定は、そうした法律の濫用を防ぐために定められた。イギリス領でイギリス国籍に帰化した者は、イギリス領を出るとイギリス国籍者とは認められない。中国に入境した瞬間に中国の国籍者となる［Hornby 1867］。

このような状況において、海峡植民地でイギリス国籍者として認知された華人が、在中国イギリス領事館でイギリス国籍者として登録しようとして拒否されるケースが、一八八〇年代から一八九〇年代にかけて多発していた。ペナン出身のリム・ホーチアウとリム・ホーエン兄弟は、一八八二年に商用で上海を訪れた際、海峡植民地政府が発行した出生証明書を携え、上海のイギリス領事館でイギリス国籍者として登録しようとしたが拒否された。リム兄弟はペナンにいた兄弟に一八八二年六月一六日に手紙を送り、「われわれの両親がイギリス国籍者であることが証明されなければ、イギリス国籍者としての登録を拒否すると言われた」と訴えた。上海のイギリス領事は、両親の国籍に基づく認定基準に則って、リム兄弟の登録を拒否したのであった。ペナンにいたリムの兄弟は弁護士を通じ、七月七日にペナンに駐在する海峡植民地副総督に対して、リム兄弟がペナンで出生したことは確認されており、海峡植民地政府からも国籍証明書が発行されており、イギリス国籍者であることは疑いのない事実であるため、上海のイギリス領事の対応は不当であると訴えた。

ウェルド海峡植民地総督は、上海のイギリス領事に七月一二日付で書簡を送り、リム兄弟に対して便宜を図るよう要請した。しかし上海のイギリス領事は、一八六七年に在中国イギリス公使・領事に対して出された両親の国籍に基づく認定基準に依拠し、二人の両親がイギリス国籍者であることが証明されなかったため、二人をイギリス国籍者として認めなかったと同二八日付で回答した。

これを受けてウェルド総督は九月二七日に植民地大臣に書簡を送り、上海のイギリス領事の行為は、出生によるイギリス国籍者にパスポートを発給するよう各植民地に通達した一八八二年五月一八日付の植民地大臣の指示に反すると反論した［CO 273/116/19611］。植民地大臣はこの件について外務大臣に照会し、外務大臣は一八八三年一月二七日付で「リム兄弟がヨーロッパ風の衣服を着用しなければ、イギリス国籍者として保護することはできない」と回答した［CO 273/124/1563］。

リム兄弟の登録を拒否する基準は、両親の国籍に基づく認定基準から服装に基づく認定基準にすり替わったが、ウェルド総督はこの回答をさしあたり受け入れた。しかし、華人系イギリス国籍者の認定基準に関して、海峡植民地政府と中国のイギリス当局との見解の差異が解消されたわけではなかった。ウェルド総督は、華人系イギリス国籍者が服装に基づく認定基準を満たす限り、在中国イギリス公使・領事はイギリス領植民地の各政府が華人系イギリス国籍者に発給したパスポートを、その人物がイギリス国籍者であることを証明し、イギリス政府の保護を享受する根拠として受理するべきだと主張し、植民地大臣と外務大臣、在中国イギリス公使・領事に見解を求めた。植民地大臣と外務大臣はこれを受け入れ、外務大臣は上海のイギリス領事の見解を求めた [CO 273/124/2839]。上海のイギリス領事は一八八三年四月一一日付で、リム兄弟の登録拒否は服装に基づく認定基準によるものであるとのみ回答し、そのほかの事柄に関しては北京のイギリス公使の指示を待っていると回答した [CO 273/124/9001]。

さらにウェルド総督は一八八三年四月一一日に、中国国籍の両親の間にイギリス領で出生した華人は、出生および帰化によるイギリス国籍者の両親の間にイギリス領で出生した華人と同一の法的身分にあるか否かを明らかにすべきだと植民地大臣に求めた。植民地大臣は、イギリス領で出生した者からイギリス国籍を奪うことはできないとの見解を示した。外務大臣は一八八三年六月一一日付の書簡で、自身の見解は植民地大臣と同じであるとし [O'Conor 1885]、イギリス領で出生した者はイギリス国籍者であるが、華人が中国で保護を受けるには服装に基づく認定基準に従わねばならないと回答した [Straits Settlements 1898]。ウェルド総督はこれらの回答を、イギリス領で出生した者は両親の国籍を問わずイギリス国籍者として認定され、服装に基づく認定基準に従う限り中国においてイギリス国籍者として扱われると理解した [Weld 1886]。

これに対して中国のイギリス公使・領事は特に反応せず、その見解を示したのは一八八五年であった。一八八五年一二月に広東在住の華人が、香港で出生したことと香港総督が発行したイギリス国籍者証明書を所持していることを根拠として、イギリス国籍者として認知するようイギリス公使に陳情した。これに対して北京のイギリス公使は一八八五年一二月二六日付で外務大臣に書簡を出し、一八八三年にウェルド海峡植民地総督、植民地大臣、外務大臣はイギリス領に出生した華人はイギリス国籍者であるとの見解を示したが、それは両親の国籍に基づく認定基準と矛盾するとして、どう対処すべきか外務大臣に指示を求めた［O'Conor 1885］。

ウェルド総督は一八八六年九月三〇日付で書簡を出し、一八八三年に自身と植民地大臣、外務大臣の間で、海峡植民地で生まれた華人は両親の国籍を問わずイギリス国籍者であることが確認されたと主張した。またウェルド総督は、両親の国籍に基づく認定基準は植民地大臣がこれまでに示した見解に矛盾するとして、植民地大臣に対して見解を求めた［Weld 1886］。しかし、植民地大臣からの回答はなかった。

一方外務大臣は、一八八六年四月一九日付で在中国イギリス領事に書簡を送り、中国当局と折衝をはかり、華人系イギリス国籍者の扱いに関して妥協点を探るよう提案した。この提案に対して、在中国イギリス公使は何も反応せず、イギリス領で出生した華人の国籍に関して、両親の国籍に基づく認定基準を適用し続けた。一八八八年初めにスミス海峡植民地総督からパスポートを発給されたペナン生まれのオン・ベンテックが、厦門のイギリス領事館でイギリス国籍者として登録しようとしたが、同領事は両親の国籍を示す書類を提出しなければイギリス国籍者として登録することはできないと応対した。同領事は、モーリシャスやセイシェル、ペナン、シンガポールなどで発行されたパスポート所持者のほとんどが、両親の国籍に基づく認定基準に依拠しておらず、中国でイギリス国籍者として認めることができないと不満を表明した。また同領事は、パスポートを持参し登録申請に訪れる華人の中には、人身売買や養子縁組で親子関係を結んだ者や、母親が不明な者がいるとすら指摘した［CO 273/152/7141］。

これに対してスミス海峡植民地総督は、一八八八年三月一四日付で植民地大臣に書簡を送り抗議した。スミス総督は、ウェルド前総督が一八八六年九月三〇日付の書簡で、華人系イギリス国籍者の認定基準に関する植民地大臣の見解と中国のイギリス公使・領事の見解が矛盾していることについて植民地大臣の見解を尋ねたが、その回答をまだ得ていないとして再度回答を求めた。植民地大臣から照会を受け、外務大臣は一八八八年五月七日付で返答し、厦門のイギリス領事の判断を支持するとともに、華人系イギリス国籍者に発給するパスポートに両親の国籍を記載する必要があるとの見解を示した［CO 273/156/14145］。

最終的に一八九〇年頃には、イギリス領で出生した華人が中国においてイギリス国籍者として認知されるには両親の国籍に基づく認定基準を満たす必要があることが、各方面で了解された。一八九〇年に厦門のイギリス領事館で、海峡植民地で出生した華人が中国生まれの父親を持つことを理由に、領事館でのイギリス国籍者としての登録を拒否された［Straits Settlements 1898］。一九〇一年にペナン生まれのゴー・ミンチンが福州で懲役一〇年を宣告されたことを受けて、シンガポールのＳＣＢＡは海峡植民地総督を通じて福州のイギリス領事にゴーを保護するよう陳情した。しかし総督は、ゴーの両親はイギリス国籍者でなかったにもかかわらず、イギリス領事館は誤ってゴーをイギリス国籍者として登録してしまったため、実際にはイギリス政府が介入する余地はないと回答した［Anonymous 1901］。

両親の国籍に基づく認定基準は、海峡植民地の華人の間では遅くとも二〇世紀初頭には一般に知られていた。例えばペナンでは、バンコク在住の華人系イギリス国籍者の認定について報じられた際、以下のような議論がなされていた。バンコクの華人系イギリス国籍者は一九〇四年七月頃在バンコク・イギリス公使代理に対して、バンコクでイギリス国籍者として登録[13]し、バンコクに継続して三年間居住した者は、バンコクのイギリス領事館でパスポートを取得し、中国のすべての条約港でイギリス国籍者として登録し、イギリス政府から全面的な保護を受けられるよう陳情した。在バンコク・イギリス公使代理は一九〇四年一〇月一九日に、外務大臣がこの陳情を受け入れたと発表した。この陳情が在中国イギリス公使・領事に受け入れられるかはまた別の問題であったが、この件が『ストレイツ・エコー』で一〇月二七日に報じられると、同紙に読者たちから投書が寄せられた。彼らは、海峡植民地で出生したイギリス国籍者である華人は少なくとも二世代に渡ってイギリス国籍者であることを証明しなければ、中国のイギリス領事館でイギリス国籍者として登録できないと指摘し、中国におけるイギリス政府の保護において、ペナンの華人系イギリス国籍者もバンコクの華人系イギリス国籍者と同様の待遇を保証されるべきだと訴えた

[SE 1904.11.3]。

これを受けてペナンの華人保護官は『ストレイツ・エコー』に、「海峡植民地で出生し、かつパスポート発行まで海峡植民地に継続して三年間居住しているすべての『華人系の出生によるイギリス国籍者』は、パスポートの発行を受けることが一九〇四年六月に認められた」ことを告知した。これに対して『ストレイツ・エコー』編集部は、「われわれがあまりよく分からないのは、何を以って『華人系の出生によるイギリス国籍者』とするのかということだ。その定義が肝心なのだ。それこそがわれわれ数千人の華人系イギリス国籍者に影響するものなのだ」と指摘し、華人保護官にその定義に関するさらなる説明を求めた[SE 1904.11.5]。しかし『ストレイツ・エコー』紙面で、華人保護官がその定義を説明することはなかった。

海峡植民地では公権力も住民も、イギリス領で出生した者はすべてイギリス国籍者という原則を共有していた。しかしその原則は中国に駐在するイギリス当局者に共有されなかった。在中国イギリス公使・領事は、イギリス領で出生した華人が中国でイギリス国籍者として認定されるには、その両親もイギリス国籍でなくてはならないとした。イギリス本国の植民地省と外務省は、この認定基準を認めるのに当初は消極的であったが、一八九〇年頃にはこの認定基準が各方面で了承された。

(3) 外国籍を持つ華人に対する中国政府の対応

一九〇九年三月に公布された大清国籍条例は血統主義に基づいており、在外華人を自国民として取り込む試みとして一般にとらえられている。その一方でこの条例が制定される際、外国国籍を取得し、外国の公権力による保護を盾にして、清朝の秩序に従わない華人に対する措置を盛り込むことが検討されていた。条例草案は、憲政編査館、外務部、民政部、法律大臣が協議し作成した。その過程で法律大臣は、中国国籍を離脱しないまま外国国籍を取得し、普段は中国国籍の人と同じ権利を享受し、何か事があると外国人の庇護を盾とし、地方官が清国の法律を施行できないことがあると指摘した。また、中国人の名前を借りて内地に不動産を購入し、商店を経営する外国人もおり、その弊害は非常に深刻であるとした。そこで国籍条例を制定し、二重国籍保持者に対して三年以内に国籍を選択するよう求め、三年以内に届出がなければすべて清国人として扱い、清国の法律に照らして処遇するべきだと提案した［檳城新報 1909.5.21］。

最終的に公布された大清国籍条例[14]には、法律大臣の提案は盛り込まれなかった。しかし国籍条例とともに公布された大清国籍条例施行細則では、外国国籍を持つ華人の扱いに関して、いくつかの規定が設けられていた。同細則第一条と第二条は、大清国籍条例が施行される前に、清国国籍を離脱しないまま外国国籍を取得した者が清国国籍を離脱する際の手続きを定めた[15]。同細則第三条は、第一条と第二条に基づき清国国籍からの離脱を申請していない者は、清国に滞在しているときは清国国籍者としてみなすと規定した。同細則第七条は、大清国籍条例が施行される前に外国で出生し、そこに居住し続けている者の場合、当人が希望すれば清国国籍者とみなすと規定した。

同細則第四条は、大清国籍条例の施行前に清国国籍を離脱しないまま外国国籍を取得したが、内地に居住し事業を行い、不動産を購入・譲渡するなど、中国人に固有の利益を享受している者は、中国国籍者とみなすと規定した。同細則第八条は、大清国籍条例に基づき清国国籍を離脱した者は内地に居住することができないとし、違反者は追放すると規定した。また清国国籍を離脱する前に入手した不動産や、その他中国人に固有の権利を通じて獲得した利益は、清国国籍の離脱から一年以内に転売することとし、期限までに転売できなかった財産はすべて公庫に納めると規定した。同細則第九条は、大清国籍条例に基づき清国国籍を離脱した者が、国籍の離脱後に犯罪が発覚した場合、清国国籍の離脱を取り消し、その者を中国の法律に基づいて処罰すると規定した。同細則第一〇条は、大清国籍条例に基づいて清国国籍を離脱したとき、他国の国籍を取得したいという申告が虚偽であった場合、またその国籍を取得しなかった場合、ならびに誓約書に虚偽があった場合、清国国籍の離脱を取り消し、六ヵ月以上一年以下の禁固刑に処すと規定した［東方雑誌 1909, 14535-14536］。

このように清朝においては、外国国籍を持つ華人は中国国籍者が享受する固有の権利を放棄するか、中国国籍者として中国の法律に従ってその権利を享受するかがある程度細かく定められた。一方一九一二年一一月一八日に公布された中華民国国籍法では、そこまで事細かな規定や罰則規定を設けていなかった。中国国籍を喪失した者は中国国籍者に固有の権利を喪失し、国籍を喪失した者が国籍喪失以前に得た権利は国籍を喪失して三ヵ月以内に中国国籍者に譲渡しなければ国庫に帰属すると定めていたのみであった［東方雑誌 1913, 25140-25141］。

一九一二年一月一日に成立した中華民国は、財政面ではほとんど破綻していた。一九一二年五月一三日に参議院で熊希齢財政総長は、「中央政府の現状は、財政に関して言えば、国家の原則に背くとも言える状況である。支出はあるが収入がない。支出は外国からの借款を頼みとしている。国民にそれを負担する能力はない。前途は非常に危機的な状況にある」と発言していた［東方雑誌 1912, 21600］。そのようななかで中央政府も地方政府も、在外華人の資本誘致を試みた。例えば一九一二年にペナンの華人は、二月に上海軍政府から中華民国公債証券と中華銀行の株の購入の勧誘員［檳城新報 1912.1.30］、六月には上海中華民国実業銀行の勧業特派員［檳城新報 1912.6.27］、一〇月に中央政府工商部代表［檳城新報 1912.10.12］を迎えた。地方政府からも鉱業開発に関して、五月に福建省都督より支援依頼が届き［檳城新報 1912.5.17］、一〇月には湖南省都督［檳城新報 1912.10.12］、一一月には雲南省都督［檳城新報 1912.11.9］より資本誘致員が派遣された。外国国籍を持つ華人に対して、中華民国国籍法がほとんど罰則規定を定めていなかった背景として、在外華人の資本誘致に財政立て直しや開発の活路を見いだそうとしていた中国側の状況が指摘できる。

＊　＊　＊

海峡植民地を拠点として事業を行った海峡植民地出身の華人の中には、周辺地域に越境した時に直面したさまざまな矛盾を、イギリスの国籍を所有することを主張して乗り越えようと試みる者がいた。海峡植民地では公権力も住民も、イギリス領で出生した者は民族的出自を問わずすべてイギリス国籍者であり、イギリス領外においてイギリスの保護を享受しうるという原則を共有していた。

しかしその原則は周辺地域の植民地公権力にほとんど共有されなかった。海峡植民地出身の華人は東南アジア国家における人種原理を超えるため、自らがイギリス国籍者であることを主張した。海峡植民地政府は東南アジアの植民地の公権力に対し、イギリス国籍を持つ者は民族的出自を問わず法の下に平等であると一貫して主張し続けた。これに対して周辺地域の植民地公権力は華人を華人として扱い、イギリス国籍者として認知することはほとんどなく、華人系イギリス国籍者がイギリス国籍を盾にして東南アジア周辺国における人種原理を超えることは困難であった。しかしこの過程において、海峡植民地政府が周辺諸国と交渉する役割を引き受けてくれることと、海峡植民地ではイギリス領で出生した者は民族的出自を問わずみなイギリス国籍者であるという原則が、海峡植民地の華人の間に確認されていった。

海峡植民地から中国に帰国した華人の中には、「同胞」の暴力に悩む者が数多く存在した。そのうちイギリス国籍者は、イギリス当局の保護を得て「同胞」の暴力を回避しようとした。海峡植民地政府は中国に駐在するイギリスの公使や領事に対して、イギリス領で出生した者は両親の国籍を問わずすべてイギリス国籍者であり、イギリス領外においてイギリスの保護を享受しうるとして、華人系イギリス国籍者の保護を求めた。しかし中国に駐在するイギリスの公使や領事は、イギリス国籍者を両親に持ちイギリス領で出生した華人のみをイギリス国籍者として認知した。海峡植民地で華人系イギリス国籍者と認知された者が、中国のイギリス当局にそう認知されず、その保護を受けられなかったケースが頻発した。

華人系イギリス国籍者によるイギリス国籍を盾とした交渉は、実を結ばないこともあった。それでも海峡植民地政府は、華人系イギリス国籍者から持ち込まれる案件の交渉を引き受けた。こうしたやり取りを通じて、華人は海峡植民地の公権力に対して信頼を抱いたり、あるいは交渉の余地を見いだしていたりしたと言えよう。

第 II 部

海峡植民地の秩序構築への積極的関与

ペナン華人商業会議所の理事　　（提供：Areca Books）

前列左からリョン・ロックヒン，リム・ケックチュアン，ヨー・ペックタット
後列左からリム・センフイ，コー・チェンシアン，ゴー・ブンケン，（不明），クア・ベンキー，オン・ハンチョン
（人物の特定は，［Wright and Cartwright 1908］および［鄭永美 1983］に掲載されている個人の写真と照合して行ったため，一部正確でない可能性もある。）

第4章　華人という集団性の認識と組織化——広福宮と華人公会堂——

今日のマレーシアでは、社会の主たる構成員であり、意思決定の場に代表者を送る資格を持つ枠組みとして民族が機能している。半島部マレーシアでは、マレー人、インド人、華人がそのような民族として認知されている。これら三つの民族の存在は、自明でも所与のものでもなく、さまざまな利害が絡み合うなかで包摂と排除をめぐる交渉を経て、歴史的に形成されてきたことが指摘されている［Ariffin 1993；Milner 1994；金子 2001；山本 2006；坪井 2004；2011；2013］。

そのなかで華人に関しては、華人としての自己認識・組織化・表明の契機として、二〇世紀初頭以降の中国からの政治的影響が重視され、特に華人商業会議所の設立が注目されてきた。華人商業会議所は、清朝政府が当該地の華人を動員し、出身地域が異なる華人を包括する組織として設立したものであり、それが華人社会において出身地域を越えた共通意識の喚起を促したとされる［Heng 1988, 19–20；Yong 1992b, 86–87；金子 2001, 41–42；田中 2002, 32–33］。

ペナンでは一九〇三年にペナン華人商業会議所が設立された。この設立の経緯について、先行研究とは異なる理解が可能であることは第5章で論じるが、その前に本章では、ペナンでは華人を包括する組織がペナン華人商業会議所以前にも存在したことに着目する。ペナンでは華人を包括する組織として、一八八一年に華人公会堂が設立された。その過程において、ペナンの華人が清朝の動員を受けた形跡は確認できず、ペナン社会における政治的・経済的秩序の転換が重要であった。本章では、居住国の文脈のなかで華人としての自己認識・組織化・表明が進展した事例として華人公会堂に着目し、その前身となった広福宮と合わせて成立過程とその活動を明らかにする。

ここでの居住国の文脈とは、東南アジア歴史世界の文脈も含む。一五世紀から一八世紀にかけて発展した東南アジアの港市国家には、出身地や言語ごとに住民や来訪者をくくり、その長を通じて多様な住民や来訪者を統治する秩序が形成されていた。そのなかで中国からやってきた人たちは、中国に出自を持つ者として一つのカテゴリーにくくられ、その長を通じて統治されることにより、東南アジア社会の一部を構成する存在となっていた。広福宮はそのような歴史世界の文脈の中で設立された。これに対して華人公会堂は、東南アジアにおける統治形態を継承しつつ、各コミュニティへの介入と管理を強めたイギリス植民地統治に対応するように設立されたものであると言える。

華人公会堂は多民族社会ペナンにおいて、文化的に異なる隣人の存在を意識しながら、華人らしさを表明する主体の一つでもあった。本章では、イギリス王室関連行事における華人公会堂の対応を見ることにより、ペナンの多民族社会のあり方に迫る。一九世紀末から二〇世紀初頭のペナンでは、さまざまな集団が互いの存在を意識し、自らの文化や流儀に即して自らの存在を主張するように、イギリス王室関連行事に積極的に参加していた。どのような集団がそのような場に名乗りを上げ、そのような場で華人公会堂がどのように華人性を表明しようとしていたのかをとらえる。

1　広福宮の設立

(1)　設立主導者の背景

華人公会堂は一八〇〇年に設立された広福宮を前身とする。広福宮は、観音を主神とし、そのほかに媽祖や関帝、孔文公、文昌公、大伯公なども祀る寺廟である。広福宮は華人公会堂が設立されるまでペナンの華人において地縁・血縁・方言などを横断し、紛争などを調停する最上位の機関であったと位置づけられている［王 1999, 17；陳 2007, 52］。

一七八六年にペナンを獲得したイギリス東インド会社は、一五世紀から一八世紀に隆盛した東南アジア在地の港市国家が多様な商人を誘致するためにその信仰を保証したように［弘末 2004, 42-44］、マラッカ海峡で交易に従事しているアジア系商人をペナンに引き付けるべく、アジア系商人に「教会」を建てるための土地を提供した。ムスリム商人やインド人軍関係者が増加するなかで、「ムスリムの教会（Mohammedan Church）」の建設用地として、イギリス東インド会社はカピタン・クリンに一八〇一年に土地を譲与した。一八〇一年にカピタン・クリンに任命されたカディル・マイディン・メリカン（第1章注15を参照）は、ムスリムから寄付を集め、カピタン・クリン・モスクを設立した［Report 1903］。同社は一八〇一年にチェッティ・コミュニティにも土地を寄付し、そこにはヒンドゥー教寺院のマリアマン寺院が建てられた［Khoo 2001, 154］。広福宮が建てられた土地も、イギリス東インド会社から譲与されたとされる［Vaughan 1974, 59］。一八〇三年のジョージタウンの地図には、現在広福宮がある位置に“Chinese Church”と記載されている［張 2003, 115］。

広福宮の建設には、周辺地域の華人指導者から資金の提供があった。「呉甲必丹《カピタン》」と「蔡甲必丹」を筆頭に約四五〇名から三、七〇〇元が募金され、それが建設費用にあてられた［陳 2007］。「呉甲必丹」はソンクラーを拠点としていた呉文輝であり、「蔡甲必丹」はムラカを拠点としていた蔡士章であり［駱 1984, 426；高 2010, 84］、いずれも福建省漳州府海澄県出身であった［張 2003, 125；高 2010, 84］。その他に多額の募金を提供した人物の中で来歴が分かる者として、クダからペナンに移りペナン最初の華人カピタンに任命されたコー・ライホアン（Koh Lay Huan／辜禮歡）、ムラカの三宝山の建設に寄付を行った広東人の胡徳寿［日比野 1969, 774］、ムラカの有力一族で華人カピタンを輩出した曽氏と親戚関係にあったとされる曽青雲［張 2003, 128-129］がいる。曽青雲は広福宮設立当時の董事の一人で福建人とされ、もう一人の董事は広東人と見られる黄金鑾であった［高 2010, 88］。また一八〇三年に広福宮に「甲必丹胡始明」から寄贈された扁額がある。胡始明は一八〇一年に広東系墓地（広東暨汀州合塚）に巨額の募金をした人物で［駱 1984, 426］、広東幇と見られ、一八〇五年にペナンの華人カピタンであったという記録がある［Tan 2007, 52］。

広福宮の設立に福建幇・広東幇双方が資金を提供していたことや、設立時の董事に福建幇と広東幇の人物が立てられていたことから、広福宮は地縁や方言を超える機関であったとされてきた(1)。これに関して、広福宮の「広」は広東を、「福」は福建をそれぞれ意味し、この名前に広東幇と福建幇が共同で設立・運営する寺院であるという意味が込められているという指摘がある［今堀 1973, 37；王 1999, 110］。また広福宮の設立記念碑（一八〇〇年）では、一般には「福有攸帰」や「介福攸帰」となる慣用句が、「広福攸帰（広く幸福が帰する）」となっており、ここに広福宮が広東幇と福建幇の共有物であるという意志が込められているという指摘もある［王 1999, 6］。

広福宮が広東幇と福建幇によって建てられたことは一八二四年の増築記念碑には明確に記されている。そこには「福建人と広東人がこの土地を購入し、観音を祭ったため、この宮は広福と呼ばれている」とある。

序章で述べたように先行研究では、マラヤの華人社会は地縁・血縁・方言の違いによって断片化されており、二〇世紀初頭以降、中国からの影響を受けて華人としての自覚や連帯感が現れたと論じられてきた。これに対してペナンでは、地縁・血縁・方言の違いを横断する広福宮がすでに一八〇〇年に設立されており、先行研究の理解とは状況が異なっていた。広福宮の設立記念碑や増築記念碑からは、広東幇と福建幇という集団性が認識されており、その二つの集団を架橋する必要性が認識されていたことが読み取れる。またペナンでは、第1章で見たように、広東幇とは潮州人や客家人、海南人をも含みうるカテゴリーであったことを踏まえると広福宮はペナンの華人全体を包摂すべく設立された施設であったと言えよう。

このことから、広福宮が華人という集団性の自覚の下に設立されたと言えるだろうか。そのことを直接的に示す資料はないが、広福宮を設立した人たちは東南アジアの歴史世界の文脈において華人という集団性を自覚していたと思われる。

(2) 東南アジアの統治秩序における華人という枠組み

広福宮は、出身地の長たる人物に土地を提供し、出身地ごとに信仰の場を確保することにより、アジア系商人を誘致しようとしたイギリス東インド会社の働きかけを受けて設立された。出身地ごとに信仰の場を確保することは、本章の冒頭でも述べたように、東南アジア在地の港市国家でしばしば見られた。その根本には、出身地ごとに長を置き、その長を通じて多様な住民と意思疎通をする統治形態があった。こうした統治形態は、ムラカ王国の港務長官（シャーバンダル）制に起源をさかのぼることができる。ムラカでは中国出身者は琉球およびチャンパー出身者と同じカテゴリーとして扱われた［弘末 2004, 20］。同様の統治形態は、近世の東南アジアの多くの港市国家にも存在した［弘末 2004, 33–35］。

ペナンに広福宮を建てた者たちは、すでにクダやムラカ、ソンクラーなどで交易や資源の開発に従事していた者たちであった。これらの地域では一七世紀から一八世紀にかけて、税の徴収や資源の開発を華人に委託し、華人の長が華人労働者を統括する状況が進展していた。一六四一年にムラカを獲得したオランダ東インド会社は、ムラカの市場での商業活動に税を課し、その徴収に華人が当たるケースも多かった。オランダは徴税を請け負いうる華人の指導者的人物に、カピタンという称号を付与した。一八世紀の東南アジアでは、農産物や鉱産物の生産（中国からの労働者の調達・管理を含む）・流通と徴税を華人に委託し、開発を推進する王国が現れた。その例として、アユタヤ、ポンティアナ、バンカ、リアウ、ジョホール（一七三〇－四〇年代）、クダ、プーケット（一七七〇年代）などがある。在地の王国は生産物に税を課すとともに、華人労働者が消費するアヘンやアルコール、賭博場に税を課し、華人に徴税を委託した。これらの事業を統括しうる華人に、在地の王国がカピタンの称号を与えることも多かった[Reid 1993, 72–73；Trocki 2007, 33]。

広福宮の建設費用の提供者の多くはカピタンという称号を冠しており、クダやムラカ、ソンクラーなどで華人のカピタンに任命されていたと考えられる。このうち、広福宮が設立された一九世紀初頭におけるムラカの状況は、『アブドゥッラー物語』(2)に見ることができる。

当時(3)ムラカには四人のカピタン(4)がいた。それぞれの民族(bangsa)にはそれぞれにカピタンがおり、それはすでにオランダ時代からの慣習になっていた。クリン人のカピタン、マレー人のカピタン、華人のカピタン(Kapitan Cina)、キリスト教徒のカピタンがいた。善悪をめぐる事柄は、それぞれがそれぞれのカピタンに訴えるのであった。もしカピタンが解決できなければ、その案件はフィスカルに送られ、さらにフェイトーに送られた後、裁判所に送られた。(5)したがってムラカの国では、いかなる民族も互いに尊敬と畏敬の念を抱いていた。もしマレー人の子どもが悪さや好ましからざることをして、それを華人やほかの民族が見かけた場合、子どもを諭したりたたいたりしてもよく、それは子どもの親から讃えられた。それぞれのカンポン(6)にはカピタンが任命したカンポン長がおり、小さな訴訟はカンポン長が解決した。もしいさかいがあればまずカンポン長に知らされた[Abdullah 1963, 26–27]。

ペナンに広福宮が設立された時代の東南アジアには、中国からやってきた者を一つのカテゴリーとしてとらえ、その長を通じて統治する統治形態が歴史的に存在した。これを統治される側から見るならば、東南アジアには、中国に出自を持つ者という枠組みに自らを位置づけることにより東南アジア社会に自己を位置づけうる状況が存在したということになる。このことは中国からやってきた者に、自らの出自が中国にあることを自覚する契機を提供したと考えられる。また資源開発や徴税の委託を受けようと思う者は、中国から労働力を動員し、それを管理する力を持っていることを在地の統治者に認識されていることが重要であった。そのような力を持つ者と認知され、ムラカやクダ、ソンクラーなどで華人カピタンに任じられた人物が、ペナンにおいて広福宮の設立を主導した。

ヨーロッパ諸国が一九世紀以降東南アジアの植民地化を進める過程においても、華人を活用した資源開発と国家財政の確保という方策は継承され、華人の長を通じて華人を統治する統治形態も継承された。初期の植民地国家では、徴税請負からの歳入を国家の主な財源とした。その柱となったのはアヘンの徴税請負であった。アヘンの徴税請負は一般に三年を契約期間とし、競売や政府の指名などを通じて委託された。海峡植民地は開かれた自由貿易港として開発されたため関税や港湾税などが課されず、国家の主な財源となったのは徴税請負による収入で、アヘンは収入の約半分を占めた。例えば一八八六年の海峡植民地の収入三七五万二、五六四ドルのうち、一七七万九、六〇〇ドル（シンガポール一〇三万二、〇〇〇ドル、ペナン六〇万ドル）がアヘンからの収入であり、収入全体に対するその割合は四七・四パーセントであった［RASS 1886, 419；442］。また一八七六年から一九〇〇年のペナンにおける収入の四一・五パーセントから六五・三パーセントが、アヘンからの収入であった［Wong 2015, 37］。ペナンでは一七九一年にアヘンの徴税請負が導入され、クダやムラカから移ってきた華人がこれを請け負った［Nordin 2007, 82；252］。シンガポールでは一八二三年以降、アヘン等の徴税請負が本格化し、ムラカやジョホールから移ってきた華人がこれを請け負った［Trocki 1990, 73–74］。海峡植民地で専売が委託されたアヘンは、海峡植民地のみならず、マラヤやリアウで労働に従事する華人労働者を消費者とした。

広福宮の設立を主導した者は、「華人の教会」を設立する用途でイギリス東インド会社より提供された土地に広福宮を設立し、そのなかで自らの指導力や影響力を示し、華人を指導しうる立場にあることを、資源の開発や徴税を委託する主体となるであろうイギリス東インド会社に認知させようとしていたことが考えられる。

2　ペナンにおける状況の変化——紛争とイギリスによる積極的介入の開始——

広福宮は一八六〇年初めまでに、華人社会における対立・紛争を調停する役割も担いつつあった。そのことは一八六二年の増築記念碑に、「問題が生じれば困難紛糾を調停して解決し、ともに争いを解消する」という文言があることに示されている。しかし一八六〇年代から一八七〇年代にかけてペナンの華人社会は、第1章でも触れたように、公司や会党と呼ばれる企業体の対立に明け暮れ、社会に亀裂が生じていた。広福宮はこれにうまく対処することができなかったとされる。

第1章で触れたように、ペナンでは一八四〇年代半ばまでに広東系のギーヒン、客家系のハイサン、福建系のキエンテックという三つの公司が形成された。これら公司はペラにおいて鉱脈が豊かなラルッ（Larut）[7]で錫鉱山の経営に関わっており、錫鉱山の経営やアヘン等の専売請負をめぐり対立することが多かった。ペナンは、ラルッで産出される錫を外部に輸出する窓口であり、中国から労働者を調達しラルッに送る労働力の提供基地であった。またラルッでの事業の出資者であり、公司の指導層でもある人物の多くは、ペナンに拠点を置いていた。ギーヒンの指導者であったコー・ブーアン、ハイサンの指導者であったチュン・ケンクイ、キエンテックの指導者であったクー・ティエンテックやリム・ホアチアムなどがその例である。

ラルッでは、一八六一年にギーヒンとハイサンの衝突（第一次ラルッ戦争）、一八六五年に客家系の人たち（増城出身者と恵州出身者）の衝突（第二次ラルッ戦争）が発生した。またラルッでの対立がペナンに波及し、一八六七年にペナン島で大規模な武力衝突が発生した。これは直接的にはペナン島ジョージタウンにおけるアヘン専売権をめぐるギーヒンとキエンテックとの対立であったが、白旗会および赤旗会というマレー／ムスリムの組織や、ペラやプーケットなど周辺地域の関連組織を巻き込み、大規模な紛争に発展した。

一八七二年にはラルッで増城出身の客家人と新寧出身の広東人との対立が生じ、客家人はハイサンおよびキエンテックと提携し、広東人はギーヒンと提携し、ペラ州全体とペナンを巻き込む大規模な紛争が発生した（第三次ラルッ戦争）。一八七三年六月には、チュン・ケンクイの配下の者たちがコー・ブーアンの勢力範囲を襲い、潮州人六〇数名を殺害し、三、五〇〇ドルを奪うという事件も起こっていた［Lee and Chow 1997, 38］。

第三次ラルッ戦争には、ラルッを治めていた地方有力者のガ・イブラヒム（Nga Ibrahim）と、ラルッの豊かな資源を獲得しようとした王族のラジャ・アブドゥッラー（Raja Abdullah）との対立という側面もあった。ガ・イブラヒムはハイサンと提携し、ラジャ・アブドゥッラーはギーヒンと提携していた。ラジャ・アブドゥッラーはギーヒンに、ラルッを奪えたらそこでの錫鉱山の操業および徴税請負をギーヒンに委託すると約束していた［Khoo 1991, 6–13］。ラジャ・アブドゥッラーはこの紛争を有利に進めるべく、すでに決着したはずの王位継承[8]に異議を申し立て、王位継承問題という側面も付け加わった［Azmi 2012, 57–58］。

ペナンおよびペラにおける紛争状態は、ガ・イブラヒムの依頼で治安回復に当たったトリストラム・スピーディー（Tristram Charles Sawyer Speedy）[9]元ペナン警察署長の介入により、一八七三年九月以降沈静化した。同じ時期にイギリスの対マラヤ政策は、不干渉から積極的介入に転換した。一八七三年一一月に海峡植民地総督に就任したアンドリュー・クラーク（Andrew Clark）のもとで、マレー人統治者および華人公司の間で調停が図られ、一八七四年一月にパンコール条約が結ばれた。この条約によりラジャ・アブドゥッラーがペラ国王に認められ、王位継承問題は解決した。しかしペラにイギリス人理事官が置かれ、ペラのスルタンはマレー人の宗教と慣習以外の問題について理事官の助言に従うこととされ、徴税・行政も理事官の助言の下で行うこととなった。イギリスはスランゴールやヌグリ・スンビラン、パハンにも同様の条約を認めさせ、マレー諸国を保護国化していった。

これと並行してイギリスは、第2章で述べたように、華人公司に対する管理も強化した。公司や会党の多くは、一八七三年以降危険結社（Dangerous Society）に指定され、植民地政府の管理の対象となった。また海峡植民地政府は一八七七年に華人保護署を設立し、華人保護官を置き、公司による労働者の管理に介入した。華人保護官の下に公司など結社の登録を義務付け、武力紛争が起こった場合には関係した結社の責任者を海峡植民地から追放した。こうした措置によりイギリスは、華人公司を植民地体制の統制下に置くことに成功した。

3　華人公会堂の設立

(1)　設立主導者の背景に見る設立の目的

イギリスによる介入が強まるなかで、一八八一年に華人公会堂は設立された。華人公会堂は任意加入が可能な組織ではなく、福建幇と広東幇がそれぞれ選出した人物で構成される理事会を実体とし、両幇の指導者層の協議機関として位置づけられていた。

設立当初の理事会は、福建幇と広東幇それぞれ七人ずつ合計一四人で構成された。福建幇は、クー・ティエンテック、リム・ホアチアム、クー・シムビー、ヨン・チアンリウ、チア・ウンイップ、タン・ハップスイ、葉合吉であった。広東幇は、フー・タイシン、コー・ブーアン、チュウ・シンヨン、ウォン・チンチョン、伍積齊、朱昌懐、黄秉文であった［陳 1983, 136］。

これらの人物は、華人公会堂の設立を主導した人物であると考えられる。この中には、一八六〇年代から一八七〇年代にかけてペナンとペラで紛争を繰り広げた公司の指導者が含まれていた。クー・ティエンテックとリム・ホアチアムはキエンテックの指導者であり、コー・ブーアンはギーヒンの指導者であった。ハイサンの指導者は含まれていないが、クー・ティエンテックはラルッの錫鉱山の開発においてハイサンの指導者であるチュン・ケンクイと提携関係にあり、第三次ラルッ戦争でもキエンテックとハイサンは提携関係にあった。[10] フー・タイシンはラルッで錫鉱山を経営しており、ハイサンと関係が近かったとも言われるが、植民地政府には中立的であると認識されており、ペナン暴動と第三次ラルッ戦争の際に植民地政府の諮問を受けていた。

華人公会堂が設立された時期や、設立を主導した人物の背景を踏まえると、華人公会堂が設立された目的は三点あるように思われる。

第一の目的は、華人社会の亀裂の修復である。陳剣虹は、一八六〇年代から七〇年代の紛争の時代に広福宮が調停機関として機能しなかったため、紛争や対立を調停する機能を広福宮から切り離して別個の機関に移し、その機能の強化を図ったのが華人公会堂であると説明する［陳 1983, 137］。

そのような意向は、華人公会堂の華語名称「平章公館（のちに平章会館）」に現れているとされる。華人公会堂の設立記念碑［今堀 1973, 151］によれば、「平章」は中国の古典にある「平章百姓」や「同平章事」から取ったとある。設立記念碑は、これらの語句において「平章」は「相談して処理する」という意味となるが、これに加えて「平章」に「平則不鳴、章可明義（公平であれば不満の声が上がらず、ルールは明らかで公正であるべし）」という意味を込めていると説明する。さらに、「一堂に座して議論し、ささいなことはこだわらず、百代にわたり幸福で平和であることを願う」と記している。

暴動や紛争が発生したことにより、公司指導者が被った損失も大きかった。そのような損失を再び出さないために、公司指導者たちが、協議に基づき対立や紛争を調停する機関を設立するに至ったことは十分に考えられる。

第二の目的は、公司指導者の華人社会における権威の維持である。華人指導者は有力公司の指導者として自立性を維持し、海峡植民地の公権力にも一目置かれる存在であった。しかし一八七四年以降、海峡植民地政府が公司の管理を強化したことにより、華人指導者がよって立つ基盤が弱体化した。とりわけキエンテックを指導したクー・ティエンテックは、一八六七年ペナン暴動の原因を作ったとしてペナンから一度追放されており、新たな秩序のもとでペナンにおける事業基盤の再興を行っていたものと思われる。

華人指導者がよって立つ公司の弱体化は、華人指導者の海峡植民地の公権力に対する自立性の低下を伴った。そうした状況は、紛争や対立を有利に進めるために華人保護署を利用する動きが公司指導者の間に現れるなかで、一層進展した。例えば、追放された敵対者が海峡植民地に戻ったことを華人保護署に通報し、敵対者を排除するという対応がとられるようになった［白石 1975, 87］。こうした対応は結果的に、白石が指摘するように、「頭家[11]がみずからの利益を守ろうとすれば、政庁の権威を承認し、政庁の法秩序に従い、政庁の保護を認めざるをえない状況に頭家を追い込む［白石 1975, 80］」ことにつながった。

ただし海峡植民地政府による強制力の強化は、華人指導者たちに一面的に不利な状況をもたらしたわけではなく、利益をもたらす側面もあったと言えよう。第1章で見たように、海峡植民地が植民地省の直轄領となる以前は、海峡植民地を管轄する主体は海峡植民地における強制力の行使に消極的であった。強制力が頼りにならないということは、自らの利益を自らの手で守らねばならないということである。第一の目的において言及した暴動や紛争による損失と関連し、自前で武力や人員を動員することは大きなコストを伴う。これに対して、しかるべき権威に訴えることで強制力を発動してもらい仲裁を図ってもらえるなら、それは華人指導者にとってコストの軽減を意味し、利するところも大きかったと言えよう。

華人指導者の政治的・経済的地位を安定化させるのも不安定化させるのも、海峡植民地の公権力の対応次第という側面が増大していった。こうしたなかで、自らに不利な情報を公権力が信じて公権力の強制力が自らに対して発動されたり、公権力の介入により経済的な権益を失ったりすることがないよう、海峡植民地の公権力と密接な関係性を構築することが重要となった。

公権力と密接な関係を築き、自らに有利な情報を公権力に流すことで、自らに有利な秩序を構築するような事態は、パンコール条約の締結においてすでに生じていた。パンコール条約でペラ国王は、正式な手続きを経て国王に就任したラジャ・イスマイルから、その手続きに後から異議申し立てを行ったラジャ・アブドゥッラーに交代した。その背景には、シンガポールを拠点としていたリード（W. H. Read）とタン・キムチン（Tan Kim Ching／陳金鐘）の影響があったとされている。タン・キムチンは、シンガポールにおけるギーヒンの指導者であった。ラジャ・アブドゥッラーは、自身が国王になればラルッにおける錫鉱山の操業やアヘン専売請負などをタンに委託すると約束していた。タンはリードとともに海峡植民地総督に就任したばかりのクラークに接近し、ラジャ・アブドゥッラーを国王にするよう助言し、クラークの判断はこの助言に影響を受けたとされる［Khoo 1991, 13；Azmi 2012, 57–58］。

第三に、第二の点と関連して、ペナンおよび海峡植民地における華人の発言権の拡大である。華人公会堂の英語名称「Chinese Town Hall」には、ペナンの華人がペナンのヨーロッパ人コミュニティを意識していたことが読み取れる。

華人公会堂の設立に先立ち一八八〇年に、ペナンのヨーロッパ人コミュニティが公会堂（Town Hall）を設立していた。ヨーロッパ人コミュニティはここを社交の場とするとともに、新任の総督を歓迎する食事会を開いたり、イギリス王室関連行事を行ったりするなど、公権力との結びつきを強化する場としても活用した。ペナンの華人はこの公会堂を福建語で「紅毛公館（Ang Mo Kong Kuan）」、すなわち「ヨーロッパ人の公会堂」と呼んだ［Lo 1900, 227］。ペナンの華人は、ヨーロッパ人に「ヨーロッパ人の公会堂」があるように、華人に「華人の公会堂」を設立した。

公司の指導者は当初、イギリス東インド会社からカピタンの称号を付与され、華人を指導する立場にあることがフォーマルに認知されていた。しかし海峡植民地が発足して以降、カピタン制度は廃止され、公司の指導者は公的に権威を認められなくなった。公司の指導者は、資金力と動員力と武力を背景に、公権力にインフォーマルに影響を与えうる存在であったが、一八七〇年代以降は動員力と武力を行使する余地を失った。こうしたなかで公司指導者は、公権力に対して個々にインフォーマルに影響力を与えるのではなく、公権力に対して集合的にフォーマルに影響を与えうる枠組みを構築しようとしたと思われる。公司指導者たちは華人公会堂の設立を通じて、ヨーロッパ人と並び立つ存在として華人という集団性を位置づけ、公権力にそのことを認知させ、ヨーロッパ人という集団性と同様に華人という集団性も、海峡植民地の公権力にフォーマルに影響を与えうる存在であることを認知させようとしたと考えられる。

一八七〇年代にイギリスがマラヤに積極的に介入する方向に転換したことは、ペナンの華人の指導層において、華人という集団性の認識と組織化を強める方向に作用したと言える。なお同時代にペナンの華人社会では、非指導層においても、自らを華人として認識する契機は増えていったと思われる。第2章で述べたように、華人労働者は過酷な労働や契約違反から身を守り、より有利な労働条件を引き出すうえで、華人保護署に自らの問題を訴えるようになった。こうしたなかで、華人保護署に庇護される資格を持つ者として、華人という枠組みが非指導層にも広く活用されるようになったことが推察される。

(2) 華人公会堂の理事会を構成する人物の背景

華人公会堂の理事や委員を務めた人物がどのような背景を持つ人たちだったのかを理解するために、まず華人公会堂の組織について整理する。華人公会堂の設立後、一八九五年と一九〇六年に組織の構成に大きな変更が生じた。一八八五年までは理事の中に役職を持つ者はいなかったが、一八九五年以降は役職が置かれるようになった。一八九五年には、理事長（正大総理）と副理事長（副大総理）が置かれ、福建幇と広東幇からそれぞれ代表者が立てられた。さらに一九〇六年に華人公会堂は、理事長（Chairman of Trustees ／首領）、理事（Trustees ／総値理人員）、委員（Committee ／協理人員）によって構成されるようになった。

華人公会堂では理事や委員に任期はなく、理事や委員がペナンを去ったり死去したりしない限り、理事や委員は基本的に交代しなかった。組織の構成に変更が加えられた上述の時期以外においては、理事や委員に欠員が出たときに人員を補充するという対応をとった。一九一一年を例にとると、以下のような具合であった。理事を務めていたリム・ケックチュアンが死去したため、委員を務めていたクア・ベンキーが理事に昇格し、新たな委員にリム・ヤウホンが任命された。広東幇の委員三名（ン・シーシン、チュア・キーフン、ウォン・チューケン）が死去したため、ライ・クアンサム、チア・イーティン、オウヤン・チャッハンの三名が新たな委員に任命された。福建幇の委員三名（テオ・ケンウン、ゴー・リエントゥック、チュア・チュウィーギー）がペナンを離れたため、ゴー・テックチー、リム・インブン、ヨー・ペックタットの三名が新たな委員に任命された［檳城新報 1911.2.27］。

一八八一年から一九一二年に華人公会堂の理事・委員を務めた人物は、表12－1および表12－2のとおりである。理事・委員のうち、表12－1は福建幇の者を、表12－2は広東幇の者をそれぞれ示している。各年の集計項目については、その年に新たに理事・委員に就任した者を「新任者」にカウントし、華人公会堂の構成者の総数を算出している。「新任者」の該当者は、氏名に下線を引いて示している。そのうえで、「新任者」のうち経歴が分かる者（巻末別表を参照）を「経歴判明者」としてカウントした。「経歴判明者」の該当者は、グレーの網掛けで示している。「経歴判明者」のうち、ペナンおよび周辺地域の出身者を「ペナン・周辺地域出身者」にカウントし、名前の右上に「＊」を付けて該当者を示している。周辺地域にはプロヴィンス・ウェルズリー、ペラ、クダを含む。「中国出身者」は名前の右上に「#」を付けて該当者を示した。

一八八五年から一九一二年に華人公会堂の理事を務めた者は福建幇四九名、広東幇四一名、合計九〇名である。このうち経歴が分かる者は、福建幇二一名、広東幇一三名の計三四名である。経歴判明者の割合は全体の四割弱に過ぎないが、経歴が分かる者はいずれも華人公会堂で中心的な役割を果たしていた人物であるため、本データは華人公会堂の指導層を把握するうえで有効である。

経歴判明者三四名の出身地は、ペナンおよび周辺地域が二四名である。その多くは福建幇に属する者で、福建幇の経歴判明者二一名のうち一九名がペナンおよびその周辺地域の出身者であった。ペナンおよび周辺地域出身者

1906年	1912年
ウィ・ハックブン*	ウィ・ハックブン*
ウン・ブンタン	ウン・ブンタン
オン・ティエンセン	オン・ティエンセン
オン・ハンチョン*	オン・ハンチョン*
クア・ベンキー*	クア・ベンキー*（理事長）
クー・ハンイァン*（理事）	クー・ハンイァン*（理事）
クー・ユーヨン（理事）	クー・ユーヨン（理事）
コー・ジュートック*	コー・ジュートック*
コー・リープテン*	ゴー・テックチー*
ゴー・リエントゥック*	コー・リープテン*
タン・キムリョン（理事）	タン・キムリョン（理事）
チア・ゴーオー	チア・ゴーオー
チア・チューユー*（理事）	チア・チューユー*（理事）
チー・シーティアン*	チー・シーティアン*
チュア・チュウィーギー	ヨー・ペックタット*
テオ・ケンフン	リム・アーチャム
ヨー・チアンツァイ（理事）	リム・インブン
リム・アーチャム	リム・センフイ*（理事）
リム・ケックチュアン*（理事）	リム・ジューテック#
リム・ホアチアム#（理事長）	リム・ヤウホン*（理事）

	1906年		1912年
新任者	18	新任者	6
経歴判明者	9	経歴判明者	5
ペナン・周辺地域出身者	9	ペナン・周辺地域出身者	4
		中国出身者	1

表 12-1　華人公会堂の理事・委員：福建幇（1885—1912 年）

1881 年	1885 年	1895 年
クー・ティエンテック*	**コー・ジュートック***	**ウィ・ハックブン***
クー・シムビー	**コー・ションタット***	クー・ティエンポー
タン・ハップスイ	タン・キムケン	タン・キムケン
チア・ウンイップ	**チア・チェンイォック***	タン・シムホー
ヨン・チアンリウ	**チア・テックスン***	チア・ウンイップ
リム・ホアチアム#	チア・ユーギー	**チア・テックスン*（理事長）**
葉合吉	ヨン・チアンリウ	ヨン・チアンリウ
	リム・ホアチアム#	**リム・ホアチアム#（副理事長）**
	王文徳	呉有才
	葉合吉	葉合吉
	呉有才	楊尤両
	王元清	楊忠萬
		林白剣
		邱秋栄

1881 年	
新任者	7
経歴判明者	2
ペナン・周辺地域出身者	1
中国出身者	1

1885 年	
新任者	10
経歴判明者	4
ペナン・周辺地域出身者	4

1895 年	
新任者	8
経歴判明者	1
ペナン・周辺地域出身者	1

1881—1912 年　合計	
理事人数	49
経歴判明者	21
ペナン・周辺地域出身者	19
中国出身者	2

出所：［檳城新報 1895.8.21］,［SE 1906.10.1］,［檳城新報 1906.10.1］,［檳城新報 1911.2.27］,［檳城新報 1912.3.18］,［陳劍虹 1983, 137］および本書巻末「別表：本書に登場する主な人物の経歴」より筆者作成。

1906年	1912年
ウォン・チューケン	**オウヤン・チャッハン**
タン・チューベン	タン・チューベン
タン・チョンティユ	タン・チョンティユ
チア・チュンセン*（理事）	**チア・チュンセン+（理事）**
チュア・キーフン	**チア・イーティン#**
チュー・チーファット	チュー・チーファット
チュン・タイピン*（理事）	**チュン・タイピン*（理事）**
テオ・スンケン#	**テオ・スンケン#**
ヒア・スイリー*（理事）	**ヒア・スイリー*（理事）**
フー・チューチュン#（理事）	**フー・チューチュン#（理事）**
リョン・ロックヒン#（理事長）	**ライ・クアンサム**
ロー・ベンクアン（理事）	**リョン・ロックヒン#（理事長）**
ン・シアーウォン（理事）	ロー・ベンクアン（理事）
ン・シーシン	ン・シアーウォン（理事）

1906年		1912年	
新任者	13	新任者	3
経歴判明者	5	経歴判明者	2
ペナン・周辺地域出身者	2	中国出身者	1
中国出身者	2	出身地不明	1
その他（ポンティアナック）	1		

表 12-2　華人公会堂の理事・委員：広東幇（1881—1912 年）

1881 年		1885 年		1895 年	
ウォン・チンチョン		ウォン・チンチョン		ウォン・チンチョン	
コー・ブーアン *		チャン・ライカム		**コー・ブーアン** *	
チュウ・シンヨン *		ヘン・モンチア		チャン・ライカム	
フー・タイシン *		黄成章		**チュン・ケンクイ** #	
ン・アータイ		黄達仁		ヘン・モンチア	
黄秉文		**ン・アータイ**		**リョン・ロックヒン** #（**副理事長**）	
朱昌懐		陳明亮		ン・パックサン（理事長）	
新任者	7	梅福星		呉信賢	
経歴判明者	4	羅有盛		謝双玉	
ペナン・周辺地域出身者	3	李雲軒		鍾天秀	
出身地不明	1	陸天澤		梅福星	
		陸炳時		陸炳時	
		新任者	10	林玉衡	
		経歴判明者	0	林程合	
				新任者	8
				経歴判明者	2
				中国出身者	2

1881—1912 年合計	
理事人数	41
経歴判明者	13
ペナン・周辺地域出身者	5
中国出身者	5
その他	1
出身地不明	2

出所：表 12 - 1 と同じ。

は、そのほとんどが父親の代までに事業を確立させた家系の出身であった。ペナンおよび周辺地域出身者の多くはペナン・フリースクールなどで英語教育を受けており、それに加えて中国式の教育を受けていた者もいた。

これらの人物は、先行研究の分類に基づけば英語派華人ということになるであろう。彼らは確かに、本章で後述するとおり、イギリス関連行事に積極的に参加するなど、英語派華人として括られうる側面を持っていた。他方で彼らは、第Ⅲ部で見るように、中国における秩序の転換期に、中国で台頭する新たな勢力との関係構築を図っていた。

これに対して広東幇は、経歴判明者一三名のうち、ペナンおよびその周辺地域出身者は五名であり、出身地が分かる者は中国出身者が五名、その他（ボルネオ西海岸のポンティアナ）が一名であり、ペナン出身者が突出して多かったわけではなかった。

福建幇・広東幇を合わせた中国出身者七名（リム・ホアチアム、リム・ジューテック、チュン・ケンクイ、フー・チューチュン、リョン・ロックヒン、テオ・スンケン、チア・イーティン）の多くは、ペナンおよび周辺地域出身の華人と共同で事業を行ったり、子女の婚姻を通じて関係を結んだりするなどして、ペナンおよび周辺地域出身の華人社会に合流していった。例えばリム・ホアチアムはクー・ティエンテックが指導するキエンテックにおいて幹部的な立場にあった。チュン・ケンクイもクー・ティエンテックと提携してガ・イブラヒムを支援したほか、チア・チェンイォックとともにラルッでタバコのプランテーションを経営した［Tan and Hung 2013a, 48］。また出生地は中国であるが、ペナンで事業を行う祖父や父、兄などがおり、それを頼ってペナンに移り、出自において中国とペナンとの境界があいまいな者（チュン・ケンクイ、フー・チューチュン）や、アメリカで英語教育を受け、出生地が中国でも言語的背景が英語である者（リョン・ロックヒン）もいた。リム・ホアチアムは後述するようにペナン華人諮詢局のメンバーに任命され、またフー・チューチュンとチュン・ケンクイはペラ国参事会(Perak State Council）のメンバーに任命されており、英語派として括られうる側面も持っていた。他方でこれら三名は清朝政府より称号を付与されており、清朝との関係も持っていた。華人公会堂の指導層を、華語派または英語派のいずれかに明確に分けることは困難である。

(3) 公権力からの認知の獲得

華人公会堂は、海峡植民地の公権力から一定の認知を得たようである。そのことは、海峡植民地政府の公的な諮問機構である華人諮詢局に任命されたメンバーの多くが華人公会堂の理事であったことに見て取れる。

華人諮詢局は、シンガポールとペナンに一八八九年に設立された海峡植民地政府の諮問機関である。治安に脅威を与えうるとみなされた結社は一八七三年以降「危険結社」に指定されるようになり、一八七七年以降は結社登録の下で登録が義務づけられ、最終的に一八八九年に結社条例[12]の下で非合法化された。このことは公司の影響力の低下を決定的なものとした。イギリスは公司の管理を上から強権的に進めるとともに、華人有力者を立法・行政の諮問機関の代表者に任命し、華人指導層の体制内への取り込みを図った。海峡植民地では第5章で述べるように、一八六七年以降立法参事会に華人議員が任命されるようになった。これに加えて、華人に関わる事項について華人の代表者に諮問する機関として華人諮詢局が設立された。

ペナン華人諮詢局の設立当時（一八九〇年三月）のメンバーは、福建人八名、広東人四名、潮州人三名、客家人二名の計一七名であった[13]。しかし同年六月に、同年三月の任命を取り消し、新たなメンバーが任命されることとなった。その内訳は、福建人五名、広東人二名、潮州人二名の九名となった［SSGG 1890.11.13］。人数構成が変更となった理由は資料では確認できないが、変更によってメンバーではなくなった人物の多くは、華人公会堂の理事・委員ではない人物であった。九名という人数構成は、その後しばらく維持された。

表13はペナン華人諮詢局に任命されたメンバーである。灰色に網掛けした人物は華人公会堂の理事経験者である。この表から、華人諮詢局に任命された者の圧倒的多数が華人公会堂の理事であったことが分かる。このこと

	1895年	1896年	1897年
福建	リム・ホアチアム チア・ユーギー タン・キムケン タン・シムホー ヨン・チアンリウ	リム・ホアチアム チア・ユーギー タン・キムケン タン・シムホー ヨン・チアンリウ チア・チェンイォック	リム・ホアチアム チア・ユーギー タン・キムケン タン・シムホー チア・チェンイォック
広東	リョン・ロックヒン ン・パックサン	リョン・ロックヒン ン・パックサン	リョン・ロックヒン ン・パックサン
潮州	コー・ブーアン ヘン・メンチア	コー・ブーアン ヘン・メンチア	コー・ブーアン ヘン・メンチア
	1901年	1902年	1904年
福建	リム・ホアチアム チア・ユーギー タン・キムケン チア・チェンイォック リム・ケックチュアン	リム・ホアチアム チア・ユーギー タン・キムケン チア・チェンイォック リム・ケックチュアン	リム・ホアチアム チア・チェンイォック リム・ケックチュアン チア・チューユー リム・サンホー
広東	リョン・ロックヒン ン・パックサン	リョン・ロックヒン ン・パックサン	リョン・ロックヒン ン・シアーウォン
潮州	コー・ブーアン キー・テッククイ	コー・ブーアン キー・テッククイ	ヒア・スイリー キー・テッククイ

表 13　ペナン華人諮詢局メンバー（1890—1905 年）

	1890 年（6 月以降）	1892 年	1893 年
福建	**リム・ホアチアム**	**リム・ホアチアム**	**リム・ホアチアム**
	チア・ユーギー	**チア・ユーギー**	**チア・ユーギー**
	タン・キムケン	**タン・キムケン**	**タン・キムケン**
	タン・シムホー	**タン・シムホー**	**タン・シムホー**
	ヨン・チアンリウ	**ヨン・チアンリウ**	**ヨン・チアンリウ**
広東	**チュウ・シンヨン**	**チュウ・シンヨン**	**チュウ・シンヨン**
	チャン・ライカム	**チャン・ライカム**	**チャン・ライカム**
潮州	**コー・ブーアン**	**コー・ブーアン**	**コー・ブーアン**
	キー・ライホアット	キー・ライホアット	**ヘン・メンチア**

	1898 年	1899 年	1900 年
福建	**リム・ホアチアム**	**リム・ホアチアム**	**リム・ホアチアム**
	チア・ユーギー	**チア・ユーギー**	**チア・ユーギー**
	タン・キムケン	**タン・キムケン**	**タン・キムケン**
	タン・シムホー	**タン・シムホー**	**タン・シムホー**
	チア・チェンイォック	**チア・チェンイォック**	**チア・チェンイォック**
広東	**リョン・ロックヒン**	**リョン・ロックヒン**	**リョン・ロックヒン**
	ン・パックサン	**ン・パックサン**	**ン・パックサン**
潮州	**コー・ブーアン**	**コー・ブーアン**	**コー・ブーアン**
	ヘン・メンチア	キー・テッククイ	キー・テッククイ

	1905 年
福建	**リム・ホアチアム**
	チア・チェンイォック
	リム・ケックチュアン
	クー・ユーヨン
	リム・サンホー
広東	**リョン・ロックヒン**
	ン・シアーウォン
潮州	**ヒア・スイリー**
	キー・テッククイ

出所：［SSGG 1890. 6. 13；RCP 1892；1893；1895–1902；1904；1905］

は、華人公会堂が海峡植民地の公権力に華人の代表として認知されていたことを示している。華人公会堂が海峡植民地政府に華人諮詢局のメンバーを推薦することもあったものと思われる。

4 庇護者としての振る舞い

華人公会堂が公権力に華人の代表者として認められるためには、華人社会にもその指導性を認められている必要があった。さもなければ、代表者としてふさわしくないという疑念や批判が社会から投げかけられる可能性もあった。同時期のペナンでは、ムスリムの組織化の試みも見られた。この動きを主導していたのは南インドに出自を持つ街のムスリムであった。彼らは多様な出自のムスリムを包括しようとしていたが、第1章で見たように、南インドに出自を持つムスリムがムスリムの代表者として振る舞う際に、疑念や批判が投げかけられることが多かった。

代表者として華人社会から疑念や批判が投げかけられれば、公権力から得た認知も失いかねない。そのため華人公会堂は、華人社会の庇護者としての役割を請け負うようになった。華人の中には、自らが抱えている問題を華人公会堂に持ち込み、解決を図る人たちがしばしば見られた。そのような事例を二つ挙げる。

一つ目の事例は、華人公会堂の交渉が効果を上げた事例である。これは、水の供給制限に伴う食肉処理の時間変更をめぐる一九〇五年の事例である。

ペナンでは三月から四月頃にかけて降雨量が著しく減り、ほぼ毎年この時期に水不足となり、水の供給を制限することがあった。一九〇五年にも水不足による水供給の制限が取られ、主水源であったウォーターフォールからの水供給が夜八時から朝五時まで停止した。この措置によって、従来は深夜および早朝に行われていた市食肉処理場での作業が、水供給のある夕刻に行われることになり、豚肉は一晩置かれてから市場で販売されることになった。精肉販売業者は、肉の鮮度が落ちる前に豚肉を売り切ることが難しくなったとして、この問題をリム・ホアチアムに訴えた。リム・ホアチアムはこれを華人公会堂に持ち込み会議を開き、リョン・ロックヒンやリム・ケックチュアンなど四人からなる代表団をハリファクス（J. W. Hallifax）[14]市政委員長と面会させ、事情を説明することとなった［SE 1905. 3. 9］。

代表団と面会したハリファクス市政委員長は、その要望を市政委員会の会議に持ち込み市政委員の意見を諮った。市政委員会では、屠殺後三〇時間から四〇時間は豚肉の鮮度を保つことが可能だという獣医の見解を、情報として持っていた。水不足で人びとが困っているときに、精肉業者の要望に応えて作業時間を元に戻す必要はないという意見もあった一方で、水の供給が十分に確保できるなら精肉業者の要望に応えてはどうかという意見も出た。これに対して市技術官より、水供給を差し当たり確保することが可能との見解が示されたため、食肉処理場での作業時間は元の時間に戻ることとなった［SE 1905. 3. 11］。

二つ目の事例は、華人公会堂の交渉が効果を上げなかった事例である。これは漁業に関する条例の改正をめぐる一九一〇年の事例である。

ペナンおよびウェルズリー沿岸及び沖合では、海中に魚網を固定する漁が一般的に行われていた。そのなかに、杭を海中に立てて魚網を固定する漁と、魚網におもりを付けて魚網を固定する漁があった。沿岸に杭を立て魚網を固定した装置をジュルマル（jermal）と呼び、沖合に杭を立て魚網を固定した装置をブラット（blat）と呼んだ。ジュルマルやブラットを使用する漁民の大部分はマレー人で、一部にクリン人や福建人もいた。ジュルマルやブラットは認可に基づいて設置された。これらの装置を使用する漁民は「法律をよく遵守し、問題を起こさない」と認識されていた［Report 1894］。

魚網におもりを付けて魚網を固定する装置を、ポンパン（pompang）と呼んだ。ポンパンを使用する漁民は、ほぼ例外なく福建人や潮州人であった。ポンパンを使用した漁は、船の航行を阻害するとして問題視されていた。またこの漁では非常に目の細かい魚網が使用され、成長が未熟な稚魚を捕獲してしまうため、漁業資源の枯渇も問題視されていた。この漁法で捕獲された稚魚は、養殖業者などに販売することで利益を上げていた。ポンパンを使用した漁を認可制とし、税金を課すなど規制する必要性が、かねてから指摘されていた［Report 1894］。一九〇九年に漁業に関する条例が改正され、ポンパンを使用した漁に対する規制が強化された［Ordinance No. IX of 1909］。華人の漁業従事者の中には、魚網を没収されたり、罰金を課されたりする者が現れ、彼らは華人公会堂に対して政府との折衝・交渉を依頼した。

最初にこの問題が華人公会堂に持ち込まれたのは、一九一〇年であった。この時は華人公会堂の代表者が政府の担当官に陳情したほか、華人保護官補佐を訪ね、華人漁民の漁業における苦境を伝えた。華人保護官補佐は、ポンパンを使用することはさしあたり許可されており、港湾担当官がペナンに来たときに改めて協議するとし、新たな条例を緩やかに施行すると回答した。

しかしその後も、魚網の没収や罰金を課される者がいた。華人は、認可があればポンパンを使用できると理解していたが、政府の担当官は、許可制はポンパンを使わせないための手段であると回答した。漁業従事者は、一九一一年に華人公会堂に再度この問題を持ち込んだ。同年一一月に華人公会堂で漁業従事者を交えた会議が行われ、華人公会堂より代表者を送り罰則の緩和を政府に働きかけることが決議された［檳城新報 1911.11.24］。しかしこれに対する政府の回答は、ポンパンを使用することは不可能であるというものだった［檳城新報 1912.5.2］。

華人公会堂を通じた交渉は当然のことながら、成果を上げた場合も、また成果を上げられなかった場合もあった。しかしいずれの場合においても、条例や行政の対応が変更することにより被る不利益を解消するうえで、華人が華人公会堂に問題を持ち込んでいたことと、問題を解消するための交渉を華人公会堂が引き受けていたことが確認できる。華人指導者は、華人公会堂を通じて華人社会の庇護者としての役割を請け負う対応を重ね、華人社会における指導性を確立・維持しようとしていたと見ることができるであろう。

5　多民族社会における華人らしさの提示

(1) イギリス王室関連式典への積極的関与

華人指導者は華人公会堂を通じて、華人を動員しうる影響力を持つことを海峡植民地の公権力に示すことを意識していた。一八七〇年代以前においては、戦闘要員を動員する力を持つと認識されていることが、華人指導者として認知を得るうえで重要であった。しかし一八七〇年代以降は、そのような力を持つと認識されることは逆にリスクとなった。こうしたなかで華人指導者は、華人公会堂を通じて平和的に華人を動員し、その影響力を提示するという手法を取った。そのような場として活用されたのは、イギリス王室関連行事であった。一九世紀末から二〇世紀初めにかけて何度か行われたイギリス王室関連行事には、さまざまな民族が積極的に参与し、そのなかで華人公会堂の参与も顕著であった。

一八九七年六月二一日と二二日に、ヴィクトリア女王の在位六〇年を祝う記念祭が行われた。ペナンではそのための準備委員会が設置され、植民地行政においてペナンのトップである駐在参事官が委員長を、海峡植民地政府官吏が事務局長をそれぞれ務め、ムスリム八名[15]、華人二一名、インド人五名[16]の代表者を含む八八名の委員が任命された。華人の代表者のうち一一名が、華人公会堂のメンバーおよびその経験者であった[17]。

記念祭の費用は四、〇〇〇ドルで、海峡植民地政府からの補助金とジョージタウン市政局の資金で賄われた。市政局の資金の財源は、ペナンの各コミュニティからの寄付であった。ペナン駐在参事官は、海峡植民地総督に提出した記念祭の報告の中で、その寄付金が「華人やその他の民族によって集められた」と記していた[18]。また「華人やその他の民族」がそれぞれに趣向を凝らし、街頭を飾り付け、パレードや催し物、花火などを行ったと報告した。

この報告では、「出生地が海峡植民地であるか外国であるかを問わず、ペナンの華人は大きな関心と忠誠心を示した」と華人の参与が特筆されていた［CO 273/226/17842］。

二二日の夕方には公会堂で、女王に対する祝辞を読み上げる式典が行われた。この式典では、ヨーロッパ人とユーラシアン、ムスリム、華人、ヒンドゥー人、北インドのヒンドゥー人とシク人、チェッティの代表者が、それぞれに祝辞を読み上げたと報告されている。華人は三団体[19]が代表者を送り、そのうちの一つが華人公会堂であった。ペナン駐在参事官から海峡植民地総督への報告では、華人公会堂は「華人コミュニティを代表して」祝辞を読み上げたと記されていた［CO 273/226/17842］。

今堀は華人公会堂を、植民地政府の下請的な役割を担っていたと評する［今堀 1973, 38］。華人公会堂のイギリス王室関連行事への積極的な参加は、イギリスの権威に対する従属に見えるかもしれない。他方でこうした行事は、社会や公権力に自らの存在を認知させる絶好の機会でもあった。スポーツ大会や文化祭典などで「まなざされる」ことが、自らの存在を社会や世界に認知させ、かつ自らが望むかたちで自らを社会や世界に位置付け直す機会ともなることを、英領北ボルネオのカダザン人の事例を通じて、山本が指摘している［山本 2006］。ペナンにおけるヴィクトリア女王在位六〇年周年記念祭において、女王への祝辞を読み上げる式典に代表を送った人たちも、「まなざされる」ことで自らの存在を公権力や社会に認知させることを意図していたと思われる。

(2) 募金を通じた動員力の提示

一九〇二年六月二五・二六日には、エドワード七世の即位式典が行われた。その準備委員にヨーロッパ人六名と華人五名が任命され、そのうち四名は華人公会堂の理事であった[20]。五月半ばに式次第が決定し、六月二五日には各校の学童を食事に招いて、記念品を贈呈するイベントが行われた。同二六日は、午前に軍や警察による公式の儀礼式典と、教会や寺院での祈祷が予定され、午後に貧窮者や病人収容施設への訪問が行われた。競馬場では終日、演劇や催し物、オークションを開催し、夜は花火を打ち上げることとなった。
この即位式典への対応について、華人公会堂で五月五日に会議が開かれ、募金員を選んで各地区に派遣し、華人の各家庭や店舗を対象に募金活動を行うことが決定された［檳城新報 1902.5.6］。華人指導層が個人で大きな金額を寄付するのに加え、華人指導層が華人の家庭や事業者から寄付を募るというかたちが導入されたのは、指導層の社会に対する動員力を示す試みであったと考えることができる。各地区に派遣された募金員と、募金額は以下のようであった［檳城新報 1902.6.19；20；21；24；25］。

ウォン・チンチョン、リョン・ロックヒン、チア・チュンセン、ン・シーサン
広東街・大街・百索街　五四戸から一、〇八一ドル
大門楼街　一〇六戸から二〇九ドル
新街・上下横街　二六〇戸から五四〇ドル
義興街・漆木街　五九戸から一〇六・五ドル
リム・ケックチュアン
土庫街　一六戸から七三〇ドル
港仔口街　四五戸から三三〇ドル
コー・チェンシアン
六一の組織・団体から二〇三ドル
オン・ハンチョン、慶豊号、春興号
打鉄街　六七戸から一〇〇ドル
オン・ハンチョン、錦成号、興発号

湾頭仔　四一戸から八〇ドル
オン・ハンチョン、栄春号、順昌号
過港仔　四二戸から二七二・五ドル
蒙珍祥号、合興号
社尾　七六戸から一五二・五ドル
リム・センフイ
中街　四三戸から六一七ドル

一戸辺りの募金金額は、二〇〇ドルから五〇セントまでさまざまであった。ここに名前が挙がっている募金員のうち、リム・ケックチュアン、リョン・ロックヒン、コー・チェンシアン、チア・チュンセンは、海峡植民地政府によってペナンでの式典準備委員に任命された人物であった。彼らはいずれも英語教育を受け、海峡植民地政府と英語で意思疎通が十分行えるエリートであった。そのエリートが各家庭および店舗に対して、募金を呼びかけたのである。各家庭や店舗がどのような構成であったのかは分からないが、それらがすべて英語教育を受けたエリートであるということはあるまい。英語教育を受けて海峡植民地政府と意思疎通を行いうるエリートは、華人大衆の草の根的な支持を欠いていたと一般に言われているが、この募金活動からは、そうしたエリートが華人大衆を動員する力を少なからず持っていたことがうかがえる。

(3)　華人性の認識と提示

「まなざされる」際に、自らが何者であるかをどのように演出していたのか。華人公会堂を中心としたペナンの華人の自己演出の様子がわかる事例として、一九一一年六月二二日に行われたジョージ五世の即位記念式典を紹介する。

式典に先立つ二月二七日に、華人公会堂で理事の会合が行われ、対応が話し合われた。その結果、広福宮で祀っている観音などの神仏を神輿にしてジョージタウンをめぐるパレードと、ドラゴンボート・レースを行うことが提案された。広福宮の神仏は、厄除けと祈祷を目的とし、一二年に一度神仏殿から出し、神輿に載せてジョージタウンを巡ることになっていた。一九一一年はちょうどその年に当たったため、即位式典に合わせて神輿を出すという提案となった［檳城新報 1911.2.27］。

華人公会堂の理事は三月四日に公開会議を開き、一〇〇名余りの出席者にこの提案を諮って支持を受け、それを準備・組織する委員を選出した[21]［SE 1911.3.6］。また、広福宮の僧侶を華人公会堂に招き、イギリス国王の幸福と長寿と国家の永代を祈って三日三晩読経し［檳城新報 1911.5.15］、祝辞を作成して宣読し、特製の銀箱に納めて贈呈することになった［檳城新報 1911.6.9］。この祝辞は、「国王への祝辞」として、『ストレイツ・エコー』に掲載された。それは以下のような内容であった。

ジョージタウンとペナン島のすべての華人より祝辞をお送りいたします。陛下の臣民は陛下の領土に住むことにより陛下の保護に与り続け、陛下の旗を仰ぎ見るにつけ深い敬愛の念を抱いてきました。華人コミュニティは、立憲政府の仁愛と平等な待遇という寛大さを享受しております。陛下からお言葉を賜り、臣民は喜びに満ち、心より敬服しております。陛下の戴冠式というこの慶事に、中国の流儀で祝辞をお送りいたします。偉大なるイギリス帝国。天子が玉座におわしまし、その光が四方を照らし、その慈悲は八方極地に広がっていきます。各国の統治者との親善においては、先代に遜色ありません。陛下の保護下に住むことにより、我々一人一人が、そして全員が、輝かしい仁愛を享受しています。かつて中国の皇帝を称えた流儀にならい、我々は陛下に対して敬意とともに祝辞を差し上げます。陛下の幸福と長寿と健康と、天からの祝福と繁栄と栄光を祈り、陛下の治世が永遠であるようお祈り申し上げます［SE 1911. 6. 24］。

ペナンの華人は華人公会堂を中心に、広福宮の神仏に国王の加護を祈り、中国の皇帝を称える流儀にならってイギリス国王を称えた。彼らは、自らの文化や流儀に基づいて最上級の敬意を示し、自らの神に新しいイギリス国王の加護を祈った。実はこうした方式は、ペナンの各コミュニティがこぞって取り入れていたものだった。『ストレイツ・エコー』に掲載された「国王への祝辞」にはこのほかに、ムスリム、インド人キリスト教徒、シク人、チェッティからの祝辞が掲載されていた。ムスリム・コミュニティからの祝辞は、以下のようであった。

ペナンのムスリム・コミュニティよりジョージ五世国王・皇帝陛下の戴冠にあたり、心からの敬意とともに祝辞をお送りします。我々署名者はムスリムを代表し、他の民族とともにあまねく恩恵と物質的な豊かさを享受するとともに、臣下の諸民族が、いな人類全体が、信仰に対する寛容さを享受するなかで、心を一つにし、感謝と敬意をこめて、ご戴冠をお祝いいたします。我々は、あらゆる創造物に運命を与えておられる偉大なるアッラーの前に、陛下の平和な統治と長寿、健康、繁栄が約束されるようお祈り申し上げます。

以下は、シク人の代表者による祝辞である。

ペナンに住む陛下の臣民であり、日の沈まない広大な国で平和と進歩、富を享受している我々シク人の臣民は、心からの祝福を陛下にお送りいたします。我々がイギリスのラジャの下で享受している恩恵と特権は数えきれません。不毛だった土地は緑の地に変わり、ジャングルや森は人の住む都市や町、村に変わりました。我々は今や、郵便局、学校、大学、民事・刑事法廷、鉄道、運河などのような形で文明の恩恵を享受しています。現地出身者に対する武官・文官職の開放は、物質的な繁栄を拡大してくれます。我々の生命の安全と陛下の統治の繁栄は、教育、物質、宗教をよりよくする可能性を開いてくれます。我々はそれを心から享受し、感謝しております。我々は永遠なる安定とさらなる進歩が陛下のアジア統治において約束されるよう、また陛下と陛下のご一族に幸福と繁栄がもたらされるよう、神（Akalpurkh）にお祈り申し上げます。

チェッティも独自の代表を立て、ヒンドゥー教の神に国王の加護を祈っている。

ペナンの偉大なるコスモポリタン的なコミュニティを構成する他の民族とともに、チェッティ・コミュニティは心からのお祈りをお送りいたします。イギリス帝国がその臣下である諸民族に対し、民族や信条を問わずお与えになった保護と自由、宗教的寛容さに、我々署名者はチェッティ・コミュニティを代表して、感謝の意を申し上げます。また心を一つにした衷心よりの感謝と忠誠をこめて、ご即位をお祝い申し上げます。我々は人類の生命を支配する救済者シヴァの前に、陛下の治世が永遠で平和であることを祈り、陛下の生涯にわたる健康と繁栄をお祈り申し上げます［SE 1911.6.24］。

このような祝辞の内容から、一九世紀末から二〇世紀初頭のペナンでは、「他の民族」や「コスモポリタン的なコミュニティ」など、文化的に異なる隣人の存在を意識しながら自らは何者であるかを問い、ばらばらな個人として存在するのではなく、なんらかの集団性に自らを位置づけ、その集団の存在を周囲に認知させることにより自らを社会に位置づけようとする試みが進展していたことがうかがえる。

＊　＊　＊

中国からマラヤに越境してきた人たちが、出身地や方言の違いを越え、華人として集団的アイデンティティを持つに至った背景として、これまでは中国からの影響が指摘されてきた。これに対して本章で扱った広福宮および華人公会堂の事例からは、東南アジア在地の王国において歴史的に存在し、植民地下で強化された統治秩序の枠組みのなかで、華人という集団性が認識され、組織化されていったことが明らかとなった。

東南アジアには、言語や出身地ごとに住民や来訪者をくくり、その長を通じて多様な住民や来訪者を統治する秩序が歴史的に存在していた。中国に出自を持つ者は一つのカテゴリーにくくられ、その長を通じて統治されていた。一七世紀以降は、資金を持ち中国から労働力を調達しうる人物に、資源の開発や徴税を委託させる在地の王国が現れた。事業を委託される人物はしばしば華人カピタンに任じられた。

一七八六年にペナンを獲得したイギリス東インド会社も、同様の事業形態と統治形態を通じてペナンの開発を行った。そのようななかでペナンにおける事業委託の機会を得るべく、自らの資金力や動員力を示すために設立されたのが広福宮であった。広福宮を前身に一八八一年に設立された華人公会堂は、イギリスが一八七〇年代半ば以降、対マラヤ政策を不干渉から積極的な介入に転じたなかで、新たな統治秩序に対応すべく設立された。

華人公会堂の指導者たちの多くは、ペナンのヨーロッパ人商人が海峡植民地政府と公的な関係を強化するために公会堂が設立された翌年、華人公会堂を設立した。華人公会堂は、華人社会の代表者として認知を得るべく、海峡植民地政府、ペナンの華人、ペナン社会に対して自らをアピールしていた。華人の代表者として振る舞うことに疑念や批判がさしはさまれることがないよう、華人の庇護者としての役割を担うことは、公権力との関係を維持するうえでも重要であった。また公権力や社会から華人の代表として認知されるべく、イギリス王室関連行事に参加していた。イギリス王室関連行事では各民族が、文化的に異なる隣人の存在を意識しながら自らの固有性を提示していた。そのような場に華人公会堂も参加し、中華文明の継承者としての演出を行っていた。

第5章　意思決定の場に代表者を送るための働きかけ

――ペナン華人商業会議所を通じた交渉――

二〇世紀初頭の東南アジアでは、華人商業会議所が各地に設立された。このことを華人と中国の公権力との関係強化を示す事例として重視する研究も多い。マレーシアおよびシンガポールの歴史の文脈では、清朝政府が当該地の華人を動員して華人商業会議所を設立したとされ、華人商業会議所は清朝という国家の産物であり、その下に組織された華人は中国の一部としてとらえられてきた［Heng 1988, 18–26；Yong 1968, 271–280；可児・游 1995, 161–164；金子 2001, 41–42；田中 2002, 32-35］。

一九〇三年六月に設立されたペナン華人商業会議所も、同様にとらえられている。しかし清朝商部の指導の下で中国に商業会議所が設立されるようになったのは、一九〇四年以降のことであった。ペナン華人商業会議所の設立は、それよりも前の出来事であった。

荘国土は、ペナン華人商業会議所は一九〇五年一二月にペナンを訪れた清朝政府の使節チャン・ピーシーの勧めに応じて清朝政府の商部に組み込まれたとし、同会議所の設立と清朝政府への組み込みを、清朝政府の意図、すなわち国内開発のための在外華人資本の動員と、保皇派・革命派との間の在外華人の支持獲得競争によって説明する［荘 1989］。

清朝との関係を重視する荘に対して、鄭永美や陳剣虹は、ペナン華人商業会議所が清朝政府と海峡植民地政府という二つの国家との関係を重視していたことを指摘している［鄭 1978；陳剣虹 2003］。しかし二人はこれについてそれ以上踏み込まず、中国国外の華人商業会議所および華人社会に関する従来の議論の検討や、新たな視点の提示を試みているわけではない。

本章は鄭や陳の指摘を踏まえたうえで、華人商業会議所を中国の公権力の産物ととらえて華人を中国の一部として論じる従来の議論とは別の視点から、ペナン華人商業会議所の設立を論じていく。具体的には、ペナンの華人がペナン華人商業会議所を設立した当初の意図は、海峡植民地の意思決定の場に代表者を送ることであったとともに、海峡植民地の公権力の干渉を回避して経済的な自律性を維持するためであったことを論じていく。

これらの点を念頭に置き、以下のように議論を展開する。まず第1節でペナン華人商業会議所の設立会議の過程を追い、同会議所が清朝政府と植民地政府双方に対して自律的な側面を持っていたことを示す。第2節では、同会議所の会則と一九〇三年のアチェ貿易問題を通じて、同会議所と海峡植民地政府との関係を論じる。第3節では、ペナンの華人を意思決定の場に送ろうとする海峡植民地政府に対する働きかけが一九二〇年代に一定の成果を得た一方で、それ以降も引き続き商業会議所を通じた代表者の選出を求める声が上がっており、それがマラヤ各地の商業会議所との連帯を通じて行われていたことを論じる。

1　海峡植民地という制度に対する自律性の維持

(1)　商取引の相互管理・監視の自発的提案

ペナン華人商業会議所の設立会議は、商人、鉱山経営者、貿易商を迎え、一九〇三年六月二七日に華人公会堂で開かれた［SE 1903.6.27；6.29；PG 29.6.1903；檳城新報 1903.6.30］。会議を召集したのはヨー・ペックタットであった。ヨーは、華人の間で一般的な商業慣行を観察した結果、改善すべき多くの欠点があることに気づき、それをペナンの主要な商人に認識してもらうために会議を召集したと述べた［SE 1903.6.29］。

ヨーは以下の二つの「悪しき慣行」を指摘した。一つは、代金の一部を銅貨で支払うことで信用取引が成立する商業慣行であった。ほとんどの企業は銅貨の受け取りを拒否していたが、銅貨分の金額は後日支払われることとし、信用取引を成立させていた。この時、買い手側の記録では取引は支払い済みとして処理された。通常、銅貨での支払いは代金の二割から三割を占め、未払い分の清算は数ヵ月遅れ、膨大な未払い金を抱える企業もあった。買い手側の記録では清算が終了しているため、未払い分が踏み倒されることもあった。

もう一つの「悪しき慣行」は、帳簿を監査する機関や制度がなく、帳簿が商取引の証拠たりえないことであった。その一つが、貸方帳簿（credit book）の問題であった。買い手が商品を信用取引で求める際、買い手は貸方帳簿を売り手に送り、売り手はそれに取引の内容を記載し、商品とともに買い手に送り返した。貸方帳簿は買い手が保管することになるため、買い手は帳簿を破棄するなどして取引の証拠を隠滅し、支払いを踏み倒すことができた。また、貸方帳簿と裏表の関係にあるような問題として、支払い帳簿（payment book）の問題があった。売り手が買い手から支払いを受け取った際、売り手の支払い帳簿にそれが記載された。しかし、売り手は帳簿を破棄するなどして支払い済みの事実を隠滅し、買い手に再度支払いを迫る事態が発生し得た。

ヨーは、「香港とマニラにはすでに華人の商業会議所がある。[1]ヨーロッパ人も世界中の植民地に商業会議所を持っている。ペナンの華人はどうして遅れをとることができようか」と述べ、「悪しき慣行」の克服のため、華人の商業取引を管理・監視する商業会議所の設立を呼びかけた。この提案は満場一致の賛同を得て、ペナン華人商業会議所が設立されることとなった［SE 1903.6.27］。

設立会議について伝える資料には、ペナン華人商業会議所の設立過程において清朝の使節の関与を示す情報を確認することができない。また設立会議において、中国の政治的な動きと関連する議論がなされた形跡はない。ペナン華人商業会議所の設立によって解消すべき課題として挙げられたのは、ペナンの華人の間に横行している二つの「悪しき慣習」であった。この問題を解決するうえで、清朝政府に介入を求めたわけでもなかった。ペナン華人商業会議所が設立された背景を理解するには、「悪しき慣習」についてもう少し掘り下げて見ていく必要がある。以下では、「悪しき慣習」の二点目に挙げられていた帳簿管理にまつわる問題の背景を掘り下げてみる。この問題には、私的な経済取引への干渉を強めたい公権力と、それを回避したい商人という関係性が見られる。

(2) 自前の強制力の希求

海峡植民地政府は、華人企業の帳簿管理のずさんさを問題視していた。このことは海峡植民地の「破産条例年次報告書」の中で繰り返し指摘されていた。破産条例は、債権者あるいは債務者からの陳情を調査し、債務者に負債の返済能力がないことを認めた後に債務者の破産宣告を行い、植民地政府の管財官に債務者のすべての資産を委ね、債権者との間で負債を処理していく手続きを定めた条例である。管財官は負債処理を行うにあたり、破産者に対して負債を抱える人から負債を回収し、破産者の救済に充てようとした。

しかし華人企業の場合、帳簿の記録から破産者に対する債務者を特定することは、帳簿の不備により困難を極めていた［Report 1894；1896；1897；1898；1901；1902；1903］。破産の危機に直面した華人の多くは、債務超過を示す証拠を隠滅したり、商品や財産を親戚や知人のところに隠したりして、破産条例による処罰や資産接収を免れようとし、その事実を隠蔽するために二重帳簿を作成したり、帳簿を改ざん・破棄したりしていた［Report 1892；1897；1898；1899；1902］。

植民地政府の管財官は負債処理の円滑化を目的とし、すべての取引を正確に記録した帳簿作成の義務化を強く主張していた［Report 1897］。管財官は、帳簿を検査し、検査済みの帳簿に公印を押して認可を与え、それを公式な取引の記録とすることも検討していた。しかしこうした方法を通じた帳簿管理は、相当の設備と人員を投入しなければ公認の偽造帳簿を作り出す恐れがあり、財政面で非現実的であるとも指摘されていた［Report 1892］。

同時期のペナン華人諮詢局は、海峡植民地政府の管理下での帳簿作成の義務化を、詐欺や不誠実な取引を防止するよりむしろそれを助長しうるものとして批判的にとらえていた［Report 1892］。

海峡植民地政府の目的はあくまでも破産者と取引のあった人物の特定であり、その目的が達成される限り帳簿管理は必須ではなかった。ペナン華人商業会議所が設立された頃の植民地政府は、帳簿管理よりも合資企業の登録義務化に重点を置き、いかなる背景の人物が誰と事業関係にあるかを把握する制度の導入を試みていた［RBO 1892；1894；1896；1897；1898；1901；1902；1903］。

これに対してペナンの華人は、合資企業の登録の義務化にも反対していた。誰と誰がどう結びつくかは商業の競争を生き抜く重要な戦略の一部であるため、合資企業の登録を「事業の破滅と同義」とした。そして「華人商人の商取引における高潔さと誠実さはイギリス人銀行家も認めるほどなのに、政府は華人をならず者扱いし、身元を確認せずビジネスを許可するのは安全ではないと言い立てる」と政府を批判した［Anonymous 1905］。

破産処理の問題として、破産者が裁判所の資産接収命令に応じず、財産とともに逃亡するという問題もあった。この問題への対応として、一八九五年に破産条例改正案が立法参事会に提出された。この改正案は、破産者に逃亡の可能性がある場合、調査終了まで破産者を拘留することを定めようとしたものであった。

これに対してペナンの華人は二三八名が連名で、シンガポールおよびマラッカの華人と合同で陳情書を送り、同条例改正案に反対した。陳情書は、欺瞞的な破産者は資産接収命令の執行を逃れるため、機会があり次第逃亡してしまうとし、破産者の拘留・投獄が不誠実な取引を防止するうえでなんら効力も持たないとした。また、事業に失敗した者が破産条例を利用し、債務者を投獄することで債務者に対して復讐を図る危険性があるとした［Petition 1896］。ペナンの華人は、「政府は資本家に対する保護を強化するより、個々人の自己責任で事業を行わせるべきだ［Petition 1896］」と主張した。

以上のように一九世紀末から二〇世紀初頭にかけて海峡植民地政府は、主に破産処理の効率化のために、私的な経済取引に干渉する方策を模索し、いくつかの案を示した。しかしペナンの華人はそれらの案に反対し、私的な経済取引への干渉を回避しようとしていた。第2章と第3章では、ペナンの華人がトラブルの解決のために海峡植民地の公権力に介入を求めた側面を見た。これに対して、ペナンの華人が公権力による干渉を望まない領域も存在しており、私的な経済取引はそのような領域であった。ペナンの華人は、私的な経済取引への干渉につながりうる海峡植民地政府による帳簿の管理や、破産処理の過程における管理の強化には消極的であった。

ペナン華人商業会議所が設立されるまでには、こうした背景があった。このことを踏まえるとペナン華人商業会議所の設立は、ペナンの華人の間でも華人企業の帳簿管理が問題として認識されたときに、その問題に対する海峡植民地政府による干渉を回避し、当事者たちが自身の裁量で問題に対応しうる制度を構築する試みであったと考えることができる。

帳簿管理の問題は最終的に、一九〇四年一一月七日に行われたペナン華人商業会議所の会議で、売り手が貸方帳簿とは別に出荷帳簿をつけることで解決が図られた。売り手は出荷帳簿と貸方帳簿をペナン華人商業会議所の出荷者部に持参し、二つの帳簿を付き合わせて割り印をもらい、貸方帳簿を従来通り買い手に渡し、出荷帳簿を売り手自身が保管し、取引の証拠とすることとした［檳城新報 1904.11.8］。

2　海峡植民地という制度への積極的な関わり

(1)　代表者を送る枠組みという認知の獲得

ペナン華人商業会議所が設立された当初のもう一つの目的に、海峡植民地における意思決定の場である立法参事会にペナンの華人の代表者を送り出すことがあった。このことは同会議所の会則に確認できる。

一九〇三年六月二七日の会議でペナン華人商業会議所が設立されると、小委員会の委員が任命された。小委員会は同年七月一五日に、海峡植民地総督とペナンの駐在参事官に対してペナン華人商業会議所の設立を通知し、結社条例[2]の適用を免除する嘆願書を提出した。八月五日に駐在参事官から結社条例の適用免除の通知を受け取ると[SE 1903.8.7]、八月一一日に設立後最初の会議が開かれた。

この会議では年次委員が選出された。委員会は会長、副会長（いずれかが福建系の場合、もう一方は広東系）、事務局長、会計を含める一六人の委員で構成された。委員は一企業一人のみで任期は一二ヵ月とされ、毎年陰暦六月に総会を開いて委員を選出した。委員会はペナン華人商業会議所の運営全般を監督し、会則を制定・改定し、その解釈や適用を規定する権限を持っていた[SE 1903.10.13]。

設立当初の一九〇三年年次委員の主なメンバーは表14のとおりであった。

表中の人物の背景は、華人公会堂の理事を務めた人物と共通性がかなり高い。そのほとんどがペナンおよびその周辺地域で生まれ、その多くが父親の代までに事業を確立させた家系の出身で、ペナン・フリースクールなどで英語による教育を受けていた。華人公会堂との違いを挙げるなら、ペナン華人商業会議所には年齢層がより若い者が含まれていることである。一八七〇年代に生まれ、ペナン華人商業会議所設立時にまだ二〇代から三〇代である者が一六名中少なくとも七名いた。そのなかには、チュン・ケンクイの息子のチュン・タイピンや、リム・ホアチアムの息子のリム・センフイなど、一八六〇年代から七〇年代にかけて公司の指導者として指導力を発揮し、一九〇三年当時もまだ現役で活動していた人物の息子も含まれていた。ペナン華人商業会議所の設立時の理事の多くは、一九〇六年以降華人公会堂の理事・委員に就任した（図1）。

一九〇三年八月一一日の会議では、小委員会が作成した会則案[3]も採択された。小委員会が英語と華語の正式名称を"Penang Chinese Chamber of Commerce"と「檳城華人商務局」にそれぞれ決定したことと、五六企業が参加の意を示したことが報告された[SE 1903.8.13]。

すでに陳剣虹が指摘しているように［陳剣虹 2003］、ペナン華人商業会議所の会則は中国の商業会議所に倣った

表 14　ペナン華人商業会議所　1903 年年次委員

名前（役職）	生没年	出生地	教育的背景	華人公会堂理事就任時期	植民地での官職
リム・ケックチュアン（会長）	1858–1907	ペナン	ペナン・フリースクール（以下 PFS）	1906 年	華人諮詢局
リョン・ロックヒン（副会長）	1851–1912	広州	アメリカで教育を受ける	1895 年	華人諮詢局，治安判事
コー・チェンシアン（事務局長）	1863–?	ペナン	PFS，ドヴェトン・カレッジ（カルカッタ）		—
ヨー・ペックタット（会計）	1874–?	ペナン	PFS	1911 年	治安判事
オン・ハンチョン	1852–1922	ペナン	ペナンで華語による教育	1911 年	—
クア・ベンキー	1872–1952	ペナン	PFS，ロバート・カレッジ（カルカッタ）	1906 年	華人諮詢局，ジョージタウン市政委員（1902–18），立法参事会議員（1926–29），保良局，郡病院＊委員
コー・ジュートック	1871–1951	ペナン	PFS	1906 年	華人諮詢局，治安判事
ゴー・セイイン	1875–1945	ペナン	個人教授で華語・英語を習得		—
ゴー・ブンケン	1872–?	ペナン	PFS	1911 年	—
チュン・タイピン	1879–1935	タイピン（ペラ）	セント・ザビエル学院	1906 年	マレー諸国連邦参事会，ペラ国参事会，治安判事
リム・センフイ	1872–1943	ペナン	華語を学校で，英語を個人教授で習得	1912 年	華人諮詢局，治安判事，郡病院委員

経歴不明者：ン・シーサン，ウン・ブンタン（1906 年より華人公会堂理事），ロー・プイチー，オー・アーミン，イェップ・イーンカイ

＊郡病院（District Hospital）の前身は，ギーヒンの指導者マン・フォー（Man Foh/文科）がアヘンなど薬物中毒に侵された患者を収容するために 1854 年に設立した貧民病院（Pauper Hospital）。病院の建物は華人とムスリムの寄付によって建てられた。1906 年に海峡植民地政府は貧民病院を管轄下に置き，郡病院と改称した［Khoo 2001, 155；陳 2007, 28］。郡はペナン島北東郡にあたる。

ペナン華人商業会議所理事

ウン・ボックフイ
コー・チェンシアン
ゴー・セイイン
ヨー・グアンセオック
リム・チェンロウ
Oh Ah Min（胡亜明）
Au Yeung Tsuk（欧陽石）
Chin Lye Hock（荘来福）
Goh Kim Cheok（呉金爵）
Lim Sun Ho（林山河）
Lim Cheng Tiek（林清徳）
Lim Chean Hock（林千福）
Lim Teck Suan（林擇選）
Lo Poey Chi（羅培芝）
Lum Chooi Tin（林在田）
Lye Hoon San（黎雲生）
Ong Hock Beng（王福明）
Ong Lay Hooi（王礼園）
Thong Chong Hin（唐松軒）
Wooi Cheng Seong（黄増松）
Yeap Yin Khye（葉寅階）
Yeoh Seng Lee（楊升利）
Yeoh Wee Gark（楊維岳）
陳炳貴
林瑞珍

ウイ・ホックブン
オン・ハンチョン
クア・ベンキー
コー・ジュートック
ゴー・テックチー
ゴー・ブンケン
コー・リープテン
ゴー・リエントゥック
チア・テックスン
チュン・タイピン
テオ・スンケン
ヨー・ペックタット
リム・ヤウホン
リム・ケックチュアン
リム・センフイ
リョン・ロックヒン
ライ・クアンサム
Oon Boon Tan（温文旦）
Ng See Sin（伍時信）

華人公会堂理事

クー・ハンイァン
チア・イーティン
チア・チューユー
チア・チュンセン
ヒア・スイリー
フー・チューチュン
リム・ジューテック
リム・ホアチアム
Au Yen Chat Hung（歐陽子衡）
Cheah Ngoh Oh（謝五湖）
Chee See Tiang（徐時忠）
Choe Chee Fat（曹遅發）
Chuah Chwee Ghee（蔡水義）
Chuah Kee Foon（蔡奇逢）
Khoo Eu Yong （邱有用）
Lim Ah Cham（林參）
Lo Beng Quang（羅榮光）
Ng Seah Wong（伍社旺）
Ong Thean Seng（王天星）
Tan Chong Tew（陳宗趙）
Tan Choo Beng（陳子榮）
Teo Kheng Hoon（趙慶雲）
Tan Kim Leong（陳錦隆）
Wong Choo Keng（黃子經）
Yeoh Cheng Chye（楊章才）

図 1　ペナン華人商業会議所と華人公会堂の理事経験者の重なり（1903―1912 年）

＊カタカナ表記の人物は，別表「本書に登場する主な人物の経歴」に記載がある。
出所：［檳州中華商会 1978c, 130–132］および［檳城新報 1906.10.1; 1912.3.18］より作成。

ものではなく、ヨーロッパ人に会員資格を限ったペナン商業会議所（Penang Chamber of Commerce、ペナンの華人は紅毛商公司または西人商務局と呼んでいた［Lo 1900, 226］）の会則をもとに、ペナンの華人が独自に作成したものであった。中国で清朝商部が商業会議所の会則のひな型を公布したのは、ペナン華人商業会議所の設立より半年後の一九〇四年一月であった。また同会議所の設立の発起人であり、会則案を作成した小委員会の委員でもあったヨー・ペックタットは六月の会議で、ペナン商業会議所の会則を検討した結果いくつかの条項は非常に適切だと判断し、華人の事業方式にそぐわない条項は他の条項を取り入れていくと発言していた［SE 1903. 6. 29］。

ペナン華人商業会議所の会則は、会員資格を「ペナンの商業や農業に利害を持つ商人、仲介業者、貿易商などで、華人（Chinese Race／中国種族）であること」と定めていた。その設立目的は「ペナンにおける商業全般の利益を保護し、商業上の情報収集を行い、商業上の紛争を調停するための仲裁裁判所を設置し、公共の利益に関わるすべての事柄について公権力（public authorities）と意思疎通を図ること」であった。ここでの「公権力」は、海峡植民地政府を意味した。それは会則第二七条に、海峡植民地総督に対してペナン華人商業会議所から海峡植民地の立法参事会に議員を推薦する際の手続きを定めていることから見て取れる。

立法参事会は、海峡植民地総督が条例を制定したり予算案を作成したりするときに諮問を行う機関で、行政参事会の官職議員と総督が民間から任命した非官職議員で構成された。各議員は議決権を持ち、予算案を作成する際予算の分配を希望する項目とその根拠を述べ、総督が提出した条例案の修正を要求することができた。ペナン華人商業会議所の会則第二七条は、特別全体会議を開いて代表候補者を立て、その中から投票によって選出した代表者を総督に推薦すると定めていた［SE 1903. 10. 13］。これに対して設立時のペナン華人商業会議所の会則には、清朝政府との関係構築を定めた条項はない。

一九〇三年当時、ペナンの華人は立法参事会に独自の代表を持たなかった。『ストレイツ・エコー』には一九〇三年一一月末から一二月にかけて、ペナン商業会議所が立法参事会にペナンのヨーロッパ人代表を送り出しているように、ペナンの華人商業会議所も行動を起こし、ペナンの華人代表を送り出すべきだとの投書が寄せられた［SE 1903.12.1；12.5；12.11］。当時の立法参事会の非官職議員は、ヨーロッパ人六名と華人一名で構成されていた。ペナンの華人は理論上、ペナン枠と華人枠を利用し得たが、いずれも自分たちの利益を十分反映し得ないと思っていた。ペナン枠は、ペナン商業会議所とペナンのヨーロッパ人コミュニティの推薦に基づき、総督が任命したヨーロッパ人二名が代表した。ペナン商業会議所は華人の入会を認めておらず、ペナン代表の選定に華人の意志は反映されなかった［SE 1907.8.29］。一方の華人枠は常にシンガポールの華人が任命され[4]、「ペナンの華人の声はシンガポールの華人代表には遠すぎて聞こえないのではないか」との懸念が持たれていた［SE 1903.11.27］。

ペナン華人商業会議所は一九〇八年一月三一日に植民地大臣に陳情書を送り、ペナンの華人にも立法参事会の非官職議員を認めるよう陳情した。陳情書は、立法参事会の非官職議員数はシンガポールのヨーロッパ人四、〇〇〇人に四名、華人一七万五、〇〇〇人に一名、ペナンのヨーロッパ人一、三〇〇人に二名であり、ペナンの華人一〇万人が代表を持たないのは不公平だと指摘した。また、会員数わずか三六名のペナン商業会議所はその大部分が非イギリス臣民であるのに代表が認められ、会員数八〇名のほとんどがイギリス臣民であるペナン華人商業会議所が代表を持たないのはおかしいと訴えた。植民地大臣はペナンの華人の主張に理があるとし、立法参事会の議員構成の変更は目下提起されていないが、そのような機会があり次第、ペナンの華人に代表を認めるよう総督に提言すると回答した［CO 273/336/13662］。

ペナンの華人に立法参事会への代表者を認めるべきだという主張は、その後も機会があるごとに聞かれた。ペナン商業会議所の推薦を受け立法参事会議員に任命されたアダムス（A. R. Adams）[5]が、一九〇八年五月頃、六ヵ月から八ヵ月の予定で休暇を取りペナンを離れたが、ペナン商業会議所は代理の議員を立てる必要はないとし、立法参事会のペナン代表の一名が半年以上不在となる事態が発生した。これを受けて一九〇八年五月一三日にペナン協会（第6章を参照）の会合が開かれた［SE 1908.5.14］。この会議にはヨーロッパ人を中心に約五〇名が出席し、華人もジョージタウン市政委員やペナン華人商業会議所および華人公会堂の理事など九名が出席した[6]。ペナン枠からはもう一名ターナー（John Turner）が議員に任命されていたが、議長を務めたハリファックスはターナーについて、プロヴィンス・ウェルズリーに居住しているため連絡が取りにくく、それは華人とムスリムにとって一層困難であると指摘し、華人やムスリムもアプローチしやすいよう華人やムスリムにも知られているペナン島在住のヨーロッパ人を代理として送るべきだとした［SE 1908.5.14］。

バーネット（C. W. Barnett）が、ペナン商業会議所はペナン全体を代表していることを忘れていると批判すると、ヨー・グアンセオックは以下のように述べた。立法参事会に議員を推薦する権利はペナン商業会議所のみにあるが、その会員資格はヨーロッパ人に限られ、原住民（native）の会員は皆無である。ほとんどの原住民は、ペナンの代表者が選ばれる際に自分の意見は聞かれないと思っている。これまでのペナン代表者には、ペナンの原住民コミュニティ（native community）と協議し、その意見を立法参事会に反映させようとする者はいなかった。かつての代表者の中には、華人が枠を一名から二名に拡大したいと思っている女王奨学金に不賛成を唱えた者がいた。華人の利益に関わる法案が、華人が全く知らないうちに通過していたこともあった。ペナンの代表者には、富裕層だけでなく社会のすべての構成要素（every section of the community）と協議する義務がある［SE 1908.5.14］。

この会議を受けて『ストレイツ・エコー』には、以下のような社説が掲載された。ヨーロッパ人商業界の利益のみを代表するペナン商業会議所のみに議員を推薦する権限が付与されているのは不公平である。しかもペナン商業会議所はヨーロッパ人全体を代表しているわけでもない。現在のペナンの代表制度は不十分（unsatisfactory）である。さらに強い表現を使おう。不当（unjust）である。華人の代表者はタン・ジアクキム一名だけで、彼はシンガポールの華人の利益を代表している。ペナンの華人はタン・ジアクキムの選出に何も関与しておらず、タンが自分たちを代表していると思ったこともないし、自分たちの意見を彼に持ち込んだこともない。シンガポールには四、〇〇〇人の欧米人に四名の議員が、一七万五、〇〇〇人の華人に一名の議員が、ペナンには一、三〇〇人の欧米人に二名の議員がそれぞれいる。しかし一〇万人の人口を持ち、そのうち二五パーセントがイギリス臣民であるペナンの華人には代表がいないのである。不当とも言える状況を変えてくれるよう総督に期待する［SE 1908. 5. 14］。

『ストレイツ・エコー』はこの数日後にも、治安判事に任命されたペナンの華人の人数に基づき、ペナンの華人がしかるべき待遇を受けていないと指摘した。一九〇八年に政府官報に掲載された治安判事のリストに基づき、ペナンで治安判事に任命された華人は四名であるのに対し、シンガポールとマラッカで治安判事に任命された華人がそれぞれ八名いるとし、ペナンの華人がしかるべき待遇を受けていないことの証左であるとした［SE 1908. 5. 20］。

ペナンの華人は、海峡植民地政府の管轄下にある社会の構成要素として認知を受け、海峡植民地のあり方に対して公的に発言しうる集団の地位を目指した。ペナン華人商業会議所は、すでにその地位にある集団と同等の資格で、国家との関係性を構築・維持するための枠組みとして設立されたという側面を有していた。

(2) 国際的な問題の解決――対アチェ胡椒貿易問題――

ペナンの華人はペナンで直面した問題を公権力に持ち込んで解決を図る際、清朝政府ではなく海峡植民地政府を頼りとした。その例として、通貨改革に伴い一九〇三年一一月に生じたアチェとの胡椒貿易問題を挙げることができる。

通貨改革は、海峡植民地が銀本位制から金本位制に移行する前段階として、海峡植民地およびマレー諸国連邦における貨幣の鋳造・流通を、海峡植民地政府の管理下に置くものであった。従来はメキシコ・ドルとイギリス・ドル[7]が海峡植民地の法貨であり、近隣地域でも広く流通していたが、これらを廃貨とし、海峡植民地政府が鋳造した海峡ドルを唯一の法貨とすることになった。一九〇三年九月一一日に、海峡植民地およびマレー諸国連邦からの海峡ドルの持ち出しと、同地域へのメキシコ／イギリス・ドルの持ち込みを禁じる条例案が可決され、同年一〇月三日に施行された［Anthonisz 1913］。

ペナン華人商業会議所は、同年一一月のペグー号差し押さえ事件をきっかけとして、この条例を問題視し始めた。ペナンは当時、スマトラやビルマの一次産品をヨーロッパ市場に輸出する中継貿易地点として繁栄していた。アチェとの胡椒貿易はペナンの交易の根幹であり、貿易額は年間二〇〇万ドルから三〇〇万ドルに達し［SE 1903. 12. 10］、華人商人やムスリム商人が多数これに従事していた。しかし当時のアチェには銀行がなく、アチェとの交易は銀貨による現金決済に基づいていた。その用途で四万八、〇〇〇メキシコ／イギリス・ドルを積載し、一一月二日にアチェから戻ったペグー号は、銀貨を差し押さえられ、船員が逮捕された［ST 1903. 11. 5］。

この事件を受けてペナン華人商業会議所の事務局長は、会議召集状を出した。会議は華人公会堂で行われ、多数の華人商人のほかムスリム商人も十数人が参加した。まず問題とされたのは、植民地政府の連絡不徹底であった。政府はもっと人目に付く場所に新条例を公示し、船舶運航会社など関係者に通達すべきだったとの指摘が相次いだ。その後、銀貨を没収せず、逮捕者を赦免し、電信での連絡が不可能な遠隔地域と連絡をとるため条例の施行を延期するよう政府に陳情することを決議した［SE 1903. 11. 4］。

駐在参事官代理はペナン華人商業会議所の陳情に対し、ペグー号の持ち込んだ銀貨は再輸出すれば没収を免れうると回答した。これを受けてペナン華人商業会議所は一一月一〇日に会議を開き、銀貨の持ち主から銀貨の再輸出に対する同意を受け、似たような問題が起こった場合、同様に対処するよう駐在参事官に要請することを決議した［SE 1903. 11. 11］。

ペグー号の問題とイギリス／メキシコ・ドルの海峡植民地への持ち込みという問題は、一応の解決を見た。しかし同年一〇月にオランダ政府もイギリス／メキシコ・ドルの持ち込みを禁止したことで、新たな問題が浮上した。イギリス／メキシコ・ドルをオランダ領内に持ち込めばオランダに没収され、海峡ドルを持ち出そうとすれば海峡植民地政府に没収される事態が発生した。オランダ・ギルダーを利用すれば問題は解決したが、海峡植民地では交易の決済に十分な金額のギルダーを調達することは不可能で、銀行のあるオランダ領の都市に行かねばならず、多大な費用と面倒を伴うとされた［SE 1903.12.10］。

ペナン華人商業会議所は一二月七日に会議を行い、対アチェ貿易における通貨問題について海峡植民地政府がオランダ政府と交渉するよう求め［SE 1903.12.8］、新しい通貨条例を緩和し、海峡ドルの持ち出しを一〇〇万ドルまで許可するよう陳情した［ST 1903.12.12］。ペナン華人商業会議所の理事が経営者である『ストレイツ・エコー』は、通貨問題によってペナンの交易が衰退すればオランダ領に交易の中心が移り、ペナンの優良企業は次々に倒産し、イギリスが金と血を注いで築いてきた繁栄が無になるとして、海峡植民地政府に事態の調整を求めた［SE 1903.12.10］。一〇〇万ドルの持ち出しはペナン商業会議所が一一月一八日にすでに陳情しており、それも圧力として大きかったと思われるが、海峡植民地政府は本国の植民地省と交渉し、対アチェ胡椒貿易に関しては金本位制が確立するまで、合計一五〇万ドルまで海峡ドルを持ち出せることとした［CO 273/292/451］。海峡植民地政府は対アチェ胡椒貿易従事者に対して、一九〇四年二月から九月までの間に上限五〇万ドルの持ち出しを許可し［CO 273/299/7944］、ペナン華人商業会議所にその旨を伝えた［ST 1904.2.10］。

もしペナンの華人が中国の公権力を後ろ盾に問題を解決しようとするなら、通貨改革に伴う問題を在ペナン清朝副領事や在シンガポール清朝総領事に持ち込み、清朝政府と海峡植民地政府およびオランダ政府との外交関係を通じて解決することもありえた。しかしペナンの華人は、海峡植民地政府の調整力に直接訴えた。その調整力を常に利用し得るよう、海峡植民地政府と日ごろから意思疎通を図っておくことは、非常に重要であった。

(3) 多民族社会の中の華人商業会議所

ヨーロッパ人コミュニティを会員とするペナン商業会議所を参照して設立されたペナン華人商業会議所は、参照される立場に置かれることもあった。そのことがうかがえる投書を紹介する。この投書は、「ペナンのムスリム」としての自己認識を持つ投書子「博愛主義者（Philanthropist）」が『ペナン・ガゼット』に寄せたもので、アチェとの胡椒貿易をめぐるペナン華人商業会議所の対応に触発され、以下のように述べていた。

ペナンのムスリムは、インドに出自を持つ人と地元民との間に生まれた子孫である。インドに出自を持つ者はペナンで働いて財産を築くとインドに戻ってしまい、自分の子供を精神的・物質的に発展させることに関心を払わなかった。一方ペナンに残された者には、子供を発展させるための十分な教育的背景がなかった。そのためペナンのムスリムは、世界的な競争に長いこと取り残されていた。しかし現在は、インドに出自を持つ者の多くがペナンに定住し、相互の発展と福祉に努め、教育を受け、西洋文化を吸収しつつある。公的な福祉のために働く資格を持つムスリムも増加した。

それにもかかわらずペナンのムスリムは、セイロンやインドのムスリムほどの名声を博していない。その原因は、ペナンのムスリムが団結に欠け、自分たちを代表する団体を持たず、市政委員会にも立法参事会にもムスリムの代表がいないためである。意思決定の場でムスリムの福祉を代表する人物は不在で、ほかの民族の紳士たちがムスリムの利益を代表する事態となっている。アチェとの胡椒貿易問題において銀貨が没収されたとき、その一部はムスリム商人が所有していたものだったが、華人が自前の公会堂に商人を集めて会合を開き、政府に自分たちの嘆きを伝えたため、ムスリム商人も銀貨を失わずに済んだ。若い世代が公的な福祉のために自身を組織化し、気高い情熱と思慮深さを備えた人物をペナンのムスリムの代表者として送るよう望む［PGSC 1903. 12. 9］。

この投書からは、ペナン華人商業会議所の対応がきっかけとなり、自らは何者であるかを問い、自らをなんらかの集団性に位置づけ、その集団性をペナン社会に位置づけることで自立性を高めようとペナンのムスリムに訴えるに至った「博愛主義者」の思考の形跡を読み取ることができる。ペナンでムスリムの商業会議所が設立されるのはもう少し後の時代のことで(8)、この投書はペナンのムスリムの組織化に直接つながるものではなかった。しかしこの投書は、文化的に異なる隣人の言動がきっかけとなり自らの集団性を認識する機会がペナンには日常的に存在していたことを示している点で、非常に興味深い資料であると言える。そのような機会が数多く存在する社会においてペナン華人商業会議所は設立され、また同会議所の動向がペナン社会を構成する人たちに自らの集団性を認識する機会を与えてもいた。

3　英領マラヤ華人商業会議所連合会を通じた働きかけ

立法参事会にペナンの華人の代表者を送り出そうとするペナンの華人の働きかけは、一九二〇年代に一定の成果を得た。海峡植民地政府は一九二〇年一〇月に、立法参事会の議員構成を変更する考えがあることを明らかにし、この件について調査する委員を任命し、社会から広く意見を募った。ペナン華人商業会議所はこれに対して、華人はペナンの人口の大部分を占めており、ペナンに対する利害はほかのどの民族よりも大きいとし、華人商業会議所と華人公会堂に一名ずつ代表者を推薦する枠を与えるべきだと訴えた［Tan 1967, 33-34］。調査委員が一九二一年二月に提案した非官職議員の人数は、ヨーロッパ人七名、華人三名、インド人二名、マレー人一名、ユーラシアン一名であった［Report 1921］。華人枠のうち一名はペナンの華人に割り当てられ、ペナン華人商業会議所と華人公会堂で理事を務め、市政委員の経験もあるヨー・グアンセオックが一九二三年に任命された。

これにより、立法評議会にペナンの華人の代表者を送るという目的は達成された。しかし、ペナンの華人が求めていたのは、ペナン華人商業会議所を母体としてペナンの華人の代表を自ら選出し、立法評議会に送り出すことであった。ペナンの華人はその権利を獲得するために、一九二〇年代以降引き続き海峡植民地政府に働きかけを行っていた。

こうした働きかけは一九二一年以降、ペナン華人商業会議所による単独の働きかけではなく、イギリス領マラヤの各都市に存在する華人商業会議所の連合体である英領マラヤ華人商業会議所連合会（Associated Chinese Chamber of Commerce of British Malaya／英属巫来由中華商会聯合会、以下、商連会(9)）を通じて行われるようになっ

表 15　英領マラヤ華人商業会議所連合会（商連会）の会議の議題

	年　月　日	開催地	マラヤ関連				商連会運営	中国関連		合計
			経済政策	福祉・生活	教育・文化	法的・政治的地位		経済政策	教育	
第 1 回	1921 年 7 月 2 日	スランゴール	3	2			1			6
第 2 回	1921 年 12 月 25 日	シンガポール	1	1		1	2			5
第 3 回	1922 年 7 月 1 日	ペラ	7	2		1		1		11
第 4 回	n.d.	ペナン	1	n.d.	n.d.	n.d.	n.d.	n.d.	n.d.	1
第 5 回	1923 年 7 月 1 日	スランゴール	2	4			2			8
第 6 回	1924 年 1 月 4 日	シンガポール	2							2
第 7 回	1924 年 6 月 29 日	ペラ	1							1
第 8 回	1925 年 1 月 5 日	シンガポール	1	2						3
第 9 回	1925 年 7 月 5 日	スランゴール	1		2	1				4
第 10 回	1926 年 1 月 3 日	マラッカ	1		1	1				3
第 11 回	1927 年 1 月 8 日	シンガポール	1	2	2	1	2			8
第 12 回	1928 年 1 月 8 日	ペラ	3	6	2					11
第 13 回	1929 年 1 月 6 日	ペナン	1	2	2			1	1	7
第 14 回	1930 年 1 月 12 日	スランゴール		1	3	1				5
第 15 回	1931 年 1 月 11 日	マラッカ	3	2	1	1				7
第 16 回	1932 年 1 月 10 日	シンガポール	4	2						6
第 17 回	1932 年 9 月 11 日	ペラ		1	1	2				4
第 18 回	1939 年 1 月 8 日	ペラ	1	1			4	4		10
第 19 回	1940 年 11 月 17 日	ペナン	3	1		1				5
合　計			36	29	14	10	11	6	1	107

n.d.：データなし

出所：鄭永美（1978），および英属馬来亜中華商会聯合会（1939）より筆者作成。

た。商連会は、英領マラヤ各地に設立された華人商業会議所の代表者が定期的に会合を行う場として、一九二一年七月にスランゴール華人商業会議所で発足した。商連会に参加したのは、シンガポール、ペナン、マラッカ、スランゴール、ペラ、パハン、ヌグリスンビラン（スレンバン、クアラピラー）、パハン（クアンタン、ベントン）、ジョホール（バトゥパハ）の華人商業会議所であった。

商連会が設立された直接的な背景は、海峡植民地総督兼マレー諸国連邦高等弁務官に対し、政府紙幣の発行を求めるためであった。一九二〇年にゴムと錫の価格が下落し、マラヤ地域は不況に転じ、金融機関が融資に消極的となったため資金不足が生じた。これを解消する方策として各地の華人商業会議所は、商連会を発足したうえで、英領マラヤ全域（海峡植民地、マレー諸国連邦、クダ、プルリス、トレンガヌ、ジョホール、クランタン）で使用できる政府紙幣の発行を求める請願書を、商連会の名義で総督兼高等弁務官に提出した［檳州中華商会 1978b, 101–102］。その後も一九三二年まで、商連会は毎年一回ないし二回会議を行った。しかし一九三二年に第一七回会議が行われたあと、しばらく会議は行われなかった。第一八回会議として資料で確認できるのは一九三九年一月に開かれた会議［檳州中華商会 1978b, 95；英属馬来亜中華商会聯合会 1939, 1–2］で、一九四〇年に第一九回が実施されたのが最後の会議となった。[10]

商連会ではマラヤに関する案件が数多く議題に上り（表15参照）、これらの案件に対してマラヤの公権力およびイギリス政府に対応を求める決議がなされた。

最も多かったのは経済政策に関する案件であった。一九二〇年代以降にゴム価格が下落するなかで、ゴムの生産制限に伴う弊害の除去やゴムの植樹地に課された地税の軽減をマラヤの公権力に求めたり、国際的な協調を通じてゴムの価格調整を行うことをイギリス本国政府に求めたりする動きが活発であった。また戦時への備えを名目とした所得税の導入に対する反対（第三回）や、海峡植民地の防衛費問題（第一三回）、アヘン歳入置換準備基金[11]に対する反対（第一二回、第一五回）など、海峡植民地における徴税制度や税金の使途をめぐる議論も活発になされた。

この他に商連会では、福祉や生活の向上に関する案件や教育・文化に関する案件も多かった。福祉や生活に関するものとして最も多かったのは、鉄道・郵便・電話・電信など公共サービスの向上（第三回、第五回、第六回、第八回、第一一回、第一二回、第一七回）に関するものであった。このほかに、伝染病患者の隔離施設の設備・待遇改善（第一二回、第一八回）や、公立病院の一等病室のアジア人への開放（第一一回）、性病と結核の予防（第一三回）、主要都市における自活が困難な障害者や老人の収容施設の設立（第一五回）、一六歳未満の喫煙の禁止（第五回)、アヘン規制の厳格化(第五回、第一六回)、世界恐慌により増大した失業者の救済(第一五回、第一六回、第一八回)などもあった。

教育・文化に関する案件としては、英語で教授する学校における就学機会の拡大を求める案件が多く、学費の減額と受入れ人数の拡大(第一一回、第一二回、第一三回、第一七回)、マラヤ各地における工業・商業学校の設立(第九回)、イギリス本国の大学進学をも可能とする女王奨学金の復活(第一四回、第一五回)などの要求があった。また華語で教授する学校で学ぶ学生への助成金の復活(第一四回)など、華語で教育を受ける機会の増大を求める案件もあった。この他に、駅や道路、博物館や公園など公共の施設や政府が発行する文書に、英語に加え、華語、マレー語、クリン語(吉寧文/吉霊文)を併記すること(第九回、第一一回、第一三回、第一六回)や、孔子の誕生日や一〇月一〇日の国慶節を公共の祝日としてほしいとの申し入れ(第一〇回、第一二回、第一三回)などもなされた。

こうしたさまざまな要求をマラヤの公権力に提出し、自らにとってより望ましい秩序や制度を構築するために、商連会は、意思決定の場に華人の代表を増やすことを望んだ。海峡植民地の立法参事会とマレー諸国連邦の連邦参事会(Federal Council)は、官職議員(植民地行政官)と総督および高等弁務官に任命された非官職議員により構成されており、官職議員の数が過半数を占めた。これに対して商連会は、華人の非官職議員の増員を求め(第三回、第一一回)、またそれを可能とすべく、非官職議員の全体の人数を増やし、非官職議員が全体の過半数を占めるよう議会の構成を変更するよう求めた(第一五回)。

商連会は、非官職議員の任命方法の変更も求めた。欧米人で構成されるシンガポール商業会議所およびペナン商業会議所は、海峡植民地の立法参事会に議員を推薦する権限が与えられていた。これを踏まえて商連会は、海峡植民地の立法参事会とマレー諸国連邦の連邦参事会に対して、華人の非官職議員を推薦する権限を商連会に与えるよう求めた(第一一回、第一四回)。

以上の議論が示すようにペナン華人商業会議所は、海峡植民地政府からの干渉から自律性を維持しようという目的と、海峡植民地政府に対して自らの意向を伝え、海峡植民地の秩序構築に自らの意志を反映させようという目的のもとで設立された。設立後は、海峡植民地の秩序構築に参与するために、意思決定の場である立法参事会に代表者を送り出そうとする働きかけを強めた。一九二三年にペナン華人商業会議所と関係が深い人物がペナンの華人の代表者として立法参事会のメンバーに選ばれたことで、ペナンの華人の代表者を意志決定の場に送り出そうという働きかけは一応の成果を得ることとなった。しかしペナンの華人が求めていたのは、ヨーロッパ人で構成されるペナン商業会議所同様、代表者を推薦する権限をペナン華人商業会議所にも与えてほしいということであった。この目的を実現すべくペナン華人商業会議所は一九二〇年代以降も海峡植民地政府に対して働きかけを行っており、またそうした働きかけはマラヤ各地の商業会議所との連帯に基づいて行われるようになった。

ペナン華人商業会議所を通じて、海峡植民地における秩序構築に関わろうとするペナンの華人の試みは、立法参事会に対する代表者の派遣以外の案件においても見られることとなった。これについて次の章で明らかにしていく。

＊　＊　＊

ペナン華人商業会議所は、二〇世紀前半を通じて海峡植民地における政治参加に積極的であった一方で、一九〇七年以降清朝政府との関係構築も志向するようになり、中華民国成立後は同国の参議院や地方議会に代表者を送るようになった。ペナンの華人がペナン華人商業会議所を通じて、海峡植民地においても中国においても積極的に政治参加を試みるようになり、また秩序の構築に参与しようとしたことの意味については、ペナンの華人と中国との関係構築を扱った第Ⅲ部での議論を踏まえたうえで、改めて検討する。

第6章　ペナンの地位向上を求める民族横断的な協働――ペナン協会――

これまでの章では、一九世紀末から二〇世紀初頭にかけてペナンでは海峡植民地の公権力と個人とをつなぐ枠組みとして民族という枠組みが活用され始めたことを、華人を中心に論じた。これに対して本章では、そのような状況が進展するのと同時に、異なる民族が共通の利益を掲げて協働した民族横断的な運動も展開していたことに着目する。その事例の一つ目として、ペナン協会（Penang Association）を取り上げる。

ペナン協会は、肌の色や信条を問わずペナンに住むすべてのイギリス国籍者を対象とした組織で、一九〇六年九月に設立された。ペナン華人商業会議所は組織としてこの運動を支持し、華人公会堂の理事にもこの運動に参加する者がいた。本章ではペナン協会に関わる運動を通じて、ペナンの人びとがペナンの位置づけをどのように認識していたのかをとらえるとともに、出自や文化的背景が異なるペナンの人たちがペナンという枠組みを通じてどのように協働していたのかをとらえる。そのうえで、多民族的な協働においてペナン華人商業会議所や華人公会堂が積極的に関わっていたことを明らかにし、この運動の最終的な局面においてペナン華人商業会議所がペナン商業会議所とともに政府と交渉を行う代表者として認知を受けたことを見る。

1　ペナンから見たペナンとシンガポールとの関係

ペナン協会の構想が最初に提案されたのは、一九〇五年四月であった。そのきっかけとなったのは、海峡植民地協会（Straits Settlements Association）がペナンに支部を設立する意向を示し、それを協議するために一九〇五年四月一八日に公会堂で会合を実施すると呼びかけたことであった。

海峡植民地協会は、海峡植民地で経済活動に従事するイギリス人が海峡植民地政府に対して自己の利益を守るために設立した組織であった。一八六八年にロンドンで設立され、シンガポールに支部を置いた。同協会の設立に至る背景は、以下のようであった。海峡植民地が植民地省の直轄領となった一八六七年四月一日に、新総督オード（Harry St George Ord）が着任した。オード総督はこの日、海峡植民地の財政の大部分はアヘンとアルコールの売り上げによって支えられており、その金はヨーロッパ人ではなく華人のポケットから出ていると発言した。オードは、海峡植民地の財政におけるヨーロッパ人の重要性の低さを指摘し、海峡植民地政府に対するヨーロッパ人コミュニティからのさまざまな要求を牽制しようとした。さらにオードは同年末、政府の会計収支を検討した際、支出をまかなうのに十分な収入はあるが、さらに収入が必要となれば、輸入税や直接税を導入するのが適当だと発言した。ヨーロッパ人コミュニティはオード総督のこうした言動に反発し、一八六八年一月三一日に海峡植民地協会を設立した。メンバーのほとんどは、シンガポールで事業を行う企業のロンドン本社に所属する者であった。海峡植民地協会の目的は、海峡植民地の利益を損ないうる条例や商業の繁栄に干渉しうる条例の成立を阻止し、海峡植民地政府による不必要な支出を防ぐことであった［Blythe 1968, 128］。

海峡植民地協会はペナンに支部を設置するにあたり、同協会は民族的出自を問わずすべてのイギリス国籍者に開かれていると説明した。また海峡植民地を構成するペナン、シンガポール、マラッカのうち、特定の地域の利益を重視して地域間の対立や競争を引き起こすのではなく、海峡植民地全体の利益を考慮することを目的としており、ペナン支部はいかなる意味においてもシンガポール支部に従属するものではないと説明した［SE 1905. 4. 8］。

しかしペナンの人びとは、この呼びかけを否定的にとらえた。『ストレイツ・エコー』は、ペナンにはペナンの利益があり、そのためにペナンがシンガポールに敵対心を抱くことがあり、二つの都市の間には何らかの対立や競争が常に存在してしまうと指摘した［SE 1905. 4. 8］。それは具体的には、中継港としての存亡をかけた競争であった。イギリス国籍を取得し、立法参事会議員やジョージタウン市政委員を務めたフッテンバック（第1章2（2）参照）は、この対立関係はいずれかが衰退する以外に解消しえないとし［SE 1905. 4. 10］、そのような対立がまさに進展中であるとした。一九〇五年四月に立法参事会で、海峡植民地政府がシンガポールのタンジョンパガル・ドックを接収し、開発することが決定された。このことに関してフッテンバックは、シンガポールの港湾運営がますます低コスト化する可能性を指摘し、ペナンの港湾設備にも相応の改善がなされなければ、ペナンは交易を失って消滅するほかなく、この決定は「ペナンに対する死刑宣告にも等しい」と訴えた［SE 1905. 4. 14］。

ペナン支部がシンガポール支部に従属させられるのではないかという不信感も根強かった。『ストレイツ・エコー』は、もし会議が開催されたら、議決権の票数でペナンがシンガポールに劣るなどのように、ペナンがシンガポールに従属する事態を阻止しなければならないと訴えた［SE 1905. 4. 8］。

フッテンバックは、シンガポールもペナンも自らの幸福を海峡植民地全体の利益と主張しているため、二つの都市が一つの協会で異なる意見を持つのは確実であるとした。そのため、海峡植民地協会が海峡植民地全体の機構として機能するのは不可能ではないにしても、非常に困難であると指摘した。またそもそも海峡植民地協会は、実質的にはシンガポールの利益のための組織であるため、ペナンが同協会に所属することは百害あって一利なしだと述べた。こうした議論の中でフッテンバックは、ペナンにとって本当に必要なのはあらゆる意味においてペナンの利益を促進・擁護する組織であるとし、そのような組織としてペナン協会を設立することを提案した。ペナン協会を通じてまずペナンの利益を反映し、そのうえで海峡植民地全体の利益に関わる事柄について海峡植民地協会など姉妹組織と協力すれば、ペナンの利益を追求しつつ海峡植民地を促進することが可能となり、結果的に「一家の分裂を防ぐことができる」と主張した［SE 1905. 4. 10］。

ロック（P. V. Locke）[1] は、ペナンの人びとはフッテンバックの提案を支持していると述べ、自分もその一人であるとした。ロックは、ペナン協会が以下の目的を達成することを期待した。第一に、世論を扇動するのではなく、冷静に、丁寧な言葉で、慎重な方法で、合法的にペナンの利益を守り、その意思を反映させることであった。第二に、個別の利益を代表するのではなく、ペナン全体の利益を代表することであった。ロックは、ペナンには特定の集団の利益を代表している市政委員会や商業会議所はあるが、ペナン全体の利益を代表する機関がないと指摘した。市政委員会はジョージタウンの納税者を代表しているが、ペナン全体の利益を代表するものではなかった。またペナンにはペナン商業会議所とペナン華人商業会議所があったが、前者はヨーロッパ人のみに、後者は華人のみにそれぞれ会員資格を制限し、いずれもペナン全体の利益を代表するものではなかった。第三に、イギリス全体が関わる問題において、海峡植民地全体が共通の利益を持つことはあまりないが、そのような時に海峡植民地協会を補佐することであった。ロックは、ペナンの利益を代表しペナンのために発言する組織が早急に設立されるべきだと締めくくった［SE 1905. 4. 13］。

ここで確認できることは、ペナンの人びとがペナンとシンガポールとの関係を、中継港としての存亡をめぐって競合する関係にあると認識していたことである。また海峡植民地政府の政策がシンガポールに偏重していると認識していたことである。ペナンの人びとにとって海峡植民地全体の利益を考慮することとは、ペナンが海峡植民地政府からしかるべき配慮を得て初めて可能となることであった。またペナンがシンガポールに従属させられることを、強く警戒していた。そのため、まずペナンの利益を代表するペナン協会を組織し、海峡植民地協会とは別個にペナンの利益を主張したうえで、海峡植民地協会と協力し、海峡植民地全体の利益を追求する方策を望んだ。

このような否定的な反応を受け、海峡植民地協会は四月一八日に開催を予定していた会議を取りやめた［SE 1905. 4. 15］。他方、ペナン協会の設立が進展したわけでもなく、その設立に関する議論も紙面からいったん姿を消した。ペナン協会の設立に関する議論は、一九〇六年七月にシンガポールのタンジョンパガル・ドックの開発計画が発表されたことにより、再度浮上した。

2 不公平感の高まり

ペナン協会が一九〇六年九月に設立される背景となったのは、同七月に決定されたシンガポールにおける港湾開発事業であった。立法参事会で、シンガポールのタンジョンパガル・ドックの開発事業のため、海峡植民地政府が巨額の借款を決定し、その返済を海峡植民地全体で負担することになった。これを契機としてペナンでは、海峡植民地政府がペナンから得た歳入をペナンに還元せず、シンガポール偏重の予算作成を行っているとの不公平感が急速に高まった。『ストレイツ・エコー』と『ペナン・ガゼット』はそのような不公平感を強く示し、シンガポールと同一の行政単位に置かれる限りペナンの発展は望めないため、ペナンをシンガポールとのつながりから断ち切り、単独の直轄領とすべきだとさえ主張した。

海峡植民地によるタンジョンパガルの開発がペナンの人々の懸念を強めたのは、当時のペナンの人びとが、自身の事業の発展はペナンが中継港として存続し繁栄していくことにかかっていると認識していたためであった。これに関して当時ペナンには、大きな懸念があった。ペナンの根幹を成す交易に、インドやビルマから産品を輸入し、それらをアチェやデリなどスマトラに輸出する交易があった。しかしオランダ領東インド政府は、ペナンを介さず物品を直接オランダ領に持ち込む経路を確立しつつあった。アチェとの交易はペナンの交易の根幹をなしていたが、ペナンの人々はその交易はすでに失われたと認識していた。またオランダ領東インド政府は、バンダアチェの沖合に位置するウェー島のサバンを開発し、そこを拠点にインドやビルマの産品をスマトラなどオランダ領に直接運び入れることも計画していた。ペナンの人びとは、ペナンの港湾設備が近代化し、より低コストの中継拠点となって多くの顧客を引き付けない限り、ペナンはサバンとの競合に負けるかもしれないと危惧していた。『ペナン・ガゼット』は、海峡植民地政府が肩入れをすべきはシンガポールではなくペナンであり、それこそが海峡植民地全体にとって、またイギリスにとって利益になると主張した［PGSC 1906.8.3］。

『ストレイツ・エコー』は、資源が豊かなマレー諸国連邦や西部シャム諸州の産物を世界に輸出する巨大な中継港になることに、ペナンの将来を見いだしていた。しかしもしそれに失敗し、船舶がペナンを素通りするようになれば、ペナンの前途は非常に惨憺たるものになるとした。そうなればペナンは「希望を失い、野望は存在せず、商業は消滅し、かつて蒸気船が航行していた地図上の点として認識される以外は世界から忘れ去られた」過去の町となり、「老いぼれて眠れる町マラッカ」同様の運命を辿ることになるのだった。マラッカにはわずかではあるがプランテーションがあるためまだ生き残っていけるが、小さくて資源もないペナンは「後背地の仕分け倉庫」に過ぎないため、その倉庫に磨きをかけ、顧客を逃さないようサービスのコストを下げることが、繁栄を維持するための必須条件だとした［SE 1906.7.27］。

このようにペナンの人びとは、ペナンと自らの将来は港湾の開発にかかっていると考えていた。ペナンの人びとは過去数年間、海峡植民地政府に対し、港湾の改善を求めてきたが、資金がないことを理由にその要求は却下されてきた。そのようななかで、海峡植民地政府によるシンガポールの港湾開発が決定した。シンガポールで港湾の開発が進めば、ペナンが交易を失うことが懸念された。しかもそれは海峡植民地政府による事業であり、海峡植民地の財政の一部はペナンから支払われた税収入であった。つまりペナンの人びとが供出してきた資金が、競争相手の開発に費やされることになるのであった。そのうえ開発に必要な巨額の資金をまかなうため公債が充てられることになり、シンガポールの開発のためにペナンの人びとも将来にわたって借金を背負い込まねばならなくなった。

『ストレイツ・エコー』はこの状況に対して、「ここ数年間われわれが声を大にしてずっと求めてきたものは、港湾の改善だった。しかし資金がないからとその要求は却下されてきた。そりゃ資金はないさ！　シンガポールがあれこれ欲しがるのだから。シンガポールは、欲しいものは何だって手に入れてきた。これに対してペナンは、海峡植民地全体で収支が合うように我慢を強いられてきた［SE 1906.8.6］」と不平を訴えた。また、シンガポールの人々は開発資金を確保するとき、ペナンとシンガポールを海峡植民地としてひとまとめにし、ペナンの金に手を伸ばす［SE 1906. 7. 24］であるとか、シンガポールはペナンの歳入を年々侵食しており、ペナンの「進歩を妨げる足かせ」になっているとの批判も聞かれた［SE 1906. 7. 27］。

『ペナン・ガゼット』は、港の開発に限らずさまざまな分野において、海峡植民地政府がいかにシンガポールを偏重しているかを、統計資料を使って表16のように示した。

またペナン駐在参事官が一九〇四年の年次報告書で、海峡植民地がペナンから得る歳入は三二一万七一〇万ドルであるのに対し、ペナンへの支出額は一九六万二、四七五ドルで、シンガポールに一四五万ドルが割り当てられたと報告したことを紹介した。『ペナン・ガゼット』は、「シンガポールでは『海峡植民地の深刻な経済状態』という図を描き出すためにあらゆる試みがなされている」が、実際にはそのような状況は存在せず、「海峡植民地の財政は、二つの植民地の間で公正に取り計らわれればきわめて健全」であり、「検討を要するのはシンガポールの財政だと指摘した［PGSC 1906. 7. 27］。ペナンは「ないがしろにされ、注意が払われてこなかったうえ、その歳入が海峡植民地のためではなくシンガポールのために使われたため、発展が阻害されてきた」と訴えた［PGSC 1906. 7. 28］。

こうした不公平感は、ペナンをシンガポールと切り離して別個の独立した直轄領（Crown Colony）とし、財政面において自治を達成させよとの訴えに進展した［PGSC；SE 1906. 7. 27］。『ペナン・ガゼット』は、ペナンの世論がシンガポールの影響からの自立という点で一致しており、ペナンを独立した直轄領とすべく陳情を提出しようという気運が日増しに強くなっていると報じた。また同紙は、海峡植民地政府の中央集権的なシステムがペナンの貿易の停滞を招いているとし、三つの植民地を単一の行政機構に統括して運営する制度はうまく機能しておらず、ペナンにとって損失を生み出しているとした［PGSC 1906. 7. 28］。

その具体的な弊害として、二点が指摘された。一点目は、海峡植民地全体に関する事柄を決定するとき、ペナン

表16　海峡植民地政府からシンガポールおよびペナンへの支出金額

シンガポール	項　目	ペ　ナ　ン
約23万人・206平方マイル	人口・面積	約25万人・395平方マイル
107万5,000ドル	公共事業費	49万3,000ドル
7万4,000ドル：80ドル／マイル	道路・橋工事費	3万8,000ドル：40ドル／マイル
40万7,000ドル	警察	29万3,000ドル
5万5,000ドル	刑事裁判所	3万7,000ドル
1万6,000ドル：年間5,941件，2.70ドル／件	小額賠償裁判所	7,000ドル：年間6,560件，1.60ドル／件
4万ドル：新規借地契約77件	土地局	1万9,000ドル：新規借地契約372件
15万7,000ドル：囚人数980人，160ドル／人	刑務所	4万4,000ドル：囚人数400人，110ドル／人
20万2,000ドル：88セント／人	教育	11万7,000ドル：47セント／人
30万7,000ドル：1.34ドル／人	医療	17万9,000ドル：72セント／人

＊これらの金額は1906年の予算に基づく金額であるとのことである。
出所：［PGSC 1906.7.27］

の代表者が不在となることが多いことであった。ペナンの代表がシンガポールで行われる立法参事会に出席するには、事業を犠牲にせざるを得ないため、頻繁に出席することはほぼ不可能であるとした［SE 1906.7.24；PGSC 1906.7.28］。二点目は、ペナンで行政上最高位にある官吏の権限が限られていることであった。ペナンの人びとは、ペナンで行政上最高位にある官吏の役職名が一八八三年に副総督（Lieutenant-Governor）から駐在参事官に代わって以降、ペナンがペナンについて決定できる裁量が縮小したと認識していた。『ペナン・ガゼット』は、駐在参事官はペナンに関する事柄について決定権をほとんど持たず、「たった二〇ドルを支出するにもシンガポールの許可が必要である」ため、駐在参事官を廃止し副総督を復活させよと主張した［PGSC 1906.7.28］。

『ペナン・ガゼット』は、ペナンの人びとは競争相手であるシンガポールが策定した方針に沿ってではなく、冷静沈着にペナンの事柄を考慮したうえで、自身にとって最善と思われる方針を策定し、それに沿って力の及ぶ限り自らの運命を作り上げたいのだと訴えた。そのためにペナンは独立の直轄領となり、シンガポールの支配から、またそれによって生じる行政・財政面でのムダから自由になりたいのだと主張した。シンガポールとの不自然な統合はペナンの力を奪ってきたのであり、その力が適切に使われていたらペナンはイギリスの構成要素として今よりももっと重要な地位を確立していたはずだとした。同紙は、ペナンは自治を確立し、自らが自らを救済しうる状況を作らない限り、世界的な物流の拠点として、あるいは商業中心地として生き残ることができず、死に至るであろうと述べ、自己保全のためにこうした状況と戦わねばならないと締めくくった[PGSC 1906.7.31]。

『ストレイツ・エコー』は、ペナンが単独の直轄領として財政的に十分運営していけることを、政府の報告書をもとに作成した概算を根拠に示した。それによると、ペナンの歳入は三五〇万ドルで、支出は一九〇万ドル、残高は一六〇万ドルであった。ここから(a)帝国防衛分担金、(b)高等弁務官設置分担金、(c)公務員給与、(d)年金、(e)教育・医療補助金として九〇万ドルを見込み、その残額は七〇万ドルになった。ペナン港の改築・拡充に一、五〇〇万ドルを見込み、その返済のために減債基金を設置し、毎年四パーセントの現金六〇万ドルを積み立てれば、最終的に繰越金は一〇万ドルになるとした。『ストレイツ・エコー』は以上の数字に基づき、もしペナンの資金がシンガポールに流出しなければ、自分たちだけで十分行政を運営していけるだけでなく、公務員の給与や年金、帝国防衛分担金も自分たちでまかなうことができるのは明白だと指摘した。また港湾の改善・拡充に一、五〇〇万ドル充てることが可能で、シンガポールのために「われわれの余剰金が数年間にわたって公債とされ、われわれが将来の繁栄を確保するあらゆる手段が阻まれるのではないかという懸念はなくなる」とした。港湾のコストが低下すれば、交易や商業全般が活性化し、もともと比較的小額の公債は減少し、歳入の余剰分を教育や衛生の確立に充てることも可能となるとした。またペナンが独自に立法参事会を持てば、会議に出席するために仕事を犠牲にすることもなくなり、単独の直轄領になることはいいこと尽くめだと指摘した[SE 1906.7.31]。

一方で、こうした議論を危惧する声もあった。「海峡植民地」と名乗る投書子は、シンガポールの港湾開発はシンガポールとペナン双方で事業を行う商人の要請に基づくもので、ペナンも含めた人口規模に見合うようにするための開発であると指摘した。またシンガポールとペナンの交易規模や地理的条件を考慮すると、シンガポールがはるかに有利であり、その開発を行うことは海峡植民地全体の利益に資するものだとした［PGSC 1906. 8. 2］。「ちょっと待て（Nanti Dahulu）」を名乗る投書子は、ペナンで得た歳入をペナンのために支出できるよう分離独立することはよい考えだが、時期尚早であると指摘した［PGSC 1906. 8. 22］。

3　ペナン協会の設立

(1)　目　的

こうした状況のなか、一九〇六年八月にペナン協会を設立するための動きが始動した。八月末までにイギリス人や華人の商人数人がペナン協会の設立に合意し、その目的や意図を説明し、広く諮るための会合を開催するべく、準備委員を任命した［SE 1906. 8. 31］。九月初め頃までにペナン協会の規約案が作成され、「ペナンで使われているいくつかの言語［SE 1906. 9. 11］」で印刷されて広く告知された［SE 1906. 9. 8］。

九月一〇日に公会堂でペナン協会の設立を議論するための会議（以下、設立会議）が開催され、二五〇名が出席した。そのうち大部分はムスリムで、そのほかにヨーロッパ人五〇名と華人三〇名［PGSC 1906. 9. 11］、インド人が出席し、決議の際にはマレー語と英語が使用された［SE 1906. 9. 11］。ペナン協会の会長にはアダムス、副会長にはゴー・リエントゥックがそれぞれ就任した。またヨーロッパ人、華人、ムスリムを構成員とする委員会が設置されることとなった。ヨーロッパ人はフッテンバックをはじめとする実業家、建築家、弁護士などペナン商業会議所のメンバーを中心に六名が、華人はコー・ジュートック、リム・ケックチュアン、リム・ヤウホンなどペナン華人商業会議所のメンバーを中心に五名が(2)、ムスリムはモハメド・マシュルディン・メリカン・ヌルディン（第1章2(2)参照）がそれぞれ委員に任命された。また混血者であるロックも委員に任命された［SE 1906. 9. 11］。ペナン協会に対して、ジョージタウン市政委員会、ペナン商業会議所運営委員、ペナン華人商業会議所、治安判事、ペナン華人諮詢局、ペナン弁護士委員会、地元紙などが支持を表明した［SE 1906.12.3］。

ペナン協会の規約によれば、その目的は「ペナンの利益を代表しそれを擁護すること」であった。その具体的な内容は、設立会議の後に行われた五回の委員会［PGSC 1906.10.22］を経てまとめられた陳情書より読み取れる。この陳情書は一九〇六年一〇月二二日にペナン協会の名義で、委員による連名の署名とともに、海峡植民地総督を通じて植民地大臣に提出された。以下、陳情書に即して、ペナン協会が何を求めたのかを整理する。

陳情書はまずペナンの置かれた状況について、以下のように説明した。周辺諸国で港湾の整備が進展し、ペナンと競合しうる港湾が出現したため、ペナンが着実にかつ継続的に繁栄することが予想しにくくなった。ペナンの中継港としての地位と生存は脅かされており、すでに重要な顧客であるアチェを失った。他方、マラヤや西部シャム諸州で天然資源の開発が進展し、その輸出はイギリスの製造業向けを中心に増加しつつある。この新たな状況の中でペナンが顧客を確保し、中継地点としてその地位を確立することができれば、継続的な繁栄が約束され、イギリスの交易を発展させることになる。

陳情書はそのために、ペナンは近代的な港湾施設を備えることが必須であるとした。ペナンの港湾は、接岸設備の不足という問題を抱えていた。ジョージタウンの東側には、海岸線に沿ってウェルド岸壁（Weld Quay）があり、北からスェッテンハム埠頭（Swettenham Pier）、ビクトリア埠頭（Victoria Pier）、教会通り海岸小路埠頭（Church Street Ghat Pier）、鉄道桟橋（Railway Jetty）があり、プラギン運河で一区切りとなった。しかしビクトリア埠頭からプラギン運河にかけて泥床が堆積しやすかったため、十分な水深が確保できず、満ち潮の時でさえも中規模の貨物船が接岸できない箇所があった。そのため接岸可能な箇所をめぐって、常にジャンク船、サンパン、トンカンなどがひしめき合っていた。この状況を緩和するため、泥床を浚渫するか埋め立てるかの工事が必要とされていた［SE 1906.8.21；1906.9.10］。また港湾施設の効率的な運営のために、交易、海運、商業の利益を代表し、港湾の運営に熟知している民間人によって構成される港湾公社（Port Trust）を設置すべきであるとの主張もあった。そのモデルとして、リバプールの事例が参照された［PGSC 1906. 10. 1］。

陳情書は、港湾開発というペナンの長年の願いは海峡植民地政府による行政的な介入が不十分であったり、それが誤った方向性に基づいていたりしたため、ことごとく挫折してきたと訴えた。ペナンは自助努力を強いられてきた一方で、自らの利害に関わる決定を行うだけの権限を与えられることもなかったとした。陳情書は、海峡植民地の行政機構においてペナンで最高位にある官吏の名称が一八八三年に副総督から駐在参事官に変更して以降、そのような状況が発生したと指摘した。ペナンの福祉に関して決定する権限を持つシンガポール駐在の官吏たちは、ペナンの要求を知りうるほどペナンを訪問することもなく、ペナンに対して配慮をめぐらすことはほとんどなかったとした。その一方で、シンガポールに権限が集中し、ペナンは瑣末なことでさえシンガポールの指示を仰がねばならなくなり、「より小さくて重要性も低いと思われるセントビンセント島[3]にさえ与えられている自治が、ペナンには認められていない」状況にあるとした。さらに、一八九六年に海峡植民地総督がマレー諸国連邦の高等弁務官を兼任するようになり、総督の責務が増大したため、総督は以前にも増して海峡植民地の構成要素を公平に扱えない状況にあると指摘した［SE 1906. 10. 25］。

そこで陳情書は、ペナンでもシンガポール同様の港湾開発事業を行い、ペナンが自身に関わる事柄を決定する裁量を拡大すべく、ペナンの行政のトップに副総督を復活させるよう求めた。陳情書が規定した副総督の権限は四点あった。一点目は、ペナンの繁栄に必要な独自の政策を立案し、それらについて海峡植民地総督を通じて定期的に植民地大臣に報告することであった。ペナン固有の事情を踏まえた政策の立案と、海峡植民地および植民地省との意思疎通が重視された。二点目は、緊急の用途のために年間最低二万ドルが充当される補助金を含む、ペナンの経常的支出に対して大幅な権限を持つことであった。三点目に、政府と土地の貸借契約を結ぶ際、海峡植民地総督の署名が必要で、そのために書類を一度シンガポールに送る必要があったが、土地契約書に署名する権限を副総督に与えることであった。四点目は、ジョージタウン市政委員会が扱う問題について、立法と貸付金の認可を除くすべての事柄を管轄し、最終的な決定を下すことであった。もし港湾信託局が設立されれば、それが扱う問題についても副総督は同様の権限を持つこととした。

陳情書は、植民地官吏は官吏としてよく訓練されているがために、中央が不快に思う提案を強く要求することができないとし、植民地官吏の人事慣例を踏まえずに、副総督を任命すべきだとした。適任者の選定は、年功序列を原則とする植民地官吏の人事規定に従う必要はなく、その対象を植民地官吏に限る必要もないとした。副総督に必要な資質は、行政官としての資格と能力のみならず、中継貿易を維持・発展させる適切なビジョンを持つことと、ペナンで決定された政策が海峡植民地政府の利益と矛盾するとして政府に反対されても、その政策を貫く強い意志と独立心であるとした［SE 1906.10.25］。

以上の陳情書の主張から、ペナン協会の下に集まった人びとは海峡植民地政府に対し、より多くの資源をペナンに分配してペナンの港湾を開発するよう強く求めていたことが分かる。そのための手段として副総督の復活が求められ、その人事は本国植民地省の論理ではなくペナンの論理に基づくべきだとされた。ペナン協会の下に集まった人びとは、海峡植民地の財源をより多く引き出して、ペナンの人びとの要求に応えるかたちでペナンの港湾開発を進展させたいと願っていた。

(2) 包摂の論理としてのイギリス国籍

ペナン協会は、個人が任意で加入できる団体として設立された。加入する資格を持つのは「ペナンに居住するイギリス国籍者の成人男子」に限られていた。このことは、ペナン協会がイギリス国籍者のみに閉ざされた組織であるという印象を与えうる。しかしこの限定性は、もっぱら交渉相手である海峡植民地政府および本国植民地省に向けた顔であった。ペナン協会はペナン社会に対しては、包摂性を強調していた。ペナン協会が海峡植民地政府から勝ち取った利益は、イギリス国籍を持たない人の利益にもつながることが強調された。またイギリス国籍者という資格の強調は、出自や文化的背景が異なる人たちを包摂する論理として働いた。

ペナン協会が会員資格をペナンに居住するイギリス国籍者に制限したのは、その要求がイギリスの行政単位の変更を伴っていたためであった。イギリスの一部であるペナンの扱いについて、その問題に発言する正統な権利を持つ当事者が改善を求めていることを、海峡植民地政府および本国の植民地省に聞き入れてもらうため、「ペナンに居住するイギリス国籍者」として自己主張をし、連帯を示す必要があった。『ストレイツ・エコー』はこれに関して、当時のアンダーソン（John Anderson）総督が「シンガポールに関わる重要な問題において外国人が陳情を行うのは認めないと、礼儀正しくしかしきっぱりと声明した」ことを指摘し、「イギリス領の一部であるペナンに関わる事柄に関して政府とやり取りする」うえで、ペナン協会のメンバーはイギリス国籍者でなくてはならないと説明した［SE 1906.9.8］。

ペナン協会の設立に関わった人びとは、イギリス国籍者に会員資格を限定することについて、それが非イギリス国籍者への敵対ではないことを強調した。『ストレイツ・エコー』は、ペナン協会は誰に対しても敵対するものではなく、「イギリス国籍者が運営するイギリス領としてのペナンの利益がイギリス国籍者の福祉のために守られるよう」設立するものだと説明した。設立会議においてリム・ユートーは、会員となる資格がイギリス国籍者に限られていることに関して、イギリス国籍者でない人は自分たちが公平に扱われていないと思うかもしれないが、ペナンがイギリス領である以上、ペナン協会が影響力と重要性を増すにはそのメンバーはイギリス国籍者でなければならないとした。そもそもペナン協会が多くの利益を獲得すれば、非イギリス国籍者もそれを享受することができるのだから、結局は非イギリス国籍者の利するところも多いのだと説明した。ホーガン（R. A. P. Hogan）はリムの発言に続き、ペナンはイギリス領であるため、ペナン協会はイギリス国籍者による組織でなければならないが、イギリス国籍を持たない人たちからの助言にも常に注意を払っていくと強調した［PGSC 1906.9.11］。

イギリス国籍は、出自にかかわらず自分の意志で加入できる開かれた資格として認識されていた。「ペナンに居住するイギリス国籍者」を自称するうえで重要なのは、出自ではなく、現在の自分の意志と努力であるとされた。リム・ユートーは、ペナン協会のメンバーになりたいならイギリス国籍を取得しさえすればよいとした。一八八九年にイギリス国籍を取得したフッテンバックは、自身は出生によってイギリスとのつながりを持たない「ミッシング・リンクの種（species of missing link）」であるが、イギリス国籍者としてペナン協会を通じてペナンに積極的に関わっていくと強調した［PGSC 1906. 9. 11］。アダムスは、ペナンでの滞在がすでに二〇年以上となり、子供も孫も皆ペナンで生まれ、自身はペナンを終の棲家とするつもりで、ペナンに大きな利益を持っていることを、マレー語を交えて演説した［SE 1906. 9. 11］。『ストレイツ・エコー』は、華人はペナンで生まれそこで教育を受け、程度の差はあれ成功した経歴を築いたあとペナンの地に骨を埋め、ペナンを終の棲家とする「土地の子（son of the soil）」であるとした［SE 1906. 7. 27］。

『ストレイツ・エコー』は、ペナンのイギリス国籍者には二つのカテゴリーが存在すると説明した。一つは、生粋のイギリス人だがペナンで暮らし、ペナンに関心を寄せる人たちであった。もう一つは、ペナンのイギリス国籍者の中でマジョリティを占めるカテゴリーで、血統的にはイギリス人ではないが、イギリス領で出生したか、イギリス国籍を取得したイギリス国籍者であった。『ストレイツ・エコー』は、ペナン協会は「仏教徒、ムスリム、キリスト教徒であれ、華人、マレー人、インド人、イギリス人であれ、肌の色や信条を問わず、イギリス国籍者の利益を守ることを目的とする」と説明した。そのためにイギリス国籍者であれば、「イギリス人は狭量な偏見を捨て、華人は辮髪をつけていることを忘れ、マレー人はターバンやソンコ（songkok、ムスリム男性がフォーマルな場で着用する帽子）を身に着けていることを忘れ」、「すべての人びとが邦家（home）の公共の福祉のために、協働する」べきであるとし、多民族的なイギリス国籍者の連帯を呼びかけた。そして「党派心や宗教、民族などの差異より共通の幸福を優先することにすべての人が同意すれば、ペナン協会はきっと成功する」と締めくくった［SE

1906.8.31]。

多民族的なイギリス国籍者という『ストレイツ・エコー』の認識は、広く認識され共有されていた。設立会議で議長を務めたアダムスは、その会議で演説を行った際「真のペナン人には、自身の公共の福祉のために行動する義務がある」と訴え、その締めくくりにこの『ストレイツ・エコー』の文言を引用し、会場から大喝采を浴びた。設立会議ではそのほかの発言者も、文化的に異質な人びと同士の連帯を強調した。リム・ユートーは、ペナンはコスモポリタンな人口構成だが、ペナン協会を支えていくうえで、各民族は自己の利益のみを追求せず、共通の利益を優先することに合意し、社会全体の幸福を目指し、協調していかねばならないとした。ペナンにおける一族の歴史が一八二五年にさかのぼれるホーガンは、ペナン協会のメンバーは民族的出自を忘れ、自身が一つのクラン(clan)、すなわちペナン・クラン(Penang clan)に所属すると認識し、その幸福のために団結するよう呼びかけ、ペナン協会にヨーロッパ人、華人、ムスリムによって構成される委員を設置すべきだとした[SE 1906.9.11]。こうした背景の中で、先に示した多民族的な構成の委員会が発足した。

ペナン協会は、イギリス領であるペナンに関わっていく意志のある多民族的な「ペナンに居住するイギリス国籍者」の「すべての構成要素(all sections of the community)」が意思を表出するための機関として位置づけられた。ペナンには、ヨーロッパ人企業のみを代表するペナン商業会議所や、華人のみを代表するペナン華人商業会議所のように個別の利益を代表する組織はあるが、ペナン全体の意思を代表する組織がないと指摘されていた[SE 1905.4.13; SE 1906.9.8]。リム・ユートーは、ペナンに住むすべての民族はペナン協会を通じて代表者を立て、自らの意思を表出することができるようになるとした[SE 1906.9.11]。

またペナン協会は、ペナンの代表者を選定する権限を、多国籍なヨーロッパ人の手から多民族的なイギリス国籍者に委譲しようとする試みでもあった。先に述べたように、立法参事会の非官職議員にペナンの代表を推薦する権限を持っていたのはヨーロッパ人コミュニティのみであり、その母体の一つがペナン商業会議所であった。ペナン商業会議所は、ヨーロッパ人であれば非イギリス国籍者であっても会員となれた一方で、ヨーロッパ人以外が会員になることはできなかった。これに関して、自身もペナン商業会議所のメンバーであったアダムスは、ペナン商業会議所に年会費五ドルを支払えば、ペナン商業会議所のメンバーであるスイス人が立法参事会の非官職議員の推薦者選定に参与しうる一方で、ペナン商業会議所のメンバーでないイギリス国籍者はその過程に参与し得ない事態が発生していると指摘した。さらにアダムスは、ペナン商業会議所のメンバーの多くはシンガポールを拠点とする企業の代表者であり、ペナンの利益よりもシンガポールの利益を優先する傾向があるとした［SE 1906.9.11］。

4　海峡植民地政府の反応

(1)　副総督制度復活の挫折

海峡植民地政府はペナン協会からの陳情書を受け取ったあと、一〇月二七日付でペナン協会に返答し、植民地省に陳情書を転送するがその前にいくつかの点について確認したいとした。それに対してペナン協会は最終的に一一月二八日に回答を送り、陳情書は一二月一三日付でヤング（Arthur Young）海峡植民地総督からエルギン（The Earl of Elgin）植民地大臣に転送された。エルギン植民地大臣の回答は一九〇七年一月二七日付で送られ、シンガポールからペナンへは三月二日に伝えられた。

エルギン植民地大臣の返答は、ペナン協会に対して冷淡であった。エルギン植民地大臣は、陳情書が矛盾に満ちているため、ペナン協会の意図や目的が不明で、その陳情を考慮する必要があるかは疑問であるとした。それによると、副総督と駐在参事官という語はずっと互換的に使われてきたものであり、権限に差はないということであった。実際、一八七九年第一五号条例「ペナンとマラッカの駐在参事官による権限行使に関する条例」では、「ペナンとマラッカの副総督によって行使され遂行されるよう成文法によって付与されているすべての権限、義務、権利は、総督が指示した時点から、ペナンとマラッカのそれぞれの駐在参事官によって行使され遂行されるよう付与される」と定められていた［Ordinance No. XV of 1879］。

また、「ペナンにはセントビンセント島にさえ与えられている自治が認められていない」との訴えに対するエルギン植民地大臣の回答は、以下のようであった。セントビンセント島は独立した植民地で、ほかの植民地と連邦を構成しており、マレー諸国連邦を構成するそれぞれの国家のような地位にある。これに対してペナン協会は、ペナンにそのような地位を望んでいるわけではなく海峡植民地に所属することを願っているため、ペナンに同じような自治を与えることはできない。エルギン植民地大臣は、現在の制度を変更することはペナンの利益とならないと判断するが、ペナン協会の陳情に対処できるかどうか、またどこまで対処しうるのかを判断するのは、すべて海峡植民地総督に委ねるとした。

これを受けてペナン協会は会合を行い、その結果を四月五日付で海峡植民地総督に返答した。目的がよく分からないと言われて非常に落胆したが、自分たちの意図が理解されなかったのは自分たちの挙げた事実や数字、議論が明確さを欠いていたためであったとあっさりと認めた。そして、自分たちの主張が理解されるように、正確な事実に基づくメモランダムを再度作成し、より自治的な政府を求めるペナンの訴えを再度提出するとの決意を示した［SE 1907. 4. 8］。しかしそのようなメモランダムの存在は、少なくとも一九一四年までの『ストレイツ・エコー』や『ペナン・ガゼット』、植民地文書などでは確認できない。ペナンでは、副総督制度の復活がそれほど強く主張されることはなくなった。その理由は、ペナンの港湾開発が進展し始めていたためである。

(2) 港湾開発の進展

ペナンの港湾の開発は一九〇六年後半より検討され始め、一九〇七年以降開発が進んだ。そもそもペナンの港湾開発は、海峡植民地政府によって全く考慮されていなかったわけではなく、計画そのものは存在したものの、それがなかなか実行に移されない状況にあった。ペナン協会からの港湾設備の拡充を求める声は、そうした状況を進展させるために強まったという見方も、可能であろう。

ペナン川の埋め立てとウェルド岸壁の埋め立ては、一八九九年以降進展していた［RAP 1899；1901；1903；1904；1905］。しかし予想外の事故などのため工事が遅れ、一九〇六年に至っても完成していなかった［RAP 1906］。そうしたなかでも一九〇四年に、クラウンエージェント（イギリス植民地政府の資金管理や物資・資金調達などを請け負う機関）から委託を受けた顧問技師がペナンに派遣され、教会通りとスンガイペナンの間の泥床を埋め立てて、繋留・荷役・倉庫設備を設置する事業に関して調査を行っていた。ペナンの人びとが強く求めていた埋め立て事業は、海峡植民地政府によっても意識され、その実行が検討されていた。しかしこの調査を請け負った顧問技師は、シンガポールのタンジョンパガル港湾開発事業についても調査を委託されていてそれに忙殺され、一九〇五年一一月から一二月にようやくペナンの調査に着手した。この調査において、立法参事会の非官職議員[4]やペナンの主要な商業・海運企業関係者、ペナン商業会議所会長・副会長を含むヨーロッパ人の海運業者や商人によって構成されていた港湾管理官などがインタビューを受けた。ペナン協会において港湾設備の拡張を唱えた人びとは、政府が埋め立て事業を計画していることは十分に知っていたが、それがなかなか進展しなかったため、不平の声を上げたとも考えられる。

顧問技師の報告書は、一九〇六年九月二五日に正式に提出された［CO 273/322/38458］。顧問技師は、ウェルド岸壁の混雑状況を解消するために、六〇〇フィートあるスウェッテンハム埠頭を九万六、五〇〇ポンドかけてさらに六〇〇フィート延長し、最大規模の船舶二隻および通常サイズの蒸気船三隻、内側に二隻が停泊できる埠頭を建設することを提案した。また二万二、二〇〇ポンドを投じて、ウェルド岸壁をヴィクトリア埠頭から鉄道桟橋まで、七〇フィートから九〇フィートの幅で埋め立てるよう提案した［CO 273/322/38458］。この提案に基づき、一九〇七年二月に通過した海峡植民地公債条例により、スウェッテンハム埠頭の延長に九万六、〇〇〇ポンドが、ウェルド岸壁の埋め立てに二万一、〇〇〇ポンドが、それぞれ支出されることになった［CO 273/332/30208］。

また一九〇八年には、ペナン港湾における貨物の積み下ろしや倉庫などの設備の拡充のために、海峡植民地政府の財源から多額の予算が付けられることになった。ペナンでは船舶から貨物を陸上に移動する際、船舶に横付けされた貨物運搬業者の小船に貨物を降ろし、その業者が貨物を海岸の倉庫に運び、貨物の受取人が来るまでそこで貨物を保管した。倉庫は政府の所有物であったが、貨物運搬業者に貸し出されていた。そのようなか一九〇五年に、一万二、〇〇〇ドル相当の落花生が貨物運搬業者の手に渡った後、行方不明となる事件があった。ペナン商業会議所は海峡植民地政府に対して、貨物の運搬や倉庫の管理をタンジョンパガル埠頭局が行うよう要請した。海峡植民地政府はその事業に対して、またクレーンやタグボート、平底はしけなど必要な設備を備えるため、二〇八万七、二五九ドルの支出を決定した。これに対してペナンでは、「長年の希望がかなえられた」、「短期間で接収が始まり、ペナンの商業界全体の賞賛の声しか聞こえない」などの声が聞かれたという［CO 273/337/37006］。

一九〇七年初めには、タンジョンパガル埠頭局ペナン委員会（Penang Committee of Tanjong Pagar Dock Board）が任命され、一九〇七年七月一日より運営を開始した。委員会は、タンジョンパガル埠頭局の代表者、ペナン駐在参事官、ペナン商業会議所のメンバーを中心としたヨーロッパ人商人で構成され、ペナン華人商業会議所のメンバーが委員に任命されることもあった。

同年一〇月から一一月に、ペナン協会の中心人物であったアダムスとフッテンバックが立法参事会非官職議員に任命された[5]。二人は、ペナンの港湾設備の改善と、港湾運営の自治強化を立法参事会で強く訴えた［PGSC 1908. 6. 19］。その結果一九〇八年七月一日より、スェッテンハム埠頭とジェティ倉庫、保税倉庫、ウェルド岸壁の政府の倉庫の管理も、港湾局からタンジョンパガ埠頭局ペナン委員会に移管された［PGSC 1908. 6. 18］

ペナンの港湾の運営をめぐる意思決定において、ペナン協会が関与することはなかった。タンジョンパガル埠頭局ペナン委員会は一般に、ペナン商業会議所やペナン華人商業会議所の代表者たちと協議を行い、その方針を決定した。たとえば、倉庫から貨物を受け取る方法をめぐって、タンジョンパガル埠頭局ペナン委員会が一九〇八年七月二日に行った会議には、タンジョンパガル埠頭局の代表者二名、同局ペナン委員会の代表者三名（ペナン駐在参事官とペナン商業会議所メンバーであるヨーロッパ人商人）に加え、ペナン商業会議所の代表者二名と、ペナン華人商業会議所の代表者二名（リョン・ロックヒンとヨー・ペックタット）が出席した［PGSC 1908. 7. 3］。

この会合で協議されたのは、倉庫から貨物を受け取る際、倉庫への立ち入りが認められているのは埠頭局の作業員のみであることから生じる非効率さを解消することであった。ペナン商業会議所の代表者は、貨物の受取人がより迅速に貨物を運搬しうるように、受取人が帯同した作業員にも倉庫への立ち入りを許可するよう求めた。ヨー・ペックタットはこれに賛同し、各事業所に対して事務職員一名と作業員二名が倉庫に入れるよう許可すべきだとした。リョン・ロックヒンは、広東人商人は自分の作業員を使って貨物の運搬をし、コストと時間を節約したいと思っていると述べた。最終的にヨー・ペックタットの提案が採用され、政府埠頭の総管理官の許可証を持参していれば、各事業社の事務職員一名と作業員二名が倉庫に立ち入ることができるようになった［PGSC 1908. 7. 3］。同年一二月にタンジョンパガ埠頭局ペナン委員会は、貨物の積み下ろしの手数料を見直すための作業部会を設置した。この会合に、ペナン商業会議所の代表者とペナン華人商業会議所の代表者（ヨー・ペックタット）が参加した［PGSC 1908. 12. 5］。

＊　＊　＊

ペナン協会は、海峡植民地政府に対してペナンの利益を主張するために設立された。当初の目的は、海峡植民地政府に対してペナンの港湾開発により多くの資源を分配するよう要求することであった。またペナンについて熟知する人びとがペナンの将来を決定するうえで裁量を拡大するため、海峡植民地の行政機構においてペナンの最高位にある駐在参事官に代えて、より大きな権限を持つ副総督を任命するよう要求することであった。ただし副総督の任命という要求は、海峡植民地政府からペナンの港湾開発に対してより多くの資源を引き出す一手段として主張されたものであった。海峡植民地政府は、副総督の任命を却下したが、ペナンの港湾開発にほどなくして着手した。これによって、ペナン協会の要望の大部分が叶えられたこととなり、ペナン協会は副総督の任命却下をあっさりと受け入れた。港湾開発に関する当局との交渉・折衝は、ペナン商業会議所とペナン華人商業会議所が担い、ペナン協会が表立って活動することはなかった。

ペナン華人商業会議所は組織として、またその主要メンバーが個人として、こうした多民族の協働に積極的に参加していた。ペナン華人商業会議所が設立以来求めていた立法参事会での代表枠を一応得るのは一九二〇年代以降となったが、同会議所はペナンにおいてすでに早い時期から華人商人コミュニティの代表としてその存在を認知されていた。

第7章　民族内の不和が壊した多民族間の協働——納税者協会——

本章は前章に引き続き、多民族社会におけるペナン華人商業会議所および華人公会堂の政治参加の事例を取り上げる。本章で論じるのは、納税者協会（Ratepayers' Association）である。納税者協会は、ジョージタウン市政のさまざまな事柄に関して市政委員会（Municipal Committee）と住民とを橋渡しし、住民の意思が市政により反映されることを願って一九一〇年一一月に設立された民間の組織であった。この試みを主導したのは、P・V・ロック（経歴は第6章注1参照）とペナン華人商業会議所および華人公会堂の指導層を中心とした華人であった。彼らは、日々の生活を取り巻く物事を決定する過程に積極的に参与すべく、民族横断的な市住民の組織を設立した。

海峡植民地では、ペナン、シンガポール、マラッカそれぞれの中心部に市（Municipality）が置かれ、市の住民による自治が行われた。一八五六年から一九一三年までは市政委員（Municipal Commissioner）の一部が非イギリス国籍者も含む市住民の有権者による投票で選ばれており、民主的と呼びうる空間が存在した。本章の第一の目的は、一九世紀末から二〇世紀初頭のペナンにおいて民主的と呼びうる政治的な空間が存在したことを明らかにしたうえで、そのような政治的空間の中でペナン華人商業会議所および華人公会堂のメンバーがどのように関わっていたのかを明らかにすることである。

ジョージタウンでは華人が多数派を占めていたため、多数決の原理に基づき、華人が自らにとって望ましい秩序をジョージタウン市に構築していくことが論理的には可能であった。しかしペナン華人商業会議所および華人公会堂のメンバーは、自分たちの意向は華人のみの意向ではなく、「納税者を構成するすべての構成員」、すなわち華人以外の住民にも共有されているという世論を作り上げることを強く意識していた。海峡植民地では、立法参事会の議員数において人口規模に比してヨーロッパ人の議員数が多かったり、その議員の任命においてヨーロッパ人に会員資格を限った商業会議所のみに議員候補を推薦する権利が認められていたりしたように、人口規模では少数派であるヨーロッパ人に有利な政治的な仕組みが存在した。ジョージタウン市の華人はこうした政治的な状況をふまえて、単純に数の力のみで秩序を構築していくことは困難であるとおそらく認識していたのであろう。そのような状況を全面的に拒絶して闘い、支配的な存在を追い出して、自らにとって理想的な秩序を構築することこそ自立であると見る視点もあるだろう。(1) これに対して本章は、現行のルールはいったん受け入れたうえで、そのルールを変更する機会をうかがいつつ、同じ社会を構成する他者との関係性も考慮しながら、ルールの範囲内で自らに実現可能な最善を尽くそうとする態度にも意義を見いだすものである。

市政と市の住民とをつなぎ、積極的に市政に臨もうとする納税者協会は、しかし、設立からわずか一ヵ月後に活動を停止した。そのきっかけは、納税者協会において中心的な役割を担っていた華人指導者に対し、市政とは別の次元において華人が反発を強める事件が起こり、一九一〇年一二月六日の市政委員選挙の際に投票を通じてその不満が示されたことにあった。多数決原理が、納税者協会の試みを頓挫させることとなった。

市政委員の選挙は一九一三年に廃止された。その計画は一九一〇年頃から議論されており、納税者協会はそれに反対すべく設立された。しかし納税者協会が推す人物が一九一〇年一二月の市政委員選挙で敗北したのちは、納税者協会を主導してきた人たちの間に市政委員の民選廃止に反対する声は聞かれなくなった。本章の第二の目的は、市政委員の民選廃止に対して、納税者協会を主導してきた人たちのスタンスが変化した理由を明らかにすることである。

またこのことと関連し、第Ⅲ部につながる視点として、一九一〇年頃のペナンの華人社会における政治状況を描き出すことを第三の目的とする。具体的には、孫文の革命事業を支援する人たちが相当数存在していたことを明らかにする。ペナンは一九一〇年頃、東南アジアにおける革命派の拠点となったことがすでに明らかにされている。しかしそれは主に、孫文を支えた指導層の存在によって論じられてきたもので、ペナンの華人社会において孫文の運動や革命を支援する層がどの程度存在したのかは明らかにされていない。本章はその空白を埋めるものである。

1 ジョージタウン市政委員会の発展

一七八六年にペナンがイギリス領になると、人口が急速に増加し、土地の争奪が生じた。港湾近くには住居が密集し、衛生状態が悪化した。ペナンを建設し監督官を務めたフランシス・ライトは、マラリアによって一七九四年一〇月に命を落としたと言われている。ペナンでは人口の急増とともに、治安や衛生が深刻な問題となり始めた [City Council of Georgetown 1966, 1]。

一七九五年にライトの後任としてペナンに赴任したフィリップ・マニントン (Philip Manington) は、治安や衛生の維持・管理の強化に着手した。その費用を捻出するため、住宅や店舗への課税を計画し、担当官を任命して不動産評価額の調査を行わせた。これに対してジョージタウンの住人はマニントンに陳情を送り、一人の官吏による勝手な判断を受け入れることはできないとし、住民によって構成される委員会を任命し、その委員会が不動産評価額を査定し、税率を設定すべきだと訴えた [City Council of Georgetown 1966, 2]。

そのような委員会が設置されたのは、マニントンの後任としてジョージ・リース (George Leith) が赴任してからであった。リースは一八〇〇年にジョージタウンの住民代表を招集し、人員を選出させ、査定人委員会 (Committee of Assessors) を設置した。査定人委員会の主な任務は、市税の査定や道路建設、排水溝の管理などであった [City Council of Georgetown 1966, 4]。ただし、この査定人委員会がイギリス東インド会社に正式に法的に認可されたのは、一八二七年であった。ジョージタウンの範囲が正式に画定されたのは一八〇五年で、当時の範囲は北と東は海岸線、南側はプラギン運河、西側は現在のトランスファー通りまでとされた［City Council of Georgetown 1966, 7］。

一八三五年にイギリスで市自治体条例が制定されたことにより、海峡植民地でも市自治体条例が制定された。市政に責任を負う委員は、すべて行政官吏により任命されることとなった。一八三九年に制定された市自治体条例（Act No.XII of 1839）は、ベンガル総督の指示に従い都市環境の整備をすることを定め、市政委員を行政官のトップが任命すると定めた。一八四八年に制定された条例（Act No.IX of 1848）も、行政官が市政委員を任命すると定めていた。市政委員は住民が選ぶのではなく、行政官が任命するものとされていた。

これに対して一八五六年に制定された条例（Act No.XXVII of 1856）では、市政委員の一部が市の住民により選出されることになった。市政委員は五名以下で構成され、市政委員のうち一名は駐在参事官で市政委員長を務め、一名は総督が任命し、残りの三名は納税者が選出した人物を総督が任命した［City Council of Georgetown 1966, 17］。

本書が扱う時期については、一八八七年八月に制定された市自治体条例［Ordinance No. IX of 1887］が市政を規定する条例となっていた。この条例により規定される市政の概要は、以下のとおりである。

ペナンにおける市政は、ジョージタウン市（Municipality of George Town）で施行された。一八八七年当時のジョージタウン市の範囲は、北はバガンジュルマル、西はグレイスデュー・ハイランド、南はグルゴールまでであった［SSGG 1887. 10. 7］(2)。一八八七年市自治体条例が市に与えた自治の権限は、治安維持、公道や市所有の土地・建物の修繕と照明提供、美化・衛生維持、水供給と水道設備管理、消防・火災予防、し尿処理などであった。以上の事項に関わる市条例を制定する権限と、市の予算を独自に作成する権限を持つのが、市政委員会であった。市の財源は、海峡植民地政府からの交付金と、市が徴収する地方税であった。市が徴収する地方税は、家屋税、馬車・荷車・人力車などに課される車両税、許認可付与に伴う税、公共料金などであった(3)。家屋税は不動産の年間評価額に対して一定の税率で課税され、市政委員会は不動産の年間評価額を査定し、税率を設定する権限を有していた。またそれ以外の税の税率や、公共料金を設定する権限を有した。

ジョージタウン市政委員の人数は、一八八七年に総督により六名に定められた。その内訳は、駐在参事官と二名の任命委員（そのうち一名は技官）、三名の選出委員であった［SSGG 1887.10.21］。市政委員に選出される権利を持つのは、市内あるいは市の境界線から外側二マイル以内に居住し、一定の額の家屋税(4)を納め、英語の読み書きができるイギリス国籍を持つ二五歳以上の男性と定められた。これに対して市政委員を選出する権利は、一定の額の家屋税(5)を納めている二一歳以上の男性に与えられており、非イギリス国籍者も市政議員を選出する権利を持っていた。家屋税を含むさまざまな税金の税率は、すべての不動産所有者に対して一律に設定されており、イギリス国籍の有無によって税率が異なることはなかった。

2　市行政をめぐるせめぎ合い

市政委員会で決定される事柄は、ジョージタウンの人びとの生活に直接関わる事柄が多く、ジョージタウンに住む人やそこに不動産を所有する人は、何らかの形でジョージタウンの市政と関わらざるを得なかった。それは、移住先の他コミュニティとほとんど接触を持たず、自律的に存在しているとの印象を抱かれがちな、華人の相互扶助組織も同様であった。市自治体条例の規定を把握し、それを利用して税金の免除を申し入れる華人の相互扶助組織も少なくなかった。

市自治体条例では、「宗教施設、許可を受けた墓地、公立学校の建物や慈善目的の建物、美術館・博物館、軍施設、国家所有の建物で、利益を目的としないものは、市税を免除する」と定めていた。バトゥガントンの華人墓地の理事はこの規定に基づき、同理事会が所有する二つの倉庫について家屋税の免除を申請した。理事は、これらの倉庫は宗教施設である墓地を清掃・維持する作業員の休憩所・待機所であり、また墓地に向かう馬車の停車場・待機所であると説明した。この申請は市政委員会に受理された［SE 1904.12.3］。また同時期に、金銀細工業（打金行）のギルドとして一八三二年に設立された胡靖古廟が家屋税の免除を申し入れていた。市政委員長は、この施設がもし寺院として使用されているなら家屋税の免除を受けるのが適当だと述べた。市政委員であったロックは、この施設は寺院ではないが、貧しい人々のための慈善施設であるとコメントした。市政委員会は、多くのギルドが家屋税の免除を申し出ないよう慎重に判断すべきだとし、華人の市政委員であるチア・テックタイに調査を依頼した［SE 1904.12.19］。

市政委員会で取り上げられた事柄が自分の利益に関わるとみなしたとき、その事柄に関心のある人たちが会合を開き、対応を協議し、代表団を任命して市政委員長や市政委員に意思表出することが一般的であった。ある特定の民族が影響を蒙るような事柄の場合、その民族の意思を表出する代表者が市政委員会や市政委員長と交渉を行った。例えば第4章で見たとおり、水不足のために水供給が制限されたことに伴い、市食肉処理場で食肉解体の時間が変更されたことを不便とする華人の精肉販売業者は、華人公会堂を通じて市政委員会と調整を行った。これに対して、影響を蒙る主体が特定の民族に限定されない事柄の場合、ペナンの社会を構成すると認識されている民族の各代表者が合同で意見を表明する場合もあった。特に税額をめぐる問題の場合、住民が民族間の協働を通じて連携し、市政委員会と交渉することも少なくなかった。

民族横断的な交渉は、例えば以下の例に見ることができる。一九〇三年一〇月二三日のジョージタウン市政委員会特別会合で、ハリファックス市政委員長は一九〇四年予算案を提出した。一九〇四年の支出は七五万三、七五〇ドルを見込み、それをまかなう財源を確保すべく税制の見直しが必要で、土地税（土地の年間評価額の五パーセント）と犬税一・五ドルを除くすべての項目で税率・税額を引き上げるとした。家屋税の税率を一〇パーセントから一二パーセントに、水道税の税率を一パーセントから二パーセントにそれぞれ引き上げるほか、四輪車税を一二ドルから一五ドルに、二輪車税を九ドルから一〇ドルに、荷車・人力車税を四ドルから六ドルに、馬・ラバ税を四ドルから六ドルにそれぞれ引き上げ、自動車税三〇ドルを新たに導入することが提案された［PGSC 1903. 10. 24；SE 1903. 10. 24］。

市政委員長は、税収入を増大させ市財政を拡大するよう海峡植民地政府から九月に要請があったとし、増税はそれに沿った措置であると説明した。また、家屋税と水道税を合わせると各戸の負担は一四パーセントになるが、ジョージタウンでは過去二五年以上家屋税の税率を引き上げてこなかったうえ、ボンベイとマドラスの市税（それぞれ一九・五パーセントと一五・二五パーセント）に比べればまだ低いとした［PGSC 1903. 10. 24］。また一四パーセントという税率はシンガポールの現行の市税税率と同じだが、自身の華人の友人によればペナンの華人は相対的にシンガポールの華人よりはるかに富裕であるとのことなので、ペナンがシンガポールと同等の税率を支払うことに問題はないはずだとした［SE 1903. 10. 24］。

これに対して一〇月三一日に、華人やヨーロッパ人、ムスリムの代表による会合が華人公会堂で行われた。華人の参加者は華人公会堂のメンバー（コー・ションタット、フー・チューチュン、リム・ホアチアム、チア・テックスン）が中心で、そのうち一部はペナン華人商業会議所のメンバーでもあった（リム・センフイ、ヨー・ペックタットなど）。議長を務めたヨー・シウビアウは、会議招集の目的を中国系言語とマレー語でスピーチし、税率が上がること自体は問題ではないが、不動産評価額が毎年値上がりし、税金が実質的におおむね値上がりしてきたことを指摘した。その後、リム・センフイ、フー・チューチュン、コー・ションタットなどが増税への反対を唱えた。バーネットは、増税の目的はヨーロッパ人官吏の給料を引き上げるためであるとマレー語で発言した。市政委員会の提案に対して何らかの手段を講じるべく、委員会を設置しようとのコー・ションタットの提案が満場一致で採択された。委員会は、華人四名（フー・チューチュン、ガン・ゴービー、ン・シウウォン、ヨー・シウビアウ）、ムスリム一名（アフマド・オスマン・メリカン[6]）、ヨーロッパ人一名（バーネット）で構成された［SE；PGSC

1903.11.2］。

これら委員は会議の代表団として、一一月五日に市政委員長と面談した。代表団はまず、市政事務局長が査定する不動産の評価額が、市政収入を増大させつつあることを指摘した。市政委員長は、市政事務局長と予算案を作成した際、不動産の評価額の上昇率を二五パーセント以下と想定して市政収入を算出し、それに基づいて一九〇四年の支出に見合うよう税率を算出したと語った。代表団はこれに対し、不動産の評価額の上昇率は最低でも三三・三パーセントに達していると指摘し、評価額が上昇したうえに税率も上がれば大変な負担になると訴え、家屋税と水道税を合わせて税率を一〇パーセントに抑えるよう求めた。市政委員長は、税収入の増大によって市の収入を増やすよう海峡植民地政府から要請されたことを説明し、税率を一〇パーセントにすることはできないが、財政をもう一度検討すると約束した［PGSC 1903.11.7］。

代表団は市政職員の給与設定についても質問した。市政委員長は、市政職員の給与は植民地官僚の協力を得て、ヨーロッパ人や華人を含む民間人と協議しながら設定し、妥当な水準であると述べた。また、市政局の支出において職員の給与はこの数年間確かに増大しているが、それは衛生局の拡大に伴う不可避なものであり、数年前から市政職員の給与を会計報告で公表していると説明した。また市政委員、特に市政委員長が非ヨーロッパ人の登用に消極的だという認識があるようだがそれは事実ではないとした。市政委員長は、個人的にはヨーロッパ人官吏を減らしたいのだが、優秀なユーラシアンや華人、ムスリムが市職員として定着しないという事実があると語った［PGSC 1903.11.7］。

市政委員長はこの面談について、一一月六日に行われた市政委員会で報告し、一九〇四年予算案の支出内容の検討を提案した。これを受けて市政委員のガフニー（Gaffney）は、そもそも海峡植民地政府が市の収入の増大を要請したのは、市職員に対する給与支出の増加を念頭に置くものであるが、ジョージタウン市では職員給与に対する支出はそれほど増えていないため、支出額の増大を増税の理由とする根拠が希薄であると指摘した。ガフニーは、まずやるべきことは支出額が大きな項目から再検討していくことだとし、最大支出項目の「道路」四万二、〇〇〇ドルのうち二万二、〇〇〇ドルの支出が見込まれている公共スペース・公園建設を取りやめてはどうかと提案した。その根拠は、公共スペースや公園は若年層を対象とした設備だが、ペナン島の若年層は人口九万四、〇〇〇人のうち二万人で二〇パーセントを占めるのみであり、そのために上記の金額を割くのはあまりにも多すぎるということだった。また馬・ラバ税と四輪車税の増加により四、五〇〇ドルの収入が見込まれているが、その程度の増収ではあまり有効な用途が見つからず、馬を養うコストが増加しつつある現状では、これらの項目を増税しないほうがよいとの見解を示した。また自動車税が非常に高いが、馬車と同じ税額でよいのではないかとの意見を示した [PGSC 1903.11.7]。

馬車と自動車に対する課税に関して市政委員の中で意見は割れたが、公共スペース・公園事業は取りやめることで見解が一致した。これに伴い支出見込みが修正され、家屋税は一一パーセントに、水道税は一パーセントに設定された [PGSC 1903.11.7]。

市政委員が住民に市政の方針を説明したり、住民からの意見を聞いたりするために、会合を開くこともあった。ジョージタウン市政委員会は一九〇四年に、市内の水供給が不十分であるため、バトゥフェリンギから水を引くこととし、そのための設備を建設する費用を海峡植民地政府から借り入れることを決定した。しかしこの借金をどのように返済するかについて、複数の案が併存した。市政委員を務めていたロックとクア・ベンキー、チア・テックタイは、(7) 一九〇四年一〇月二九日に華人公会堂で会合を開き、「社会のあらゆる構成要素 (every section of the community)」から約一〇〇名の出席者を迎えて、ジョージタウン市における水供給の問題について説明するとともに、意見を聴取した。議長に選ばれたロックは、会議の趣旨を説明したうえで借金を返済する案として、①すべての水道税を値上げする、②家庭用水道税を値上げする、③借金を返済するまで特別水道税を設定する、の三案を示した。ロックは、個人的には③を家庭用水道税に適用するのが妥当であるとの見解を示し、特別水道税を現行の水道税に六九パーセント上乗せした金額に設定することを提案した。出席者たちはロックの提案を支持したが、上乗せ分は六〇パーセントに留めることとなった［SE 1904. 10. 31］。

3 納税者協会の設立に向けた議論の活発化

このような会合を重ねるなかで、納税者協会を設立しようという議論が活発化した。ロックとクア・ベンキー、チア・テックタイは、上述の一九〇四年一〇月二九日の会合で納税者協会の設立を提案した。クア・ベンキーは、市政委員は納税者によって選出されるが、案件によっては納税者の意志を図り間違え、判断を誤る可能性があると し、市政委員会で案件が議論される前に市政委員と納税者がその案件について議論するための場が必要だと説明した。また『ストレイツ・エコー』と『檳城新報』、『チャハヤ・プラウ・ピナン』を出版するクライテリオン・プレスの常務取締役であるリム・センフイは、何か問題があると人々が自分を訪れてくるが、自分にはその問題を解決する法的権限はないため彼らを助けることができないとし、納税者協会があればそうした人びとが問題を市政局に掛け合ううえで助けになりうると述べた。また市政委員を選出するとき、納税者協会で会合を開き、適任者を委員に選ぶこともできると述べた［PGSC 1903. 11. 7］。

この会議では、納税者協会の設立が望ましいという結論に達し、同協会を組織し規約を作成するため、「納税者を構成するすべての構成員（all sectors of the ratepayers）」から準備委員を任命した。名前が確認できるのは六七名で、名前から民族を判断すると華人三五名、ヨーロッパ人一五名、ムスリム一五名、ユーラシアン一名、インド人一名であった。このうち華人は、ペナン華人商業会議所および華人公会堂のメンバーが中心で、両方に所属する者が多く（リム・センフイ、リョン・ロックヒン、チュン・タイピン、リム・ケックチュアン、ヨー・ペックタット、コー・ジュートック、チア・テックスンなど）、一部は華人公会堂のみに所属する者であった（チア・チュンセン、ヒア・スィーリー、フー・チューチュンなど）［PGSC 1903.11.7］。

準備委員に任命された人の中には、この日の会議に出席していなかった人物も多数含まれていた。そのため準備委員に任命された人びとに対して、臨時事務局長に選ばれたリム・センフイの名義で、納税者協会への協力を求める書簡が一一月四日付で送付された。

納税者協会に対して、華人やムスリムは積極的に反応した一方で、ヨーロッパ人の反応は冷淡であった。一九〇五年一月七日に準備委員の最初の会議が華人公会堂で開かれたが、主な出席者として名前が挙げられているのは、リョン・ロックヒン、チュン・タイピン、ヨー・ペックタット、リム・ユートーなど華人七名とムスリム一〇名であり、ヨーロッパ人の名前は見当たらない。リム・センフイは会議の冒頭で、準備委員への参加を呼びかけた対象者は七九名で、そのうち四〇名から参加を受け入れるとの返事があった一方で、一〇名からは返事がなく、そのほかの人は多忙を理由に参加を断ったとの経緯を報告した［SE 1905.1.9］。

準備委員に任命されたヨーロッパ人の一人であるフッテンバックは、準備委員を引き受けられないと回答した。フッテンバックは、納税者の利益を代表すべきは市政委員であり、納税者協会のような機構を設立することは、市政委員に対する不信を示すと批判した［SE 1904.12.6］。

クア・ベンキーとロック、チア・テックタイの三人はこれに返答し、納税者協会は市政委員会を監督したり、市政委員に圧力をかけたりするものではないと強調し、納税者協会の目的を以下のように説明した。第一に、市条例案が制定される際にそれに関する議論を納税者の間で活性化し、それを通じて市政委員が納税者の意見を汲み取ることである。第二に、市当局に相談するのに気後れしてしまい、新聞の経営者など市政委員ではない人に相談を求める人が多いため、納税者に必要な情報を提供する場を設けることである。第三に、市政委員に欠員が出たとき、数合わせで形式的な任命が行われないよう、市政の利益のために働きうる人物を推薦するなど、市政委員の任命に積極的に関与することである［SE 1904.12.6］。

これに対してフッテンバックは、納税者協会を設立する目的は十分に理解しているが、そうした機関は非常に素晴らしい意図で始まっても、時間が経つと扇動や妨害を行うようになるとし、納税者協会の設立に賛同しないと返答した［SE 1904.12.7］。

納税者協会の設立を積極的に主張したリム・センフイが経営する出版社より発行されていた『ストレイツ・エコー』は、納税者協会の設立を支持する社説を掲載した。納税者協会を無用とする見解や同協会が市政を阻害しうるとする見解に対し、イギリスには多くの地域に納税者協会と同様の機関があると指摘した。その例として、グラスゴーには納税者で構成されている自警組合（Vigilance Union）と市民組合（Citizens' Union）があり、それとは別に年に一度の総会で納税者が選出する議員で構成される地区委員会（Ward Committees）があることを挙げた。『ストレイツ・エコー』は、納税者協会の設立は啓蒙の時代における潮流であり、その潮流に遅れずについていこうとする進歩的な市民の試みであるとした。納税者協会の意義は、設立してみないことには判断できないとし、民族や商業コミュニティは前進しなければ退化するため、まずは同協会を設立することに意義があると主張した［SE 1904.12.8］。また同紙は、シンガポールで納税者協会が設立されたと伝えた［SE 1904.12.17］。

こうしたやり取りにジョージタウンの人口構成を重ねると、ジョージタウンにおいて数のうえで圧倒的に多数を占める華人住民が、華人社会で指導的立場にあるとみなす者を通じて市政について個別にインフォーマルに情報を得る状況があり、情報を求める側も求められる側も混乱や負担を感じていたことがうかがえる。こうしたなかで、市政について情報を共有する場として納税者協会を設立しようという思いは、ペナン華人商業会議所や華人公会堂のメンバーなど華人の指導者の間にとりわけ強かったことは理解できよう。他方でこうした場を設置してしまうと、正規の意思決定の場以外で集団的な意思が形成されてしまい、それが本来の正規の意思決定の場である市政委員会への圧力になりうるというフッテンバックの懸念も理解できる。

一九〇五年一月七日の準備委員の会議では、主に納税者協会の経費をどのように調達するかが議論された。しかしこれについて合意を得ることができず、それが原因となって納税者協会は設立に至らなかった。リム・センフイは、納税者協会の経費として年間約五、〇〇〇ドルを見込み、不動産一戸当たり五ドル徴収することを提案した。これに対してS・N・メリカンは、一戸当たり五ドル集金すると、不動産を一、〇〇〇戸所有している人は五、〇〇〇ドル払わなくてはならず、高すぎると反対し、一戸当たり二・五ドル徴収し、会員から会費を一ドル徴収することを提案した。これを受けてヨー・ペックタットは、一戸当たり一ドル徴収し、会員から会費を一ドル徴収することを提案した。納税者協会は富裕ではない納税者のために奉仕するものであり、不動産を何戸も所有している富裕者にとって一、〇〇〇ドルは多すぎる額ではないとした。これに対してS・N・メリカンは、不動産ごとに徴収はせず、会費一〇ドルを徴収することを提案した。しかし合意が得られないまま、この問題は次回の準備委員会に持ち越された[SE 1905.1.9]。その後規約が制定された[SE 1905.3.2]ものの、しばらくは納税者協会の会合が行われることはなかった。

S・N・メリカンが不動産ごとの徴収に反対したのは、ジョージタウンにはワカフ(wakaf/waqaf)[8]に由来する不動産が多数存在しており、その所有者の多くがムスリムであったことが考えられる。ジョージタウンの中心部には、宗教的用途のためにムスリムによって寄進されたワカフの土地が多数存在した。それらの多くは、カピタン・クリン・モスクとアチェ通りのマレー・モスク(Masjid Melayu Lebuh Aceh)[9]に由来するものであった。このうちカピタン・クリン・モスクに由来するワカフは市内の一等地の広大な面積を占めており、同モスクの周辺に合計約三・七三ヘクタールの物件が所在していた[10]。ワカフから生じる利益は、宗教的な目的のために還元されねばならなかったが、ワカフの土地に建てられた建物自体はワカフではないとし、それらの建物から家賃収入を得て生計を立てる者がいた。またワカフを貸し出し、借地代を得るケースもあった。ワカフを借りてそこに建物を建てた場合、土地に対する所有権は持たなかったが、建物に対する所有権を主張することができた。ワカフに建てられた家屋を、華人やインド人など非ムスリムが所有することもあったが、多くの場合はムスリムが所有していた[Report 1903]。

4 納税者協会の設立

規約が制定されたにもかかわらず、事実上放棄されてしまったペナン納税者協会は、一九一〇年一一月に設立にこぎつけた。そのきっかけとなったのは、一九一〇年九月二三日に立法参事会に提出された報告書の中で、市政委員の民選を廃止することが提言されていたことにあった。

この報告書は、一九〇九年九月に立法参事会で任命された委員会によって作成され、シンガポールとペナンの市政を対象に公衆衛生や土木事業、都市環境の整備、交通について現状を評価し、市政の改善を図るための提言を行った。また、これらの事業について意思決定をする市政委員会や市政委員長の権限について、現状の評価と提言が行われた。市政委員の任命に民選制度を一部導入したことは、「成功とは言いがたい」との評価が下された。その根拠として第一に、市条例に定められた手続きを踏まえ、市行政について意思決定しそれを施行するため、市政委員は頻繁に集まり、会議に多くの時間を割かねばならず、他に仕事を持っている人にとって負担になっていることが指摘された。第二にこうした状況ゆえ、市政委員としてふさわしい能力を持ち、市政条例が定めたさまざまな任務を遂行し、社会の意見を詳細に聞くために十分な時間を費やせる人物を見つけることは困難であり、市政委員を選出する際も往々にして必要な票数が集まらない状況があることが指摘された。こうした状況を踏まえ報告書は、市政委員会を廃止して代わりに市政諮詢局（Advisory Board）を設置するよう提案した。この諮詢局は、求められた事柄に対して政府に助言を行う機関であり、メンバーはすべて総督によって任命され、市内の主要な諸集団の代表者によって構成されるべきものとされた［Report 1910］。

この予備報告書が提出された翌日の九月二四日に、リム・センフイの呼びかけにより約一〇〇人が華人公会堂に集まり、納税者協会の設立について話し合った。参加者の大部分は、ペナン華人商業会議所のメンバーを中心とした華人であったが、ムスリムやヨーロッパ人コミュニティからの参加者もいた[11]。

議長に選出されたロックが、まず会議の主旨を説明した。ロックは、一九〇四年に納税者協会を設立する試みを放棄してしまったのは誤りだったと述べ、納税者協会の設立が不可欠である理由を以下のように説いた。第一に、市の行政の拡大・発展に納税者がついて行くために、納税者は自身を包括的な機構に組織化することが必要だとした。その目的は、行政と敵対することではなく、行政を補佐しつつ納税者の権利を擁護することであるが、納税者の権利を守るために必要であれば行政と戦うこともあるとした。第二に、納税者は自分の権利を理解し、自分の要望を自覚し、それを表明していく必要があるが、ペナンのようなコスモポリタンな社会で個々にそれを実行することは不可能であるため、団結する必要があるとした。第三に、立法参事会に提出された報告書に基づき、納税者による委員の民選が廃止され諮詢局が設立されれば、納税者と政府との間に溝が広まりうるため、その溝を埋めることが必要であるとした［PGSC 1910.9.26］。チア・テックスンの求めに応じて、ロックは同様の内容をマレー語で繰り返し、その後リム・センフイが自分なりの見解も交えて、ロックの趣旨を福建語で説明した［SE 1910.9.26］。

これに対して、設立の主旨は理解できるが、健全な運営を支える資金が調達できるのかという疑問が提示された。ロックは、不動産を多く所有している者に多くの貢献を求めるとし、不動産所有者から年会費五ドルと、所有する不動産の価値に応じて設定された会費を徴収すると答えた。会費の金額と徴収方法に関して、さまざまな疑問や意見が提示されたが、それは次回の会議に持ち越されることとなった。チア・テックスンは再度、参加者の中には英語教育を受けておらず、この間のやり取りが理解できていない人もいるとマレー語で指摘し、ロックが議論した内容をマレー語で説明した。一九〇五年に制定された規約の見直しと改正を行う委員に、当時市政委員を務めていたロック、クア・ベンキー、リム・チェンテックとその他九名を任命して、会議は終了した［PGSC 1910.9.26］[12]。

一一月一二日に華人公会堂において、納税者協会の第二回会議が行われた。この会議の目的は、規約案の検討であった。この会議においても、出席者の大部分は華人であった[13]。この日もロックが議長を務め、提出された規約案の各条項をマレー語で説明した。数人が年会費の金額を下げることを提案したが、多数決の結果、規約案が定めていた五ドルに設定されることになった。その後、三六名の委員[14]が選出され、ロックが会長に、リム・チェンテックが副会長に、コー・ジュートックが会計に、リム・センフイが事務局長にそれぞれ選出された。なお、委員を選出する際、クア・ベンキーとヨー・グアンセオックは「多忙で時間がない」ことを理由に、選出対象となることを辞退した。ヨーは、規約の検討・改正を行う委員に推薦されたときも、同様の理由でその委員に任命されることを辞退した［SE 1904.11.14］。このことは後日、納税者協会に分裂が生じたとき、一つの大きな争点となった。

以上二回の会議で、出席者の大半を占めたのは華人であった。その多くはペナン華人商業会議所のメンバーや華人公会堂の指導者であり、また在ペナン清朝副領事のタイ・キーユンも出席していた。例えば第二回会議の出席者として名前が挙がっているのは三〇名で、そのうち二六名が華人であった。その中で、華人商業会議所メンバーであり華人公会堂の理事を務めていた者が一一名、華人商業会議所メンバー五名、華人公会堂理事が二名であった。納税者協会の委員三六名のうち二五名は華人で、そのうちペナン華人商業会議所メンバーであり華人公会堂の理事を務めていた者が九名、ペナン華人商業会議所メンバーが四名、華人公会堂理事が七名であった。納税者協会の設立において、ペナン華人商業会議所メンバーや華人公会堂理事は積極的に参与しており、またそうすることが期待されていた。納税者協会の委員にはヨーロッパ人、ムスリム、インド人など華人以外も含まれた［SE 1904.11.14］。

一一月一二日に承認されたペナン納税者協会の規約は、協会の目的や会員資格、委員の権限などについて以下のように定めていた。

協会の目的は、納税者一般の利益となりうる事柄を実行することであった。具体的には、税金をめぐる事柄に関して納税者が陳情や申し立てを行う場合それを支援し、市政委員会の委員の任命および選出に積極的に関わり、市政委員会で取り上げられる案件について検討・協議し、必要なら行動を起こすことであった。また他都市の納税者協会との提携を促進することも盛り込まれた［SE 1904.11.14］。

会員となる資格があるのは、ジョージタウン市の納税者と、委員によって資格があるとみなされた非納税者で、いずれも会費を支払うこととされた。不動産所有者の場合、五ドル以上の年会費と、不動産の家賃収入に応じて以下のように設定された会費が課された。一ヵ月当たりの家賃収入が二五ドルの場合二五セント、五〇ドルの場合五〇セント、一〇〇ドルの場合七五セント、それ以上の場合一〇〇ドルごとに二五セントを加算して、一年分を一度に支払うとされた。他方、不動産を持たず不動産を借りている者は、二ドル以上の年会費を支払うと定められた。年会費を支払わない人は除籍されるが、正当な理由がある場合、委員会の裁量によって復帰が認められた。会員はみな投票権を持ち、ペナンに不在の期間が一二ヵ月以内の場合、代理投票が認められた。委員など協会の役職に就く資格は、すべての会員に開かれていた［SE 1904.11.14］。

一一月末に年次総会が開かれ、そこで年次委員と会長・副会長が選出された。年次委員の任期は一年で再選可能であり、一二名以上三六名以下と定められた。委員会の開催が有効となる出席者数は六名で、それ以上の人数を委員会は設定することができた。正当な理由を会長に提出せず連続して三回委員会を欠席した場合、委員の身分を失うとされた。年次委員は会員を招集し会議を開く権利を持ち、六名以上の会員から書面で会議開催の要請を受けた場合は、七日以内に会議を招集するとされた［SE 1910.11.14］。

5 分裂と解散

こうして設立された納税者協会であったが、設立から一ヵ月後に早くも分裂し、活動を停止することとなった。そのきっかけは、一九一〇年一二月六日に行われた市政委員の選挙において、納税者協会が推薦した候補者が大差で敗れたことにあった。この選挙は、市政委員を務めてきたクア・ベンキーの任期が同年一二月で終了することに伴い、新たな市政委員を選出するために行われた。納税者協会が推薦した候補者の敗北の要因は、二つあった。第一に、納税者協会の委員が、納税者や納税者協会のメンバーの声を聞くことなく、市政委員の候補者を勝手に決定したと批判されたことである。第二に、納税者協会の委員を務めた華人指導者が、市政とは直接関係のない事柄において、一部の華人の批判の的となっていたことである。具体的には、納税者協会の事務局長であったリム・センフイの出版社が発行していた『ストレイツ・エコー』に、孫文を批判する社説が掲載され、この社説に対して一部の華人が反発し、市政委員の選挙を通じて同紙への不満を表明した。

クア・ベンキーが市政委員への再任を辞退すると表明したのを受けて、ペナン納税者協会の委員会は一一月二五日に会合を行い、同協会として新たな市政委員に誰を推薦するかについて協議した。四人の名前が挙がり、投票の結果ニューブロナー（H. A. Neubronner）(15)が圧倒的多数の支持を獲得した。納税者協会の委員会は、リー・チンホーとアフマド・オスマン・メリカンを推薦人として、ニューブロナーを候補者に立てた［PGSC 1910.11.26］。

これに対して、リストンとヨー・ペックタットが推薦人となり、ヨー・グアンセオックが立候補した。ヨー・グアンセオックの名前は、納税者協会の委員の会合で名前が挙がった四人の中に含まれていたが、その時の投票でヨーは一票しか得られなかった［PGSC 1910.12.5］。

『ストレイツ・エコー』によると、市政委員の選挙に複数候補者が立つのは「数年ぶりの出来事」であり、過去の先例は三回(16)ということであった［SE 1910.12.6］。市政委員の任期は三年間だが、毎年一名が一二月末に任期が終了するようになっており、一一月末から一二月初頭にかけて市政委員を選出する選挙が毎年行われた。多くの場合、新たな市政委員として推薦を受け立候補する者は一名だけで、対立候補はなく、信任投票となった。条例では二〇票得票すれば、信任を得たとみなされた。

この選挙をめぐる報道において、各候補者が立候補にあたりその動機や抱負を自ら語った記事は見当たらず、立候補に対する彼らの動機や抱負は分からない。『ペナン・ガゼット』はこのことについて、「投書子が双方の候補者の長所を述べているが、立候補者当人たちがどう思っているのかを聞くことはほとんどない。彼ら自身にやる気はなくて、友人からやりたくもない仕事を依頼されたのかもしれない。しかしそれでも、彼ら自身の見解を聞きたいものだ」と社説に書いた［PGSC 1910.12.5］。

『ストレイツ・エコー』は従来、市政委員の選挙を積極的に盛り立ててきた。一九〇三年にロックが、一九〇四年にリム・ユートーが、それぞれ立候補したとき、それが彼らにとって初めての立候補であったため、同紙は彼らの経歴を紹介し、有権者に対し投票を呼びかけた［SE 1903.11.26；1904.12.5］。しかし一九一〇年の市政委員選挙では、双方の候補者が初めて選挙に臨むにもかかわらず、候補者を紹介する記事や、自紙の見解・立場を示す記事は、『ストレイツ・エコー』にほとんど掲載されなかった。これに対してある投書子は、『人民の新聞』を自負する貴紙が、今回の市政委員の選挙について沈黙しているので驚いている。貴紙が支持する候補者はニューブロナー氏で、真のペナンの納税者の候補者はヨー・グアンセオック氏ということになるのだろうか。虚空に向かってむやみに感情的に吠えないように、貴紙のボスであるリム・センフイに口を封じられているのだろうか。選挙に対する貴紙の意見を聞きたい。またニューブロナー氏を候補者に選んだのなら、中立を保つのではなく、納税者に対して彼について知らせ、宣伝するべきだ」という投書を寄せた。これに対して『ストレイツ・エコー』は、「現在、双方の候補者の長所を検討中である。一方はわれわれに現金二、〇〇〇ドルと錫鉱山の分け前の半分を提供するともちかけ、もう一方は一万一、〇〇〇ドル相当のゴムの株券を提供するともちかけた。本紙がどちらを支持するのか決定するのをお待ちいただけるとありがたい［SE 1910.12.2］」と、買収を匂わせる文言とともに回答した。しかし結局、『ストレイツ・エコー』が立場を表明することはなかった。

『ペナン・ガゼット』に寄せられた投書や、ロックがのちに『ペナン・ガゼット』のインタビューに答えた内容、および『ストレイツ・エコー』に投書した内容からは、納税者協会およびその委員に対して、以下の二つの不満が存在していたことがうかがえる。

第一に、納税者協会の委員の権限に対する不満である。「もう一人の納税者」を名乗る投書子は、ペナン納税者協会は未熟で、その委員が市政委員の候補者を選出するのは越権行為ではないかと述べた。この投書子は、問題の会合に出席した委員は一六名で、納税者三、二〇〇名のうちわずか二パーセントを占めるに過ぎないとし、ごく一部の納税者協会の委員が、納税者の知らないところで立候補者を決定したのは専制的だと批判した。こうした専制的な行為を支持し、ヨー・グアンセオックに立候補を辞退するよう迫る考えは、非常に奇妙だと述べた［PGSC 1910.12.5］。

これに対して、ヨー・グアンセオックは納税者協会の委員に推薦されたとき、多忙を理由にそれを辞したが、市政委員への推薦には応じており、多忙は嘘だった、とヨーを批判する投書子もいた。この投書子は、納税者協会の委員の一部の派閥が立候補者を決定したと言われているが、ヨーを含めて何人かの名前があがったなかから、多数決でニューブロナーに決定したとし、納税者協会の委員の決定を擁護した［PGSC 1910.12.5］。

華人はヨーロッパ人を推薦すべきではないという主張もあった。これに対して、ジョージタウンの納税者人口において華人は圧倒的多数を占め、多数決に基づけば華人が選挙を制することができるという懸念があり、それが民選の市政委員が廃止される理由の一つになっているため、華人が非華人を推薦することは、華人が自分たちの利益のみに偏向しておらず、思慮のある見解を持っていることを示すものだと指摘する声もあった［PGSC 1910.12.5］。

状況の把握に戸惑い、選挙の延期を求める声もあった。候補者の声明を聞いたり、会合を開いたりする時間を取ることができれば、ニューブロナーが建築士として市政にどう取り組むかということや、ヨー・グアンセオックが納税者協会の委員に推薦されたときに時間が欲しいと言った理由が、理解できるとした［PGSC 1910.12.5］。

これらの投書を踏まえて『ペナン・ガゼット』の社説は、納税者協会の会員の多くはヨー・グアンセオックを支持しているようだとの見方を示した。納税者協会の委員が事前に会員の気持ちを考慮していれば、委員の決定は会員の賛同を得たかもしれないと述べた。納税者協会の委員の決定は人びとに誤解されており、それは、同委員が市政委員の候補者の選定を急ぎすぎ、状況を仕切ろうと主人面したことに原因があると手厳しく評した。納税者協会が会員資格において広く民主的な方針を取らず、会員と委員の団結が維持されなければ、納税者協会は社会に悪影響を与え、あるいは使えない影響力として無視されるだろうとした［PGSC 1910. 12. 5］。

第二に、市政とはまったく次元の異なる事柄において、一部の華人が納税者協会の一委員に対して不満を抱いていたことである。その不満とは、孫文の運動をめぐる評価であった。

ある投書子は選挙戦を、「年長者やさまざまな華人組織の指導者、ペナン社会の各構成員の指導者などペナンに多くの利害を持つ人びとと、ほとんど何も持たない『改革者』と呼ばれる若い中国の政党（young China Party）との戦い［PGSC 1910. 12. 5］」と言い表した。

ロックは選挙後『ストレイツ・エコー』に投書し、「貴紙の敵は貴紙に対抗して、貴紙の助けを得ずに、自力で新聞を作り始めている」と指摘した［SE 1910. 12. 28］。選挙が行われた一九一〇年一二月に創刊した新聞といえば、ペナン閲書報社（檳城閲書報社、第10章参照）のメンバーが創刊した『光華日報』であった。ロックは、『ストレイツ・エコー』と『光華日報』が対立的な関係にあったことを示唆している。ロックは、孫文に関する『ストレイツ・エコー』の社説が納税者協会の試みを麻痺させ、死に至らしめることになったと『ストレイツ・エコー』を非難した［SE 1910. 12. 28］。

『ストレイツ・エコー』は一九一〇年一一月二日に、「孫文医師（Dr. Sun Yat Sen）」というタイトルの社説を掲載し、一〇月三〇日にマカリスター通りのペナン閲書報社で行われた孫文の演説を痛烈に批判した。社説は冒頭で、「革命家としての孫文医師にわれわれが見出した唯一の欠点は、彼が革命を行わないことだ」と述べた。演説の中で孫文は、「我々には数千の兵隊とあらゆる種類の武器が備わっている。しかし弾丸が足りない。弾丸を確保するには一万ドルが必要だ」と語り、聴衆に資金的支援を要請したとし、これに対して「孫文医師はいつも金、金、金と言っているが、彼の活動に流れ込む金に明白な成果があったことがない」とした。陸海軍および高官の多くが革命事業に積極的であり、一五部隊の新軍のうち一〇部隊の支持を獲得していると孫文は語ったが、それは信頼できないとした。彼は、愛国者であるなら彼を資金的に支援せよというが、それはナンセンスで、応じたとしたら愛国的というよりまぬけだとした［SE 1910.11.2］。

第10章で詳細に述べるとおり、一九一〇年頃のペナンには孫文の革命運動を熱心に支援する組織が存在した。一九〇六年九月には同盟会ペナン分会が設立され、一九〇八年一二月には革命思想の普及を目的としたペナン閲書報社が設立された。この頃行われた中国同盟会幹部の演説には数千人が訪れたとの記述もあり［陳 1921 (2004), 203；205］、革命思想がペナンの華人社会にそれなりに受け入れられつつあったことをうかがわせる。また一九一〇年初頭に、シンガポールに置かれていた「中国同盟会南洋総機関部」がペナンに移動し、中国同盟会はペナンを拠点とし東南アジアにおける動員を試みていた。一九一〇年頃、孫文とその家族はペナンで生活していた。孫文自身は、革命資金を調達するため各地を奔走していたが、ペナンで過ごすことも多かったようである。

市政委員の選挙の前後には、すべての華人の組織に、『ストレイツ・エコー』の社長で納税者協会の事務局長であるリム・センフイを攻撃する下品な風刺画が張られていたとの記述がある［SE 1910.12.7］。華人社会には、リム・センフイを批判する者がいた。その批判が何をめぐるものだったのかを直接に示す資料はないが、孫文の革命運動の支持者が、『ストレイツ・エコー』の記事に反発したことは十分考えられる。その人たち自身が、あるいはその人たちが市政委員の選挙に投票権がある人を動員し、市政委員の選挙を通じて『ストレイツ・エコー』への不満を示した可能性がある。

いずれの陣営も選挙運動を熱心に行っていたことが報道されたが、より広範に組織的な運動を行ったのはヨー・グアンセオックの支持者であったようだ。『ストレイツ・エコー』は、ヨーの支持者の運動は非常によく組織され、その運動は二、三日の間にジョージタウンをほとんど網羅したと伝えた［SE 1910.12.7］。『ペナン・ガゼット』には、二〇〇人がヨーの運動のために動員されるとの記述もあった［PGSC 1910.12.5］。選挙当日にも、ヨー・グアンセオックのために選挙運動をしている若者が約六〇人おり、ヨーの支持者のためにバスが貸し切られ、投票者を投票会場に輸送していた［SE 1910.12.6］。

街中には、それぞれの候補者のポスターが張られた。納税者協会のポスターは、「ペナン納税者協会　ニューブロナーに投票を」という文言を、華語、英語の順で記載した。ヨー・グアンセオックのポスターは二種類あり、一つは「ヨー・グアンセオックはあなたの利益を守るのにふさわしい人物です。ヨー・グアンセオックに投票を」というもので、英語に続いて華語とマレー語で同じ内容の文言が記載されていた。もう一つは、「ヨー・グアンセオックに投票を。適材適所です」というものであった［PGSC 1910.12.5］。他方、「イギリス人と一緒に地獄へ」や、「ヨーロッパ人はシャムで華人に人頭税を課した。したがってヨーロッパ人を委員に選んではいけない」と華語で書かれた「扇動的なポスター」も見かけられた［PGSC 1910.12.8］。

このようななかで当初の予定通り、一二月六日に市政委員の選挙が行われた。投票所は市政事務局長室に設置され、市政局は投票開始時刻の午前一〇時から一日中投票者でごった返していた。投票者は、市政局から人力車や馬車を無料で利用することができ、市政局の周囲の道には馬車や人力車が列を作った。市政局およびその周辺の警備に当たる警官が、昼以降増員された。市政局に到着したにもかかわらず、投票所となっている市政事務局長室に入ることができず、投票者はみな順番待ちをしなければならなかった。投票は午後四時までだったが、その時点で依然として一、〇〇〇人近くの人が市政局の周りに群がっていたため［SE 1910.12.6］、投票時間が午後五時四五分まで延期され、午後五時に市政局の入口ホールにいた人は投票が許可された。しかしそれでも投票できなかった人が、二〇〇～三〇〇人いた［PGSC 1910.12.8］。

市政事務局長室では、同局長のデスクの左に投票箱が置かれた。その向かいに補佐役の書記が待機し、市政事務局長が現場監督者を務め、入口と出口にシク人の警官が配置された。一度に三人の投票者が部屋に入ることができ、入口から投票箱まで壁と背の高い傾斜机で仕切られた通路があり、その机で投票用紙に記入するようになっていた。投票者は投票用紙に記入する前に、市政事務局長に投票用紙を見せ、不正な記入があった場合は市政事務局長がそれを破棄し、新しい投票用紙を投票者に渡した。英語が読めない投票者の場合、投票者が投票したくない候補者の名前を言い、その候補者の名前を市政事務局長が投票用紙から削除した。この一連の過程や、投票用紙への記入は、他の投票者からも見ることができたため、秘密投票が完全には守られていないと指摘された［PGSC 1910.12.8］。『ストレイツ・エコー』は、「ニューブロナーに投票するクリン人やマレー人は一人もいない」との知らせを市政局から正午の段階で得たとし、そのような状況が分かるということは秘密投票が行われていないことを明白に示していると指摘した［SE 1910.12.6］。

投票の結果は、ヨー・グアンセオック六三八票、ニューブロナー八五票で、ヨー・グアンセオックが圧勝した。二人の得票数は合計で七二三票に達し、それは過去数年の選挙では見られなかった規模の票数であった。一九〇〇年代における市政委員選挙における得票数の平均は一三〇票から一六〇票で、最も多かったのが一九〇四年にリム・ユートーが選出されたときの三一一票であった［SE 1904.12.6］。一九一〇年の選挙は、従来は市政委員の選挙に投票してこなかった人たちが関心を持って、あるいは動員されて、広範な参加を得たものと思われる。

『ペナン・ガゼット』は、当選したヨー・グアンセオックに市政についてコメントを求めたが、ヨー・グアンセオックは「非常に忙しい」ことを理由に回答しなかった。またヨー・グアンセオックは、彼の支持者たちが貼った扇動的なポスターについて、「ペナンを離れていたためそのことは承知していない」と答えた［PGSC 1910.12.8］。これに対してヨー・ペックタットは『ペナン・ガゼット』に投書し、自分自身は扇動的な内容のポスターを確認していないとし、そのようなものがあったとしても、それはヨー・グアンセオックやその推薦者や支持者、選挙委員が指示したものではなく、知らないうちに勝手に立てられたものであるとした。それらのポスターの発生源を突き止め、それを書いた人物を罰することは、政府にとって難しいことではないだろうと述べた［PGSC 1910.12.9］。

この選挙の後、納税者協会は解散することになった。これを惜しむ声［SE 1910.12.22］があった一方で、納税者協会の設立は時期尚早だったとする声［SE 1910.12.22］もあった。ロックは、納税者協会の設立は時期尚早だと多くの人が気づき、納税者協会が華人コミュニティの利益を傷つけることになるため、解散を決意したと述べた。これは同協会委員が一人を除いてすべて賛同した決定であるとした。またロックは、ペナンで起こっている事態をイギリスにおける上院議会と下院議会の対立になぞらえた。それによると、上院はペナンに大きな利害を持つ地主階級であり、下院はペナンにあまり利害を持たない納税者であった。地主階級の間に、政治機構の思うままとなっている文盲で無知な人々の手から権限を奪い、地主階級に権限を集中させる必要があるとし、投票資格となる家屋税の引き上げを提案する声もあるとのことであった。ロックは、改革派・革命派は投票権を持ってはならなかったと語った［PGSC 1910.12.22］。

一九一一年八月に、市政条例の改正案に抗議する会議が公会堂で行われた。陳情の作成と提出を行う権限が、C・W・バーネット、リョン・ロックヒン、リム・センフイ、モハメド・マシュルディン・メリカン・ヌルディンに与えられた。この会議で抗議の対象となったのは、市条例の制定・改正や予算作成において市政委員長の権限が増大し、市政委員の権限が縮小したことであった。市政委員の民選廃止に対しては、特に議論されなかった［SE 1911.8.31］。

一九一三年に新しい市政委員会条例が制定され、市政委員の民選制度は廃止された。ペナン市政委員会の委員は委員長を含めて七名とされ、駐在参事官の助言により海峡植民地政府が任命することとなった。この時委員に任命されたのは、W・ピール（W. Peel）、W・T・チャップマン（W. T. Chapman）、R・ダックスベリー（R. Duxbury）と、クア・ベンキー、ヨー・グアンセオック、リム・ヤウホンであった［City Council of Georgetown 1966, 67］。

一九二三年に市政委員の人数が二名増え、ムスリムとユーラシアンの代表が任命された。翌年一九二四年には委員の人数が再度増員となり、ペナン商業会議所、ペナン華人商業会議所、ペナンSCBA（一九二〇年設立）、海峡植民地協会ペナン支部に対して、市政委員を推薦する権限が与えられた［Report 1953］。ペナン華人商業会議所は市政局に交渉し、この権限を確保したとのことであった［檳榔嶼中華総商会 1925］。委員の人数は一九三四年に再度増員され、華人公会堂を代表する委員が任命されることとなった。これによって当時の市政委員は、総督の任命した委員七名（ヨーロッパ人三名、ムスリム二名、ユーラシアン一名、華人一名）と、ペナン商業会議所、海峡植民地協会ペナン支部、ペナン華人商業会議所、ペナンSCBA、華人公会堂がそれぞれ推薦した委員によって構成された。この委員構成は、市政委員の民選が復活し、マラヤ連邦最初の直接選挙がジョージタウンで行われた一九五一年一二月まで続いた［City Council of Georgetown 1966, 79–84］。

＊　＊　＊

納税者協会の設立において、ペナン華人商業会議所のメンバーや華人公会堂の指導者を中心に多くの華人が参加し、ロックが強い指導性を発揮していた。その試みにおいて当初は、「社会のあらゆる構成要素」から支持を得ることが困難であった。市政における経験が長いヨーロッパ人の指導者の支持はほとんど得られなかった。一九〇五年に同協会の設立が議論されたときには会費の金額をめぐり、設立準備委員の間で意見が調整できなかった。規約案は作成されたが、協会の設立は放棄された。

その後、市政委員の民選の廃止が立法参事会で取り上げられたのをきっかけに、納税者協会は一九一〇年に設立された。人数はそれほど多くはなかったが、市政での経験を有するヨーロッパ人や、ムスリムの指導者の支持を得ることに成功した。納税者協会の設立において華人は、納税者を構成する「あらゆる構成要素」の動員を図り、自らが納税者の総意を代表していることを正統性の根拠とし、市政において自らの意思をより反映させようとした。

しかしその試みは、華人コミュニティ内部における対立により挫折した。一九一〇年一二月の市政委員の選挙において、納税者協会の推す人物は大差で敗北した。その理由について当時の報道は明示的に述べていないが、断片的な情報をつなぎ合わせていくと、『ストレイツ・エコー』に掲載された孫文の批判記事に由来していたことが推測される。『ストレイツ・エコー』を出版するクライテリオン・プレスの常務取締役であるリム・センフイは、納税者協会の主導者の一人であった。『ストレイツ・エコー』に対する反発が、納税者協会の推薦候補者の拒否というかたちで、市政委員の選挙を通じて表明されたと考えられる。ペナンにおける孫文の支持者は、孫文がペナンを最初に訪れた一九〇五年当時はそれほど多くはなかった。しかし一九一〇年頃には、組織的な動員が可能であるまでにその数が増えていたことが分かる。

一九一〇年一二月の市政委員選挙での敗北を経て、納税者協会の設立を試みた人たちは、すべての納税者による投票を通じた政治参加を制限すべきであるとの意見に傾いた。一九一三年より市政委員の民選が廃止されたことは、納税者協会の設立を試みた人たちにとって歓迎すべき展開であったと言えよう。一九二〇年代から三〇年代にかけて、ペナン華人商業会議所や華人公会堂は市政委員の推薦枠を確保し、ジョージタウン市のあり方について議論する意思決定の場に代表者を送り続けることができた。選挙で市政委員を選ぶ方式は、ペナン華人商業会議所や華人公会堂にとって、安定的に代表者を送れる方法では必ずしもなかったと言える。

一九一〇年一二月の市政委員選挙では、ペナン華人商業会議所や華人公会堂の指導層と革命支持者との間に対立関係が見られた。このことを、英語派と華語派の対立と見ることも可能かもしれない。しかし事はそれほど単純ではない。第11章で見るように、革命支持者の指導層は一九一一年以降、ペナン華人商業会議所に合流していく。

第Ⅲ部

秩序転換期の中国との関係構築

ペナン孫文記念館（小蘭亭・ペナン閲書報社跡地）（2006年8月筆者撮影）

ペナン閲書報社の拠点は，ダト・クラマット通り（1908 年），アルメニアン通り（1910 年）を経て，マカリスター通りの小蘭亭の跡地とされる場所に 1917 年に移転した。ペナン閲書報社の拠点はその後も移転したとする説もあるが，アルメニアン通りの跡地には孫文ペナン拠点博物館（Sun Yat Sen Museum Penang / 孫中山檳城基地紀念館）が 2001 年に，マカリスター通りの跡地にはペナン孫文記念館（Sun Yat Sen Memorial Centre Penang / 檳城孫中山紀念館）が 2010 年に，それぞれ開館した。写真はペナン孫文記念館である。

第8章　中国との往来における安全確保——商業会議所ネットワークの活用——

第5章で論じたように、ペナン華人商業会議所が設立された当初、同会議所は関係を強化する公権力として、海峡植民地政府を想定していた。これに対して同会議所は一九〇七年以降、清朝政府とも公的に関係を構築していった。同会議所は一九〇七年一月一四日（光緒三二年一二月初一日）に華語名称を「檳城華人商務局」から「檳榔嶼中華商務総会」に変更して清朝の商部に登録し、二月に朝廷から「関防」[1]と呼ばれる官印を授かった［商務官報 1907］。ペナン華人商業会議所は、海峡植民地の公権力とのみ関係を構築していたわけではなく、中国の公権力とも関係構築を図っていた。

ペナン華人商業会議所が清朝政府の商部に登録した経緯について、『檳城新報』や『ストレイツ・エコー』などは特に伝えていない。その経緯を伝える資料は、管見の限り『商務官報』[2]のみで、以下のように書かれている。一九〇五年一二月に、清朝の使節であるチャン・ピーシーがペナンを訪れて、商会の趣旨を伝えた。リム・ケックチュアンが中心となり、シンガポール華人商業会議所（Singapore Chinese Chamber of Commerce ／新嘉坡中華商務総会）の会則を参考に会則案を作成し、各方言集団の商人を集めてこれを協議し、リムとリョン・ロックヒンを正副会長に選出した。これによってペナンの華人商人の意思疎通が図れたため、商部への登録と官印の発行を申請するに至った［商務官報 1907］。

この記述には、ペナン華人商業会議所が清朝の商部に登録するに至った具体的な動機は書かれていない。この記述から分かるのは、ペナン華人商業会議所が清朝の商部に登録するうえで、清朝の使節チャン・ピーシーの働きかけがあったことと、シンガポール華人商業会議所の会則を参照したことである。

清朝使節チャン・ピーシーの働きかけが記録されていることから、ペナン華人商業会議所の清朝政府への組み込みは、例えば荘［荘 1989］のように、清朝政府の意図、すなわち国内開発のための在外華人資本の動員と、保皇派・革命派を競合者とした在外華人の支持獲得によって説明されることが多い。これに対して本章では、「清朝使節チャン・ピーシー」の位置付けをとらえ直し、ペナン華人商業会議所が清朝商部に登録するに至った背景について、ペナンの華人の意図を重視した説明を試みる。

チャンは確かに当時、清朝政府により海外商務視察官（考察外埠商務大臣）と福建・広東農工鉱業・鉄道事業監督員（督辦閩広農工路礦事宜）に任命されており、その身分で東南アジアを訪れていた。しかしそのことをもって、チャンを単なる清朝政府の意志の伝達者ととらえることはできない。チャンは、中国における立身出世の道である科挙を経て官僚になった人物ではなく、東南アジアにおける経済力と東南アジアの華人社会における影響力を評価され、臨時に役職を付与されていた実業家であった。東南アジアで蓄積した富を資本として中国に進出し、事業の一層の拡大を図るために、チャンは清朝政府にアプローチし、上記の役職を得た。

チャンは一八六〇年代以降オランダ領東インドで財を成し、一八七〇年代後半にペナンでも事業を立ち上げ、一八九〇年代後半にペラやスランゴールに進出した。チャンはマラヤでの拠点として、ペナン島ジョージタウンのリース通りに事務所兼住居を建設した。その建物は今日ブルー・マンションと呼ばれ、ホテルを併設する博物館として公開されている。チャンはシンガポールやバタヴィア、香港、中国にも拠点を設けたが、その中でブルー・マンションは最も壮麗で精巧な造りとなっており、チャンにとって最もお気に入りの拠点であったと言われている［Lin 2002, 12］。

チャンは中国での事業拡大のために清朝政府から便宜と庇護を得ようとし、そのために清朝政府から期待された役割、すなわち東南アジアの華人資本の動員を引き受けた。その目的のためにチャンは自ら資金を捻出し、方策を考え、奔走した。そのひとつの方策が、商業会議所を通じて中国各地の有力商人のネットワークと、公権力である商部とのパイプを東南アジアの華人に提供することであった。

本章の目的は、以上について明らかにしたうえで、ペナン華人商業会議所が清朝商部に登録した背景を説明することである。そのために、まずチャンの経歴をたどる。次に、海峡植民地の華人にとって中国の商業会議所とネットワークを構築することと、商部と関係を構築することが、いかなる意味を持っていたのかを探る。その背景として、中国の公権力による強制力の運営に対し、海峡植民地の華人が強い不満を抱いていたことを示す。そのことを踏まえたうえで、ペナンに先立ち清朝政府と公的な関係を構築し、ペナン華人商業会議所が会則を作成するうえで参照したシンガポール華人商業会議所（一九〇六年四月設立、同年九月頃商部に登録）が、どのような意図で商業会議所を設立したのかを明らかにする。最後に、シンガポール華人商業会議所の事例が、ペナンの華人に参照され、清朝政府との公的な関係構築に結び付いていったことを見る。

1　チャン・ピーシー——東南アジアでの富の蓄積と中国進出——

(1)　東南アジアにおける富の蓄積

チャン・ピーシーは一八四一年に広東省潮州府大埔に生まれた。客家系である［檳榔嶼客属公会 1979, 737］。中国で教育を受けた後、一八歳の時にバタヴィアに移住した。そこで華人米商人の下で店員として働き、その娘と結婚し、義父の助けを得て一九歳の時に自らの事業を興した。オランダ陸海軍に食糧を供給するなかで植民地政府の信頼を獲得し、アヘン、タバコ、酒類の専売も請け負うようになり、西ジャワの市場をほぼ独占するに至った。また当時、プランテーション開発や土地開発が盛んで、オランダ植民地政府やこれらの事業に参入するオランダ系企業は、開発に必要な労働力を中国に期待した。そのようななかで、チャンは華人労働者を供給・管理する事業も請け負うこととなった［Godley 1981, 10–11］。二五歳の時にユー・ホップ社（Yoo Hop Company［Lee and Chow 1997, 10］／Sjarikat Yu Huo Tidak Terhad［Godley 1981, 11］／裕和無限公司［檳榔嶼客属公会四十周年紀念刊編輯委員会 1979, 737］）を立ち上げ、米やココナツのプランテーションを経営した。

一八七五年にオランダ軍がスマトラ征圧を開始すると、チャンもスマトラに移り、アヘンなどの専売権を獲得した。同年、バタヴィアのカピタン・チナと提携し、ペナンに交易会社リーワン社（Li Wang Kongs／笠旺公司）を設立した。一八八〇年にはデリにも同社の拠点を置き［Wright and Cartwright 1908, 777–778］、デリで事業を行っていたチョン・ヨンヒアンとチョン・アーフィーとともに、ココナツやゴム、茶のプランテーション経営を手がけたほか、デリ銀行を設立した。チャンはオランダ軍の対アチェ侵攻作戦の際にもオランダ陸海軍への食糧供給を請け負い、自身もアチェに進出し、アヘン専売を請け負ったほか、海運会社（Kwang Hock Kongsi）や蒸気船運航会社（Ban Yoo Hin：萬裕興）を設立（一八八六年）し、アチェ一帯の交易を支配した［Lee and Chow 1997, 10］。

一八九五年までにチャンの蒸気船航路はデリ、ペナン、ペラを結び、マラッカ海峡を覆うまでに成長した。一八九五年から一八九七年には、ペナンとシンガポールを拠点にアヘン専売を請け負っていたシンジケートに、ペナンの提携者の一人として参加した［Trocki 1990, 192–197］。一八九八年にはペナンのチア・チュンセンおよびクアラルンプールのロク・ユウと共にパハンのベントンに錫採掘会社（Tong Hin Mining Company）を設立したほか、スランゴールの錫鉱業にも参入した［Lee and Chow 1997, 10］。この頃、一八九三年三月から一八九四年七月に在ペナン清朝副領事を、一八九四年七月から一八九七年に在シンガポール清朝総領事をそれぞれ務めた。

以上の経歴から分かるように、チャンはオランダ植民地政府から請け負ったさまざまな事業を基盤に、事業を発展させていった。チャンはこの経験から、政府と密接な関係を維持し、さまざまな便宜を得て事業を請け負うことが事業発展への最も有効な近道だと認識したであろう。チャンが一九一六年に世を去ったとき、オランダ東インド政府とイギリス植民地政府は半旗を掲げ、追悼の意を表したという［Godley 1981, 188］。このエピソードから、両植民地政府のチャンに対する認識の大きさをうかがい知ることができよう。

(2)　寄付を通じたペナン華人社会との関係構築

第4章で見たように、ペナンにおいて華人の代表者として公権力や社会から認識されていたのは、華人公会堂であった。その理事の約半数が、父の代までにペナンおよびその周辺地域で事業を確立した家系出身の福建人であった。広福宮の理事の中に広東人の存在が確認できるのが一八六二年以降であることから、当初の運営においては福建人が優勢であったという指摘がある［張少寛 2003, 126–135］。このことと、福建幇の五大姓とコー一族との連携が、一九世紀のペナン経済をけん引する主体であったという指摘［Wong 2015］（第1章参照）とを合わせると、一九世紀のペナン華人社会はペナンおよびその周辺地域への移住の歴史が古い家系出身の福建人が経済的・政治的に優勢であったことがうかがえる。

こうしたなかでチャン・ピーシーは、ペナンでは新参者であった。チャン・ピーシーは、一八九一年より在シンガポール総領事を務めていた黄遵憲の推薦を受けて［黄 2015, 136–137］、一八九三年三月に在ペナン清朝副領事に任ぜられ、その頃からペナン社会との関わりを強めていった。チャンは後述するように、一八九〇年代半ば頃から東南アジアの華人に中国への投資を呼びかけるようになり、ペナンはその重要な拠点の一つであった。そのことも、チャンがペナン社会への関わりを強めていった背景であった。ペナンへの関わりを強めるうえでチャンは、ペナンの華人が広く利益を享受しうるような施設を寄付した。チャンはそうした寄付を、ペナン外部出身の客家系でペナンの華人社会ではやや周縁に位置する実業家と、ペナン華人社会の中核に位置する既存指導層との共同事業として行った。

チャンが寄付した施設として第一に、極楽寺という寺院がある。広福宮では一八八七年以降、福州の鼓山涌泉寺からやって来た妙蓮という僧が住職を務めていた。妙連を招いたのは、クー・ティエンテック、リム・ホアチアム、フー・タイシン、チョウ・シンヤンであった［王 2010, 18］。彼らは第4章で見たとおり華人公会堂の創設者であり、ペナン華人社会の福建幇および広東幇を代表する既存指導者であった。妙連はペナンに鼓山涌泉寺の別院を建設すべく、一八九三年にヨー・シウビアウからアイルイタムに土地を購入し、小高い丘となっているその地に鶴山極楽寺の建設を計画した。建設資金を調達できたのは一八九五年で［王 2010, 18］、資金を提供したのはチャン・ピーシー、チョン・ヨンヒアン、チア・チュンセン、チュン・ケンクイ、タイ・キーユンであった。一九〇四年に建物が完成し、一九〇五年一月に極楽寺は開創した［陳 2007, 221］。

資金提供者五名はいずれもペナン外部出身の客家系であり、ペナンとの関わりが古い者と新しい者がいた。ペナンとの関わりが最も古いのはチュン・ケンクイで、一八四〇年代に広東省広州府増城県からペラに移り、ペラで事業を行ううえでペナンにも拠点を置き、ハイサンの指導者としてペナンの華人社会でも指導性が認められていた。チュン・ケンクイは、ペナンの既存指導者との関係をつなぎうる人物であったと言える。

他の者はチャンも含め、自らの事業を通じてペナンとは多少なりとも関係を持っていたが、チュン・ケンクイに比べるとペナンの華人社会では周縁的な立場にいた。タイ・キーユンは広東省潮州府大埔出身で、一八七三年に労働者としてペナンに渡り、一八八〇年代半ばにタイピンで漢方薬店を開き、イポーやペナンにも分店を出した。チョン・ヨンヒアンは広東省嘉応州梅県出身で、一八八〇年前後よりデリでチャン・ピーシーと事業を共同で行っていた。チア・チュンセンはボルネオ島西海岸のポンティアナ出身で、アチェで事業を行い、ペナンに移ってきたのは一八九八年であった。これら三名はのちにチャン・ピーシーの後任として、在ペナン清朝副領事を務めることとなった。チョン・ヨンヒアンは一八九四年に、チア・チュンセンは一八九八年に、タイ・キーユンは一九〇七年に、それぞれ在ペナン清朝副領事に任ぜられた［鄭 1998, 105］。

チャン・ピーシーらの極楽寺への支援は、ペナン華人社会の既存指導層が招いた僧の支援であり、そのことは既存指導層に対する協力の提供と言えるであろう。既存指導者との関係をつなげうる人物が、ペナンでも指導性が認められていたチュン・ケンクイであった。チャンは、寄付事業を通じて自身が既存指導者と関係を構築・強化するとともに、ペナンで自身の事業を託すことになるであろう人物と既存指導者との関係も構築しようとしたと考えることができるだろう。

チャンが寄付した施設として第二に、中華学校がある。同校は、一九〇四年に清朝が導入した近代的な教育制度に沿ったカリキュラムを組み、華語を教授言語とした。中華学校の設立に資金を提供したのは、チャン・ピーシー、チア・チュンセン、チョン・アーフィー、リョン・フィー、フー・チューチュン、チア・テックスン、リム・ケックチュアンであった［檳城新報 1904.4.29］。この事業においてもチャンは、ペナン華人社会の既存指導層と、自身と、自身と同じくペナン外部出身の客家系実業家との提携を図った。

資金提供者のうち、チア・テックスンとリム・ケックチュアンはペナン出身の福建人であり、いずれも当時のペナンにおいて華人社会の指導者として認識されていた人物であった。チア・テックスンは一八九五年に華人公会堂の福建幇の理事長に就任した人物で、リム・ケックチュアンはペナン華人商業会議所で会長を務めていた人物であった。

残りの者はいずれもペナン外部出身の客家人で、ペナンとの関わりを多少は持っていたが、ペナン社会では周縁に位置する人物であった。チア・チュンセンはすでに説明したとおりである。フー・チューチュンは福建省汀州府永定県生まれで、一八七一年にペナンに渡り、ペラやスランゴール、プルリスなどで錫の開発を行っていた。チョン・アーフィーはチョン・ヨンヒアンの弟で、兄とともにデリにおいてチャン・ピーシーと共同で事業を行っていた。リョン・フィーは広東省嘉応州梅県白土堡三角地生まれで、ペラのイポーを拠点にタンブンでの錫開発で財を成し、チア・チュンセンの推薦を受けて一九〇三年一月に在ペナン清朝副領事に任ぜられた［鄭 1998, 105］。

これら寄付事業に参加したペナン外部出身の客家系実業家たちは、ペナン華人社会の既存指導層に受け入れられていった。彼らは華人公会堂の理事として名前を連ねるようになった。一八九五年にはチュン・ケンクイ、一九〇六年にはチア・チュンセンとフー・チューチュンが華人公会堂の理事に加わった。その要因として最も重要なのは、彼らが実業家として財力と影響力を持っていたことであるが、極楽寺の建設や中華学校の設立への寄付の前後に華人公会堂の理事となっていることに着目するならば、寄付を行った意義もまた大きかったと言えよう。

華人公会堂では、福建幇理事の多くがペナンに生まれ、父親の代に事業を確立した家系の出身であったことから、ペナンでの居住歴が長い者がペナンの華人社会における指導層の一部を構成していたことが分かる。これに対して広東幇理事には、ペナン外部出身の新参者も多かった。経済的な実力やペナン社会への影響力を認められれば、新参者は華人公会堂の理事に招き入れられ、ペナン華人社会の指導層に取り込まれていったと言える。ペナンの華人社会は、新たに台頭する経済的・政治的実力者を認め、それを排除せず、内に取り込むような性格を有していたと言えるであろう。

(3) 中国進出

チャンは東南アジアで蓄積した富を資本に、一八九五年頃から中国に進出し始めた[4]。マラヤの華人には中国を無限の可能性を持つ広大な市場ととらえる者も多く[5]、チャンも「中国は広大で物産や資源が豊富で、外国人の垂涎の的である［東華録 1904］」と認識していた。

チャンが中国進出の足がかりとしたのは、李鴻章の片腕として数社の官立企業の役職を兼任していた大企業家の盛宣懐[6]との提携であった。チャンは盛宣懐の誘致を受けて、一八九五年九月に山東省烟台にワイン製造会社(Chang Yu Pioneer Wine Company／張裕醸酒公司）を設立し、オーストリア－ハンガリー帝国の専門家を招いてぶどうの栽培から手がけ、一五年間のワイン専売権と三年間の免税を認められた［Godley 1981, 85］。一八九六年に盛宣懐が鉄路総公司の理事長に就任すると、チャンは広州－漢口鉄道建設計画の最高責任者に任命され、広州に事務所を開いた。一八九八年夏にはこの計画のための資金調達を命じられてマラヤに赴き、同年末には同社の株を販売する支店をシンガポールに設置した。一八九七年には盛宣懐が上海に設立した中国通商銀行の最高責任者に就任した［荘 1989, 272］。

チャンは鉄道敷設・運営のほかに、工業や鉱業、農業などさまざまな分野において中国全土での事業展開を視野に入れていた。そのために彼はさらに上位の権威との関係を必要とした。一九〇三年初め頃、チャンは清朝の鉄道・鉱業局に付設学校を設立する資金として二〇万両を寄付した。これが朝廷の賞賛を得て、チャンは一九〇三年六月初めに西太后と光緒帝への謁見の機会を得たうえ、三品京堂候補[7]と侍郎[8]の称号を付与された［光緒実録 1903；叻報 1903.6.30］。しかしこれらはいずれも実権を伴わない名誉称号であった。

チャンは商部の上奏により、一九〇四年一〇月二一日に西太后と光緒帝に謁見する機会を再度得た。チャンはこの時、中国の商業を振興させるには、豊かな資本を持ち経営に秀でている海外の華人商人を招致することが不可欠だとし、中国国外で活動する華人商人を多数生み出している福建と広東から商業を振興させるべきだと説いた。そのために、商業都市から名声も人望もある誠実な人材を選び、海外商務視察官と福建・広東農工鉱業・鉄道事業監督員に任命し、華人商人を保護する任務を与え、各都市を訪問させるべきだと陳情した［東華録 1904］。その結果、チャンは自らが提案したこの二つの実権を伴うポストに任命された。

しかしこれは、「三年後に商部が調査し、効果をあげていればそのまま継続し、南から北に徐々に拡大する。効果がなければ、商部はこの臨時ポストを廃止する［東華録 1904］」という条件付きであった。つまりチャンの中国での事業発展の前途は自身の業績にかかっており、東南アジアの華人の資本動員は至上課題であった。

その課題の達成は容易ではなかった。当時の海峡植民地の華人は、中国投資には非常に消極的だった。例えばシンガポールの華人は、中国の官僚は投資家の利益を保障しえないため、中国投資は損失と同義だとし、広州－漢口鉄道への投資を拒否した［ST 1898.2.17］。そもそも海峡植民地の華人は中国を、財産や命さえ失いかねない危険な場所と見ていた。そのような場所への投資が躊躇されるのは、自然なことであった。

2　「中国は険しくて恐ろしい道」

(1)　帰国者を迎える中国の状況

第2章で述べたように、中国沿岸部では「帰国者＝富裕者」という認識が存在し、帰国者の富を狙う犯罪が常態化していた。帰国した華人に対する罰則規定は嘉慶・道光年間（一七九六－一八五〇年）には有名無実化していたものの、完全に撤廃されていたわけではなかった。福建と広東の沿海部では地方官が帰国者に対してあまりよい感情を持っていなかったこともあり、地方官は帰国者を保護しなかったばかりか、ゆすりを働いたり、地元のごろつきと結託して帰国者を騙したりするなどして、帰国者から金銭を奪うことも少なくなかった。

同治年間（一八六二－七四年）以降、東南アジアに居住する華人の富に注目し、東南アジアを拠点とする華人商人を誘致して国内産業を振興すべしとの議論が清朝政府内に登場した。こうした議論を背景に、東南アジアに居住する華人との関係を強化するため、領事の派遣を唱える者が現れた［荘 1989, 259–260］。一八七七年にシンガポールに清朝領事館が設置された。しかし第2章で述べたように、清朝政府は領事の派遣において海峡植民地に居住する華人を保護するという意識が薄かったり、また清朝政府が海峡植民地の華人を監督・管理する意志があると海峡植民地政府から疑念を抱かれることを警戒したりしたため［箱田 2012, 65–68］、清朝領事は海峡植民地における華人の保護において当初消極的であったようである。東南アジアに領事を派遣することに対し、清朝政府内には慎重・消極的な意見が強かった。領事の派遣を通じて中国国外に居住する華人を保護し、彼らを資金源として期待しようという認識が清朝政府内に共有されたのは、一八八〇年代後半であったとされる［青山 2014, 104–106］。一八

表 17　在ペナン清朝副領事・中華民国領事の歴任者（1893－1930 年）

任　　　期	名　　　前	役　職
1893 年 3 月～1894 年 7 月	チャン・ピーシー	副領事
1894 年 7 月～1898 年 5 月	チョン・ヨンヒアン	副領事
1898 年 5 月～1903 年 1 月	チア・チュンセン	副領事
1903 年 1 月～1906 年 12 月	リョン・フィー	副領事代理
1906 年 12 月～1907 年 12 月	チア・チュンセン	副領事
1907 年 12 月～1912 年	タイ・キーユン	領事
1912 年～1917 年	タイ・セオックユエン	代理領事
1917 年～1930 年	タイ・セオックユエン	領事

出所：［鄭 1998, 105］。

九三年には在ペナン清朝副領事が任命されたが、在シンガポール清朝領事の任命から一六年も間が空いており、このことは東南アジアに領事を派遣することに対する清朝政府の慎重な姿勢という文脈において理解できる。在ペナン清朝副領事・中華民国領事の歴任者（一八九三－一九三〇年）は、表17のとおりであった。

在シンガポール清朝総領事は一八九四年に、中国に戻る華人に対して「保護証（護照）」[9]の発給を開始した。これ以降、中国に戻るときの保護を確保するために清朝総領事にアプローチする華人が増えた。また清朝政府は中国国外に居住する華人の招致を促進するため、帰国した華人に対する罰則規定を一八九三年に撤廃した［Yen 1985, 266；荘国土 1898, 260］。

しかし帰国者を迎える中国の状況は、あまり改善しなかった。入国時に役人から脱税や禁止物品の持ち込みがあると言いがかりをつけられ、罰せられる帰国者が続出した。地方の役人に金をせびられ、それに応じなければ、墓地を荒らされたり、でっちあげの借用書を根拠に先祖の借金返済を迫られたり、虚偽の罪で訴えられたり、殺人の罪をなすりつけられたりした［檳城新報 1895.12.24］。

あるペナンの華人は親戚を訪ねて一八九三年に中国に帰国した際、悪徳名士と地方役人に濡れ衣を着せられ投獄された。彼の家族や友達は彼の無実を訴え釈放を求めたが、一八九五年に至るまで未解決のままであった。シンガポールの華人はこれを知ると、在シンガポール清朝総領事を訪ね、事件の処理を迅速に行わず、悪人と結託して悪事を働く中国の地方役人に対する不満を訴え、事件の解決を求めた［檳城新報 1895. 8. 29］。

この時在シンガポール清朝総領事を務めていたのは、チャン・ピーシーその人であった。チャンは総領事館を訪れた華人に応対するなかで、中国の治安維持のあり方に対して彼らが強い不信感を持ち、帰国を恐れていることを認識した。また事件の解決をめぐりチャンが直接やり取りした汀漳龍道の道員[10]は迅速に行動したが、道員の命令を村長まで貫徹することができず、問題解決が円滑に進まなかった。チャンはこの経験から、中国では上から下に向かって権力を有効に行使できないことを強く実感した。

一八九六年に御史[11]の陳璧の上奏に基づき、帰国者に対する詐欺やゆすりを禁止する上諭が公布された［檳城新報 1896. 3. 17］。しかしこれもあまり効果がなかったようである。一八九九年においてもシンガポールの福建人商人は帰国するたびに詐欺やゆすりなどあらゆる悪事に遭い、悪習は依然として変わらず、特に漳州や泉州一帯の状況が悪いことが報告されている［檳城新報 1899. 5. 25］。

第3章で述べたように、イギリス国籍を盾に中国で安全を確保しようとする華人も存在した。しかしイギリスの公権力が保護の対象とするイギリス国籍者は、イギリス国籍者を両親に持つ者に限られた。そのことをペナンの華人は、一九〇〇年代前半までには認識していた。

(2) 厦門保商局

このようななかで一八九九年五月に、帰国者を保護するための最初の公的な機関である厦門保商局が設立された。保商局は保護証の発行や荷物の運搬を行うほか、帰国者が被害に遭った場合、その調査を行うとした。また道員に対して、これまでの悪弊を追及し、帰国者保護を徹底するよう地方官に命じるよう要請した［叻報 1899. 6. 12］。福建省以外の沿海各省にも保商局の設立を促す上諭が公布され［東華録 1899］、同年九月末までに汕頭で

［叻報 1899.9.29］、一九〇〇年二月に広東で［檳城新報 1900.4.2；東華録 1900］、保商局がそれぞれ設立された。

海峡植民地の華人は厦門保商局の設立を一大善政として評価した。しかし、帰国者保護をめぐる問題は官の能力不足に由来するため、地方官が監督する保商局では同じ問題を繰り返すだけだと見ていた。シンガポールでは、保商局の設立を命じた総督の真意や命を受けた地方官の取り組みを疑い［叻報 1899.6.7］、保商局の設立は形式だけではと訝しがり、総領事に直接問い合わせようとする人もいた［叻報 1899.6.10］。保商局員の大半が役人で、民間人は一、二名ほどしかいないことを指摘して批判し［古梅鈍根生 1899a］、官話が話せず、地方官に対する礼儀に不慣れで、誰が悪人で誰が善人か状況を把握していない帰国者が頼れるのは、日ごろから気心が知れている在地の商人だとし、保商局の管理・運営を在地の商人に任せるべきだという主張もなされた［古梅鈍根生 1899b］。

シンガポールでは、在シンガポール清朝総領事の権威も疑問視されていた。シンガポールの総領事館で保護証の発行を受けたある商人が、厦門保商局でその保護証を提示したところ、その保護証では心もとないので厦門の有力商人に保証書を頼み、それを保護証と換えるべきだと言われた。これに対し「朝廷が南洋に派遣した総領事の保護証は、厦門の商人の保証書に及ばないのか」という問いかけがなされた［古梅鈍根生 1899a］。

同年一一月頃には、厦門保商局の財政難が伝えられ始めた［檳城新報 1899.11.3］。厦門保証局の主な財源は、在厦門アメリカ領事に依存していた。在厦門アメリカ領事はルソン島に向かう渡航者から七ドルを徴収し、そのうち二・五ドルを厦門保商局に支払っており、これが厦門保商局の主な財源となっていた。しかしこの徴収金が、すべてアメリカ領事に納入されることになった。保商局の財政は逼迫し、その廃止もささやかれ始めた［檳城新報 1899.12.27］。

こうしたなかで厦門保商局は、出港地を問わずすべての帰国者から一ドル徴収し、それによって運営費をまかなうこととした［叻報 1902.3.13］。シンガポールから厦門に戻る華人はこの対応を不満とし、一九〇二年一二月に在シンガポール清朝総領事に陳情書を提出した。それによると、帰国者は依然として頻繁に犯罪に巻き込まれており、帰国者を保護しえない有名無実の機関が帰国者から金銭を徴収するのは納得がいかないとした。また、中国で被害に遭った場合、黙って怒りをこらえるか、被害調査を依頼して賄賂や多額の費用を要求されるなど余計な面倒を招くかのどちらかで、生きていくよりどころがないと嘆いた［叻報 1902.12.11］。

帰国に不安を抱き、問題解決をどこにも持ち込めない状況に諦めを覚え、中国への帰国より南洋に留まることに安定を見いだす華人も少なくなかったようだ。例えば、「異国で築いた事業や財を子孫に伝えることのみを考え、もう故郷の地に足を踏み入れようと思わない。中国への帰国は恐ろしい道である。これは、官が匪賊を捕らえて民心を安定させることができないためである……華人の心は日に日に中国から遠ざかりつつある」との声も聞かれた［漁古 1902］。

この頃シンガポールでは、在シンガポール清朝総領事に対する不満が存在した。当時の総領事である鳳儀は、華人商人と何年も連絡を取らず、官僚風を吹かせ、トラブルの解決を求めても聞こえないふりをして取り合わず、部下の外でのもめごとを放任し、保護証の領収料を倍にして余分なお金を部下と山分けしていると批判された。「すべての悪行が露見しており、シンガポールに住む華人はみな不満に思っている」との不平が聞かれた［檳城新報 1905.3.25］。

(3) 商部による帰国者保護の試み

一九〇三年九月一四日（光緒二九年七月二三日）に商部が開設されると、商部は朝廷に対して帰国者保護に関してさまざまな上奏を行い、朝廷からの上諭という形で各方面に命令を発してもらった。保商局は弊害が多いとしてその廃止を求め［叻報 1904.1.22；檳城新報 1904.1.26；東華録 1903］、それに代わって商部が各省に「商務局」を開設し、人員を選んで派遣し、帰国者を保護することが認められた。

一九〇三年一一月から一二月にかけて、朝廷は商部の上奏に基づき上諭を出し、福建・浙江総督をはじめ各省の長に帰国者保護の規約作成と帰国者保護の徹底を命じた［叻報 1904.1.23；檳城新報 1904.1.27；東華録 1903］。商部は一九〇五年五月（光緒三一年四月二二日）にも、地方官が帰国者の保護を徹底するよう各省の総督や巡撫に命じるよう朝廷に上奏し、それが上諭として公布された。商部は上奏文の中で、商業を発展させるうえで帰国者の保護が重要であることを指摘し、それには商部と地方政府との協力が必須であると訴えた［東華録 1905a；東方雑誌 1905］。同年七月には、福建省への帰国者の保護を厦門商務総会に委ね、それを商部が管轄することを上奏し、朝廷の認可を受け、上諭が出された［東華録 1905b］。商部は商務総会を通じて地方の名士や有力商人と関係を構築し、それを通じて帰国者保護および商業の発展を図ろうとした。これはのちに海峡植民地の華人に対して、中国の公権力に働きかける新たなチャンネルを提供するものであった。

3　帰国者保護に関するチャンの持論とその実践

(1)「一二か条の意見書」

チャンは以上のような状況の中で、東南アジアの華人の資本を動員して中国で事業を発展させるには、帰国者やその家族および財産の安全を確保するための治安維持制度や、問題を持ち込んで処理する紛争調停機関や調停者を中国に確立することが必要だと考えた。その構想は一九〇三年六月末から七月末に「一二か条の意見書[12]」として朝廷に提出された。この中でチャンがしばしば東南アジアの事例を参考としているのも興味深い。

チャンがまず問題にしたのは、官と民の隔たりであった。チャンは、自らを尊大視し民に会おうとしない役人の態度こそが帰国者を保護し得ぬ原因であり、在外の富裕な商人からの資本流入を妨げ、ひいては中国の発展を停滞させていると説いた［益智録 1905.12.29］。チャンは、帰国した商人は担当部署で登録し、問題が起きたらいつでも訴えを提出し、官の保護を得ることができるとした。その際、追加手数料などを要求してはならず、取調べの際は裁判所で跪く必要はなく、地方官は礼儀をもって帰国者に接するべしとした［益智録 1905. 12. 23］。

チャンはこのような制度が備わっている例として、オランダ領東インドやマラヤを例にあげた。彼は「オランダにはカピタンやルーティナントという役職があり、イギリスには治安判事という役職があり、それぞれ我々華人に応対している」とし、中国においても同様の役割を担う人物を置くべきだとした。そのために、「資本を集めて商業を行う商人に、名誉称号（虚銜頂戴、官職の権限を伴わない位階のみの称号）を授けて名誉を与え、商業訴訟の陪審員としうるようにする［益智報 1905. 12. 23］」ことを提案した。

チャンのこの提案では、中国国外に居住する華人も陪審員たりえた。清朝政府は一八七〇年代末より、中国国外から中国国内の災害に義捐金を出したり、清朝政府に寄付を行ったり、中国に巨額の投資をしたりする華人に積極的に名誉称号を与え始めた。清朝政府は財源を確保する一手段として一八九〇年代から名誉称号の販売を一般化し、『叻報』などに各称号の価格リストを掲載した。中国国外に居住する華人の中には金銭を介して名誉称号を得た者も少なくなく、マラヤでは一八七七年から一九一二年の間に二九〇人が名誉称号を付与された［Yen 1970, 24］。

チャンはまた、商業にまつわる犯罪や問題を未然に防ぐため、「商務部」を設置し、地方政府が管轄する既存の制度とは別個に治安維持制度を「商務部」の下に設置することを提案した。「商務部」は各省に商業知識のある人物を「商務大臣」として派遣し、その下に「商務取調官」をおいて道員以上の者をこれに任じるとした［益智録 1905. 12. 28］。さらにその下に「商務同知」を置き、各省の警察事務を担当する同知および通判の候補をこれに任じて府庁州県の商業活動を監視させ、一番下のレベルに各地域の巡察官から選んだ「商務巡察官」を置くとした［益智録 1905. 12. 29］。しかしこの提案に対して政府は、すでに商部もあり、商務取調官などの官職をこれ以上設ける必要はないと回答した。チャンはこれに対し、「商務取調官などの各官がいなければ、大臣に責任を課すことができない」とし、「商務は天下の大局であり、どうして費用を惜しむことができようか」と述べ、商人自身が経費を出し合い、治安維持制度を確立・維持することすら主張した。海外では税金が治安維持を支える財源となっている側面を紹介し、税が安全を保障しうるため、海外では税の支払いに誰も不平を言わないと論じた［益智録 1905.12.29］。

農業や鉱業の発展に関してもチャンは法律や規則を重視し、以下のように論じた。南洋ではルールがすべて定められているため華人は喜んで開墾を引き受ける。荒れ果てた南洋の島々が現在繁栄を極めているのは、外国人が華人の力を借りて開墾したからである。一方、中国にはルールがなく、開墾したくても引き受けられない。土地の所有者が不在の場合、皆こぞって開墾しようとし、争いが絶えない。土地の所有者が開墾者を募る場合、所有者は土地の値段を吊り上げてしまう。そこで以下の方法を提案する。土地の所有者がいる場合、地方官が土地の契約書と実物が符合する事を確認し、所有者不在の場合、商務大臣か商務取調官が土地を計測した上でそれを登録し、それぞれ期限を設けて開墾する。もし期限内に開墾を開始できなければほかに開墾者を募り、命令に逆らった場合は処罰する［益智録 1905.12.7］。

(2) 保護論の実践

チャンは一九〇四年一〇月半ばに海外商務視察官と福建・広東農工鉱業・鉄道事業監督員に任命され、官僚としての権限が与えられると、以上の議論を実践に移していった。まず商部を通じて広州に「福建・広東農工路鉱総公司」を設立することを上奏し、それは一九〇四年一二月頃許可された。富裕商人を公司に招き、商業に関して意見を交換させて事業を行い、必要なら商部に法律の制定を訊ねることもできるとした［檳城新報 1905.1.4；叻報 1905.1.5］。また、帰国者が何らかの被害を蒙った場合、いつでも公司を訪ね、名指しで加害者を訴えることができるとし、いかなる人に対しても厳密に取調べを行い、その訴えが事実であった場合、地方官に引き渡し、法に従って厳重にこれを処するとした［叻報 1905.3.2］。

「総公司」の設立後ほどなくして、一九〇五年一月、チャンは商部の規約を援用して「総公司」内に「接待所」[13]を設けた。「接待所」は日曜日を除いて毎日午前一〇時から一二時、午後二時から四時まで面会を受け付け、直訴・嘆願書を受理した。礼儀にとらわれず、形式を重視せず、所員は誠意を持って対応すべしと定められた［叻報 1905.3.2］。

チャンはほぼ同じころ、官ではなく民間の有力者が中国国外に居住する華人商人に保護証を発給するよう主張した。官と商の隔たりを避け、コストを節約するため、保護証は領事ではなく中国国外に居住する有力商人によって発給されるべきだとした。各都市の商人や指導者が保護証を保管し、これを商人に発給し、帰国時にこれを証明書とし、地方官に保護を求めるべしとした［檳城新報 1905.3.21；叻報 1905.3.28］。

商部が上奏した「商会簡明商程」が一九〇四年一月一一日（光緒二九年一一月二四日）に朝廷に認可されて以降、中国の主な都市に商業会議所が設立され、短期間に発展した。[14] 商業会議所の設立・運営に関する規約は商部が定め、商業会議所は商部と直接的なパイプを持っていたが、各商業会議所の設立・運営それ自体は役人の指示・監督を受けず、各地の商人がそれを担っていた。[15] チャンは広東省の商業会議所設立に関わり、規約の制定なども行った［叻報 1905.9.1］。商人が管理し運営する商業会議所は、官の保護に懐疑的だった海峡植民地の華人の需要にも見合っていたと言えよう。

4 チャンの提案の受け入れと独自の目的の追加――シンガポール――

チャンは一九〇五年一二月に、海外商務視察官および福建・広東農工鉱業・鉄道事業監督員として、商部の時楚卿と共にシンガポールを訪問した。二人は、海峡植民地総督や華人保護官を訪問し、その許可を得て港湾施設や学校や刑務所などを視察したほか、華人商人や銀行を訪問したり、その訪問を受けたりした［叻報 1905.12.13；檳城新報 1905.12.19]。

一二月一四日に同済医院（Tong Chai Hospital）で盛大な宴会が開かれ、そこでチャンが行った演説がシンガポールの華人に商業会議所を設立する契機を提供したと言われている。チャンは「商業会議所を設立すれば中国各地の商業会議所との提携が可能となり、一致団結して事に当たることができる」［叻報 1905.12.18］と述べ、また「シンガポールの商業において最も重要なのは、方言の違いにかかわらず一体となることである。それに必要なのは商業会議所の設立である」［叻報 1905.12.16］と述べ、商業会議所設立の費用として三、〇〇〇ドルを寄付した［叻報 1905.12.27］。この演説からわずか四日後の一二月一八日に、商業会議所設立のための会議が開かれたことを考えると、チャンの訪問がシンガポールにおいて華人商業会議所の設立にある種の契機を提供したのは間違いないだろう。

シンガポールの華人は、チャンのシンガポール訪問の意図が資金調達であることは認識していた[16]。しかし、商業会議所を設立しようというチャンの呼びかけに応えた。彼らは、チャンの提示した中国各地の商業会議所とのネットワークと、商部という権威との関係強化によって、自らの二つの懸案が解消できると考えた。二つの問題のうち一つはチャンも意識していた帰国時の安全確保であった。もう一つはチャンが提示したことのない問題で、中国に持ち越されたトラブルの解決であった。これは、一九〇五年一二月一八日に一〇〇名余りの出席者を迎えて同済医院で行われた商業会議所設立のための第一回会議の発言の中に確認しうる。会議の目的と商業会議所を設置する利点が福建語、広東語、潮州語で説明された。利点として挙げられたのは、方言の枠を超えた団結の達成、商業トラブルの仲裁、倒産の回避などであり、それに加えてさらに以下の点があった。

商業会議所を設立すれば、中国各地の商業会議所と連携することも可能となる。悪徳商人に騙され、その人物が中国に逃げてしまっても、その人物を捕まえて賠償させるなどさまざまな便宜を、シンガポールの商業会議所を通じて中国の商業会議所に依頼することもできる。

中国には帰国者を狙ったゆすりや詐欺、脅しなどが久しく存在するが、商業会議所から保護証を発行してもらい、郷里の商業会議所に連絡することで、騙されたときにその商業会議所から保護を得ることができる。チャン侍郎が出発する前に商業会議所を設立することができれば、侍郎を通じて商部に関防を授けてもらうよう上奏してもらえる。そうすれば商部に直接いろいろなことを伝えることができ、下意が塞がれる心配もない〔叻報 1905.12.20〕。

シンガポールの華人は、中国各地の商業会議所のネットワークに参入し、商部という権威と関係を強化するという形で中国とのつながりを確立しようとした。それは第一に中国に逃亡した負債者の追及、すなわちシンガポールで生じたが中国に持ち越されてしまった問題解決のためであり、第二に中国に帰国したときの身の安全の確保、すなわち中国で生じる問題解決のためであった。同様の内容は、第一回会議から二週間余りを経て一二月二六日に開催された第二回会議でも確認できる。ここでは商業会議所は海峡植民地と中国の政府の認可をそれぞれ受けるべし〔叻報 1905.12.27〕ともあり、双方の政府との関係を重視していたことが分かる。

帰国時の保護に関する背景はすでに説明したとおりであるため、ここでは中国に逃亡した負債者や悪徳商人の追及についてその背景を確認しておく。海峡植民地では破産条令に基づき、年次報告書が作成されていた。破産条令は、債権者あるいは負債者から出された陳情を調査し、負債者に負債の返済能力がないことを認めた後に破産宣告を行い、植民地政府の管財官に負債者のすべての資産を委ね、債権者との間で負債を処理していくことを定めた条令である。その年次報告書には、管財官による負債処理を受けた負債者数、負債処理の前に逃亡してしまった負債者数、およびそれぞれの民族ごとの内訳(17)が記載されている。一八九一年から一九〇六年までの数字は、表18のようになる。

表 18　海峡植民地管財官による負債処理を受けた負債者数と逃亡者数（1891－1906 年）

	負債者総数		華人負債者数		逃亡者総数		華人逃亡者数	
	S	P	S	P	S	P	S	P
1891 年	65	11	26	2	19	0	16	0
1892 年	41	11	23	6	9	0	5	0
1893 年	29	12	18	5	7	0	6	0
1894 年	19	13	10	8	4	2	2	2
1895 年	15	5	11	1	5	1	4	1
1896 年	36	4	26	2	5	1	5	1
1897 年	41	15	21	12	1	1	1	1
1898 年	34	7	20	6	7	4	4	4
1899 年	41	15	21	8	8	6	6	6
1900 年	35	3	21	2	0	1	0	1
1901 年	38	7	22	7	7	5	7	5
1902 年	34	7	22	4	11	0	8	0
1903 年	46	10	35	7	10	4	7	3
1904 年	84	13	62	10	20	7	15	7
1905 年	92	17	46	15	19	4	12	4
1906 年	76	15	53	13	10	2	8	2

S はシンガポールを，P はペナンをそれぞれ表す。
出所：［RBO 1891-1906］より作成。

この表からは、一九〇三年以降全体の負債者数が増大するに伴い、華人の負債者数も増大していることが分かる。また、華人負債者の三～四人に一人が破産後の整理を行わず、逃亡している。破産した当事者以外に、共同出資者が逃亡するというケースも頻繁に起こっており、それも負債者の資産接収と負債処理を困難にさせていた［RBO 1903］。破産条令の下で負債の処理を行わず、示談で解決することも多く、その件数は破産条令の下で処理された件数とほぼ同数と見られていた［RBO 1891］。実際の破産者数はこの表に示された数より多く、また破産に至らなかった人を含めると、逃亡にまつわるトラブルは表中の数字より多かったと思われる。

逃亡者の逃亡先が中国とは限らないが、その可能性は大きい。一九〇五年の「破産条令年次報告書」は、中国に逃亡した負債者に対して令状を発行し、負債者の引渡しを要請したが、負債者が中国の朝廷にいる友人によって篤く保護されているため効果はなかったと報告している［RBO 1905］。負債者が中国に逃亡してしまえば、海峡植民地政府の強制力を中国に及ぼすことは困難であった。帰化によりイギリス国籍を取得したシンガポールの華人が、海峡植民地の最高裁判所で有罪とされ中国に逃亡した債務者を追及するため、中国でイギリスの保護と便宜を受けられるよう一八八九年に植民地大臣に陳情したことがあった。これに対する回答は、海峡植民地の裁判所の決定は中国で効力を持たず、債務者がイギリス国籍保持者であれば領事裁判を行うことも可能だが、債務者がイギリス国籍保持者でない場合、解決の手立てはないというものであった。また、そもそも帰化によってイギリス国籍を取得した者は、中国でイギリス政府の保護を受けることができないという説明も付け加えられた［CO 273/164/324］。

中国の商業会議所は、負債や倒産をめぐる紛争調停の役割を期待され、徐々にその権限を強化させていった(18)。シンガポールの華人も商業会議所を通して、負債や倒産の問題を解決しようとした。シンガポールでも中国でも商業会議所に対して同じような役割が望まれていた。しかしだからと言ってそのことが、シンガポールの華人商業会議所が設立された背景を、中国からの影響のみで説明しうるということにはならないことは確認しておきたい。またシンガポールの華人は、シンガポールの華人商業会議所にシンガポールで生じる問題の解決を期待していたが、それを中国の商業会議所に期待したわけではない。繰り返しになるが、彼らが中国の商業会議所に期待したのは、中国で生じた案件および中国に持ち越された案件の解決に限定されていた。

シンガポール華人商業会議所は計六回の会議を経て、一九〇六年四月八日に設立された。発起人たちは自らの方言集団に属する商店や企業に入会を勧めた結果、八〇〇〜九〇〇名の入会者を得た。設立会議では、会長や副会長、委員など役員五四名が選挙によって選出された。海峡植民地の結社条例下での登録は免除され［叻報 1906.4.19］、清朝政府の商部には同年七月に登録を申請し［檳城新報 1906.7.20］、九月頃承認を得た［檳城新報 1906.9.16］。また同年八月二九日（光緒三二年七月初一〇日）の会議では、帰国者への保護証の発給が提案され、それに関する細則案を作成して商部に送り［新加坡中華總商会大廈落成紀念刊 1964, 150］、一一月に商部の承認を得た［叻報 1906.11.7］。

5 清朝の公権力とつながる新たなチャンネルの獲得

商業会議所の設立は、中国国外に居住する華人にとって、清朝の公権力にアクセスするチャンネルがもう一つ増えることを意味した。中国国外に居住する華人が問題を訴える経路として、一九世紀末より存在していた清朝領事－外務部という経路に加えて、一九〇四年以降は商業会議所－商部／農工商部（一九〇六年一一月に中央省庁の再編があり商部は農工商部に改組）という経路も備わったのである。清朝領事－外務部という経路と、商業会議所－商部／農工商部という経路は、図2と図3のようにそれぞれ図式化できる。

シンガポール華人商業会議所の設立前後、設立の中心人物で初代会長に就任したゴー・シウティン（Goh Siew Tin/呉寿珍）は中国に帰国し、強盗に遭った。ゴーは地方官の防犯・案件処理能力を不満とし、商部に名指しで地方官の罷免を求めた。商部に対する同様の要求はシンガポールのほかの福建系商人からも相次いだ［商務官報 1906］。従来であれば、海峡植民地の華人は、中国の地方官に対する不満をまず在シンガポール清朝総領事あるいは在ペナン清朝副領事に持ち込んだ。そのうえで領事・副領事から地方総督に嘆願してもらうか、地方総督に対する命令権を持つのは朝廷のみであったため［臨時台湾旧慣調査会 1914, 59–60］、在イギリス清朝公使と外務部を通じて朝廷に上奏し、朝廷から上諭という形で地方総督に命令を発してもらうかのいずれかであった。商部も地方総督に対する命令権を持たなかったため、商部とのパイプは地方官に対する直接的な圧力を保障するものではなかった。しかし商業会議所を通せば、上奏を行いうる主体である商部に意見を直接伝えることが可能となった。また商業会議所と県知事との間の文書のやりとりは対等の関係であることを示す「公函」と位置づけられていたため［陳

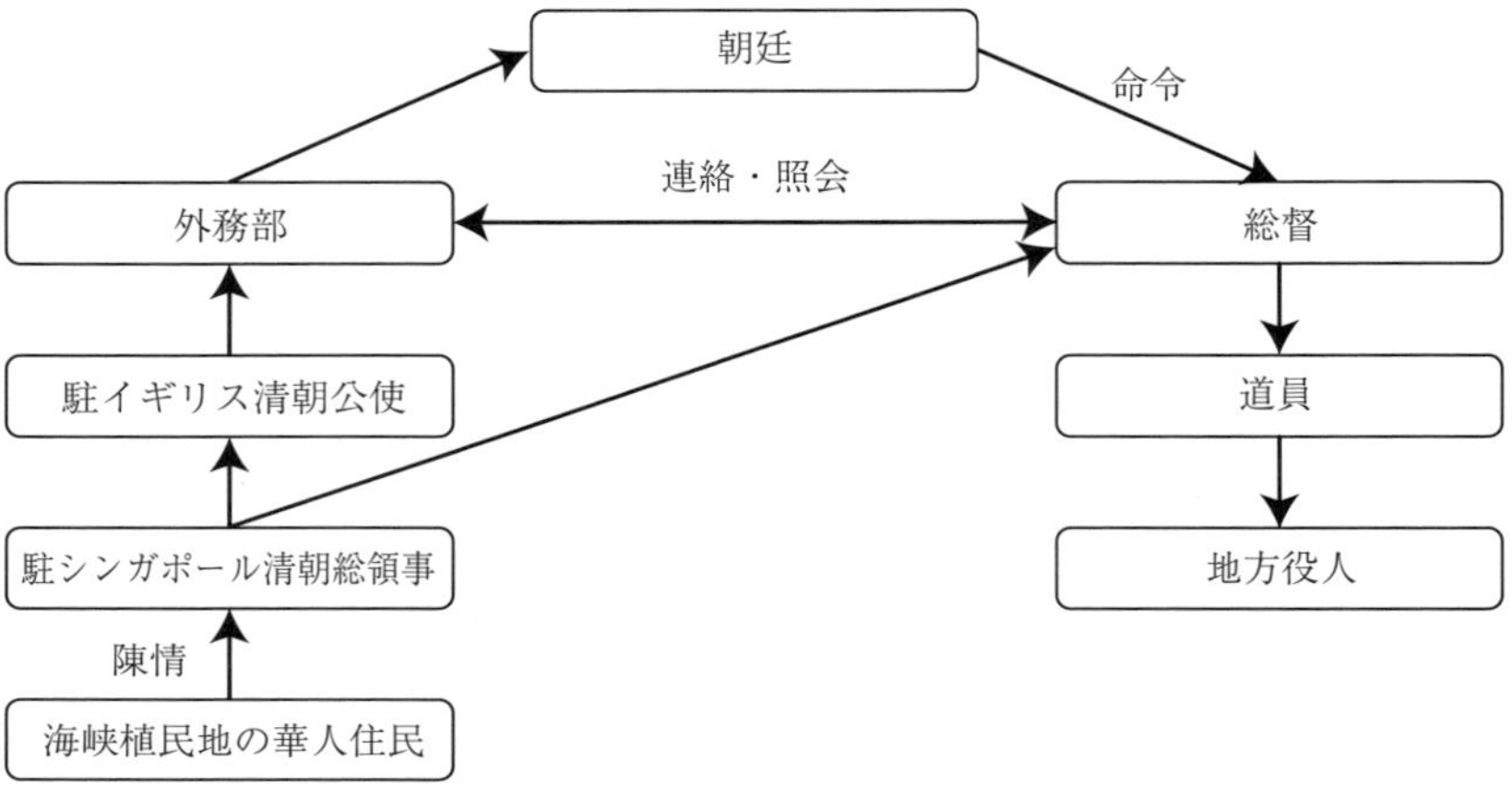

図 2　在シンガポール清朝総領事および外務部を通じて陳情を強制力とする経路

＊上向きの矢印は陳情を意味する。水平の矢印は対等の関係であることを示し，そのような関係を示す語として連絡・照会という語を充てた。下向きの矢印は命令を意味する。

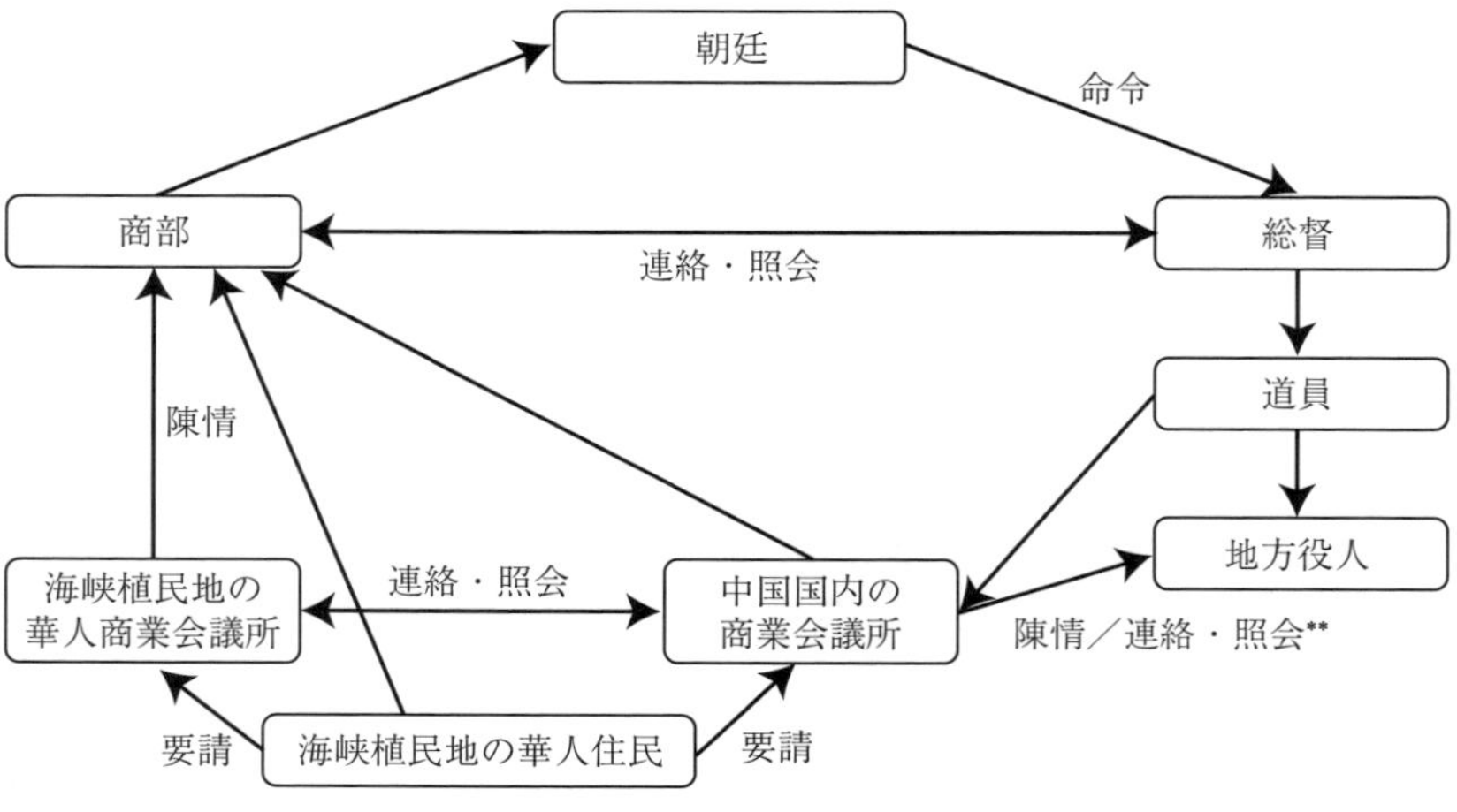

図 3　華人商業会議所および商部を通じて陳情を強制力とする経路

＊上向きの矢印は陳情を，水平の矢印は連絡・照会を，下向きの矢印は命令をそれぞれ意味する。

＊＊商業会議所と県知事は対等の関係に置かれていた［陳 2016, 46–48］。

2016, 46–48]、商業会議所を通すことにより県知事に直接連絡・照会することが可能となった。

ペナンの華人は、商業会議所が提供しうる二つの経路、すなわち清朝商部と直接つながる経路と、中国国内の商業会議所につながる経路を利用するために、清朝商部に登録したと考えることができる。

中国における治安の悪さや地方官の対応の悪さを伝えるものとして、本章で引用した記事の中には、『檳城新報』に掲載された記事も多い。このことはペナンの華人にも、中国における治安の悪さや地方官の対応の悪さが認識されていたことを示している。例えば『檳城新報』には、海外での事業活動は困難だが、中国に比べれば身辺の安全が確保しやすく、中国での事業活動は一万倍困難であるといった論説も掲載されていた［檳城新報 1900.4.7］。

クア・ベンキーはペナン華人商業会議所の会長を務めていた一九一二年当時、上海で発足した華僑連合会（第11章で後述）が海外の華人に対して華僑公会を設立し、中華民国各省の都督のもとで中国国内における保護を確保するよう呼びかけた際、中国における保護を提供する機関としてペナン華人商業会議所があるのだから、新たな機関は不要であるという趣旨の発言をしている［檳城新報 1912.4.11］。このことから、ペナン華人商業会議所が中国における保護の確保を自らの機能の一つとして認識していたことが分かる。

「破産条例年次報告」を見る限り、ペナンの華人破産者の逃亡はあまり多くはないが、中国各地を包括する商業会議所のネットワークを通じて債務者を追及しうるなら、それはペナンの華人にとっても大きな利益であったと考えられる。

こうしたなかでペナンの華人は、「華人商務局」から「中華商務総会」に華語名称を改称し、商部という公権力と中国国内の商業会議所と関係性を構築することにより、中国での安全確保という中国で起こりうる問題と、債務者の追及という中国に持ち越された問題の解消を試みたと考えられる。

6　商部と商業会議所を通じた帰国者保護の浸透

当時の新聞報道からは、商業会議所および商部を通じた帰国時の安全確保がそれなりに機能しており、またその機能に対する認識もかなりの程度浸透していたことが分かる。以下、新聞報道をいくつか紹介する。

(1)　清朝末期

厦門の一三〇あまりの村には、南洋の華僑の同郷者が多く居住している。厦門では最近、盗賊や強盗が多い。楊士琦[19]は南洋を訪れたとき、厦門で九〇件あまりの強盗事件が発生しているにもかかわらず、地方官は取り締まる気がまったくないため、これを商部に伝えていただきたいとの陳情を南洋の華僑から受け取った。楊士琦はこれを商部に申し伝え、厦門道員は商部の譴責を受けた。厦門道員は厦門の住民を上中下に分け、一軒ごとに税金を取り立て、資産が五〇〇元以上の者は「上戸」とし、警察を設立することとした。そこで下僚を派遣し、一軒ごとに詳しく調査した［檳城新報 1908. 5. 1］。

「南洋の華僑」がどの地域の華僑を指すのか定かではないが、この記事からは「南洋の華僑」に商部を通じて地方役人に圧力をかけうるという認識が存在していたことが読み取れる。しかし警察を設置しようという案は、別の問題をもたらしてしまった。この記事には以下の続きがある。

しかしなんと下僚は不正を行い、各戸をゆすり、強制的に賭博場やアヘン場の費用も納めさせ、非常に迷惑なことになっている。人々は嘆き怨み、南洋の華僑に対策を講じるよう手紙を出すつもりである［檳城新報 1908.5.1］。

ここで興味深いのは、厦門の人たちは状況を改善するにあたり、厦門の関係諸機関に直接働きかけるのではなく、「南洋の華僑」に働きかけようとしていることである。このことは、厦門の人たちの間で「南洋の華僑」が商部とつながる経路を持ち、それがある程度有効に機能しうるとの認識があったことを示している。

帰国時に安全を確保するうえで、商業会議所や商部を頼みとする人たちの姿が、他の記事にも垣間見える。『檳城新報』には、無実の罪を晴らすうえで商業会議所の助けを得たという広告文が、施紫東なる人物の依頼で掲載された。それは以下のような内容であった。施紫東は福建省泉州府安渓県に戻ったとき、強引に建物を建てて墓を荒らしたとの濡れ衣を着せられたため、厦門商業会議所を訪ね、厦門道員より県に保護を強め事実関係の調査を命じるよう働きかけてほしいと陳情した。商業会議所は厦門道員に何度も働きかけ、ついに県主が取り調べを行い、無実の濡れ衣が晴れた［檳城新報 1910.5.11］。

厦門の客桟[20]は、泉州の税関に対する苦情を一九一〇年一二月に連名で厦門商業会議所に訴えた。苦情の内容は、同税関は帰国者の荷物を見つけると荷物を強制的に回収して検査にかけ、中身をくまなく分別し無理やり課税すること、雨が降ると荷物が濡れてしまい台無しになることなどであった。これを受けて厦門商業会議所は泉州の税関に対し、帰国者に対する保護を行き届かせ、帰国者を虐待することがないよう文書で求めた［檳城新報 1911.1.4］とある。

南洋の華人商人から陳情を受けて、商部が福建総督と厦門道員に対し、帰国者に対する保護を強化すべしとの通達を発したことを伝える記事もある。それによると南洋の華人商人は商部に対して、以下のように訴えた。「福建では治安が悪化しており、特に漳州や泉州は最もひどい。帰国者はしばしば騙され、少しでも抗議するとさらなる危害を受ける。中国国内に住む家族はしばしば強盗に襲われ、宣統二年五月から八月（一九一〇年六月から九月）に強盗事件が五〇件発生したが、いずれも解決されていなかった。そのため商部に対し、福建総督は管轄下の関係諸機関と一体となり、帰国者を保護してほしいとお願い申し上げる」。これを受けて商部は福建総督に華人商人の陳情を伝え、福建総督は興泉永道の道員に帰国者の保護と強盗事件の捜査および犯人の逮捕を命じた［檳城新報 1911.5.31］。

(2) 中華民国初期

中華民国が成立した後も、商部や商業会議所を通じた帰国者の保護という制度が引き継がれ、帰国者はそれを利用していた。例えば、福建省永春州の出身で、パハンで布業に従事してきた林貞なる人物が、「中華民国成立後の祖国の隆盛を見る」ために帰国する際、スランゴール華人商業会議所で「商照」を取得し、永春州長から格別の保護と周到な応対を受けたとの記事がある［檳城新報 1912.6.28］。

こうしたなかで外交部と工商部（一九一二年四月に改組）が協議を行い、華人が帰国する際の保護証の発行を中華民国領事に一元化することを決定し、それが一九一二年七月一七日に政府広報に掲載された［檳城新報 1912.11.4］。これに対して、ビルマ、コーチシナ、ペラ、パレンバン、バリ、北ボルネオなど東南アジア各都市の華人商業会議所が次々と不平を訴え、従来の制度の維持を求めた。工商部は各地の商業会議所の訴えを受けて、外交部に対して意見を求めた。これに対して外交部は、工商部との協議の結果、画一的な方法を取ることによって帰国者の利便を図るため、領事が一元的に保護証（護照）を発給することにしたと指摘した。その一方で、帰国者の便宜に耳を傾け、保護証の申請を無理強いはしないとした。また、商業会議所は「商照」の維持を申し出ているが、その目的は保商局から保護を得るためであり、一方領事が発給する保護証は、中国に入国する際の税関検査の便宜のためであり、性質が異なるため、並存しても矛盾しないとした。これによって、商業会議所が発行する「商照」

と、領事館が発行する保護証とが並存することになり、商業会議所を通じた帰国者保護の制度が維持された［檳城新報 1912.12.16］。

帰国者の保護は、中華民国期においても課題とされた。一九一二年一一月六日には、帰国者の保護を命じる大総統令が公布された。その内容は以下のとおりであった。

各省の富裕商人は革命以降その地を逃れて避難し、事業を興す余裕がなく、金融が久しく滞っている。今や商戦の世であるのに、商人は情勢がよく分からず、官による保護もおろそかである。共和と五族一家が宣言され、中華人民であればみな等しく法律の保護を享受しうるようになった。行政長官および各地の軍・警察は、帰国した商人を手厚く保護すべし。言いがかりをつけて金品を要求し、治安を害する者は、法に照らして厳しく罰する。それにより人心を安らかにし、商業を維持する［東方雑誌 1912g, 33］。

＊　＊　＊

中国には一八四〇年代頃から帰国者を狙った犯罪が多発していた。こうした犯罪を取り締まるうえで、地方官の力不足が指摘されていた。また地方官が帰国者への抑圧に関与することもあった。そのため海峡植民地に居住する華人の中には、中国への帰国や訪問に恐怖や不安を感じる者が増加した。

一方この頃清朝政府内には、国内の開発を行ううえで中国国外に居住する華人の資本力に期待する議論が現れていた。清朝政府は華人の帰国を奨励し、各地の地方官に華人帰国者の保護を命じた。また一八七七年にシンガポールに、一八九三年にペナンにそれぞれ清朝領事と副領事を任命し、領事館で帰国者に対して保護証を発行し、中国で地方官から保護を受けられることを保証した。しかしそれはほとんど機能しなかった。

これに対して一九〇三年九月に設置された商部は、民間の事業家が持つ影響力やネットワークを通じて、中国国外に居住する華人を中国の開発に誘致しようとした。そこに利を見いだしたのが、東南アジアで蓄積した資本を基盤に中国進出を試みていたチャン・ピーシーであった。チャン・ピーシーは東南アジアの華人に対して、華人商業会議所を設立することにより、商部と中国国内の華人商業会議所のネットワークを通じて、帰国時の保護を確保できると説き、華人の帰国や中国投資を呼びかけた。

こうしたなかでシンガポールの華人は、帰国時の保護のほかに、中国に逃亡した悪徳商人の追及という独自の意義も盛り込み、華人商業会議所を設立した。こうした目的をもって設立されたシンガポール華人商業会議所の会則を、ペナン華人商業会議所は参照し、清朝商部に登録することとなった。

商部という公権力へのアクセスと、各地の華人商業会議所のネットワークを通じた帰国者保護は、それなりに機能していたようである。海峡植民地およびその周辺地域の華人は、華人商業会議所を通じて帰国時の保護を確保できることもあった。その制度は、中華民国が成立した後も、中国国外に居住する華人に広く支持された。

第9章　剪辮《せんべん》論争——多民族社会の中で模索する華人らしさ——

中国では清朝の体制が動揺するなかで、辮髪を切るか否かをめぐる議論が活発化した。吉澤によれば、外国で商売・就学・生活の必要にかられて個人的に剪辮（辮髪を切ること）した例を除き、辮髪は好ましくないため全社会的になくしていくべきだという議論を中国で本格的に行った最初の人物は譚嗣同で、一八九七年頃の著作と言われる『仁学』で中国が自強を図るうえで辮髪は不便であると論じていた。また反清の立場を明示する意味を込めて剪辮を行った最初の事例は、一九〇〇年の章炳麟であった［吉澤 2003, 124–130］。

剪辮をめぐる議論は、二〇世紀初頭のペナンにおいても登場した(1)。資料で確認できるのは一九〇三年、一九〇六年、一九一〇年、一九一一年であり、最終的に一、〇〇〇人が参加して華人公会堂で開催された一九一一年の会議において論争は決着した。

華人の剪辮に関して、清末の中国における事例を扱った［劉 1990］および［吉澤 2003］と、シンガポールの事例を扱った［篠崎 2004］および［持田 2012］がある。

劉は剪辮を、東アジアに近代化の波が押し寄せるなか、異民族支配を打倒してこそ中国の近代化が可能であると考えた人々の清王朝からの決別の表明ととらえる［劉 1990］。これに対して吉澤は、剪辮は必ずしも当初から清朝の統治から離脱する意志の表明であったわけではないとし、以下のように指摘する。剪辮は、古い風俗・陋習を改良し、野蛮から脱却し、世界から尊重される新しく強い中国を作りたいという願望の表れであった。強い中国とは端的に言えば軍事的強国化であり、そのために男性の身体的能動性が重要となり、動作に制約を与えうる辮髪を切るべきだという議論が現れた。剪辮は清朝体制内でも議論されていたが、辮髪が野蛮で遅れたものとしてとらえられたため、その除去が結果的に清朝打倒と重ね合わされるようになった［吉澤 2003, 119–156］。

吉澤は剪辮を、二〇世紀初頭から辛亥革命までの間の時期に噴出した愛国主義の表れの一つとして位置づけている。吉澤は愛国主義を、中国の人々が『中国』という国（または、それに相当するもの）に強い帰属意識を感じ、その将来を憂え、危機にどう対処するのかという議論・運動」［吉澤 2003, 18］と定義する。吉澤は、剪辮の主張は愛国主義の表れであったからこそ、髪型を自由にすべきだという発想は希薄で、画一的に一律に剪辮することが重視されたと指摘する。

ペナンにおける剪辮論争でも、辮髪を切るべきだという主張においては、中国での論理と共通する点も多く、中国での議論が参照されることもあった。ペナンにおいても、辮髪は古い風俗・陋習であり、それを改良することで進歩の時代にふさわしい民族になるべきだという主張が見られた。また画一的に一律に剪辮することが重視された点においても、中国における論理と共通性がある。しかしペナンにおける剪辮論争では、多民族社会ペナンで生きるうえで華人性をどのように維持・表明するかが争点となっており、辮髪を切るか否かを中国の将来と結びつける議論は、資料上は確認できない。このことは、剪辮に消極的・否定的であった人たちの主張により明確に見えてくる。

髪を切ることに消極的・否定的であった人びとの論理について劉は、東洋における断髪への抵抗は「長期間にわたる封建制度が作り出した停滞的・閉鎖的な精神風土と、それによって培われた因習の力」によるものと説明する［劉 1990, 211］。剪辮に対する積極的な対応は近代化への対応としてとらえられているのに対し、剪辮に対する消極的な対応は近代化とは逆のベクトルにあるものとしてとらえられる。

これに対して吉澤は、中国で剪辮に反対した人たちもまた近代的な存在であったとする。吉澤によれば中国には、制度を変えるべきではないという主張や、富強に髪や服の問題は関係ないとする主張が存在し、辮髪を清朝の伝統ある国家的制度としてとらえたり、「国粋」としてとらえたりして、剪辮に反対する人がいた［吉澤 2003, 125；133］。吉澤は、「国粋」を守るために辮髪を残すという考えも新しく強い中国を希求する愛国主義の表れであるとして、近代的な発想としてとらえる。

ペナンで剪辮に消極的・否定的であった人たちの論理を、「因習の力」で説明するのは難しいように思われる。彼らは、海峡植民地で華人が享受する資源を維持するために華人性を維持することが必要であると考え、華人性を周囲に示す指標として辮髪を重視していた。ペナンの華人が意識していた華人性の維持や提示は、吉澤が指摘するところの「国粋」を守るという発想と共通性が高いように思われる。しかしペナンの剪辮反対派の主張には、新しく強い中国を希求するような発想は見当たらない。

シンガポールでは一八九八年一月から二月にかけて、剪辮をめぐる議論が沸き起こった。これについて持田は、シンガポールの華人が剪辮論争において課題としていたのは華人性をどのようにとらえるかという点であり、その議論は清朝および中華民国への帰属に収斂するものではなかったことを明らかにした［持田 2012］。この指摘は本書にとって非常に示唆的である。

しかし持田は、剪辮支持を近代的な発想としてとらえ、剪辮不支持を近代以前の発想としてとらえている。持田の主な関心は、シンガポール華人社会の近代がいつから始まるかを定めることにあり、そのため近代とそれ以前との境界を明確に区切ることに重点を置いている。そうしたなかで剪辮論争は、近代的な概念で世界をとらえた者と、そうではなかった者との対立としてとらえられる。持田は剪辮支持派を、中国語と儒教を華人性の核に据え、明確な枠組みで華人という共同体を想像した者たちととらえ、明確な枠組みを持つものとして想像される華人という共同体を、近代的なネイションに位置づける。他方で同時代のシンガポールの華人社会には、辮髪のない者は華人にあらずという認識があり、辮髪を華人性の一要素としてとらえ、剪辮に反対する者がいたとする。持田は、当時のシンガポールの華人社会では辮髪の有無が華人か否かの境界であったとし、そのような境界によって華人社会が実在していたとし、あるがままに実在する共同体をエスニック・グループと呼び、ネイションと区別する。剪辮をめぐる対立は、近代的なネイションを想像しようとした人たちと、実在の華人社会を前提とし、共同体を想像するに及ばなかった人たちとの間に生じたものであるとされる。

持田は、エスニック・グループを「歴史的に形成された実際の共同体」と定義し、想像された共同体とは異なるものとしてとらえている。しかしこの見方は二つの点で検討が必要であるように思われる。第一に、持田の議論はアンダーソンの「想像の共同体」論に基づいていると思われるが、アンダーソンによればあらゆる共同体は想像の産物ということになる。[2]このことと関係して第二に、人の主観を媒介としない「実際の共同体」が存在するのかという問題である。「実際の共同体」という見方には、「本物」の「原初的」な共同体が存在するという発想があるように思われる。これはいわゆるエスニシティ論に通じる考え方である。ネイションを近代の人工的な産物であるととらえ、それとは異なる「本物」のまとまりをエスニック・グループと呼び、エスニック・グループこそを分析対象とすべきだというエスニシティ論が一九七〇年代以降現れた。しかしこうした意味におけるエスニシティ論は、際限ない「本物探し」に終始するとして批判的にとらえられてきた［古田 1984, 249–251；山影 1994, 253–272；山本 2006, 16–19］。

筆者はシンガポールの剪辮論争を、吉澤同様、剪辮推進派も慎重派も反対派もいずれも近代的な発想に基づいてそれぞれの主張を行っていたと論じた。いずれの立場も、文化的に異質な人々と隣り合って暮らすなかで、華人が華人としてのまとまりを失い、個人としてばらばらにのみ存在する「雑多な人々」になり下がることへの危惧を共有し、自らが構成員となる華人という集団性をどのように維持するかという意識を共有していた［篠崎 2004］。

本章では、二〇世紀初頭に展開したペナンの剪辮論争について、剪辮推進派も慎重派も反対派もいずれも近代的な発想に基づいてそれぞれの主張を行っていたことを明らかにする。またペナンにおける剪辮をめぐる動向は、中国における剪辮をめぐる動向を参照しつつ展開した側面もあったが、剪辮をめぐる賛否が中国の将来と結びつけられて議論される側面は極めて弱く、多民族社会である海峡植民地における華人の政治的・社会的位置づけと結びつけられて議論される側面が強かったことを明らかにする。

1　論争の始まり（一九〇三年）

ペナンにおいて剪辮論争のきっかけとなったのは、『ストレイツ・エコー』に掲載された「ある華人（A Chinese)」を名乗る投書子からの以下のような投稿であった。

辮髪を切ってしまった海峡植民地生まれのババが大勢います。彼らの思慮のない例に追従する人はさらにいるのでしょうか。彼らは死んだらどこの墓地に埋葬されるのか、私は理解しかねます。管見では、バトゥランチャンとアースキン山の墓地は辮髪をつけている華人のためだけに留保されており、ヨーロッパ人や日本人、ムスリムなど辮髪をつけていない民族（nationality）のためのものではありません。彼らがどの民族に属するのか、彼らは私に説明することができるでしょうか。もし彼らが仏教徒の華人なら、なぜ彼らには辮髪がないのでしょうか［SE 1903.11.16］。

投書に出てくるバトゥランチャンの墓地は、ジョージタウンから南西約六キロメートルに位置し、一八〇五年に設立されたとみられる福建幇の墓地［張 1994, 250］である。アースキン山の墓地は、ジョージタウンから北西約六キロメートルに位置し、一七九五年あるいは一八〇一年に設立されたと見られる広東幇の墓地［張 2003, 25–26］と、一八二四年に設立された福建幇の墓地［張 1994, 250］がある（第1章3(2)参照）。

まず辮髪を切る華人が現れた背景を、ペナンに先立って剪辮論争が巻き起こったシンガポールの事例に照らして考えてみる。シンガポールの剪辮論争は、一八九八年一月から二月にかけて展開した。当時のシンガポールでは、人間社会における「自然淘汰」や「適者生存」、「進歩」という概念が、華人学究会（Chinese Philomathic Society）[3]や『海峡華人雑誌（*Straits Chinese Magazine*）』[4]において活発に議論されていた。進歩の時代にふさわしい民族となり、民族間の競争に生き残るため、華人性をより自覚的に意識し、迷信や無意味な慣習と決別する「改革」を推し進めることが必須であるという考えが、シンガポールの華人青年層の間に広まっていた。その改革の一環として剪辮を唱える者が、華人学究会や『海峡華人雑誌』の編集者や読者の間に現れた。世界の中で華人が適正な位置を得るために［ST 1898.1.27］、また民族の進歩を妨げる華人の慣習を改革することを宣言するために［ST 1898.1.28］、剪辮は必須であるとされた。『海峡華人雑誌』の中心人物であったリム・ブンケン（Lim Boon Keng／林文慶）は、「諸民族の社会的・商業的闘争において二流の位置に甘んじ」ないよう、社会改革の一環として剪辮を唱えた［Lim 1899, 23］。

またシンガポールの剪辮支持者の間には、イギリス国籍者の一員として正当な権利を主張するために、剪辮を不可欠とする主張もあった。イギリス国籍者である華人が、清朝への服従を示す辮髪を留めていると、二人の主人に仕えるという罪を犯し、政治的に異常な立場に置かれるため、どちらの主人と運命を共にするか決意すべきだとの主張がなされた［ST 1898.1.28］。

『海峡華人雑誌』は、ペナンやマラッカ、クアラルンプールにも販売人がおり［Anonymous 1897b, 33］、ペナンでも購読が可能だった。一八九八年と一八九九年にペナン出身のP・V・ロックが、また一九〇四年以降同じくペナン出身のゴー・リエントゥックが、シンガポールのリム・ブンケンやソン・オンシアン（Song Ong Siang／宋旺祥）とともに同誌の編集者として名前を連ねていた。彼らはいずれも同時代に女王奨学金を獲得し、イギリスの大学に留学した者たちであった。『海峡華人雑誌』に掲載された論文や記事が『ストレイツ・タイムズ』などに転載されることも多く、その内容は同誌の読者以外にも広く知られるところであった。剪辮をめぐり『ストレイツ・エコー』に寄せられた投書には、『海峡華人雑誌』の中心人物でシンガポールにおける剪辮の主導者と見られたリム・ブンケンについて、「海峡植民地のババの改革において、リム・ブンケンの貢献は非常に偉大である。……彼の名前は海峡植民地とマレー連邦諸国、またそれ以外の地域における改革の率先者として知られており、後世に語り継がれていくだろう［SE 1903.11.27］」との記述もある。『海峡華人雑誌』での剪辮をめぐる議論がペナンでも読まれ、影響を与えていたことがうかがえる。

『ストレイツ・エコー』に寄せられた投書の中で、剪辮を肯定的にとらえる投書は、剪辮を改革と結びつけて評価していた。「ユスティティア（Justitia）」と名乗る投書子は、辮髪を切るという行為は周囲の視線にとらわれず満洲人への隷属を示す不面目な印を捨てる勇気ある行為で、民族性に対する意識の強さを示しており、その人こそ華人として名乗るのにふさわしいとした［SE 1903.12.2］。

これに対して「ある華人」は、辮髪を切ることが華人性の喪失につながると認識していた。シンガポールで発行されていた『叻報』の記述からは、シンガポールでもそのような認識が存在していたことが確認できる。[5]それによると、マレー人女性と結婚するために、また生活困窮者や債務者が急場をしのぐために、辮髪を切って「マレー人になる（入穆拉油籍）」華人がいるとのことであった［叻報 1898.2.1］。華人という集団性を離れ、別の集団性に所属を移すときに辮髪を切ることがあったようで、それが翻って、剪辮という行為は民族性の変更を意味すると解釈されるようになったようである。

「ある華人」は、華人の墓地は華人のために留保されていると表現している。これに関して、華人墓地の中には「異教に入信した者」の埋葬を認めない場合もあった。一八八六年に制定されたバトゥガントンの華人墓地の規約には、以下のような条項がある。

第二九条　福建人（閩省人）で他の民族の女性（別種婦女）を妻や妾にした者は、われわれの聖なる教えを遵守すれば本墓地に埋葬することができるが、異教に入信した者（入異端者／入異教者）は本墓地に埋葬することができない。異教に入信した者が埋葬されるとき、嘘をついて事実を報告せず、後日理事がそれを察知した場合、その者の墓は他の墓地に移され、重い罰を受ける［檳城聯合福建公塚董事會 1994, 194］。

こうした規定は、ペナンの華人墓地すべてに見られるわけではない。同じく一八八六年に制定されたバトゥランチャン墓地の規約には、埋葬される者の宗教を問題にする規定は見当たらない［檳城聯合福建公塚董事會 1994, 186-190］。一九〇三年の投書の中にも、宗教と辮髪は無関係だと指摘するものもあった［SE 1903.11.18］。しかし剪辮という行為が海峡植民地において、民族性を変え、信仰を変えたときの象徴的な行為と解釈され得たことや、ペナンにおいて「異教に入信した者」が華人墓地への埋葬を拒否される場合があったことを考慮すれば、「ある華人」のような困惑が生じるのも不思議なことではなかった。

他方でこのような見方に対して、「剪辮志望の華人（A Would-be Queueless Chinese）」を名乗る投書子は、辮髪を切った華人が民族性を変えたという認識は、二つの理由から愚かで性急な判断だと批判した。第一に、華人の辮髪の歴史は満洲人による中国の征服に由来するものであるとした。第二に、日本人もヨーロッパ人もかつて長い髪を留めており、それを切ってしまったが、彼らの民族性が変わったわけではないとした。以上のことから、辮髪を切っても華人の民族性は変わらないと主張した［SE 1903.11.17］。こうした指摘は他の投書においてもなされ、辮髪を切っても民族性は変わらないという見方が優勢であった［SE 1903.11.18；11.24；11.27］。

これに対して「ある華人」は、辮髪を切ったすべての華人が民族性を変えてしまうわけでは確かにないとし、辮髪を切っても華人の民族性は維持されうるという指摘そのものは受け入れた。しかし「ある華人」は、辮髪がない華人が他者から華人として認識されない可能性を懸念した。「ある華人」は、辮髪のない華人が日本人と一緒に歩いていたら、どちらが華人か見分けがつかないため、辮髪を切った華人は誰もが一目で華人だと分かるように、帽子に印をつけておくべきだと強く主張した。また「ある華人」は、ある個人が華人として自己を認識すること以上に、華人という集団性が維持され、認知されることにこだわった。「ある華人」は、日本人やヨーロッパ人はみな一斉に髪型を変えたため、全体として民族性が維持されたが、それに対して華人の場合は、剪辮が個人で行われているため問題だとした［SE 1903.11.19］。このように「ある華人」は、華人が個人として華人として他者に認識されることと、華人という集団性を維持し、それを提示し、認知を受けることにこだわった。

「ある華人」が、華人が個人として華人として認識されることにこだわったのは、文化的に異質な人々が共存するなかでそれぞれの文化や宗教に見合った扱いを受けるには、自分が何者か他者に容易に認識された方が都合がよかったためだと考えられる。ペナンの華人にとって関係が深いペラのタイピンでは、以下のようなエピソードがあった。

ある病院で、ムスリムのみが使用する新しい病棟が増築された。だがこの病棟が割り当てられるのはマレー人だけで、非マレー系ムスリムには一般病棟があてがわれ、非マレー系ムスリムはこの区別に不満を持っていた。ある日、一般病棟に収容されていたインド系ムスリムが死亡した。彼の遺体は共通墓地に運ばれ、誤って華人の棺に入れられ、イスラム教に則った葬儀が行われないまま埋葬された。インド系ムスリム・コミュニティはこれに憤慨し、許可を得て遺体を掘り起こし、遺体を洗い清め、布で覆い、埋葬しなおした［SE 1913.8.9］。自分が何者かを他者に容易に認識されることを重視する発想には、こうした事故が起こりうることへの懸念があったことが考えられる。

またペナンには、ある個人がどの民族に属するかを認識し、その民族に見合う流儀で対応することを礼儀とする考え方もあった。

一九〇四年一月頃マレー諸国連邦の連邦事務局長は、ヨーロッパ人とユーラシアンに対する敬称は"Mr."を使用し、マレー人、華人、インド人やその他のアジア人に対しては、その人にふさわしい民族固有の敬称があればそれを使うようにとの通達を、マレー諸国連邦政府官報に掲載した。これに対してクアラルンプールから「アジア人」と名乗る投書子が、同年一月一五日付で『ストレイツ・エコー』に投書し、アジア人とヨーロッパ人を区別せず、いずれに対しても“Mr.”や“Esquire”という敬称を使用すべきだと主張した［SE 1904.1.21］。

これに対してペナンから「コスモポリタン」と名乗る投書子が一月二二日付で投書し、反論した。「コスモポリタン」は、連邦事務局長の通達は、「もし」民族固有の敬称が「あれば」それを使うべしと言っているのであり、“Mr.”や“Esquire”という敬称の使用を禁止しているのではないと述べた。また「数世紀にわたる経験と慣習から、華人にはトウケイ（頭家）[6]、マレー人にはトゥアン（Tuan）、インド人にはマハラジャ・ラジャストリ（Maha Raja Rajastri）がふさわしいことをわれわれは学んでいる。トウケイ・ウェン・トゥンホー、トゥアン・モハメド・ヌルディン・メリカン、マハラジャ・ラジャストリ・ヴェルプリーの方がより正確で耳に心地よい」と主張した［SE 1904.1.22］。自分の文化に見合う流儀で対応されたいと思っている人にとっては、自らがどの民族に属しているかを他者に分かりやすく提示しておいた方が都合がよかった。

さらに、華人という集団性を維持し、それを提示することにこだわったのには、公権力に対する意見表出や意思疎通、公権力から資源の公的分配を受けるうえで活用してきた華人という枠組みを、喪失することを危惧していたためと考えられる。

海峡植民地において華人は、他のアジア系住民に比して、多くの権限を得ていた。第4章で述べたように、華人の関わる事柄に関して意見を表明しうる諮問機関として一八九〇年に華人諮詢局が設置された。これに対して他のアジア系住民は、そのような諮問機関を久しく持たなかった。例えばムスリム諮詢局（Muslim Advisory Board）とシク人諮詢局（Sikh Advisory Board）は、それぞれ一九一五年に設立された［SSGG 1915.10.1；11.5］。また華人は一八六九年以降、立法参事会に代表を送り出していた。これに対して他のアジア系住民は、一九二三年まで立法参事会に代表を送り出すことはできなかった。華人が民族としての一体性を弱め、民族として主張できなくなれば、これらの権限や、墓地をはじめとして華人のために留保されているさまざまな設備が、すべて失われうると認識された。

他方で、海峡植民地で華人は他のアジア系住民よりも多くの権限を受けるべき立場にありながら、それにふさわしい扱いを受けていないという思いが、辮髪を介して認識される側面もあった。一一月一六日に「ある華人」の投書を掲載して以降、『ストレイツ・エコー』には剪辮をめぐる投書が相次いだようで、同紙は一一月一七日から一二月二日の間に六件の投書を掲載した。そのやり取りを締めくくるように『ストレイツ・エコー』は、一二月一一日に辮髪に関する論説を掲載した。この論説はまず、「辮髪は華人の習慣ではなく、満州人が征服した華人に強要したものであることが明らかとなった」と述べた。この論説はこのことにはそれ以上深く立ち入らず、内容の大部分は、警官が辮髪を引っ張って華人を警察に連行することがあるとした投書を受けたものとなった。

論説は、警官がシク人やムスリムを連行するときに顎鬚を引っ張ったり、ヨーロッパ人女性を連行するときに髪の毛を引っ張ったりすることはないだろうとし、華人だけ辮髪を引っ張られて連行されるのは不当であるとした。イギリス帝国では、逮捕されても裁判で有罪が確定するまではあらゆる点において無実であるうえ、すべての人に同一の法律が適用されるため、法律に従って静かに連行される場合、その人が華人であっても、またマレー人、インド人、ヨーロッパ人であっても、相応の配慮と扱いを受ける資格があるとし、華人が不快な扱いを受け続けることがないよう政府は警官に指示を出すべきであるとした。論説は最後に、華人はペナンにおいて人口の大部分を構成し、ペナンおよびその後背地に多くの不動産を所有し、同地における事業の大部分を担っており、「コミュニティの他の構成員（other sections of the community）」よりも配慮を得る資格があるけれども、華人が求めるのは平等な扱いと配慮および権利であると締めくくった［SE 1903. 12. 11］。

華人がより華人であるために、辮髪を切るべきだという主張と、辮髪を切るべきでないという主張が交錯するなかで、華人がより華人となるために改革は必要だが、辮髪を切れば改革が実現するわけではないという指摘も見られた。

チュウ・コックヒアンは、海峡植民地は中国と異なり、身分の高低や出生地を問わず、いかなる華人が改革を推進しても罰を受けることはないため、真の進歩や文明を導入するという点において、積極的に改革を推進するべきだとし、剪辮を支持した。しかしそれは内面からの改革を伴わねばならず、無意味な迷信や習慣をすべて捨て、賭け事、好色、アヘンなどを捨てなければ、改革は実現しないとした［SE 1903.11.27］。

これに対して「長い辮髪」を名乗る投書子は、服装や髪型が人間の知性を保証するわけではないため、辮髪を切ることが知性の向上とどのように結びつくのか理解しかねるとした。辮髪を切った華人は世間の注目の的となり、珍獣のように扱われるため、剪辮は周囲の人びととの関係においてさまざまな不利益をもたらし、当事者の自尊心を損なうため、改革にとってかえって不利に働くと指摘した。辮髪のことで頭を悩ませるより前に、捨てるべき多くの愚かな迷信や無意味な慣習があるとした［SE 1903.11.18］。

一九〇三年の剪辮論争の文脈は、以下のように整理できる。第一に、剪辮支持派も反対派も慎重派も、華人が華人として民族性を維持するという課題を共有したうえで、それぞれの立場を決めていることである。華人が華人であることをより自覚的に意識し、迷信や無意味な慣習と決別する「改革」を推し進めるなかで、辮髪もまた決別すべき文化や習慣としてとらえられた。そのなかで、辮髪は満洲人が華人に押し付けた習慣であることが指摘され、その習慣を拒否することは華人が華人らしさを回復する方策であるとされた。これに対して、改革は必要であるが辮髪を切るだけで改革が達成されるわけではないという指摘もあった。また辮髪を切ると華人として扱われなくなったり、華人という集団性が失われたりするとして、華人が華人らしさを失うことにつながるという指摘も見られた。剪辮反対者の中には、剪辮が個人で行われていることを問題とし、剪辮を行うなら画一的に一律に行うべきだとする意見があり、中国における剪辮論争と共通する発想も見られた。

第二に、ペナンでの剪辮論争は、古い風俗・陋習を改良するという点において中国の剪辮論争と共通性があり、中国における議論が参照されていたようでもあるが、世界から尊重される新しく強い中国を作ることへの関心は見られないことである。警官が辮髪を引っ張って華人を警察に連行するという不当な扱いを解消するうえで、強い中国を作るという話題が上がることはなかった。またシンガポールの剪辮論争では、忠誠を誓う対象をイギリスのみに限定すべしという文脈で辮髪が論じられることがあったが、ペナンでは忠誠を誓う対象を明らかにするという文脈で剪辮が論じられることはなかった。

第三に、ペナンの華人は辮髪について論じる際に、世界における中国の位置付けよりも、海峡植民地における華人の位置づけを強く意識していたことである。辮髪を華人性の象徴としてとらえたり、華人の政治的・社会的位置づけをとらえたりするうえで、まず比較の対象とされたのは、ムスリムやシク人、ヨーロッパ人やマレー人、インド人など海峡植民地に住む異なる文化的背景を持つ隣人たちであった。

以上の三つの文脈は、これ以降に寄せられた剪辮に関する投書においても、おおむね共通して見られるものであった。

2　論争の再燃（一九〇六年）

辮髪をめぐる議論は、『ストレイツ・エコー』で一九〇六年に再燃した。この時も、一九〇三年とほぼ同じような文脈において議論が展開された。

一九〇六年の論争は、ババの間でヨーロッパ人のような短髪にするのが流行しており、華人コミュニティでよく知られている人物も辮髪を切り落とし、さらに十数人がそれに続く様子であると『ストレイツ・エコー』が報道した［SE 1906.10.20］ことをきっかけに始まった。この件に対する『ストレイツ・エコー』の見解は、あまり好意的ではなかった。同日の『ストレイツ・エコー』には、辮髪を切ることが改革の始まりであり終わりであるかのような風潮があり、辮髪を切り落とし洋装を身に付ければ改革派になれると思う人たちがいるが、その美しさは表面だけのものに過ぎず、カラスが孔雀のように見せかければカラスは失敗する、という社説が掲載された［SE 1906. 10. 20］。

こうした報道・論説を受けて、『ストレイツ・エコー』には剪辮に関する投書が続々と寄せられたようである。同紙は一〇月二三日から三〇日にかけて七件の投書を掲載した。これらの投書には、改革は必要だが剪辮によってそれが実現するわけではないという主張と、改革の一環として辮髪を切り落とした人の心意気を否定すべきでないという主張とが対立していた。

「孔子」を名乗る投書子の主張は『ストレイツ・エコー』の見解と近く、辮髪との決別は改革の完成を必ずしも意味しないと主張した。「孔子」は進歩派を自認し、自身を取り巻く環境や気候にふさわしい服装や身なりに努めるべきという改革には共感するが、道徳的・社会的に人間を向上させるような思想を学び取ることなく、ヨーロッパ人の服装を真似るだけであれば改革とは言えないと主張した。「孔子」は、装いを変えることよりも先に改革すべきペナンの華人の文化実践として、冗長で金を浪費する結婚式や葬式、高い幼児死亡率の原因となっている分娩・産褥期の迷信的な慣習を挙げた。またペナンの華人の日常生活には、「一部はマレー人から、また一部はシャム人やインド人から得た変わった考え方や概念」が存在するとし、それらも改革すべき点であるとした［SE 1906. 10. 23］。「孔子」の投書には、ペナンの華人が他の民族と日常的に接触するなかで文化的に混血しているという認識を持っており、文化的な混血性や混成性をあまり肯定的にとらえていないことがうかがえる。

これに対して、『ストレイツ・エコー』の見解に批判的な投書も寄せられた。「中国系ババ（Chinese Baba）」と名乗る投書子は、『ストレイツ・エコー』が辮髪をめぐる「二六二年にわたるわれわれの歴史」を知らないうえ、昨今の日本の成功を踏まえていないと批判した［SE 1906. 10. 25］。またフー・タイシンの息子フー・イアンションによる投書があり、『ストレイツ・エコー』が辮髪をめぐる歴史的な経緯に対して無知であると批判した。フー・

イアンションは、華人は中国でも海峡植民地でも自分が死んだあと辮髪を切って棺の中に遺体とともに収めるよう子孫たちに代々命じてきたとし、死んだら即座に辮髪が切られ、辮髪と決別して埋葬されるということは、華人が民族（nation）として辮髪をつけているのではないことを示していると述べた。辮髪は満洲人が華人に押し付けたものであるため、辮髪を捨てることは華人性の喪失を意味するどころか、華人性をより強く自覚した勇気ある行動であるとした。フー・イアンションは、服装は個人の趣味によるもので、公共や社交の場への出入りを拒まれないようなきちんとした身なりをしている限り、他人がとやかく言う権利はないと述べており［SE 1906.10.25］、辮髪をめぐり華人が画一的・一律に対応すべきだという意識は薄かった。

『ストレイツ・エコー』を通じた辮髪をめぐるやり取りは、フー・イアンションが剪辮を支持するわりには依然として辮髪を留めており、言行不一致だという批判［SE 1906.10.26］と、それに対するフー・イアンションの反論に転じていった。フー・イアンションは、夫に先立たれ一人残された年老いた母親が剪辮に反対しているため辮髪を切ることができないと説明した［SE 1906.10.27］。これに対し、孔子の『論語』を引用し、「義を見て為さざるは勇無きなり」[7]としてフー・イアンションを批判する投書があった［SE 1906.10.29］。フー・イアンションも『論語』を引用し、「父母に事うるには幾くに諫め、志の従わざるを見ては、また敬して違わず、労して怨みず」と対抗した［SE 1906.10.30］。華人性を論じる争点が辮髪から中国の古典に関する知識比べにすりかわり、投書の内容が個人の言動をめぐる応酬に転じるなかで、『ストレイツ・エコー』は、「このやり取りはあまり意味がないため、もうやめた方がよい［SE 1906.10.30］」として、辮髪をめぐる投書の掲載を終了した。

その前に『ストレイツ・エコー』は、相次ぐ投書を受けて、社説で剪辮について取り上げ自らの見解を示した。社説は、剪辮が改革のすべてであるような見方があるが、剪辮は利便性ゆえに行われているに過ぎず、実際には小さな問題であり、大騒ぎするほどのことではないとした。ヨーロッパやアメリカに留学する華人が辮髪を切り落とすのは、辮髪があると西洋の思想を吸収できないからではなく、好奇の的になりうるためであり、あるいは理容師を雇うのに金がかかるためであるなど、利便性に基づくものであるとした。現在の趨勢に照らせば、中国では一世代のうちに辮髪が消滅するかもしれないが、辮髪はすでに昔からの習慣になっており、習慣は簡単にはなくならず、今までの慣習を変えるのを不快に思う人もいるとし、辮髪をつけていてもつけていなくても紳士は紳士であり、剪辮を改革の目標とみなすべきではないとした。剪辮により変化が得られるなら、海峡植民地政府は年間何千ドルも教育に費やす必要はないと付け加えた［SE 1906. 10. 29］。

一九〇六年の剪辮論争では、辮髪を切り落としても改革が達成できるわけではないとして、剪辮に消極的な意見が目立った。論争を掲載した『ストレイツ・エコー』も、剪辮に消極的であった。『ストレイツ・エコー』は華人公会堂やペナン華人商業会議所の指導層と関係が近いため、同紙の論調はこれら指導層の見解と近いものであったと思われる。

ペナンの華人が改革すべき対象として、文化的に異質な隣人の影響を受けた混成的な文化実践が挙げられていた。ペナンでは、異なる文明を背負う人たちが隣り合って住むなかで、それぞれの文明が影響を受け合い、混成的な文化状況があったことがうかがえる。ペナンの華人はそうした環境の中で、華人性の維持を課題としていたことが分かる。

3 清朝政府内における剪辮への動き（一九一〇年）

『ストレイツ・エコー』紙上で、辮髪をめぐる論争が一九〇六年以降展開されることはなかったが、一九一〇年に同紙および他紙に剪辮に関する投書が単発で掲載されることがあった。これらの投書は、一九〇九年頃から海峡植民地で剪辮を行う者が増えていたことを受けて寄せられたものであった。楽団の演奏をバックに多数の観衆の前で剪辮を行う者もおり、ペナンでもそのような例が見られた［ST 1909. 3. 22；PGSC 1910. 11. 21］。

一九〇九年頃から剪辮する者が増えたのは、一九〇九年九月頃から一九一〇年一一月末にかけて清朝政府内部で辮髪の廃止が議論されていたことと関連していたと思われる。その議論の動向は海峡植民地でも報じられた。一九〇九年一一月には、管理軍諮處事務の載濤が自身の兄で宣統帝の父である摂政（監国）の載灃に剪辮を進言したと報じられた［ST 1909.11.18］。さらに、載灃が一九一一年に礼服の変更と剪辮を検討しており、各国大使と謁見する際に軍服を身に着けるようになったこと［SE 1910.1.10］や、載濤から強い要求を受けて、載灃が剪辮を命じる上諭を一九一一年に発布するらしいという風聞があること、欧米諸国に駐在する清朝公使から清朝朝廷に対して辮髪に批判的な陳情が行われていること［SE 1910.9.20］、資政院[8]で剪辮が賛成を得て可決され、その決定が朝廷に伝えられ、最終的な判断が朝廷に委ねられることになったこと［ST 1910.12.27］などが海峡植民地でも報じられた。朝廷は結局剪辮を許可しなかったが［ST 1910.12.31］、このような趨勢のもとで中国では、一九一〇年九月頃から陸海軍および学生や教育関係者の間で剪辮を行う者が増えていった［吉澤 2003, 138-140］。剪辮を行った者が罰せられることはなく、そのことは海峡植民地の華人にとって剪辮に伴う懸念の一つを取り除くものとなっていたと思われる。

一九一〇年一一月二四日の『ペナン・ガゼット』は、「チンキアン（Chin Kian）」と名乗る投書子から寄せられた投書を掲載した。『ペナン・ガゼット』は同二二日に、ペナンでは剪辮が流行っており、ある人物が楽団の演奏を背景に剪辮を行い、辮髪は不潔で危険でめめしさの象徴であると発言したことを報じる記事を掲載した。この記事を受けて「チンキアン」は、床屋の奥まった部屋で剪辮を厳かに行うのはよいが、なぜ髪を切るだけなのに楽団を呼ぶなど大騒ぎするのか理解しかねると述べた。「チンキアン」は、中華帝国の住民は三千年にわたり辮髪を留めてきたが、辮髪に不潔さや不名誉さ、めめしさを感じる華人は一人もいないとした。さらに、「ムスリムは顎鬚を非常に誇りにしており、シク人とパターン人[9]の兵士は頭上に結い上げた髪を誇りに思っている。私には私のものを、あなたにはあなたのものを。なぜ他人の足跡に続くのか？」と述べ、祖先の習慣を維持すべきだと主張した

[PGSC 1910.11.24]。

「フック三世（Fuk III）」と名乗る投書子は、辮髪を切り洋装を身につける華人に関する報道を『ストレイツ・エコー』では毎日のように目にするとし、同紙に以下のような投書を寄せた。東洋ではいくつかの民族（nation）がすでに洋装を身につけるようになっており、華人が辮髪を切り洋装を着用すると日本人やシャム人、マレー人に間違えられるかもしれない。華人は大きな国を持ち、人口も多い。彼らがすでに覚醒しているなら、なぜ民族独自の服装を発明しようとしないのか。われわれペナンの華人は自分自身のために独自の衣服を持つ可能性を探ってみよう。それが成功すれば他の地域の華人もそれに続くかもしれない。華人の新しい衣服について男女や貧富を問わず案を募り、その案に基づくコンテストを行うことを提案する［SE 1010.12.21］。

「チンキアン」と「フック三世」からの投書は、いずれも華人の集団性を維持するための提案であった。「チンキアン」は、海峡植民地に住む他の民族が外見的な特徴によって民族性を示しているように、華人も辮髪を通じて民族性を示すべきだとした。「フック三世」は、剪辮にはそれほど批判的ではないが、他のアジア系の民族と華人とを区別しうるように、独自の新たな服装を創出するべきだとした。

4　論争の決着

一九一一年一一月一四日の『檳城新報』は、共和民国が近々成立することになり、剪辮する者が日に日に増えていると報じた。剃髪屋は散髪方法を学んで散髪屋に転業し、ヒンドゥー人を雇って散髪に対応している店もあると報じた［檳城新報 1911.11.14］。また一二月四日の『檳城新報』は、清朝政府が剪辮を命じる上諭を公布したことを伝えた。この記事は、「南部の省で共和政府が成立して以降、上海や香港の新聞が清朝の上諭を掲載しないため、『ロンドン・タイムズ』が同紙北京特派員からの情報に基づき掲載した」記事に基づくものであった。この記事では八項目の上諭について報道され、その中に「満洲人・漢人を問わず、一律に剪辮する。満洲人の女性は漢人の女性と同じ装飾をする」ことや、「新しい国政にそぐわない風俗制度は、すべて廃止する」という上諭が含まれていた[檳城新報 1911.12.4]。

このようななかで一二月一六日に華人公会堂で、剪辮に対するペナンの華人の対応を検討する会議が開かれた。この会議の出席者は約一、〇〇〇人で、華人社会の新旧指導者をほぼ網羅していた。その中には、リム・ホアチアム、チア・テックスン、ゴー・テックチー，リム・センフイ、ヨー・ペックタット、オン・ハンチョン、リョン・ロックヒン、クア・ベンキー、コー・リープテン、ウン・ブンタン、ウィ・チョンション、クー・ユービー、リー・チンホー、クー・キムケンなど、華人公会堂の理事・委員やペナン華人商業会議所理事の名前がある。

まずヨー・ペックタットが、剪辮の意義について語った。ヨーは、剪辮は衛生面で有益なだけでなく、文明世界においてもふさわしいとし、それを示すエピソードとして自身の友人の話を紹介した。その友人はヨーロッパに向かう船で、辮髪のないボーイを伴った辮髪を留めた富裕な紳士に遭遇した。彼らは一等船室の乗客で、西洋人と食事をともにしたが、西洋人の給仕は紳士を二等船室に追い払い、ボーイに対しては慇懃で礼儀正しかった。ヨーはまた、ロンドンでは辮髪を留めた人が白眼視され、嘲笑されると語った。ヨーは、これらのエピソードから、辮髪が人びとに忌み嫌われているとし、それでもまだ辮髪を残したいのかと出席者に問うた。辮髪の扱いについて表決が取られ、「辮髪を留めたい人は手を挙げよと問うと、会場は静まり返り、剪辮に賛成する者は挙手せよと問うと、みな一斉に挙手し、拍手がとどろいた[檳城新報 1911.12.18]」。

これに続き、慣習を変えることは個人の自由であり、人に押し付けるべき問題ではないことが指摘された一方で、みなが一斉に慣習を変えることにより、華人としての団結を示すべきことが主張された。リョン・ロックヒンは、「家に帰ったら父は子に、兄は弟に働きかけ、いっせいに剪辮し、足並みの乱れが出ないようにしよう。それによって、われわれ漢人の団結を示すのだ」と呼びかけた。一方でリム・ホアチアムは、剪辮が支持を得たことは幸いであるが、自分たちにはそれを人に押し付ける権利はないとした。また服装に関して、リョン・ロックヒンは各自が自由に着用するのがよいとした一方で、リム・ホアチアムは民国政府がどのような制度を制定するのかを待ち、それに一律に従うのがよいとし、画一性を示すことを重視した［檳城新報 1911.12.18］。

＊＊＊

以上見てきたように、二〇世紀初頭に展開したペナンの剪辮論争では、剪辮推進派、慎重派、反対派の三つの立場があった。剪辮推進派は、華人の古い習慣を改良する一環として剪辮をとらえた。辮髪は満洲人に押し付けられた慣習であるため、辮髪と決別することは華人性をより高める行為であるとみなされた。これに対して、華人の古い慣習を改良することには賛同しつつも、辮髪を切り落としたからといって改革が達成されるわけではないという指摘も存在した。海峡植民地で隣り合って住む民族が独自の髭や髪型を維持し民族性を提示しているなかで、華人の辮髪も民族性を提示する指標であり、なくす必要はないという意見もあった。また、辮髪をなくせば自分が華人であることが認識されず、海峡植民地の多民族社会において自らの文化に見合った扱いを受けられなくなる可能性があるうえに、華人が個人として認識されなくなれば、華人という集団が認識されなくなる可能性もあり、そうなれば華人に割り当てられた資源を失うことになりかねないとして、剪辮に反対する者もいた。

剪辮推進派と慎重派は、進歩の時代にふさわしい発展を遂げるため華人の慣習や文化の改革を重視しており、これは近代化への対応ととらえることができる。しかし慎重派は、改革と剪辮は無関係であるととらえていた。剪辮反対派は、華人がペナンで得た資源の確保という合理的な判断の下で剪辮に反対していたのであり、「因習の力」に囚われていたわけではなかった。

剪辮論争は最終的に、清朝政府から剪辮を命じる上諭が発布されたことと、満洲人の王朝が倒れ新たな国家の成立が予想されたことにより、剪辮を実施すべしという結論に至った。ペナンにおける剪辮論争は、中国における辮髪の位置づけが変化したことにより決着し、その意味において論争の決着をつけたのは中国という要因であった。

剪辮をめぐる論理において、ペナンの華人と中国の華人との間に共通性も見られた。ペナンにも中国にも、剪辮支持派と慎重派、反対派が存在した。いずれにおいても剪辮支持派は、古い風俗や陋習を改良する一環として剪辮が必要であると論じた。ペナンにおいては、服装や髪型は個人の自由という議論も少なからず見られたものの、中国と同様に剪辮は画一的に一律に行うべきだという論理も存在した。またいずれにおいても、改革と剪辮とは無関係であるとする見方があった。

しかしそれぞれの論理を詳細に見ていくと、ペナンの華人と中国の華人とで異なる部分も多かった。とりわけ古い風俗や陋習を改良して自らをどのように世界に位置づけるかという点において、その論理は大きく異なっていた。中国における剪辮は、中国の富国強兵化という文脈の中で広く支持されるようになった。これに対してペナンでは、辮髪を切ることにより中国を富国強兵化するという議論や、中国の富国強兵化によって海峡植民地における自らの地位の向上を期待するような議論は見当たらなかった。

同じ海峡植民地であるシンガポールでは、忠誠を誓う対象をイギリスのみに限定すべしという文脈で剪辮が論じられることがあった。これに対してペナンでは、忠誠を誓う対象を明らかにするという文脈で剪辮が論じられることはなかった。

ペナンの華人は、中国における動向に対応して自らが取る行動がペナンの社会でどのようにとらえられうるのかを常に意識していた。ペナンの華人は、辮髪を切っても自分たちが華人であるとペナン社会で認識され続けることに注意を払い、一斉に剪辮し、華人としての団結を示すことを強調して、論争に決着をつけることとなった。

第10章　辛亥革命期の資金的支援——秩序の混乱期における対応——

「華僑は革命の母」とは、孫文の言葉だとされる。[1] 二〇世紀初頭において中国国外に居住していた華人は、一九一一年の武昌蜂起に先駆けて行われた孫文の革命事業を支援したとし、辛亥革命への貢献が現代においても評価されている［陳 1986；蒋 1986；李 2003］。

第7章で触れたように、ペナンは一九一〇年以降、東南アジアにおける中国同盟会の拠点となった。同一一月に中国同盟会の幹部を集めて行われた「ペナン会議」では、一一回の武装蜂起のうち最も大規模で熾烈だったと言われている広州黄花崗蜂起の実行が決定され、ペナンの華人はこれを支持し、多大な資金的支援を行ったとされる。またマラヤ全体においても華人は主に資金面で革命を支え、その貢献は他地域の華人に勝るという評価がある［Yen 1976, 318］。清朝の打倒とアジアで最初の共和国である中華民国の建設という歴史的事業へのペナンの華人の関わりは、ペナンの華人のみならずマレーシアの華人にとっても国際的な栄誉だと位置づけられている［張少寛 2004, 19-20］。こうした評価は、中国国外に居住する華人の行動を辛亥革命への貢献に位置づければ、その歴史的な評価も自動的に定まるような前提に立っていると言える。

これに対して日本の中国近代史研究では、一九八〇年代以降革命史観の相対化が課題となった［並木 1989；1993；藤谷 2003］。歴史の段階を飛び越えて社会主義革命を達成した中国は、かつては日本の現状と将来に理念的な指針を与える存在であった。中国革命の成功を前提とし、そこに至る過程に貢献したか否かによって、歴史事象が評価され、辛亥革命は中国革命の前段階として位置づけられてきた。しかし一九七〇年代末に中国が革命至上主義から改革・開放政策に転換し、中国社会の現実の容態を伝える情報が急増すると、それらの情報は日本人研究者の「中国革命の成果に対する理念的な共感を打ち砕いた」という［並木 1993, 24–25］。これに加え、革命を経て成立した社会主義体制・国家が一九八〇年代末以降崩壊し、社会主義が抱えていた問題が明らかにされたことと、フランス革命の見直しを迫る研究が進展したことが背景となり、「革命を無条件に人類の発展に直結させるような楽観的・短絡的な革命観はもはや通用しない」という視点が現れた［並木・井上 1997, 361–364］。

辛亥革命前後における中国国外の華人の行動は、革命の評価そのものが相対化されるなかで、「革命への貢献」のみで歴史的な位置づけを定めることはもはや難しい。このことを踏まえて本章は、ペナンの華人による辛亥革命前後の中国への資金的支援を、革命史観ではない視点からとらえることを目的とする。

中国国外に居住する華人はそのほとんどが、孫文や革命を支援していたと記述されることが多い。例えば、「辛亥革命を中心として、孫文の幅広い運動により全世界に散在する華僑が、自己の地位に目覚め、故国のために一致して思考し行動するようになった［須山・日比野・蔵居 1974, 106–107］」との記述がある。また「中国本土における革命は中国そのものを変えると同時に、華僑社会にも圧倒的な影響をおよぼし」、「華僑もまた孫文が『華僑は革命の母』と呼ぶほどに積極的に革命を支持した」［森川 1995, 162–163］との記述もある。

これに対して最近の研究では、中国国外に居住する華人すべてが孫文の活動や革命を支援したわけではなく、革命の支援者はむしろ一部の人たちに限られていたことが指摘されている［Huang 2006］。本章はこうした最近の研究を踏まえ、中国国外に居住する華人の孫文や革命に対する態度は多様であった点を改めて確認し、ペナンで多くの華人を資金的支援に呼応させた呼びかけは革命への支援よりも、革命によって混乱した社会の救済であった点に注目する。

中国国外に居住する華人の革命への支援は、「ナショナリズム」や「愛国心」の表れとして評価される。そのなかで何の見返りも期待せず、自らの財産や生命さえも捧げた華人の姿が強調される。例えば、「清朝は……一九世紀末ごろから外貨資金源として海外華人に注目し、自国民とみなすようになった。清朝以後の歴代政府も、華人の富に関心を持ち、しばしば投資や寄付を呼びかけた。……華人コミュニティの側も、中国の中央・地方の政府から注目され、頼りにされること、政府に貢献できることに誇りと喜びを感じた［田中 2002, 33］などの記述がある。

これに対して本章が示すペナンの事例からは、自らの支援が透明性をもって運用されることを政府に強く迫り、その支援が中国で広く認知されることにこだわる華人の姿が顕著となっている。本章では、ペナンの華人が新中国の建設のために無償で財産や生命を差し出したという側面よりも、「金を出す以上は口も出す」ことを前提に新中国の建設に関わり、政治や行政のあり方を監視し、問題があればそれを指摘し、政治や行政の応答性を高めるかたちで、新たな秩序の構築に参画しようとした側面に着目する。

1 革命直後の資金的支援

(1) 孫文の革命運動とペナンの華人

一九一一年一〇月一〇日に革命派の新軍が武昌で蜂起し、それに続いて各省が次々と清朝からの独立を宣言した。ペナンの華人と関わりの深い広東省や福建省も、一一月八日と九日にそれぞれ清朝からの独立を宣言した。

ペナンの華人は中国から次々と寄せられる電信を通じて、福建と広東を含めほとんどの省が清朝から独立したことを知った。これを受けてまず一一月一一日に、ペナン閲書報社が華人公会堂で会議を主催し、一、〇〇〇人の出席者を集めてその後の対応を話し合った。主な参加者の多くはペナン閲書報社のメンバーで、当時ペナンの華人社会で指導的立場にある人物はほとんど参加していなかった。ペナン華人商業会議所や華人公会堂などで指導的立場にある人物のうちこの会議に出席していたのは、リョン・ロックヒン[2]とウィ・ホックブン、テオ・スンケン、ペナン閲書報社のメンバーでもあるリム・ジューテックくらいであった［SE 1911.11.13］。

ペナン閲書報社は、孫文の支援者によって一九〇八年に設立された組織であった。ペナン閲書報社のメンバーの中には、ペナン華人商業会議所や華人公会堂のメンバーである者もいた。例えばゴー・セイインは、ペナン華人商業会議所が設立された時のメンバーであり、一九〇三—一九〇五年と一九〇六—一九〇九年に同会議所の理事を務めていた。またリム・ジューテックは一九一一年二月より数回、華人公会堂の会議に参加していた［檳城新報1911.2.27］。ペナン華人商業会議所と華人公会堂のメンバーは、第5章において図1で示したように、重なり合っている部分が大きいが、これら二組織のメンバーとペナン閲書報社のメンバーは一九一二年五月までほとんど交わることがなかった。

ペナンの華人と孫文との関わりは、以下のような経緯をたどってきた。マラヤでは一九〇一年頃から、香港興中会の尤列が革命思想の宣伝活動を行っており、シンガポールやクアラルンプール、ペナン、ペラ、ジョホール、スレンバンなどで中和堂という組織を立ち上げた［Yen 1976, 41–45］。ペナンでは、こうした活動を通じて革命思想に興味を持った人びとが、小蘭亭というサロンで交流していた［陳 1921（2004), 201］。

ペナンのある資本家と会うために一九〇五年初めにペナンを訪問した孫文は、ゴー・セイインやウィ・キムケンなど「小蘭亭のメンバー」に招かれ、満洲族の統治による亡国の危惧や三民主義について演説を行った。しかし多くの人はそれに強い拒否反応を示した。タン・シンチェンは当時の様子について、「一般の無意識な者は革命を蛇蝎のごとくみなし、革命と口にすると白眼視され」たと記している［陳 1921（2004), 201–202］。

ペナン同盟会分会で中心となったゴー・セイインやウィ・キムケン、タン・シンチェンは、いずれも父親がペナンで興した事業を受け継いでおり、無資本で海峡植民地に渡ってきた新来の移民ではなく、比較的富裕な階層に属した。ゴー・セイインとウィ・キムケンはペナン生まれである。ウィ・キムケンはコー・スーチアン以降マラッカ海峡で発展を遂げてきたコー一族（第1章2(2)参照）と婚姻関係で結ばれていた。出生地や教育的な背景において彼らは、華人公会堂の理事・委員やペナン華人商業会議所の理事と共通性が高い。

ゴー・セイインは一八七五年にペナンで生まれた。父親のゴー・ユーツァイ（Goh Yu Chai／呉有才）は福建省漳州府海澄県出身で、瑞福号（Chop Swee Hock）を興し、小麦粉やビーフン、マッチ製造など食品・日用雑貨を取り扱っていた。ゴー・セイインは私的に教育を受けて華語と英語を習得し、父が興した事業を受け継いだ［Lee and Chow 1997, 48；張少寛 2004, 258–259］。

ウィ・キムケンは、ペナンで生まれた（出生年は不明）。彼の出自は福建省泉州府同安県にたどれるが、その家系はすでに数世代にわたってシャムで事業を行っており、父親の代にシャムからペナンに移ってきた。父親はペナンで得昌号を興し、錫の流通に携わった。父の死後、ウィ・キムケンはその事業を受け継いで財を成し、コー・スーチアンの息子でラノンの総督補佐（Assistant Governor）を務めたコー・シムコンの娘と結婚してシャムでの基盤も固めた［張少寛 2004, 121–125］。

タン・シンチェンは一八八一年に福建省泉州府同安県で生まれたが、父親がペナンで事業を行っており、その事業を手伝うために一八歳の時にペナンにやって来た。タン・シンチェンはさらに事業を拡大し、貿易会社やゴム工場を設立したほか海運業にも進出し、財を成した［Lee and Chow 1997, 163］。

ゴー・セイインやウィ・キムケンがなぜ革命を支持するに至ったのか、彼ら自身は記録を残していない。張少寛は、鄺国祥の『檳城散記』より「二人は……海外で不自由なく暮らしていたお金持ちのご子息であったが、日清戦争後に中国が台湾を割譲し、巨額の賠償金を支払い、主権を失くして屈辱を受けるのを目の当たりにし、中国政治を変えねばという思いが胸に湧きおこった」という記述を引用し、二人が革命を支持するに至った動機としている［張 2003, 246］。

一九〇五年八月二〇日に東京で中国同盟会が成立し、ヨーロッパやアメリカ、アジア各地で分会が設立された。一九〇六年四月に孫文は、シンガポールで同盟会分会を設立した。その後孫文は、同盟会シンガポール分会の会員であるタン・チョーラム（Tan Chor Lam／陳楚南）やリム・ニースン（Lim Nee Soon／林義順）[3]を率いて同年七月にスレンバン、八月にクアラルンプールとイポーを回り、クアラルンプールに同盟会分会を設立した。ペナンでも九月に同盟会分会が設立されたが、孫文自身はこの時ペナンを訪れておらず、タン・チョーラムとリム・ニースンがその任を担った［Yen 1976, 98–99；張少寛 2004, 111；143］[4]。同盟会ペナン分会の設立時の会員は十数名で、会長にゴー・セイイン、副会長にウィ・キムケンがそれぞれ選ばれ、その他の主な会員は、リム・ジューテック、タン・シンチェン、クー・ユービー、クー・ベンチアン、徐洋溢、林福全、熊玉珊などであった［張少寛 2004, 111］。

孫文は一九〇七年三月以降、革命を指揮する総機関をハノイに設立し、そこを運動の拠点として六回の武装蜂起を行ったが、いずれも失敗に終わった。インドシナ政府は孫文を危険視し、一九〇八年一月に孫文をインドシナから追放した。孫文はシンガポールに逃れ、そこにしばらく滞在した。この頃までにマラヤやオランダ領東インドで同盟会の分会が二十数箇所設立されており、さらに書報社や通信所などを含むと孫文を支持する機関が一〇〇箇所以上設立されていた。これらの機関は同盟会シンガポール分会を結節点としてつながっていたため、孫文はこれらの活動を統括すべく一九〇八年秋頃シンガポールに同盟会南洋支部を設立した［劉 1986, 58］。

しかしこの頃、シンガポールの主要な支援者であるタン・チョーラムやテオ・インホック（Teo Eng Hock／張永福）[5]は事業の停滞などにより、革命資金を融通することに困難をきたしていた。孫文は一九〇九年五月にシンガポールを離れ、ヨーロッパやアメリカで資金調達に奔走した。その後、同盟会シンガポール分会の活動はさらに衰退し、一九一〇年八月に孫文がシンガポールに戻った頃には、その活動はほとんど停止していた［劉 1986, 54–61］。

他方この間ペナンでは、同盟会分会の活動が活発であった。一九〇八年に行われた汪精衛（当時、中国同盟会本部・評議部部長［深町 1999, 51］）の演説に数千人の聴衆が集まり、演説後は革命思想を支持する人が増加したという［陳 1921（2004), 203；205］。この頃には、革命思想を受け入れる人びとが相当数いたことがうかがえる。こうしたなかでゴー・セイインは、革命主義の宣伝を目的として、同年八―九月頃にペナン閲書報社の設立準備会議を呼びかけた。ペナン閲書報社の設立会議には、ウィ・キムケンやタン・シンチェン、クー・ベンチアン、熊玉珊など二十数名と、当時ちょうどペナンに滞在していた汪精衛が参加した。ペナン閲書報社は同年一二月六日に華人公会堂で行われた会議で正式に発足し［張少寛 2004, 32］、Penang Philomathic Union という英語名称を持ち［張少寛 2004, 171］、一九〇九年三月に海峡植民地政府により結社として認可・登録された［SSGG 1912.5.17］。

中国同盟会は一九〇九年から一九一〇年のある時期[6]に、東南アジアの活動拠点をシンガポールからペナンに移し、孫文とその家族もペナンに居を移した。孫文やその家族の住居や生活費は、ゴー・セイインやウィ・キムケン、タン・シンチェン、クー・ベンチアン、熊玉珊など一一名が負担した［張少寛 2004, 116］。一九一〇年一二月四日には、『光華日報』が創刊した。さまざまな妨害もあるなかで資金を調達し、ラングーンで『光華報』の出版・運営を行っていたチェン・グンアンがペナンに移り、ウィ・キムケンやタン・シンチェンに合流したことで、同紙の創刊が実現した［林 1983, 414］[7]。

こうしてペナンは一九一〇年頃に、中国同盟会の東南アジアにおける活動拠点となった。この頃には孫文の支持者がそれなりの規模で存在したようである。このことは第7章で見たように、一九一〇年一二月六日に行われた市政委員選挙からうかがえる。この選挙では、納税者協会が推薦する候補者とその対立候補者が票を争い、前者が大差で負けた。この背景には、納税者協会の事務局長を務めるリム・センフイが発行する『ストレイツ・エコー』に掲載された孫文を非難する論説に対する批判・反発があったと見られている。対立候補を推す陣営は六〇名や二〇〇名といった規模の人たちを動員し、組織的な運動を行っていたことが報道されており［SE 1910.12.5；1910.12.7］、孫文の支持者がそれなりの大衆動員力を持っていたことがうかがえる。

武装蜂起に次々と失敗し、運動資金も尽きつつあった孫文は、自らへの支持が高まりつつあるペナンで一九一〇年一一月一三日に会議を招集した。この会議には、胡漢民（本部執行部書記部・評議部評議員、南方支部支部長［深町

1999, 50]）や黄興[8]、趙声（同盟会会員、新軍軍人［深町 1999, 44]）など中国同盟会本部の幹部のほか、鄧沢如（同盟会クアラピラー分会会長［Yen 1976, 268]）や李孝章（同盟会イポー分会会員）、鄭螺生（同盟会イポー分会会長）、同盟会ペナン分会のゴー・セイインやウィ・キムケンなどマラヤ各地の分会代表者など五三名が出席した［劉 1986, 62]。この会議で孫文は大規模な蜂起の計画があると述べ、すでに機運は熟し軍部もみな蜂起に賛成しているが、資金だけが問題であるとして、出席者に資金的支援を求めた。これを受けて出席者は、マラヤとオランダ領東インドで五万元ずつ、シャムとフランス領インドシナで三万元ずつ、合計一三万元を目標に、「中国教育義捐金」の名目で募金活動を行うことを決定した。この時に集められた義捐金は総額二二万四、四四三元[9]で、ペナンでは一万一、五〇〇元が集まり、計一一回の武装蜂起において最も大規模で熾烈だったと言われている一九一一年三月二九日の広州黄花崗蜂起に投じられた［陳 1986, 250]。

武昌蜂起を含め、計一一回の武装蜂起に対して提供された支援金総額は三九四万二、八一〇元で、そのうちマラヤ地域からの支援金は一〇一万九、五五五元に達し、全体に対する割合は二五・八六パーセントであった（表19）。マラヤからの支援金は、第三回から第八回蜂起（義捐金総額二九万八、五五〇元のうち九万八、〇〇〇元／三二・九八パーセント）と、第一〇回および第一一回蜂起（義捐金総額二九八万二、八一七元のうち八七万三、八九六元（蜂起前三、〇〇〇元）／二九・三〇パーセント）において確認しうる［陳 1986, 246–253]。ただしこのうちペナンの華人からの支援金がどれくらい含まれるのかは、広州黄花崗蜂起に投じられた一万一、五〇〇元以外は不明である。

(2) 武昌蜂起直後のペナンの華人の反応

武昌蜂起から一一月一一日に華人公会堂で会議が行われるまでの間、ペナンからは少なくとも合計三万一、九五七元の支援が主に香港を通じて送金されていた（表20）［檳城新報 1912.1.12][10]。

この時期の募金・送金を誰が行い、どのような呼びかけのもとで支援が寄せられたのか、詳細はよく分からな

表 19　武昌蜂起までの資金支援額と全体に占める割合

地　　　区	金　　額	全体に占める割合
香港	111 万 0,000 元	28.15%
マラヤ	101 万 9,555 元	25.86%
シャムとフランス領インドシナ	63 万 3,434 元	16.07%
アメリカ	34 万 8,711 元	8.84%
ビルマ	27 万 8,800 元	7.07%
オランダ領東インド	18 万 4,050 元	4.67%
フィリピン	10 万 1,150 元	2.57%
カナダ	7 万 4,000 元	1.88%
フランス	6 万 5,000 元	1.65%
キューバ	6 万 2,000 元	1.58%
日本	4 万 9,000 元	1.24%
孫文本人	1 万 5,000 元	0.38%
その他	1,950 元	0.05%
合　　計	394 万 2,810 元	100.00%

出所：[陳 1986, 254] より作成。

表 20　武昌蜂起から 11 月 11 日会議までのペナンから中国への送金金額（1911 年）

日　付	送　金　先	送金金額ドル→換算額
10 月 14 日	香港　金利源	1,500 ドル→ 1,170.43 元
10 月 18 日	香港　金利源	2,000 ドル→ 1,556.3 元
10 月 18 日	上海　漁父	2,800 ドル→ 2,873.37 元
10 月 20 日	香港　金利源	3,000 ドル→ 2,358.9 元
11 月 1 日	香港　金利源	5,000 ドル→ 4,000 元
11 月 4 日	香港　金利源	1 万ドル→ 7,988.85 元
11 月 6 日	福建『民心報』から軍政府へ	5,000 ドル→ 3,994.85 元
11 月 8 日	香港　金利源	1 万ドル→ 8,015 元
合　計		3 万 9,300 ドル→ 3 万 1,957.7 元

出所：[檳城新報 1912.1.12]
金利源は香港で孫文を支援していた李煜堂の薬剤店。漁父は同盟会の指導者の 1 人である宋教仁のペンネーム。『民心報』は，同盟会の関連組織で革命を支援していた黄家宸が 1911 年 3 月に福州で創刊した新聞。

い。このリストは、一九一一年一二月一四日に成立した広東・福建両省救済保安義捐金（後述）によって募金・送金された金額の一部として公表されたものである。広東・福建両省救済保安義捐金を取り仕切った人物やこれに関わった人物は分かっているが、同じ人物がそれ以前の募金・送金にも関わっていたかどうかは確認できない。

一九一一年一一月一一日にペナン閲書報社が主催した会議は、こうした活動ののちに開かれたものであった。上述したようにこの会議の参加者は、ほとんどがペナン閲書報社のメンバーで、ペナンの華人社会で指導的立場にある人物はほとんど参加していなかった。募金の呼びかけは、革命の成功と祖国の光復を支援するという内容が主となっていた。議長を務めたクー・チアウティオンは、革命軍による革命の成功は同胞の福祉の向上と問題の軽減を約束するものであるが、革命は未完であり費用がかかるため、孫文の共鳴者により組織的な募金が行われてきたように今回も募金を実施してはどうかと提案した［SE 1911.11.13］。ウィ・キムケンは、人民、家、国家が重要な局面にあるなかで各自が務めを果たすべきであると呼びかけた。これらの発言を受けてタン・シンチェンは、祖国の光復は世界に対する我が国の誇りであり、個人にとっての幸福であり、子孫に伝えていく偉業であると述べ、募金の実施を提案すると、満場一致の賛同を得た［檳城新報 1911.11.13］。

各通りに募金員が任命され、その中にはヨー・グアンセオックやヨー・ペックタット、リム・インホン、ウン・ブンタン、コー・リーププテンなど、ペナン華人商業会議所と華人公会堂の理事・委員の名前が見られる［檳城新報 1911.11.14］。しかし彼らが実際に募金活動を行ったかどうかは、確認できない。

この期間に集められた募金額および送金金額は、表21のとおりであった［檳城新報 1912.1.12］。この表にある募金・送金金額も、広東・福建両省救済保安義捐金によって募金・送金された金額の一部として公表されたものである。表中には、ビルマからペナンに移り、ペナンで『光華日報』の創刊に携わったチェン・グンアンの名前が見られる。チェンはこの頃、福建省政府顧問や厦門参事会議長、財政庁長などを務めていた［周 1995, 320］。

この会議は、かねてから孫文の活動を支援していたペナン閲書報社が主催し、革命の成功と祖国の光復を支援す

表 21　広東・福建両省救済保安義捐金のうち 11 月 11 日会議以降の送金額 (1911 年)

日　付	送　金　先	送金金額→換算額
11 月 13 日	福建　『民心報』から軍政府へ	5,000 ドル→ 4,044.85 元
11 月 20 日	厦門　チェン・グンアン	5,000 ドル→ 4,000 元
12 月 1 日	上海　陳其美滬軍都督	2 万テール→ 2 万 1,361.82 元
12 月 9 日	厦門　チェン・グンアン	6,000 ドル→ 4,815 元
合　計		3 万 4,221.67 元 (換算額)

出所：[檳城新報 1912.1.12]

るという名目で募金を呼びかけていた。しかしその成果についてペナンの華人は、低調であったと評価していた。クー・キムケンは、指導者層があまり参加せず金額もあまり集まらなかったと述べている。リョン・ロックヒンも、東南アジアの他の都市と比べてペナンの反応は芳しくなかったと発言している [檳城新報 1911.12.12]。このことは、辛亥革命直後のペナンでは革命の成功に対して、華人社会全体を巻き込むような積極的な支援活動が巻き起こったわけではないことを示している。

(3)　ペナン華人商業会議所および華人公会堂指導者層の参加

ペナンの華人は、一一月一一日の会議から一ヵ月後の一二月一一日にも一、〇〇〇人規模の会議を行い、募金の実施を話し合った。この会議では、リム・ジューテックやウィ・キムケン、クー・ベンチアンなどのペナン閲書報社会員以外に、リム・センフイ、リョン・ロックヒン、ウィ・ホックブンなどペナン華人商業会議所や華人公会堂の指導者層も出席していた [張少寛 2004, 196；檳城新報 1906.10.1；檳城新報 1911.2.27；SE 1911.1.6]。

この会議でもクー・チアウティオンが議長を務め、募金を呼びかけたが、その呼びかけ方は一一月の会議とは異なった。この会議では革命の支援ではなく、革命後の混乱で困苦にあえぐ広東や福建の人たちを救うことに力点が置かれた。リョン・ロックヒンも、福建と広東の軍政長官から、革命による混乱で治安が悪化し、いたるところで避難民が発生し行き場を失っている人が多数いるため、早急に資金を支援してほしいとの依頼を受けたとして募金を呼びかけた［檳城新報 1911.12.12］。

華人公会堂で広東幇のトップを務め、ペナン華人商業会議所で会長を務めていたリョン・ロックヒンは、東南アジアの他の都市では億万の寄付が集まっていると述べ、ペナンには他の都市に引けをとらず経済的実力のある富裕な商人や義侠の士がいるのだから、故郷のために進んで募金をし、各都市の金額をしのごうと呼びかけた。クー・キムケンは、先の募金ではあまり金額が集まらなかったとし、今回はペナンの著名な名望家で公共の福祉に強い関心を持つ人たちが一丸となって、華人の各組織に募金を呼びかけるべきだと述べた［檳城新報 1911.12.12］。

リョン・ロックヒンは、広福宮の理事や委員二〇人と福建幇と広東幇の富裕商人からそれぞれ一五人を選び、募金推進員に任命することを提案した。これに基づき五〇人の募金推進員[11]が選ばれ、一二月一三日に再度会議を行うことになった。募金推進員には、一一月一一日の会議においても募金に参加したウィ・キムケンやリョン・ロックヒン、クー・キムケン、リム・ジューテックなどのほかに、華人公会堂で長老的な立場にあったリム・ホアチアムやチア・チュンセン、ヒア・スィーリーなどの人物や、華人公会堂とペナン華人商業会議所の理事であるリム・センフイ、チア・テックスン、ゴー・テックチー、ウィ・ホックブン、リム・ヤウホン、ライ・クアンサムなどの人物が含まれていた［檳城新報 1911.12.12］。

一二月一三日に華人公会堂で、募金提唱者による会合が再度行われた。募金の正式名称は広東・福建両省救済保安義捐金（広福両省救済保安捐）と定められ、全体の責任者が選出された。総責任者は広東幇がリョン・ロックヒン、福建幇がウィ・キムケンであった。一二月一五日から二二日までを、一六・一七日をのぞいて募金活動期間とし、募金勧誘員三〇人を二班に分けて日ごとに振り分け、担当になった班がその日の募金を行うこととした。各地区において募金を呼びかけるほか、各同業者組合[12]の長にも募金を呼びかけることとなった［檳城新報 1911.12.14］。この募金で集まった金額と送金額は、表22のとおりであった［檳城新報 1912.1.12］。

この時の募金は、一一月一一日の会議に基づき実施された募金よりも多くを集めており、金額の上では進展が

表22　広東・福建両省救済保安義捐金のうち12月11日の会議以降の送金額

日　　付	送　金　先	送金金額→換算額
1911年12月28日 1912年1月2日	福州　孫道仁福建都督 上海　軍政府	2万ドル→1万6,000元 5万テール→5万3,195.69元
合　　計		6万9,195.69元（換算額）

出所：[檳城新報 1912.1.12]

あった。また、華人公会堂やペナン華人商業会議所のメンバーが、一一月一一日の会議よりも若干多く出席していた。この会議では、革命の支援ではなく、革命後の混乱で困苦にあえいでいる福建と広東の人たちを救済するという呼びかけの下で募金が実施され、その名称も広東・福建両省救済保安義捐金となった。このことから単純に判断するなら、ペナンにおいては革命の支援よりも革命後の混乱に困っている人たちを救済するという名目の方が、より多くの人を動員したと見ることができる。

この時の募金では、募金推進員の中に華人公会堂やペナン華人商業会議所の指導者が多数含まれていた。しかしその中にはこの日の会議に出席していなかった人物も多く、その人たちが募金推進員を引き受けたかどうかは不明である。一二月一三日に開催された募金推進員の会議には、華人公会堂とペナン華人商業会議所からリョン・ロックヒンやリム・センフイ、ウィ・ホックブン、ライ・クアンサムなどが出席したが、出席者は半数の二五人に留まった。この会議で議長を務めたリョン・ロックヒンはこの状況について、「いささか冷淡のように思われる」との感想を漏らしていた［檳城新報 1911.12.14］。

募金に積極的に関わった人たちは、孫文や革命の支持者以外の人たちも幅広く動員することを望んでいた。会議に出席していない人たちも募金に参加してくれることを期待して、募金推進員に任命するなどした。募金の目的を、革命の支援から革命後の混乱に困っている人たちの救済に変更したことで、ペナン華人商業会議所や華人公会堂からより多くの人の参加を得ることができ、募金額も多くを集めることができた。しかしペナンの華人の反応は、主催者たちを満足させるほど広範かつ積極的なものではなかった。

2　国民募金

国民募金（国民捐）とは、ほとんど破綻しかけていた中華民国の財政を外国からの借款に頼らず立て直す一つの方策として、残留部隊連絡官（留守）という役職[13]に就いていた黄興が一九一二年四月二九日に呼びかけたものであった［東方雑誌 1912c, 21427］。一九一二年一月一日に成立した中華民国の財政状況は、一九一二年五月一三日に参議院で熊希齢財政総長が述べたところによると、「中央政府の現状は財政に関して言えば、国家の原則に背くとも言える状況である。支出はあるが収入がなく、外国からの借款を頼みとしている。国民にそれを負担する能力はない。前途は非常に危機的な状況にある」［東方雑誌 1912d, 21600］という状態にあった。

中華民国財政部は、五月一七日にイギリス、アメリカ、ドイツ、フランス四ヵ国の銀行と借款を結んだ。これに対して黄興は、五月二四日に大総統と参議院に打電し借款の取り消しを求め、国民募金の実施を主張し、その方法を発表した。それは、任意の募金というよりも税金に近いものだった。募金額は資産や給与に応じて算出し、五〇〇元以上一、〇〇〇万元未満の資産を有する者は資産額の〇・〇二パーセントから一四パーセントを、一、〇〇〇万元以上の資産を有する者は資産額の一六パーセントを、それぞれ募金するとした。また政治家、学者、軍人、商人、労働者・職人は、資産に応じて募金をする以外に、月給の一〇パーセントから二〇パーセントを三ヵ月間募金するとした［東方雑誌 1912d, 21625］。

これに対して、国民募金は公的機関が執り行うものではなく、政府公認の民間の募金であり、あくまでも任意で行うものとする大総統令が出された。六月三〇日に公布された大総統令は、国民募金を「仁愛に溢れた志士」が提唱したものと位置づけ、国民募金の強要を禁じ、国民募金を騙ったゆすりなどに遭った場合、地方長官を通じて司法衙門に案件を提出し処理するよう定めた［東方雑誌 1912e, 21822］。他方で一九一三年三月に財政部は、国民募金に貢献した人物に対して愛国徽章と賞状を授けると発表した。この徽章と賞状は、財政部が大総統の承諾を得て授与し、国務院がその人物の終身の栄誉を公示するものとされた［檳城新報 1913. 3. 12］。

『檳城新報』は、南京や上海、香港、シンガポール、ペラなどにおいて、国民募金への積極的な呼応があると伝え、国民募金を強く呼びかけた。ジャワやアンナンの人民のように亡国の民となり、惨めさと苦しさを味わうことがないよう、国民募金を通じて中国を救うべきだと主張した。また、イギリス、フランス、ドイツ、ロシアなど列強国では国民が陸海軍の経費を負担しており、国家が重大な局面を迎え政府の支出が増大したとき、それを国民からの税収で補ってきたとし、世界各国の民は各人が果たすべき義務を負っており、君主国家の民でさえそうなのだから、国民が国家の主人である民主共和国の民はなおさらだと述べた［檳城新報 1912. 5. 24］。その一方で、国民募金を運営するには中央政府の財政が透明でなければならないとし、政府は収支をすべて明らかにし、上院で予算を承認し、それを下院に引き継いで国民に公表し、国民とともに検討しなければならないと主張した［檳城新報 1912. 5. 28］。『檳城新報』のこれらの論説は、国民に国民としての義務を履行することを求める一方で、国民に対して公正で透明性の高い財政の運営を行う責務を国家に課しており、国民が国家に対して一方的に自己犠牲を払うことを求めていない。

国民募金を実際に主導したのは、ペナン閲書報社であった。同社は、武昌蜂起直後の募金活動と同様に、華人公会堂などの華人指導者を広く巻き込んで募金活動を行おうとした。しかし、会員以外からの協力をほとんど得ることができなかった。

ペナン閲書報社のメンバー数十名は六月二五日の夜に会合を開き、国民募金の実施方法について協議した。その結果、同会の会員は各自ができる範囲で募金をしつつ、各組織にも募金を呼びかけることとなった。さらに、ペナンの華人団体に広く呼びかけて、国民募金について協議する大会議を開催することを決定した。華人公会堂への呼びかけには特に力が入っており、タン・シンチェンやウィ・キムケン、リム・ジューテックなど八名が委員に選ばれ、華人公会堂との調整を担当することとなった［檳城新報 1912. 6. 26］。

しかし結局、華人公会堂を巻き込むことはできなかった。大会議は七月八日に南華医院で開かれたが、出席者のほとんどはペナン閲書報社関係者で、ペナン華人商業会議所や華人公会堂からの参加者は見当たらない。そのようななかで国民募金の実行委員に任命されたのは、ペナン閲書報社の会員ではない指導者層であった。委員長（総理）にチャン・ピーシー、副委員長（副総理）にリム・ヤウホン、会計（財政員）に在ペナン清朝・中華民国領事のタイ・キーユンとオン・ハンシウ、監査にリム・ジューテックをそれぞれ任命した。また募金・送金の責任者として広東幇・福建幇から一二人ずつ任命された人物の中にも、ゴー・テックチー、ン・シアーウォン、クア・ベンキー、ウィ・ホックブン、ウン・ブンタン、リム・インホーなど華人公会堂や華人商業会議所のメンバーが含まれていた。しかしこの中で会議に出席していたのは、オン・ハンシウとリム・ジューテックのみであった［檳城新報 1912. 7. 6］。

委員長に選ばれたチャン・ピーシーと、会計に選ばれたタイ・キーユンは、一九一二年六月二七日に独自に国民募金に関する会合を開いていた。この会合には、タイ・キーユンの息子であるタイ・チーティンとタイ・セオックユエンや、ペナン華人商業会議所および華人公会堂の委員であったゴー・テックチー、ライ・クアンサムなどが出席した。この会合でチャン・ピーシーとタイ・キーユンは一万ドルを寄付し、ゴー・テックチーやタイ・チーティンは一、〇〇〇ドルを寄付した。他の出席者からの寄付と合わせて、この日一日で合計二万八、六〇〇ドルの募金が集まった［檳城新報 1912. 6. 28］。これ以外にチャンやタイが募金したことを示す資料はなく、二人はペナン閲書報社が呼び掛けた募金活動には関与しなかったものと思われる。

会議に出ていないのにもかかわらず、募金責任者などに任命された人が、その後募金を実施したかどうか文献では確認できない。そもそも彼らだけでなく、募金活動そのものが低調だったようである。七月八日の会議では、責任者とは別に募金勧誘員を通りごとに任命したが、募金勧誘員もほとんど活動していなかったようである。三人の募金勧誘員が連名で『檳城新報』に投書したところによると、募金勧誘員を街で一人も見たことがなく、近隣都市の華人に笑われないよう募金活動を盛りたてていかねばならないとある［檳城新報 1912.8.12］。これ以外にも、国民募金が各都市で活発に実施されていると伝えられるなかでペナンだけが低調だという記事［檳城新報 1912.9.28］や、ペナンの国民募金は他都市と比べて進展が遅いという記事［檳城新報 1913.4.14］がある。

福建幇が一九一二年九月七日から一九一三年一月二日までの間に集めた募金は七〇件一、九八八ドル五セントで、これに他都市からの二件の募金（二二七ドル二二セント）を合わせると、募金総額は二、二一五ドル七二セントとなった。このうち二、二〇〇ドルが、一九一三年一月六日に中国に送金された［檳城新報 1913.1.7］。この後にも、四、九〇〇ドルの募金を得たとの記事［檳城新報 1913.4.14］や、一九一二年一一月七日から一九一三年六月二日までに四、九二七ドルを集めたとする会計報告の記事［檳城新報 1913.10.24］がある。一方広東幇は一一〇件七、〇〇〇ドルの募金を集め、またチア・チュンセンから二、〇〇〇ドル、リョン・ロックヒンから二、九〇〇ドルをそれぞれ受けるなどして［檳城新報 1913.1.11］、最終的な募金総額は一万五、〇〇〇ドルに達した［檳城新報 1913.4.14］。両方を合わせると、ペナンにおける国民募金の総額は約二万二、二〇〇ドルとなった。この金額は、元に換算すると約一万七、九〇〇元となり、武昌蜂起後に一九一一年一一月から一九一二年一月に集められた募金総額一三万五、三八九元と比べると、かなり少額であったことが分かる。

ペナンの華人が国民募金にあまり積極的でなかった理由として、海峡植民地政府の干渉という要素はほとんどなかったようである。海峡植民地政府の対応を直接示す資料はないが、ペラにおける以下のやり取りが参考になる。ペラ華人商業会議所の理事長であるフー・チューチュンはペラの華人政務官と面会し、ペラの華人コミュニティは六月二二日に会議を開き、国民募金を実施して危機的状態にある中華民国政府の財政を支えることを決定したと伝え、華人政務官に募金活動を承認するよう求めた。華民政務官は「貴国の民がこれほどまでに愛国的であるのにどうして賛同しないでいられようか」と述べ、国民募金を承認した。ただし、募金活動をとりまとめる機関を設立し、規定を作成して自分に一部提出するよう要請し、フーはそれを受け入れた。この要請について『檳城新報』は、武昌蜂起後ペラでは救済募金が行われたが、それを着服した輩がいたため、そうした事態を防ぐための措置だろうと解説を付け加えている［檳城新報 1912.6.26］。

ペナンの華人が国民募金にあまり積極的でなかったのは、中国における国民募金の取り扱いがいまひとつ不透明であったためだと思われる。『檳城新報』の編集者である徐季鈞は、国民が苦労して得た財産が一握りの役人に着服される恐れがあるため、集めた募金はさしあたり銀行に預け、中央政府が正式な受領証を交付するか、参議院の審議を経て支出の用途が確定してから中国に送金すべきだと述べた［檳城新報 1912.7.3］。実際、ペナンで集められた募金の大部分は、送金されずにいた。福建幇は一九一三年一〇月の時点で、会計の手元に五二九三・七三ドル（うち二一・一三ドルは銀行からの利息）を保管していた［檳城新報 1913.10.24］。広東幇は一九一三年九月の時点で、会計の手元に一万三、〇〇〇ドルを保管していた［檳城新報 1913.9.20］。

ペナンにおける国民募金は、一九一三年五月の大借款の成立と、同八月の国民党による第二革命の挫折および国民党指導者の亡命を受けて、終わることとなった。結局、大部分の募金が中国に送金されず、募金提供者に返金されることになった。

ペナンの広東人は一九一三年九月一七日に大伯公廟で会議を行い、国民募金の扱いについて話し合った。議長を務めたチア・イーティンは、国民募金を中国に送金しなかった理由を、金額があまり集まらなかったため募金を続けていたが、大借款が成立したためだと述べた。また、会議の開催に至った経緯として、バリックプラウの公益書報社から学校を設立したが経費が足りないため、国民募金を返してほしいという求めがあり、他にも同様の要請があったためだと説明した。チア・イーティンは、募金を返すことは可能であるが、広東省の東江と西江で水害が発生し、支援を求める電信が届いているため、集めた募金額の二―三割を水害支援にあて、七割を募金提供者に返金するという措置を取ってはどうかと提案した。出席者はこの提案を支持し、募金をしたときの受領書を提出するか、受領書がない場合は経営が健全な有力商店を保証人とすることで、返金することとした［檳城新報 1913.9.18］。海南人の組織である瓊州館も、広東人と同様の方法で、国民募金の一部を提供者に返金することを決定した［檳城新報 1913.9.19］。

福建人の間でも募金の返金を求める人たちが多く、一〇月二四日に会議を行い、諸経費を差し引いた金額をすべて募金提供者に返すこととなった。返金期間は翌日から一ヵ月間で、毎日午後二時から四時を受付時間とし、募金の受領書に印鑑か本人の押号があれば返金に応じるとした。その間に返金の求めがなかった分は、中華学校に寄付することになった［檳城新報 1913.10.24］。一部の地区では、地区でいったん返金を受け取り、その一部を地区内の寺廟に寄付し、残りを募金提供者に返金することとなった［檳城新報 1913.9.30］。

国民募金を呼びかけた黄興は、ペナンの孫文支持者にとって馴染みある人物であった。しかしペナンの華人は、孫文や革命に共感を示してきた人であっても、自らの支援が中国できちんと運用されるという保証がない限り、国民募金に積極的に応じようとしなかった。ペナンの華人は中国からの呼びかけに応えはしたが、ただ無条件に支援を寄せることはせず、中国側の状況を見据えながら対応を決めていた。

3 募金の追跡調査

ペナンの華人は、自分の支援が中国で十分に活用されているか追跡調査をすることがあった。たとえば、広東省で発生した自然災害の被災者を支援したペナン広福宮楽楽公社と、それを受け取った広東都督とのやり取りがある。

一九一二年六月に広東省の東江と北江で発生した洪水は広範な地域に被害を及ぼし、被災者数は十数万人に達した［檳城新報 1912.7.20］。胡漢民広東都督は一九一二年六月二七日にウィ・キムケンとチュン・タイピンに電信を送り、政府は五万元を供出して広東災害救援組合（広東救災公所）を設立したが、被災地が広範であるため救済資金が足りないとし、支援を求めた［檳城新報 1913.4.16］。

チュン・タイピンは楽楽公社にこの要請を持ち込んだ。楽楽公社とは広福宮に付設された慈善団体で、チャリティ公演を行って募金を集める活動を行っていた。その活動には、広福宮および華人公会堂の関係者が多く関わっていた。例えば、広東省での水害被災者支援のために楽楽公社が一九一三年一一月に企画したチャリティショーで責任者や担当者を務めたのは、華人公会堂のメンバーであった。広東幇の責任者をロー・ベンクアンが、福建幇の責任者をリム・センフイがそれぞれ務め、担当者をチア・テックスン、ウィ・ホックブン、ライ・クアンサム、リム・ヤウホン、ゴー・テックチー、コー・ジュートック、コー・リープテン、テオ・スンケン、クア・ベンキー、ヨー・ペックタットなどが務めた［檳城新報 1913.11.18］。

胡都督の求めに応じるため、楽楽公社は一九一二年七月一三日から一五日にかけてチャリティ公演を行った。その結果、五、一七三ドルの募金を集め、七月一八日と二二日に匯豊銀行を通じて胡都督に送金した［檳城新報 1913.2.21］。

この募金の行方を、楽楽公社は一九一三年一月頃から追跡調査し始めた。楽楽公社は一九一三年一月二四日に広東災害救援組合に手紙を送り、「楽楽公社から胡都督に送金したが、胡都督の返事はなく、広東災害救援組合が受領した義捐金の中に、楽楽公社の項目が見当たらない。どうなっているのか」と訊ねた。

これに対して広東災害救援組合は二月一七日付で返答し、楽楽公社からの募金はまだ届いていないと伝えた。また同組合は二月一四日付で、チュン・タイピンとウィ・キムケンに手紙を送り、一九一二年九月三日にペラの開智書報社が一、四五〇元を都督経由で本組合に送ったとのことだが、それもまだ届いていないため、ご自身で追究されたしと伝えた［檳城新報 1913.4.16］。

これを受けて楽楽公社は二月一九日付で胡都督に手紙を送り、一九一二年七月に胡都督に募金を送ってから七ヵ月余り経つが、それを受領したとの知らせがないため、どのような状況かと問い合わせた［檳城新報 1913.2.21］。また広東災害救援組合に対しても手紙を送り、ペナンでは匯豊銀行を通じて七月一九日と二二日に胡都督が送金を直接受領したことが確認されていると伝え、広東災害救援組合からも胡都督にこの件を問い合わせるよう依頼した。

これに対して広東災害救援組合は三月二九日付で楽楽公社に返信し、同組合が同日付で胡都督から回答を得たと伝えた。これには胡都督の回答の写しが同封されており、その内容は、楽楽公社から送金を受領していたが、それをまだ広東災害救援組合に渡していないというものだった［檳城新報 1913.4.16］。広東災害救援組合が最終的に、楽楽公社に募金の受領を伝えたのは、五月であった［檳城新報 1913.5.23］。

この一連のやり取りに関して『檳城新報』は、一九一一年に広東省が清朝からの独立を宣言したとき、アメリカとバンクーバーで広東系華人が三万元を集めて広東省に送金したが、領収書と新聞には一万元を受領したとのみ記載してあり、二万元の行方が分からなくなったという話を紹介した。この話は、香港や広東では各紙が報道していたようである［檳城新報 1913.3.11］。

夫馬［夫馬 1997］によれば中国では一九世紀後半以降、官僚が税収を上官と民に公開し、不正をチェックする状況が現れたという。中国では明末に、善会や善堂という福祉を目的とした民間人による結社が現れた。これらの結社は「徴信録」という会計事業報告書を発行し、結社のメンバーが相互に金銭の流れを監視しうる制度を確立した。公正さをさらに示すために、「徴信録」を官や神に提出することもあった。これに対して国家による事業や税収は、下位の官僚から上位の官僚に会計報告が行われたが、民に対しては非公開が前提とされ、天命を受けて君臨している天子の決裁がその公正さを保証するとされた。しかしこうした状況は、一九世紀後半以降変化した。官僚による税収の不正利用が問題となり、それを監視するために官僚は税収に関する「徴信録」を作成し、上官と民に公開し、官と民双方がそれをチェックすることが提案されたという。夫馬はこのことを、「民間に生まれたパブリックな原理が、従来までのオフィシャルな原理を侵しつつある、さらには民と官との関係が変わりつつある［夫馬 1997, 831］」事例としてとらえようとする。

ペナンの華人の事例は、自分たちの懐から出した資金が公正に使われているかをチェックしようとする意識が中国国内のみならず、中国国外に居住する華人の間にも存在したことを示している。ペナンの華人がそのような意識を持っていたことを、中国社会における事象が中国国外に居住する華人社会にも波及したとして、中国社会の延長線上にとらえることもできよう。しかしペナンの華人がペナンにおいて自らに与えられた権利や権限を自覚し、それを政治や行政において進展する現実と照らし合わせ、不断に海峡植民地政府と交渉してきたことから考えるならば、官を監視するという意識は、中国における展開と無関係ではないにせよ、ペナンで生きるなかでも個別に発展してきたと考えることもできよう。

4　中華民国成立期の資本誘致

清朝政府や革命派は、中国国外に居住する華人の富を動員して自らの財源に充てようと試みた。こうした試みは中華民国の成立後も、中央政府や地方政府などさまざまなレベルで引き継がれた。中央政府は、財政を立て直すために公債を発行し、金融を正常化するために銀行を設立するなどしたが、これらの事業を支えるために中国国外に勧誘員を派遣し、当地に居住する華人に対して公債や銀行株券の購入を働きかけた。

ペナンの華人は一九一二年二月に、上海軍政府陳其美都督が派遣した孔天相を迎えた。孔天相は中華民国公債証券と上海中華銀行の株の販売促進のために、東南アジアとアメリカを訪れていた。中華民国公債証券とは、上海軍政府と民政総長、財政総長、上海中華銀行経理の保証のもと、総額一、〇〇〇万元を二五〇万元ずつ四年間販売するもので、購入者は元本が保証され六年間利息（一年目〇・〇九パーセント～六年目一・六パーセント）を受け取るというものであった。上海中華銀行とは、上海軍政府の命令を受けて作成した規約に基づき設立される銀行で、一株五元で株券を販売し、資本金五〇〇万元で一〇月に営業を開始する予定であった［檳城新報 1912.1.30］。株券の半分は軍政府が購入し、残りの二五〇万元を一般販売した［檳城新報 1912.2.7］。

ペナンでは、タン・シンチェンやウィ・キムケン、リョン・ロックヒン、リム・ジューテック、ライ・クアンサムなど同盟会やペナン華人商業会議所の関係者が、二月六日に孔天相を迎えて会合を開いた。リョン・ロックヒンは、シンガポールやクアラルンプール、ペラなどではすでに公債や株の購入者があったと述べ、ペナンも遅れを取ることができないと呼びかけた。孔天相は、銀行の設立が特に急務であるとし、銀行株の購入を呼びかけた。これに対して会合の出席者は、ペナンの名望家の中から株券の購入を呼びかける交代制の担当理事を選び、株券を販売していくとした。理事に選ばれたのは、チュン・タイピンやチア・チュンセン、フー・チューチュン、コー・ジュートック、クア・ベンキー、リョン・ロックヒン、ヨー・ペックタット、リム・センフイなどを含む五〇の人物や企業であった［檳城新報 1912.2.7］。ただし、ここで選出された人びとが実際に株券を販売したのかどうかは確認できない。

六月には上海中華民国実業銀行から、三人の勧業特派員が同行の株券の販売促進のために東南アジアを訪れていた［檳城新報 1912.6.27］。彼らは六月二一日にペナン閲書報社で、六月二八日にペナン華人商業会議所で、株券の販売について説明した［檳城新報 1912.6.27］。また七月二五日付で、孫文からペナン華人商業会議所に対して、同行の株券の購入を促す呼びかけがあった［檳城新報 1912.8.29］。

ペナン華人商業会議所は、三〇万元の株券をペナンで販売するとして、販売促進員を選出した。しかし一一月二二日に会議を行い、同行は中国国外に居住する華人にとって大きな利益をもたらすものではないことが分かり、またそれを知ってか株券を購入する者が極めて少ないため、ペナン華人商業会議所として株券を販売することは取りやめ、それを遠まわしに中国側に伝えることとなった［檳城新報 1912.11.23］。

地方政府からは、鉱業への投資の呼びかけが相次いだ。福建省都督はペナン華人商業会議所に書簡を送り、同省の鉱業の発展のために人員を選んで帰国させ、採掘地を調査・探求するよう依頼した。これに対してペナン華人商業会議所は、以下のように返信した。マラッカ海峡地域の鉱山の多くはペナンの華人が開拓したものだが、そこには欧米諸国の法制度による投資者・開拓者の権利の保証があった。鉱山開発のための手続きはおおむね共通で、地方政府に二年から三年の採掘権を付与するよう申請し、政府が派遣した鉱山技師の調査に基づき鉱業税が設定され、採掘期限までそこでの採掘が政府によって保証される。しかし中国では、鉱業税の徴収や鉱業従事者の権限などが十分に規定されていないため、十分な資金があっても軽々しく参入する気にはなれない。中国が欧米のように鉱業に関する法律を制定すれば、ペナン華人商業会議所は人員を募集し、福建省で採掘を行う［檳城新報 1912.5.17］。

一九一二年一〇月には湖南省都督の命を受け、同省の鉱物の見本とデータを携え、同省での鉱業開発を呼びかける人員が派遣されてきた。ペナン華人商業会議所は宴席を設け、派遣人を迎えた［檳城新報 1912.10.12］。また一九一二年一一月には、雲南省都督の命を受けた派遣人がペナンを訪れ、五〇人あまりがこれを歓迎する会合を開いた［檳城新報 1912.11.9］。これらの資本誘致の呼びかけに対して、ペナンの華人がどのような対応を取ったのか、資料には示されていない。しかしおそらく、福建省への対応と同じように、法制度の未整備などを理由として、積極的に応じることはなかったと思われる。

＊　＊　＊

武昌での武装蜂起と各省の清朝からの独立宣言、中華民国の成立にかけて、ペナンの華人はさまざまなかたちで中国に対して金を出すという関わり方をした。こうした関わり方はこれまで、革命に対する支援として位置づけられ、また自己犠牲的な愛国心という側面が強調されることが多かった。これに対してペナンでは、革命の支援という名目では満足な寄付金が集まらず、革命後の混乱で困苦にあえぐ人たちを救うという名目においてより多くの寄付金が集まった。

中華民国を支えるための財政支援策として、中華民国の公権力は国民募金や公債の発行、銀行の設立などを提案し、その支援を中国国外に居住する華人に求めた。ペナンの華人はこれらの呼びかけに応えはするものの、何の見返りも期待せず資金を差し出したわけではなく、集めた金がきちんと運用されるかどうかを見極めたうえで対応を決めた。その多くは、中国における政局の混乱や、法制度の未整備などを理由として、消極的な対応となった。

二〇世紀初頭のペナンの華人については、辛亥革命につながる孫文の革命事業を支援したことが評価されてきた。革命への評価は、既存の悪しきルールや制度を壊した側面に意義を見いだしていると言える。他方で、ペナンの華人が辛亥革命の発生に呼応して行った資金的支援においては、革命により生じた混乱からの救済や復興により関心が集まっていた。また自分たちが提供した金がどのように流れ使われていくのかを強く意識することにより、透明なルールの運用を新たな為政者たちに求めた。こうした関わり方は、政治や行政の応答性を高めていくことで、制度や秩序を作り上げていく行為であると言える。ペナンの華人が旧来の秩序を壊した側面だけでなく、秩序の回復や再構築に関わろうとしていた側面が、もう少し注目されてしかるべきであるように思われる。

第11章　中華民国の成立と新たな経路の構築——華僑連合会・華僑議員・共和党——

一九一二年一月一日の中華民国の成立とその後の清朝の崩壊は、ペナンの華人にとって、清朝政府を相手に築いてきた中国の公権力との関係が無効化し、新たな為政者を相手に中国の公権力と関係を結び直す必要性を生じさせた。当時の中国では為政者の座をめぐり、同盟会系の指導者や清朝時代からのエリートおよび政治的・軍事的実力者が競合していた。このなかで中国国外の華人との関係構築にとりわけ積極的だったのは、同盟会系の人たちであった。それは具体的には、華僑連合会の設立や、省議会や参議院における華僑議員枠の設置に現れた。ペナンではペナン華人商業会議所、華人公会堂、ペナン閲書報社を中心に、中国からの働きかけに対応する動きが見られた。

参議院における華僑議員の導入に関しては、すでに多くの研究がある。これらの研究は、中国国外の華人が華僑議員の導入のために積極的に働きかけたことを、居住国での後ろ盾を「強い中国」に求めた結果であると説明する［杜・蒋 1992；張堅 2004；張 2006；将・李 2008；張 2010］。これらの研究はペナンの華人について直接論じているものではないが、これらの研究に依拠するなら、ペナンの華人が参議院に華僑議員を送り出したことは、居住国での後ろ盾を「強い中国」に求めた結果として解釈されることになる。

これに対して本書はここまでの章において、ペナンの華人は海峡植民地では海峡植民地の制度を通じて安全や安寧を確保する傾向があったことを示してきた。また、中国の公権力からの保護を必要としたのは、中国における安全の確保と、中国に持ち越された問題の解決という側面が強かったことも示してきた。本章では、本書でここまでに論じてきた文脈に即して、華僑議員の送り出しも含め、中華民国成立期におけるペナンの華人の中国との関係構築をとらえていく。そのために、この時期に中国との関係構築を活発に行ったペナン華人商業会議所、華人公会堂、ペナン閲書報社の指導層の動向を中心に扱う。

ペナンの華人がこの時期に対応しなければならなかった課題は、主に二つあった。第一に、中国に通じるペナン側の窓口を設置し直すことであった。これは具体的には、華僑連合会への参加であった。第二に、中国に代表者を送り出すことであった。これは、省議会や参議院にペナンの華人の代表者を送り出すことであった。ペナンの華人にとって第一の課題は看板の架け替えだけで済んだが、第二の課題はこれまでに経験したことのない新たな課題となった。こうしたなかで、ペナン華人商業会議所にペナン閲書報社のメンバーが合流することにより第一の課題に対応するとともに、それが最終的に第二の課題の解決につながった。本章はこうした流れを明らかにするとともに、こうした流れが進展した主な理由は、居住国での後ろ盾を中国に求めるためというよりは、中国で安全を保証すべく公権力との関係性を維持するためであったことを示していく。

1　中国の公権力につながる窓口の再構築——華僑連合会——

(1)　華僑連合会の設立

中華民国が成立し、清朝の崩壊が進展していた中国では、為政者の座をめぐり、同盟会系の指導者や清朝時代からのエリートおよび政治的・軍事的実力者が競合していた。このなかで中国国外の在外華人との関係構築に積極的だったのは、同盟会系の人たちであった。その例として、華僑連合会がある。

華僑連合会は一九一二年一月に中華民国総統府の命令に基づき、上海で設立された［檳城新報 1912.3.23］。一九一二年二月七日に設立大会が開かれ［叻報 1912.4.25］、設立発起人などが臨時幹部に任命された。設立発起人と臨時幹部は以下のとおりであった［檳城新報 1912.3.26］。設立発起人として名を連ねたのは、広東の同盟会指導者と中国国外各地の同盟会の中心人物であった（傍線は同盟会系の人物）。その中には同盟会ペナン分会やペナン閲書報社の中心であったゴー・セイインも名を連ねていた。

【華僑連合会設立発起人】
南洋：ゴー・セイイン、汪精衛
アメリカ：馮自由、蔡序東、温雄飛（ハワイ）
日本：馬聘三、黄卓山
オランダ領東インド：謝碧田（アチェ）、荘嘯国、曹育文、王少文（スラバヤ）、蒋逸波（スマラン）、李竹舫、白蘋洲（バタビア）
海峡植民地とマレー諸国連邦：徐瑞霖（ペナン）、鄭少升（ペラ）、呉応培、蒋玉田、何剣飛、リム・ブンケン、テオ・インホック、張仁南（シンガポール）
ビルマ（ラングーン）：陳鏜霊
シャム：呉金発、陳戴之
ベトナム：李鏡堂
ルソン：盧治三

【臨時幹部】
会長：汪精衛

副会長：ゴー・セイイン
評議長：リム・ブンケン
評議員：王少文、陳戴之、馮自由、テオ・インホック、呉金発、李鏡堂、方廻三、繆安光、何剣飛
庶務員：馬三聘、呉応培
会計員：荘嘯国、徐瑞霖
書記員：白蘋洲、謝碧田
調査員：蒋逸波、盧治三、李竹舫、曹育文［檳城新報 1912. 3. 26］

一九一三年三月八日から五月八日にかけて、幹部の選挙が行われた。各都市の代表(1)が記名投票にて投票した結果、票総数二五票で、会長に汪精衛一七票、副会長にゴー・セイイン一八票がそれぞれ当選した［檳城新報 1913. 5. 26］。

一九一二年一月一九日付で公開された華僑連合会の規約［檳城新報 1912. 3. 21］には、国内外の華僑を団結させ、祖国の政治・経済・外交のために一致して協力し、僑民の利益を追求することを目的に掲げている。この部分は、「強い中国」を創出しようとする華僑の心意気として見ることができる。他方でこの規約には、海外から帰国した華僑のために華僑連合会が発足したとも記されており、中国国内における帰国者の保護も意識されていたことが分かる。

中国国内における帰国者の保護が意識されていることは、華僑連合会からの呼びかけにも読み取れる。華僑連合会は世界各地の中華会館や書報社、商業会議所に対し、中華民国政府公認の華僑の統一機関として同会が設立されたことを告知し、同会の分会「華僑公会」を設置するよう呼びかけた。中華会館や商業会議所、書報社などの組織が連合会の趣旨に賛同し連合会に申請すれば、華僑公会として承認を受けることができ、その会員は中国国内外で

保護を享受しうるとされた。国内では、各省の都督のもとで保護が保障されるとした。他方で国外での保護については、中華民国政府が各国政府に華人の保護を依頼するとある〔叻報 1912.4.25〕。華僑連合会や中華民国政府が中国国外において直接華人を保護することは、想定されていなかった。

(2) ペナンの華人社会の再編と窓口の再構築

華僑連合会は同盟会系の勢力が提供したチャンネルであった。第10章で述べたように、ペナンは一九〇九年から一九一〇年にかけて同盟会の活動の拠点となり、同盟会の幹部と親交を持つ者も多かった。その一方で、同盟会から距離を置いていた人たちも少なくなかった。とりわけペナン華人商業会議所のメンバーの中には、第7章で見たように、同盟会系の勢力と対立するような関係にあった者もいた。ペナン華人商業会議所は、同盟会系の新興エリートとの関係をほとんど持たなかった。こうしたなかでペナン華人商業会議所は、華僑連合会という枠組みを通じて、同盟会系の指導層との関係構築に着手した。

華僑連合会が発足したことを受けてペナンでは、四月一〇日に会合が開かれた。この会合の出席者は、リム・センフイ、リョン・ロックヒン、クア・ベンキー、オン・ハンチョン、チア・テクスン、ウン・ブンタンなどペナン華人商業会議所と華人公会堂双方において指導的立場にある者のほか、二つの組織のうちいずれかに所属する者が中心となっていた。

華僑連合会の分会の設立は、中国における保護の確保という文脈で議論された。議長を務めたリョン・ロックヒンは、華人の保護に関して特に問題はないが、イギリス領で団体を設立するうえで手続き上の困難があることを指摘した。またクア・ベンキーは、ペナンではすでにペナン華人商業会議所が中国での保護を提供しているのだから、中国での保護が必要なら同会に入会すればよいと述べた。これに対してウン・ブンタンは、ペナン華人商業会議所の年会費が非常に高いため入会を躊躇する人がいると指摘し、会議に出席していたペナン華人商業会議所の幹部らに対して、入会規定を改定し入会しやすくなるよう調整してはどうかと提案した。オン・ハンチョンはウン・ブンタンに対して、ペナン華人商業会議所に対して規定を変更するよう求める文書を、華人公会堂を代表して作成してもらえれば、それを会議にかけ検討すると答えた［檳城新報 1912.4.11］。

ペナン華人商業会議所はこれを受けて五月一八日に理事会を開き、ペナン華人商業会議所を上海華僑連合会の分会とすることを決定し、そのためにゴー・セイインに働きかけを行うとした。またこの会議では、中国から著名な訪問者がある場合、ペナン華人商業会議所は積極的にその人物を公式に迎えることが決議された［SE 1912.5.20；檳城新報 1912.5.20］。ペナン華人商業会議所のこうした一連の動きは、自らを華僑公会に再編することで、中国で新たに現れつつある公権力に近い勢力につながるチャンネルを構築しようとする試みと理解できる。

他方でこの前日の五月一七日には、ペナン閲書報社の会合が開かれた。ゴー・セイインがこれに出席し、ペナン華僑公会の設立を自ら呼びかけた。ゴー・セイインは、ペナンの僑胞はペナン華僑公会を通じてペナンの同胞の団結を図り、世界各地の華僑および国内同胞と気持ちを通わせ団結し、祖国における共和制の発展を支援し、僑胞の産業の発展を研究し、富国化と民の幸福を実現しようと述べた。そのために、ペナンの各団体や各氏姓公司、商業界・学術界・工業界を招いて会議を開き、華僑公会の設立について討論するとした［叻報 1912.5.21］。

ペナン華人商業会議所とゴー・セイインとの間で、おそらく何らかの調整が行われ、その結果ペナン華人商業会議所とペナン閲書報社は五月二五日に華僑公会の設立に関する会議を合同で開催することとなった。そのことを告知する連名の文書が出され、各方面に会議への参加を呼びかけた［檳城新報 1912.5.21］。

この会議には、ペナン華人商業会議所のメンバーと、ゴー・セイインを含めたペナン閲書報社のメンバーなど、約二〇〇名が出席した。まずゴー・セイインが華僑公会の趣旨を説明した。クア・ベンキーが臨時議長に選ばれ、華僑公会を組織するための手続きが話し合われた。クアは、華僑連合会をペナン華人商業会議所と連合させれば運営が容易であると述べた。これに対してペナン閲書報社のメンバーである邱文紹と徐洋溢は、華僑公会は独立した組織であるべきだと主張した。さらにこれに対して、ペナン華人商業会議所のメンバーであるチア・テクスンや、リム・センフイ、オン・ハンチョン、コー・リープテンが、華僑公会を独立して成立させ運営していくのは困難であるとし、ペナン華人商業会議所と合併運営するべきだと主張した。最終的に多数決によって、華僑公会をペナン華人商業会議所に併合して運営することが決定し、その名称を華僑連合商会とすることとなった。同会の運営を担う臨時委員として一八名が選出された。その構成は、ペナン華人商業会議所と華人公会堂に関わる者が七名、華人公会堂の理事が一名、ペナン閲書報社のメンバーが一〇名であった(2)［檳城新報 1912.5.28］。

六月二二日に臨時委員の会合が行われ、名称を華僑連合商会から華僑公会に変更した。また入会費と年会費に関して、法人格で入会する場合、入会金一〇ドルと年会費一二ドルを支払い、個人で入会する場合、入会金五ドルと年会費三ドルを支払うことを決定した。最後にウン・ブンタン、タン・シンチェン、徐洋溢、邱哲卿の四人を選出し、上海華僑連合会およびペナン華人商業会議所双方の規約を参照し、規約案を作成し、会議で承認を得ることを決めた［檳城新報 1912.6.25］。

ペナン華僑公会の目的はその規約によれば、華僑を一致団結させて祖国の政治と経済を支え、教育の振興と文化の向上に努め、中国とイギリスの友好を深め、居住地の法律を遵守し、治安を維持することであった［檳城新報 1912.5.28］。ペナン華僑公会への入会は、中国国外に居住するすべての華僑にその資格があるとし、同公会の委員または会員二名の紹介を受け、入会金を納入すればよいとした。会員は、同公会の規則を厳守し、同公会への入会を呼びかけ、相互に切磋琢磨する義務を負うとした。同時に会員は、同公会において選挙権と被選挙権を持ち、生涯にわたって同公会の保護を受け、同公会に対して陳情・提議を行う権利を持つとした。運営委員は正副会長を各一人と、評議部と幹事部、および経理会務から構成され、会員の互選に基づきこれらを任命し、毎月一回委員会を開くものとした。また華僑公会は華僑が関わる問題について、法律を設けてそれを解決する義務を負うとした［檳城新報 1912.5.29］。

しかし、ペナン華僑公会のその後の活動を伝える資料は見当たらない。ペナン華人商業会議所の活動は、「中華商務総会」の名称で資料に現れ続ける。他方で、「中華商務総会」の会合にペナン閲書報社のメンバーが出席し、「中華商務総会」の運営について発言していることから、ペナン閲書報社のメンバーが「中華商務総会」に加入していたことが分かる。例えば一九一二年一一月二二日に行われた「中華商務総会」の会議への出席者は、以下のとおりであった。

・華僑公会以前からのペナン華人商業会議所メンバー
クア・ベンキー、リム・センフイ、ライ・クアンサム、ヨー・ペックタット、テオ・スンケン、ゴー・テックチー、リム・ヤウホン、コー・リープテン、ウン・ブンタン、ウン・ボックフイ、ヨー・チアンアン、オウヤン・チャッハン、謝殿秋、馮子春（謝殿秋とライ・クアンサムは、華僑公会以降ペナン閲書報社に参加）
［檳城新報 1912.11.30］
・華僑公会以降ペナン華人商業会議所に加入したと思われるペナン閲書報社メンバー
ウィ・キムケン、クー・ベンチアン、タン・シンチェン、梁金盞、楊錦泉、林文琴、謝四端
・華僑公会以前からペナン華人商業会議所とペナン閲書報社両方のメンバー
黄增松、呉金爵
・華僑公会以前にペナン華人商業会議所・ペナン閲書報社への参加が不明の者
歐陽日葵、クーキムケン、李紅螺、林文島、周満堂、林水源、唐俊南、施求來、許永祥、陳川杉、陳観聖

一九一二年一一月二二日の「中華商務総会」の会議では、参議院華僑議員を選出するために組織される華僑選挙会に、「中華商務総会」として誰を代表者として送るかということと（これについては後述）、同会の入会費の値下

げについて協議がなされた。これらの議題に関して、ペナン閲書報社のメンバーが発言し、また多数決の決議に参加していた。このことは、ペナン閲書報社のメンバーが「中華商務総会」に参加していたことを示す。

例えば入会費の値下げに関して、以下のようなやり取りがあった。ペナン華人商業会議所が華僑公会に再編されたとき、法人の入会費は一〇ドルに、個人の入会費は五ドルに定められたはずであった。しかしこの日の会議では、個人会員の入会費は二〇ドルであることが言及されていた。このことは、ペナン華人商業会議所において華僑公会の規約が適用されていなかったことを示していよう。会議ではペナン閲書報社の中心メンバーであるタン・シンチェンが、ペナン華人商業会議所の年会費が高いため入会者が少ないとして、年会費を減額し会員を増やすべきだと提案した。入会費の減額に消極的な意見も提示されたが、最終的に一年間入会費を減額し、入会者が増えなければ入会費を従来の額に戻すことが提案され、賛成二四名、反対一〇名で決議され、一九一三年一月一日から適用されることが決定した［檳城新報 1912.11.23］。タン・シンチェンの発言は、自らが所属する組織の一層の発展のために積極的に関わろうとする働きかけとしてとらえることができる。

ペナン華人商業会議所は、ペナン閲書報社のメンバーを自らに取り込むことで、中国の公権力と新たな経路でつながるペナンの窓口を、自らに一本化することに成功したと言える。ペナン華人商業会議所が、ペナン閲書報社を排除して同盟会系の経路を独占しようとしていたら、ペナンの華人社会には深刻な分裂がもたらされていたであろう。ペナン閲書報社のメンバーにとっても、ペナン華人商業会議所に参加することは、ペナンの華人社会が関わる意思決定に参加する機会となった。

ペナンの華人にとって華僑公会の設立は、ペナンにいながらにして対応が可能な課題であった。言い換えれば、日々の生活を大幅に割いて対応するような事柄ではなかった。これに対してペナンの華人は、日々の生活を大幅に割いて対応を迫られるような新たな課題に直面することになった。

2 新たな課題の浮上と挫折——福建省臨時省議会への代表者送り出し——

ペナンの華人が直面した新たな課題とは、中国への代表者の派遣であった。皇帝の専制政治を否定し、共和制を掲げて成立した中華民国では、議会の導入が重要な課題の一つとなった。中央や地方において議会が導入され、そこに中国国外に居住する華人を対象とする議員枠が設置され、中国国外に居住する華人が代表者の派遣を求められることがあった。意思決定の場に関わる機会を得られることは、ペナンの華人にとって本来喜ばしいことであった。しかしペナンの華人にとってそうした求めに自らが応じることは、生活や事業から何日も遠く離れて中国に滞在し、日々の生活の多くを割かねばならないことを意味した。ペナンの華人がこうした課題に最初に直面したのは、福建省臨時省議会への代表者派遣であった。

一九一二年三月一三日の『檳城新報』に、福建省臨時省議会の召集と議員選挙に関する福建都督・府民政司からの告知が掲載された。これは、臨時省議会が五月二〇日に開会することを伝え、議員定数九〇名のうち一五名が華僑議員であるため、各地の福建人は議員を選出し、臨時省議会に派遣するよう求めるものであった。選挙区と定員の内訳は、フィリピン二名、ベトナム一名、シャム一名、シンガポール二名、ペナン一名、スマトラ一名、ビルマ一名、ジャワ三名、スラウェシ・スンダ群島一名、ボルネオ一名、日本一名で［檳城新報 1912.3.13］、ペナン選挙区はペナン、ペラ、スランゴール、クダで構成された［檳城新報 1912.3.14］。

ペナンではこれを受けて、四月三日に会議が行われた。出席者は、クア・ベンキー、オン・ハンチョン、チア・テクスン、リム・センフイ、ヨー・ペックタット、リム・ヤウホンなど、ペナン華人商業会議所と華人公会堂双方において指導的な立場にある人物のほか、二つの組織のいずれかに属する者が中心であった。この会議では、福建都督・府民政司からの告知文が読み上げられ、四月一五日にペラ、スランゴール、クダの代表者をペナンに招き議員を選出することが決定した［檳城新報 1912.4.4］。

四月一五日の会議には、スランゴールから四名（王賛君、康師琦、周汝楳、林健侯）、クダから四名（林文進、林貽博、傳栄華、林水来）、ペラから一名（フー・チューチュン）、ペナンから二九名が出席した。ペナンの出席者のうち、背景が分かる者は以下のとおりで、華人公会堂、ペナン華人商業会議所、ペナン閲書報社のメンバーが含まれていた。

・ペナン華人商業会議所および華人公会堂双方のメンバー
チア・テクスン、リム・センフイ、クア・ベンキー、コー・ジュートック、リム・ヤウホン、オン・ハンチョン、コー・リープテン
・ペナン華人商業会議所のメンバー
楊玉吉、リム・テックスアン
・華人公会堂のメンバー
リム・ジューテック
・ペナン閲書報社のメンバー
ウィ・キムケン、クー・ベンチアン、タン・シンチェン、徐洋溢、林福全
・不明
王漢寿、楊文田、潘漢偉、楊漢翔、張文祺、林玉桂、周和璜、李順卿、歐陽齢、陳春、邱景鵬、邱衡本、黃少嚴、楊文毎

しかし、議員の選出は一八日に延期された。ペラの代表者であるフー・チューチュンが、ペラの華人の間で本件

について協議し、代表者を四名選出してから改めて会議に臨みたいと要請したためである。この日の会議で決まったのは、ペナンの代表者の人数を一二名とすることのみであった。ペナンの代表者一二名は以下のとおりで、ペナン華人商業会議所のメンバーとペナン閲書報社のメンバーが含まれた［檳城新報 1912.4.16］。

・ペナン華人商業会議所および華人公会堂双方のメンバー
リム・センフイ、クア・ベンキー、コー・リープテン、リム・ヤウホン、オン・ハンチョン
・華人公会堂
リム・ジューテック、チア・チェンイオック
・ペナン閲書報社
ウィ・キムケン、タン・シンチェン、クー・ベンチアン
・不明
許如才、邱衡本

しかし一八日の会議に出席したのは、ペナンの代表者のみであった。スランゴールの代表者は、急遽戻らねばならなくなったため会議を欠席すると連絡してきた［檳城新報 1912.4.26］。クダからは、代表者を一名送ると連絡があったが、結局誰も会議に現れなかった。ペラからは、日程に余裕がないため代表者をペナンに派遣することは困難で、ペナンに決定を一任すると連絡があった。

こうした状況ではあったが、すでに一八日を投票日に確定したのだし、臨時省議会の開催も迫っているとして、ペナンの代表者たちは投票を行うことにした。代表者のうち二名が欠席し、選挙監督と監査員の二名は投票権を持たなかったため、投票はわずか八名で行われた［檳城新報 1912.4.19］。二二日に開票が行われ、ウィ・キムケンが

三票、フー・チューチュンと邱怡領が二票、チェン・グンアンが一票をそれぞれ得た［檳城新報 1912.4.26］。

この結果に対し、ウィ・キムケンとフー・チューチュンは、仕事で身動きが取れないため代表者を辞退すると伝えてきた。チェン・グンアンは、選挙区内に居住していないため議員の資格がないことがクアラルンプール福建会館より指摘されたため、議員候補者から外された。チェン・グンアンは辛亥革命の直前に一年ほどペナンに滞在していたが、もともとはビルマを拠点に同盟会の活動に従事していた人物であった。こうしてペナン選挙区の議員は、中国同盟会クアラルンプール分会のメンバーであった邱怡領に決定した［叻報 1912.5.11］。しかし邱怡領も、これを辞した［檳城新報 1912.5.23］。

ペナン選挙区は結局、臨時省議会に代表者を派遣することができなかった。臨時省議会に出席すべく集った華僑議員は、シンガポール二名（蒋玉田・張際昇）、フィリピン二名（胡諸清・洪万馨）、ベトナム一名（林北）、日本一名（王徳経）、ジャワ中部一名（龔顕燦）、ビルマ一名（張旂）であった(3)。他方で、ペナン、シャム、スラウェシ・スンダ郡島、スマトラ、ボルネオ、ジャワ東部、ジャワ西部の代表七名は、未到着と報告されていた。福建省民政務司は福建省臨時省議会の依頼を受けて、代表者の選出と派遣がなされていない都市に対して、速やかに議員を選び、帰国させるよう打電した。またすでに到着した華僑議員も連名で打電し、同様の呼びかけを行った［檳城新報 1912.7.9；叻報 1912.7.20］。

これを受けてクア・ベンキーは、福建公司総理の身分で再度クダ、スランゴール、ペラの福建会館に七月二二日付で書簡を出し、八月三日に華人公会堂で再度会合を行い、議員選出について協議したいと要請した［檳城新報 1912.7.22］。しかし資料からは、そのような会合がその後行われた形跡を確認することができない。

ペナン選挙区の福建系の人たちは、議員を送ることには非常に積極的であった。しかし、自分が議員になることには極めて消極的だった。議員として中国に行くことになれば、自らの生活や事業から何日も遠く離れることになり、日々の生活の多くを割くことが求められた。それはペナンの華人にとって大きな負担だった。ウィ・キムケンは同盟会ペナン分会の設立時からの会員で、ペナン閲書報社では副会長を務め、ゴー・セイインとともにペナンにおける革命事業を牽引してきた人物であった。しかし、数世代にわたりタイ南部を拠点に事業を展開してきた家系の出身で、自身の事業もペナンとその周辺を拠点とし、中国で事業を展開したことはなかった。フー・チューチュンはペラを拠点とする大実業家で、一九〇七年から一九〇八年にかけて石炭の採掘や福建鉄道の建設など中国での事業に投資したこともあったが、事業の中心はあくまでもペラやスランゴール、タイ南部などマラヤ地域にあった。

福建省臨時省議会に議員を派遣できなかった経験を通じて、ペナンの華人は、ペナンおよびその周辺地域に生活や事業の基盤がある者は中国への代表者の役割を積極的に引き受けないであろうことを互いに確認することになった。ペナンの華人はこれ以降、このことを踏まえて、中国への代表者派遣という課題に対応することになった。その結果、参議院への議員の派遣に成功した。

3　新たな課題の克服——参議院への代表者送り出し——

(1)　参議院における華僑議員の導入

中華民国では一九一三年四月八日に、参議院と衆議院から構成される国会が正式に発足した。この国会から参議院に、各省とモンゴル、チベット、青海などをそれぞれ代表する議員に加え、華僑議員六名が参加した。華僑議員とは、中国国外に居住する華人の互選で選ばれた議員である。中国国外に居住する華人は自分や父祖の中国での出身地で選挙権と被選挙権を認められていたため、華僑議員という枠組みは当初存在しなかった。これに対して華僑の代表者を名乗る人たちが働きかけを行った結果、それぞれの居住地で代表者を選出し、その互選により選ばれる華僑議員を国会に送る権利を、華僑は手にすることとなった。

そうした働きかけを始めたのは、一九〇〇年頃に中国を離れ、アチェを拠点に同盟会系の活動を行っていた謝碧田［張克恭 1913］であった。謝碧田は「南洋アチェ華僑代表」を名乗り、清朝から独立を宣言した各省の代表者が一九一一年一一月一五日に組織した各省都督府代表連合会や、同連合会を引き継ぐかたちで一九一二年一月二八日に開会した南京臨時参議院[4]に対し、意思決定の場に華僑の参加を認めるよう訴えた［劉士木 1913, 1-6］。

一九一二年六月二八日付の『檳城新報』には、謝碧田からの陳情書が掲載されている。この陳情書の提出された日付は不明だが、その宛名は「参議院議長殿」となっていることから、少なくとも一九一二年一月二八日以降に提出されたものであると思われる。陳情書は、武装蜂起の失敗により南洋に逃亡してきた人びとに対して、南洋の華僑は手厚い待遇を提供し、また自らも清朝政府の要人の打倒[5]や武装蜂起に馳せ参じたと述べた。また光復の先陣となった言論機関『民報』や『中興報』、『中華』などに資金を提供し、黄花崗蜂起など光復運動のために、またその後の事態の収拾のために、富裕者のみならずその妻や子供、労働者がこぞって募金に応じたとした。義務を負わずに権利を求めるのは人民の敵であるが、中華民国が成立し、税金など国民が負うべき義務に関して国外居住者が国内居住者と同じ扱いを受けるか否かがまだ規定されていないにもかかわらず、南洋の華僑は自らの義務を全うしようとしていると訴えた［檳城新報 1912. 6. 28］。華僑は中華民国に対して国民としての義務を履行しているのだから、中華民国は華僑に対して国民の権利としての参政権を認めよという主張であった。

谷鐘秀によれば、民国が成立した当初、その設立において華僑の功績は偉大であったため、華僑を正式な代表として認めようという雰囲気があり、南京臨時参議院で中華民国臨時約法を制定する過程で華僑議員枠の設置を検討することになった［檳城新報 1912. 6. 21］。

この件について検討する委員として、谷鐘秀、王有蘭、李兆甫、熊成章が任命され、その報告書が南京臨時参議院に提出された。報告書は、「華僑は愛国心に篤く、経済力を通じて革命事業を支援し、民国の成立に大きく貢献した」と評価しながらも、国際社会における共通了解や国内居住者の権利とのバランスを考慮すると、華僑議員枠を設置するのは困難であるとの結論を示した。報告書は、国際社会の了解に照らすと、各国の僑民（各国僑民）に代表権を付与する場合、その対象はその国の植民地に居住する者に限られており、外国領に住む国外居住者には一般には代表権を付与していないとした。こうした国際社会における共通了解の中で各地の華僑に代表権を認めれば、他国から中華民国は華僑の居住先を自身の植民地とみなしていると疑われ、国際的な問題に発展する恐れがあるとした。また華僑はそもそも中国国内の本籍地で議員になる権利を持っており、華僑議員枠を認めてしまうと国外居住者が国内本籍地と国外居住地双方で選挙権を享受することになり、国外居住者の権利が国内居住者の権利に優越し、公平さを欠くとした［檳城新報 1912.6.28］。

この報告書を受けて、中華民国臨時約法を制定する過程においては、中国国外で選挙を実施すれば外交問題を招きうることと、華僑は国内で選挙権・被選挙権を認められていることを理由に、華僑議員枠は導入されないこととなった［参議院第二次会議速記録；檳城新報 1912.6.28］。中華民国臨時約法は参議院に立法権を与え、参議院議員を各省・内蒙古・外蒙古・チベットから五名ずつ、青海から一名を、各地の選出方法に則って選出すると定めた［東方雑誌 1912a, 21005］。

他方でこれと前後して、華僑連合会が南京臨時参議院や袁世凱大総統、黎元洪副総統に対し華僑議員の導入を訴えていた［劉士木 1913, 8–11］。これが功を奏したのか、北京臨時参議院(6)で華僑議員の導入が再度議題に取り上げられた。

北京臨時参議院では賛否両論が展開された。報告書の主旨に同意し、華僑は民国国民で、その本籍には選挙権も被選挙権もあるとし、何をさらに求める必要があるのかという意見が提示された。また、華僑は外国領に住んでおり、実際に選挙を行うとなると運用面でも問題があるとの指摘があった。華僑は革命の時に貢献したが、代表権を報酬としてはならず、各省で行われる選挙を通じて議員になればよいとした［参議院第二次会議速記録］。

その一方で、華僑は革命に大きな貢献をし、今後の政府の運営を支えていくうえでも重要な存在であるため、華僑と意思疎通を図るために何らかの形で華僑議員枠を設置すべきだという声も強かった。こうした意見を持つ人びとは、法律の問題ではなく政治の問題としてこの問題に対処すべきだとした［参議院第二次会議速記録］。そこで、議会に参加できるが議決権を持たない身分が提案された。代表の名義を与え、意見陳述権と発言権は認めるが、議決権を認めないという身分が提案された。華僑議員を選出する手続きにおいて、清朝時代に各省の諮議局に華僑の代表がいたが、これを参議員の規定として敷衍することができるのではないかという提案があった［参議院第三次会議速記録］。また華僑は海外に商業会議所を設立しているため、商業会議所から代表を選んではどうかとの提案もあった。これに対して、商業会議所は一部の華僑しか代表しておらず、非常に限られたものになるという指摘もあった［参議院第七次会議速記録］。

最終的に五月一七日の第八回会議で多数決が採られ、その結果、出席者五八名中三五名の賛成を得て華僑議員枠が導入されることとなった［参議院第八次会議速記録］。八月一〇日に公布された中華民国国会組織法と参議院議員選挙法において、他の議員と同等の権限を持つ華僑議員枠が設置された。

中華民国国会組織法は以下のように定めている。

第二条：参議院は以下の議員によって構成される。①各省議会が選出した代表者各一〇名、②蒙古選挙会より選出された二七名、③チベット選挙会より選出された一〇名、④青海選挙会より選出された三名、⑤中央学会より選出された八名、⑥華僑選挙会より選出された六名［東方雑誌 1912f, 21997］。

参議院議員選挙法は、以下のように定めている。

第三条：衆議院議員の被選挙資格を有する者[7]で満三〇歳以上の者は、参議院議員となることができる。華僑選挙会が選出する議員はこれに加えて、漢語に通じた者に限る。

（中略）

第三八条：華僑選出の参議院議員の議員数は国会組織法第二条と第六条の規定による。[8]

第三九条：選挙人は華僑選挙会の会員でなければならない。

第四〇条：華僑選挙会は、各地の商業会議所においてそれぞれ選出された代表者によって構成される。商業会議所は中華民国政府が認可しているものに限る。

第四一条：華僑選挙会は中華民国政府の所在地に設置する。

第四二条：選挙監督は工商部総長[9]が行う。選挙時間と場所は、選挙監督が定める。

第四三条：華僑選挙会会員は、会合に出席できないとき、委任状を託して代理人にその選挙権を行使することを委託することができる。ただし代理人一人につき、一人の代理が可能。委任状は本人の署名と商会の捺印を必要とする。選挙会会員は代理人になれない［東方雑誌 1912f, 21999–22009］。

中華民国国会組織法第二条は、華僑議員は華僑選挙会によって選出されると規定していた。華僑選挙会は、参議院議員選挙法第四〇条において、各地の華人商業会議所が選出した代表者によって構成されると規定されていた。この条文は、華僑選挙会への代表者を華人商業会議所の会員と規定しているものではないが、代表の選出において商業会議所に独占的な権限を与える内容となっていた。

これに対して、各都市の華僑から不満の声があがった。各都市の各団体は中央政府に打電し、法律を修正するよう求めた［檳城新報 1912.10.25］。その結果、一一月一五日に参議院議員選挙法華僑選挙会施行法（以下、施行法）が公布され、代表者選出に関する規定が変更された。

施行法第一条は、商業会議所が派遣した代表者によって華僑選挙会を構成すると規定した参議院議員選挙法第四〇条を、第一回選挙には適用しないと定めた。施行法第二条は、第一回選挙において華僑選挙会は、各地の商業会議所や中華会館、中華公所、書報社からそれぞれ選出した選挙人一名によって組織されるとした。ただし、商業会議所は中華民国政府の承認を得たものに限り、中華会館と中華公所、書報社は、選挙法が公布される前に設立されたものに限るとした[10]。施行法第三条は、参議院議員選挙法華僑選挙会施行法を公布日より施行し、第一回選挙の終了とともに廃止すると定めた［東方雑誌 1913a, 22792］。

最終的に、華僑議員の選出に関する規定は、一二月八日に公布された参議院議員選挙法施行細則によって定められた。同細則第二二条は以下のように定めている。

華僑の僑居地の商業会議所、中華会館、中華公所、書報社は、以下の条件をすべて満たし、かつ会長、館長、所長、社長など、事を処すのに慣れている相応の人員の中から、華僑選挙会会員を選出する。
①中華民国国籍の男子で満二五歳以上の者
②五〇〇元以上の不動産やその他資産を持つ者
③衆議院議員選挙法第六条に掲げる事項に当てはまらない者
商業会議所、中華会館、中華公所、書報社の推薦人が北京に到着したら、選挙監督に報告し、証明書と一致するか審査を受ける。会員であることが認められたのちにその名前が選挙人名簿に記載される［東方雑誌 1913a, 22814］。

このように参議院華僑議員の選出方法は、一九一二年一二月にその規定が公布された。参議院において六議席を占める華人議員は、北京で開かれる華僑選挙会で出席者の互選により選出されることとなった。華僑選挙会を構成するのは、中国国外に設立された華人商業会議所、中華会館、中華公所、書報社において指導的立場にある華人とされた。

(2) ペナンの華人の法的な立場

参議院議員選挙法華僑選挙会施行法の公布を受けて、ペナンでは代表者を派遣する権利を持つペナン華人商業会議所とペナン閲書報社がそれぞれに対応を始めた。イギリス領であるペナンにおいて華僑議員を選出することは、居住国における華人の立場を微妙にすることは特になかった。

イギリス外務省は、イギリス領に居住する華人が中国の立法機関に代表を送ることについて、華人の動向に注意を払い、何らかの制限を課すことが望ましいとした。その一方で、本件は中国の国内問題であるとし、中国国外に居住する華人が投票を通じてその声を表出すべきでないとする根拠は国際法にはないという認識を示していた[CO 273/402/10753]。

ペナンの華人の大部分は、イギリス国籍を持つ者も華僑議員となる資格を持っており、法的な矛盾はなかった。中華民国国籍者は、一九一二年一一月一八日に公布された国籍法第一条において、以下のように規定された。

1 出生時父親が中国人であった者。
2 父の死後に出生した者で、その父が死亡時中国国籍者だった者。
3 中国で生まれた者で、父親が国籍不明または無国籍で、母親が中国国籍者である者。
4 中国で生まれた者で、父母が国籍不明または無国籍である者。

これに対して、中華民国国籍を喪失する場合について、同法第一二条で以下のように規定していた。

1 外国国籍者の妻となり、夫の国の国籍を取得した者。
2 父親が外国国籍者でその父親に認知された者。
3 父親が不明あるいは父親に認知されていない者で、母親が外国人で母親に認知された者。
4 自ら外国で帰化し、外国の国籍を持つ者。
5 中国政府の許可なく外国の官吏や軍人となり、中国政府から辞職を命じられてもその命令に従わない者。

ここには、自らの意思で他国の国籍を取得した者は中華民国国籍を喪失することが規定されているが、出生により他国の国籍が付与された者の扱いについては、何も規定がない。

海峡植民地政府は、イギリス領で出生したすべての者にイギリス国籍を認めていた[11]。これに関して、他国の国籍を放棄することを求める規定はなかった。このためペナンの華人は、帰化申請により自らイギリス国籍を取得した者は別として、出生によりイギリス国籍を持つ者は中華民国国籍も持つことができた。

また、中華民国国籍者であることが求められるのは被選挙者のみで、選挙者を中華民国国籍者に限定する規定はなかった。

(3) ペナンにおける華僑議員の選出

参議院に華僑議員枠が設置されたことについて『檳城新報』は、福建省臨時省議会に代表を派遣できなかったことに触れ、過去の失敗を生かし、今回は簡単に権利を放棄することがないよう早くから備えておくべきだと訴えた[檳城新報 1912.9.6]。

華僑選挙会への代表者派遣に関して、ペナン華人商業会議所は一一月一五日に理事会を開いた。この会議では、ペナン華人商業会議所はペナン閲書報社とは別に代表者を選出することが決められた[檳城新報 1912.11.16][12]。

ただしすでに述べたように、ペナン華人商業会議所はこの頃までにペナン閲書報社のメンバーを迎え入れていた。実際にペナン華人商業会議所における華僑選挙会への代表者選出の会議には、ペナン閲書報社のメンバーも参加していた。このことからここでは、ペナン華人商業会議所で選出された代表者をペナンの華人社会における主要な見解を包括していたものとしてとらえる。

ペナン華人商業会議所は、二二日に全体会議を開いた。会議の出席者には以下のように、華僑公会以降にペナン華人商業会議所に参加したと思われるペナン閲書報社のメンバーも含まれていた。

・華僑公会以前からのペナン華人商業会議所メンバー
ウン・ブンタン、ウン・ボックフイ、オウヤン・チャッハン、クア・ベンキー、コー・リープテン、ゴー・テックチー、テオ・スンケン、ヨー・チアンアン、ヨー・ペックタット、リム・センフイ、リム・ヤウホン、馮子春

・ペナン華人商業会議所メンバーで華僑公会以降にペナン閲書報社に加入した者
ライ・クアンサム、謝殿秋

・華僑公会以降ペナン華人商業会議所に加入したペナン閲書報社メンバー
ウィ・キムケン、クー・ベンチアン、タン・シンチェン、梁金盞、楊錦泉、林文琴、謝四端

・華僑公会以前からペナン華人商業会議所とペナン閲書報社両方のメンバー
黄増松、呉金爵

・華僑公会以前にペナン華人商業会議所・ペナン閲書報社への参加が不明の者
歐陽日葵、クー・キムケン、李紅螺、林文島、周満堂、林水源、唐俊南、施求來、許永祥、陳川杉、陳観聖

この日の会議ではまず、ペナン華人商業会議所の理事の間では、華僑選挙会の代表としてチャン・ピーシーを選出する考えがあったが、チャン・ピーシーからそれを辞退するとの返答があったため、代表者を改めて選出する必要があると説明された。これに関してウィ・キムケンが選挙の概要を紹介し、ペナン華人商業会議所の非会員を代表者に選ぶことができると述べ、数名の候補者の中から投票によって代表者を選出するよう提案し、それが賛同を得た。その結果、呉楚碧（リム・センフイが動議、クー・ベンチアンが動議支持）、陳匪石（タン・シンチェンが動議、ウィ・キムケンが動議支持）、シエ・リャンムー（謝殿秋が動議、テオ・スンケンが動議支持）の三人が候補者として推薦された。さらに、代表者としてふさわしいと思われる人物が他にいれば、二三日から二五日までにその人物の氏名と経歴をペナン華人商業会議所の会長クア・ベンキーと事務局長ウン・ボックフイに知らせるよう告知することを決定した。それらの候補者の中から代表者を選出する投票を、二八日にペナン華人商業会議所で行うこととした［檳城新報 1912.11.23］。この告知に応じて、ゴー・テックチーがタイ・チーティンを候補者として推薦した［檳城新報 1912.11.25］。

一一月二八日にペナン華人商業会議所は華人公会堂において会議を開催した。出席者は三〇名で、その顔ぶれは二二日の会議とほぼ同じであった。まず、ゴー・テックチーが動議したタイ・チーティンを候補者に入れることが承認された。次にリム・センフイにより、自身が動議した呉楚碧はすでにシンガポール書報社によって代表者として選出されたため、動議を取り下げる旨が報告され、それが承認された。その結果、陳匪石、シエ・リャンムー、タイ・チーティンから代表が選ばれることになった。選挙監督はペナン華人商業会議所会長のクア・ベンキーが務めた。投票の結果シエ・リャンムー二一票、タイ・チーティン九票で、シエ・リャンムーがペナン華人商業会議所の代表者となることが決定した。謝殿秋はシエ・リャンムーに打電し、工商部に提出する文書の作成をテオ・スンケンに依頼した［檳城新報 1912.11.29］。

候補者となった三名は、みな中国で実績を積んだ人物で、ペナンとの接点はわずかばかりであった。また、在外経験を持ってはいたが、華僑と呼ぶのは微妙な人たちであった。

タイ・チーティンは、一八七一年に広東省潮州府大埔県永興で生まれ、客家系であった。二〇歳で生員（州・県の試験に合格して州・県の学校に入学した者）となり、一九〇四年に福建省龍岩州寧洋県の県知事、一九〇七年に泉州府の府知事代理、一九〇九年に龍岩州の州知事を務めたのち、一九一〇年に引退してペナンで隠居していた［檳城新報 1912.11.25］。タイ・チーティンには、一九〇七年から一九一一年まで在ペナン清朝領事を務めた父タイ・キーユンと、一九一二年から一九三〇年に在ペナン中華民国領事を務めた弟タイ・セオックユエンがいた。

陳匪石は、一八八四年に南京で生まれ、四川大学の前身である尊経書院を卒業し、南京で教師となった。一九〇六年から一九〇八年まで法律を学ぶために日本に留学し、その間に同盟会に入会した。一九一二年よりペナンで同盟会系の新聞『光華日報』の記者を務めたが、翌年中国に戻り、上海で記者を務めていた［柳 1984］。

シエ・リャンムーは、一八八二年頃広東省嘉応州梅県で生まれた。客家系であった。日本の東京弘文学院に留学し、中国同盟会の結成時に執行部会計部を務め、この間にのちに中国同盟会および国民党の幹部となる人物と親交を結んだ。辛亥革命後は広東省都督府で枢密院処参議を務めていた［深町 1999, 38；102］。シエ・リャンムーのおじは、一八九八年から一九〇三年と、一九〇六年から一九〇七年に在ペナン清朝副領事を務めたチア・チュンセンであった。チア・チュンセンは一九〇六年以降華人公会堂の理事を務めていた。ペナン華人商業会議所の中心メンバーの多くは華人公会堂の理事・委員も兼任しており、チア・チュンセンと交流を持っていた。

こうした人選から読み取れるのは、華僑議員の選出にあたりペナンの華人が重視したのは自分たちを代表して中国に行ってくれることだったと言える。ペナンの華人の中から代表者を選べば、また代表者を送り損ねるかもしれなかった。そうしたなかでペナンの華人たちは、ペナンの華人の中から代表者を選ぶのではなく、自分たちが持つ人脈を中国にたどり、その中から中国で実績を持つ者を選んだ。シエ・リャンムーは、ペナンの華人の期待を裏切らなかった。一九一三年二月一〇日から一四日に北京で実施された華僑選挙会の選挙に参加し、六名の華僑議員の一人に選ばれた。なお、他の五名の経歴は以下のとおりであった。

・唐瓊昌（Tong King Chong）：サンフランシスコ中華商会の代表として華僑選挙会に参加［檳城新報 1913. 4. 21］。一八六九年に広東省肇慶府恩平で生まれ、一八八一年にアメリカに渡り、サンフランシスコで法学を修め、弁護士となった。洪門致公堂に加入し、『大同日報』を創刊するなど孫文の活動を支援した［恩平県地方志編纂委員会 2004］。

・呉湘（Wu Hsiang）：シンガポール同徳書報社の代表として華僑選挙会に参加［檳城新報 1913. 4. 21］。一八八二年広東省潮州府潮安生まれ。一九〇二年に日本に留学し、東京同文書院、千葉医学専科学校で学んだ［徐 2007, 580］。シンガポールのボートキーで貿易会社を経営する実業家であった［Peking Daily News 1913. 2. 20］。

・朱兆莘（Chu Chao Hsin）：ニューヨーク華商総会、シカゴ中華公会などの代表として華僑選挙会に参加［檳城新報 1913. 4. 10；1913. 4. 21］。一八七九年に広東省広州府花県で生まれ、一九〇七年にアメリカに留学し、ニューヨーク大学で学位を、コロンビア大学で修士号を取得した［徐 2007, 339–340］。

・蔣報和（Tsiang Pao Ho）：スラバヤ中華商務総会の代表として華僑選挙会に参加［檳城新報 1913. 4. 21］。福建省泉州府新門外樹兜村で生まれ、厦門同文学校で外国語を学んだ後にスラバヤに移った。樹兜村出身の蔣氏は、スラバヤを拠点にコーヒー、砂糖、米などの流通を担う有力な企業を複数設立しており、蔣報和もその一人であった［鯉城区志編纂委員会 2007, 81］。

・盧信（Lu Hsin）：キューバ書報社の代表として華僑選挙会に参加［檳城新報 1913. 4. 17；1913. 4. 21］。しかしキューバで活動した経歴は見当たらない。一八八五年広東省広州府順徳生まれ。一九〇三年に香港で『中国日報』の記者となり、興中会に入会した。一九〇五年に日本に留学し、一九〇七年に孫文の推薦でハワイの中国同盟会の機関紙『民生日報』の主筆となるほか、自らも新聞を創刊し、革命思想を宣伝した。一九一一年に香港に戻り、『中国日報』の社長に就任した。辛亥革命後は同盟会広東支部長、広東臨時参議院副議長を務め、南京臨時参議院に広東省代表の議員として参加していた［徐 2007, 2596］。

華僑選挙会の経緯について、スランゴールおよびパハン各地の書報社・中華会館の代表として華僑選挙会に参加した沈智夫が、「華僑選挙記」を残している。そこには、華僑選挙会は馮自由が仕切り、馮自由と関係の深い人物が選出されたとある［檳城新報 1913.4.18；1913.4.19；1913.4.21］。馮自由は興中会および中国同盟会の会員で、同盟会香港分会会長を務めた経歴を持ち、当時は国民党に属していた[13]。ペナン華人商業会議所のメンバーがこうした展開を見越して、同盟会系の幹部と近いシエ・リャンムーを選出していたとしたら、そこには相当の政治的センスがあったということになる。こうした人選は、ペナン華人商業会議所が持っていた伝統的な指導層のネットワークと、ペナン閲書報社が持っていた同盟会系の新たな指導者層のネットワークとが交わったことにより、可能となったのであろう。

華僑議員は国民党の議員として登録された。国民党は衆参両院の選挙で勝利を収め、国会において多数派を占めた。しかし国民党は袁世凱大総統と対立を深めた。国民党は一九一三年七月に広東で軍事蜂起するも、広東の地元エリートから十分な支持を得られず、蜂起は失敗した。袁世凱は同一一月に国民党を解散し、国民党員の議員資格をはく奪した［深町 1999, 115–116］。さらに袁世凱は一九一四年一月に国会を解散した。

ペナンの華人はこうした政局の不安定性を察知していたようで、袁世凱につながる経路も確保していた。それが一九一三年二月に設立された共和党ペナン支部（檳榔嶼共和党支部）であった［檳城新報 1913.3.1］。これは、一九一二年五月に袁世凱に近い政党として設立された共和党の支部であった。その幹部には以下のように、ペナン閲書報社メンバーが加入する以前からのペナン華人商業会議所の指導層が名前を連ねていた。

支部長：タイ・チーティン　　副支部長：クア・ベンキー
華文事務局員：リム・センフイ　　英文事務局員：コー・リープテン
会計：コー・ジュートック　　監査：リム・センテック
幹事員：ヨー・ペックタット、ヨー・チアンアン、ウン・ボックフイ、ウィー・ホックブン、チア・チアンリム、徐季鈞、何子秀、劉子寛、林可宗、邱福泰、江両三、邱国爾［檳城新報 1913.3.1］。

共和党ペナン支部の党則によればその活動内容は、ペナンの華人の統一と調和の促進、中国国内外の共和党との友好関係の確立、イギリスなど列強諸国との相互理解と友好を促進するための中国政府への助言であった。党則には、これらの活動を実施するうえで居住地の法律を厳守することも明記されていた［SE 1913.5.13］。居住国における自らの位置づけをまず配慮しつつ、出自国の政局を敏感に察知し、出自国の公権力と関係を構築するペナンの華人の姿を、ここにも見ることができる。

＊　＊　＊

第8章で見たように、中国国外に居住する華人は一九世紀末以降、清朝領事を介し外務部を通じて朝廷に通じる経路を獲得し、また一九〇四年以降は商業会議所を介し商部／農工商部を通じて朝廷に通じる経路を獲得した。ペナンの華人もこれらの経路を通じて、清朝政府との間に関係性を構築した。ペナン華人商業会議所は一九〇七年に、清朝商部に登録した。ペナンの華人がこれらの関係性を必要としていたのは、中国で生じる問題や中国に持ち越された問題を解決するためであった。海峡植民地およびその周辺地域で生じる問題の解決においては、第5章で見たとおり、ペナン華人商業会議所は清朝政府ではなく海峡植民地政府に問題を持ち込んでいた。

しかし、ペナンの華人がペナン華人商業会議所などを通じて構築した清朝政府との関係性は、中華民国の成立と清朝の崩壊によって絶たれた。ペナン華人商業会議所は、新たな為政者を相手に中国の公権力と関係を結び直す必要に迫られた。中国からは同盟会系の指導者や組織が、華僑連合会や福建省臨時省議会および参議院への議員派遣というチャンネルを提供してきた。

ペナン華人商業会議所は、中国からのこうした働きかけに積極的に応じようとしたが、同盟会系の指導者や組織とは関係性をほとんど構築してこなかった。こうしたなかでペナン華人商業会議所は、ペナン閲書報社のメンバーを招き入れることにより、同盟会系の指導者や組織へのチャンネルを確保した。ペナンの華人は、福建省臨時省議会への議員派遣には失敗したものの、華僑選挙会には自らの代表を送ることができた。しかもペナン華人商業会議所が送った代表は、六名の華僑議員のうちの一人に選ばれた。

本章が扱った以上の事例から、三点を指摘したい。

第一に、ペナンの華人社会の包摂性である。第8章において、ペナンの華人社会は新たに台頭してきた実力者を認め、それを排除せず、内に取り込む傾向があると指摘した。本章の事例でも、同様の傾向を確認することができる。中華民国の設立後、同盟会系の指導者や組織が公権力を掌握する立場に台頭したなかで、ペナン華人商業会議所はペナン華人閲書報社を内に取り込むという対応を見せた。

第二に、ペナンの華人は華僑議員の派遣を通じて、華僑という身分を、中国の公権力が付与する権利にアクセスする際に、それらにアクセスするために設置された中国国内の経路を使わず、海外から中央の権威に直接通じる特別な経路を使える資格として認識していた可能性である。中国国外に居住する華人、すなわち華僑は、中国国内の出身地で選挙権と被選挙権を認められており、中国の政治に参加する権利をもとより有していた。これ加えて華僑は、華僑議員の設置により、中国国外の居住地で代表者を立てる権利も認められることとなった。これにより華僑は、北京臨時参議院でも指摘されていたように、国内の華人よりも多くの権利を手にすることになった。参議院議員の選出において、国内外での双方の権利を有利に使いこなす華僑は実際にはあまりいなかったと思われるが、ペナンの華人も含め中国国外に居住する華人が、海外から中央の権威に直接通じる特別な経路を使える身分として華僑という枠組みを認識し、そのような意味で自らを華僑と積極的に名乗るようになった側面もあったのではないかと思われる。

第三に、自己の自立を保証しうる枠組みを一つに定めず、どの枠組みが何を保証してくれるかを見極めながら関係性を構築するペナンの華人の柔軟な生き方である。すでに述べてきたように二〇世紀初頭のペナンの華人は、辛亥革命につながる孫文の革命事業を支援したことが評価されてきた。ここで評価されているのは、個人は民族としてまとまり自前の国家を持つことによって自立しうるという前提のもと、個人と民族と国家とを一対一の対応関係で結び、個人と民族の自立を保障しうる国家のために自己犠牲的に身を投じた行為であろう。これに対してペナン華人商業会議所は、海峡植民地と中華民国という複数の公権力と関係構築を試みており、また中華民国に対しては対立し合う議会と総統府の双方との関係構築を試みていた。中国に代表者を送るうえでは、自らの事業を犠牲にすることを自身や他人に強いることが回避された。こうした行為は、利己的で日和見主義的だとして批判的にとらえられるかもしれない。しかし、自己犠牲の賞賛が個人に負担を強いる側面があることを顧みれば、誰にも負担を強いることなく、自らの権限を確保しようとした試みや工夫に目を向けることには意味があるだろう。

終章　越境を生きるための政治参加

秩序転換期のペナンの華人

本書は、海峡植民地ペナンを生活や事業の拠点とした華人が、海峡植民地および中国において秩序が転換しつつあった一九世紀末から二〇世紀初頭にかけて、それぞれの地域において政策決定に関わる制度への参加を拡大することにより、秩序の再編過程に対応するとともに、越境における安全の確保を図っていたことを、華人公会堂とペナン華人商業会議所を中心に論じてきた。

一八六〇年代以降ペナンは、マラヤやタイ南部、スマトラなど周辺の後背地で産出された一次産品を欧米諸国等へ輸出する窓口となった。一次産品を生産する労働力はインドや中国からペナンを経由して後背地に入り、労働者を支える食糧や日用品、嗜好品もビルマやイギリス、インドなどからペナンを経由して後背地に届けられた。ペナンを拠点に事業を展開した人たちは、それぞれの強みを活かして国際分業のネットワークの一部を構成していた。

ペナンを拠点に事業を展開する華人が強みとしたのは、一次産品の生産を担う労働力を中国から調達しうることであり、かつ労働従事者に嗜好品（主にアヘン）を流通させうることであった。その売り上げは、海峡植民地の収入の約半分を支えていた。労働力の調達・動員やアヘンの流通管理、競合者との紛争解決を担ったのは、公司や会党、会などと呼ばれる組織で、これらの組織はしばしば武力を行使した。海峡植民地を管轄するベンガル総督やインド総督が海峡植民地における強制力の行使に消極的であり、強制力が頼りにならない海峡植民地において武力の行使は自らを守るための手段でもあった。公司や会党の指導者は、海峡植民地政府やマレー諸国の統治者・有力者との個人的接触を通じてアヘンの専売権を獲得し、しばしば武力によりその流通を管理し、統治者・有力者にインフォーマルに影響を与えうる存在であった。

一八六七年に海峡植民地はイギリス本国の植民地省の直轄領となり、独自に条例を制定できる権限を獲得した。また一八七〇年代半ば以降、イギリスの対マラヤ政策が積極的な干渉に転じ、マレー諸国の保護国化が進展した。こうしたなかで海峡植民地政府は、公司や会党に対する管理を厳格化した。公司や会党を通じて暴力と個人的接触という形態に依存し影響力を誇ってきた華人は、別の形態に基づき影響力を維持する課題に迫られた。他方で、自らの生命や財産、利益を守るために華人が支払ってきたコストは、海峡植民地政府による強制力の強化により、大幅に減ることとなった。

海峡植民地政府が公司や会党の管理を厳格化する以前、海峡植民地に渡航する華人のなかには、公司や会党の下にある労働斡旋業者や雇用主から不当な扱いを受ける者も少なくなかった。しかし海峡植民地政府が公司や会党に対する管理を厳格化し、華人保護署を設立したことにより、華人渡航者は不当な扱いを受けたときに、あるいはより有利な労働条件を引き出すために、華人保護署に問題を持ち込むようになった。事業をめぐるトラブルや、家出人・行方不明者の捜索なども、華人保護署に持ち込まれるようになった。また海峡植民地の裁判所や警察に問題を持ち込む華人も少なくなかった。

開かれた自由貿易港として開発された海峡植民地は、周辺の植民地とは異なり、民族や国籍の違いにより権利が大きく異なることはなかった。オランダ領やフランス領では、アジア系住民にヨーロッパ人と異なる法律や税制を適用していたのに対し、海峡植民地ではすべての国籍者・民族に同一の法律や税制を適用した。イギリス国籍者と外国籍者との間で権利が大きく異なっていたのは、イギリス領外においてイギリスの公権力から保護を受ける資格であった。その資格を持っていたのは、出生によるイギリス国籍者のみであった。海峡植民地を拠点に周辺地域や中国との間を往来しながら事業を行う華人のなかには、イギリス国籍を盾にして、周辺の植民地国家でヨーロッパ人と同等の扱いを受けようとしたり、海外からの帰国者を狙った犯罪が頻発していた中国で生命や財産の安全を確保しようとしたりする者が現れた。海峡植民地政府は、出生によるイギリス国籍者と認知した者については、民族を問わず、その者から持ち込まれる案件の交渉を引き受けた。

海峡植民地による調停や交渉は実を結ばないこともあった。とくに中国に駐在するイギリスの公権力は、中国で保護の対象とするイギリス国籍者をイギリス国籍者の両親を持つ者に限り、海峡植民地で出生した者すべてにイギリス国籍を認めていた海峡植民地政府と対立した。出生によるイギリス国籍者の中には中国でイギリスの保護を受けられない者がいることは、一九〇〇年代前半にはペナンの華人に認識されていた。

海峡植民地による調停や交渉は万能ではなかったが、海峡植民地の華人は海峡植民地政府とのやり取りを通じて、海峡植民地政府に応答性の高さや交渉の余地を見いだしたものと思われる。華人が海峡植民地政府にいろいろな問題を持ち込んだことは、華人が海峡植民地の制度をそれなりに「使える」ものとして認識していたことを示していよう。

こうして一九世紀末から二〇世紀初頭の海峡植民地では、公司や会党を通じた影響力の行使がリスクとなる一方で、合法的な交渉における政府の応答力の高さが認識されていったと見られる。そうしたなかで華人は、海峡植民地政府に対して合法的な集団交渉を展開するようになった。その際にペナンの華人は、ペナンのヨーロッパ人商業コミュニティのやり方をしばしば参照した。その例が、一八八一年に設立された華人公会堂と、一九〇三年に設立されたペナン華人商業会議所であった。

ペナンのヨーロッパ人商人が海峡植民地政府と公的な関係を強化するために公会堂を設立した翌年、華人は華人公会堂を設立した。華人公会堂は、海峡植民地政府、ペナンの華人、ペナン社会に対して自らを華人社会の代表者としてアピールした。華人公会堂は、海峡植民地の公権力から一定の認知を得ることに成功した。それは、海峡植民地政府の公的な諮問機構として設置された華人諮詢局において、ペナンでそのメンバーに任命された人物のほとんどが華人公会堂の理事・委員であったことに示されている。

ペナン華人諮詢局は海峡植民地政府がペナンの華人を対象に設置した制度化された政治的代表システムであったのに対し、ペナン華人商業会議所はペナンの華人が政治的代表システムへの参加の拡大を求めて設立したものであった。同会議所は海峡植民地政府に対し、立法参事会にペナンの華人の代表者を認めるよう求めた。立法参事会におけるペナンの代表者二名は、ヨーロッパ人コミュニティが推薦した人物の中から任命され、推薦する母体の一つがヨーロッパ人のみを会員とするペナン商業会議所であった。立法参事会には華人の代表者もいたが、そのポストには常にシンガポールの華人が任命されていた。ペナンの華人は、ペナン商業会議所の例を参照してペナン華人商業会議所を設立し、同会議所から立法参事会に代表者を送り込もうとした。

その試みは一九二〇年に部分的に実現した。立法参事会におけるアジア系非官職議員が増員され、ペナンの華人にも代表枠が認められ、ペナン華人商業会議所の理事を務める人物が議員に任命された。しかしペナン華人商業会議所が求めていたのは、自分たちが代表者を推薦する権利であった。その権利を求めるためのペナン華人商業会議所の交渉は一九二一年以降、イギリス領マラヤの各都市に設立された華人商業会議所の連合体である商連会においても行われるようになった。商連会は、海峡植民地の立法参事会とマレー諸国連邦の連邦参事会に対して華人の非官職議員を推薦する権限を商連会に与えるよう求めた。

華人公会堂やペナン華人商業会議所は、ペナンの地位向上を目指す多民族的な協働にも積極的に参加した。その例がペナン協会と納税者協会であった。ペナン協会が設立された主な目的は、海峡植民地政府に対してペナンの港湾開発を強く求めるためであった。その目的は間接的に達成され、ペナンの港湾開発に海峡植民地政府から予算が割り当てられ、ペナンの商業界の意見を受けてペナンの港湾が運営されるようになった。ペナン華人商業会議所は、ペナン商業会議所と全く同等の資格ではなかったが、港湾の運営を協議する場に代表者を送ることを認められた。

納税者協会は、P・V・ロックとペナン華人商業会議所および華人公会堂の指導層の主導により設立された。同協会は、日々の生活を取り巻く物事を決定するジョージタウン市政委員会と市の住民とを橋渡しし、住民の意思を市政に反映することを目的に設立された。ヨーロッパ人やムスリムの支持をようやく取り付けて設立されたが、市政とは直接関係がない事柄において華人社会の反発を招き、そのことが結果的に同協会を頓挫させた。これ以降ペナン華人商業会議所や華人公会堂は、政治参加を制限すべきであるとの意見に傾き、当初反対していた市政委員の民選廃止を受け入れた（一九一三年）。一九二〇年代から三〇年代にかけて、ペナン華人商業会議所や華人公会堂は市政委員の推薦枠を確保し、一九五一年までジョージタウン市のあり方について議論する意思決定の場に代表者を送り続けることができた。しかしそれは、政治参加の制限の上に保障されたものでもあった。

以上のように華人公会堂およびペナン華人商業会議所は、海峡植民地において積極的に政治に参加し、政治参加の拡大を求め、華人の代表者として公権力と社会から認知を得ようとしていた。他方で両組織は、中国における政治参加にも積極的な対応を見せていた。

海峡植民地の華人は中国と往来するなかで事業を展開していた。中国では海外からの帰国者を狙った犯罪が頻発し、帰国者はしばしば生命や財産の危機に瀕した。しかし彼らは、清朝政府の保護を求めることはできなかった。清朝政府は、政府の許可なく海外に渡航した者を保護の対象外とし、海外で長期滞在したのちに中国に帰国した者を厳格な処罰の対象としていたためである。また一八世紀末以降、私貿易に基づくアヘン貿易が福建や広東で活発化し清朝の貿易管理体制を揺るがすなかで、福建や広東の地方官は外国とのつながりを持つ者を敵視するようになっていた。一八六〇年代以降清朝政府内には、東南アジアに居住する華人の富を国内産業の振興に動員しようという議論が現れ、そうしたなかで一八七七年以降東南アジア地域への領事の派遣がシンガポールを皮切りに始まった。しかし一八九三年まで帰国者に対する罰則規定は廃止されず、帰国者は犯罪に巻き込まれ続けた。先に述べたように、イギリス国籍を盾に中国で安全を確保しようとする華人もいたが、その方法に頼るには自身の両親もイギリス国籍者である必要があった。

こうしたなかで、帰国者に対する保護を保証したのが清朝商部と商業会議所であった。一九〇三年九月に清朝内に商部が設置され、一九〇四年一月以降、商部とのチャンネルを持ち、民間の商人が管理し運営する商業会議所が中国の各都市に設立された。東南アジアで蓄積した富を基盤に中国への進出を試みていたチャン・ピーシーの仲介もあり、シンガポールの華人が中国における保護の確保のために、また中国に逃亡した債権者の追跡も期待して、商部という公権力と中国国内の商人のネットワークとつながりうる商業会議所に利を見いだし、シンガポール華人商業会議所を設立した。ペナン華人商業会議所はシンガポール華人商業会議所を参照し、一九〇七年に清朝商部に登録し、清朝の商部と公的な関係を構築するとともに、中国における商業会議所のネットワークへのアクセスを獲得した。

ペナン華人商業会議所が清朝政府と構築したチャンネルは、中華民国の成立により無効化した。ペナンの華人は、新たな為政者を相手に中国の公権力と関係を結び直さねばならなくなった。中華民国の成立後、中国国外に居住する華人との関係構築に積極的だったのは同盟会系の指導者や組織であり、彼らは華僑連合会や福建省臨時省議会および参議院への議員派遣というチャンネルを提供してきた。同盟会系の指導者や組織とほとんど関係を構築してこなかったペナン華人商業会議所は、同盟会系のペナン閲書報社のメンバーを内包することにより、同盟会系の指導者や組織へのチャンネルを確保した。ペナンの華人は、福建省臨時省議会への議員派遣には失敗したものの、参議院の華僑議員を選出する華僑選挙会には自らの代表を送ることができ、その代表が六名の華僑議員のうち一人に選ばれた。同時にペナンの華人は、同盟会系の指導者が優勢な議会と対立する総統府との関係構築にも余念がなかった。

多元的な関係性とアイデンティティ

本書で論じた以上の事例から、ペナンの華人は華人公会堂やペナン華人商業会議所を中心に、居住国である海峡植民地と出自国である中国の双方において、政治に積極的に参加していたことが明らかとなった。これは、ペナンおよび中国において秩序が転換するなかで、自らにとってよりよい秩序を構築していくための手段であった。ペナンの華人の中には、中国でイギリス国籍を盾にして安全を確保したり、清朝の秩序に従わなかったりしたケースもあったが、ペナン華人商業会議所や華人公会堂に関しては、外部の公権力を盾にするような行為は見られなかった。ペナン華人商業会議所および華人公会堂は、それぞれの国家におけるルールや秩序を踏まえ、それぞれの国家において自らが享受しうる権利を認識し、自らの権利の拡大を主張しながら、それぞれの国家を統治する公権力とその国家を構成する社会との関係構築に努めていた。

華人公会堂とペナン華人商業会議所の指導層のうち、福建幇指導者の多くはペナンおよびその周辺地域で生まれ、その多くが父親の代までに事業を確立させた家系の出身で、英語による教育を受けていた者も多かった。先行研究の分類では、彼らは英語派華人に分類されうる。これに対して広東幇指導者の中には、中国出身者も多数含まれていた。彼らは先行研究の分類では、華語派華人に分類されうる。しかし英語派に分類されうる福建幇の指導者が清朝政府や中華民国政府との関係構築に積極的であったり、華語派に分類されうる広東幇の指導者の中にはイギリス植民地政府やマレー人統治者と関係を構築したり、ペナン華人諮詢局やペラ国参事会など植民地の統治機関のメンバーに任命される者がいたりした。先行研究では、英語派と華語派の分裂の起源が一九〇〇年代にあるとされているが、この時期の華人公会堂およびペナン華人商業会議所についてはその指導層を華語派・英語派のいずれかに明確に分けることは困難である。

辛亥革命につながる孫文の運動を支援したペナン閲書報社の指導層は、出身地や教育的背景、使用言語において、華人公会堂の理事・委員やペナン華人商業会議所の理事と共通性が高かった。ペナン閲書報社の中心人物であったゴー・セイインとウィ・キムケンはペナン生まれであり、タン・シンチェンは中国生まれであったが、いずれも父親がペナンで興した事業を受け継いでいた。ペナン閲書報社は華人公会堂およびペナン華人商業会議所と対立的な関係にあった時期もあったが、一九一二年以降はペナン閲書報社のメンバーがペナン華人商業会議所に合流しており、対立関係は解消されていたと見られる。

華語派華人は華人社会内部のみで社会化したとしばしば説明されてきた。しかし本書の事例からは、中国から渡航してきたばかりの「新客」など、ペナンでの居住歴が浅いと思われる人たちの中にも、海峡植民地の制度を利用して華人を相手とするトラブルを解消する人たちが存在したことが明らかになった。あの手この手を使って出生によるイギリス国籍者であることを海峡植民地政府に認めさせ、移動の安全を確保しようとする者もいた。こうした華人の存在が、イギリスの公権力が保護する義務を負うイギリス国籍者の範囲を画定する要因となり、イギリス帝国の外縁の一部を規定していったと言える。

脱植民地期や国民国家形成期の華人社会の分裂・対立を分析するうえで、英語派と華語派というまとまりに注目することが有効な場合もあるだろう。しかしその分裂や対立の「由緒正しさ」を一九〇〇年代に遡って歴史的に証明しようとすると、当時を生きた華人の選択や戦略をとらえることができなくなってしまう。それはまた、当時の海峡植民地や中国における国家や社会のあり方をとらえそこなうことにもつながりうる。

権利としての華僑

革命派は自らの運動への動員を図る際に、中国国外に居住する華人を華僑と呼んだ。華僑と呼ばれた人たちの中には、革命派の運動を支援し、そのために命や財産を差し出した人たちもいた。華僑を積極的に名乗る人たちが残した記録の多くは、革命の成功や中華民国の建国における華僑の功績を論じる内容であったため、華僑は中国に忠誠を尽くす愛国者としてとらえられることとなった。

これに対して本書は、中国国外に居住する華人が華僑という語に多様な意味を見いだしていた可能性を検討した。本書で注目したのは、中国で資源にアクセスする資格として華僑という身分がとらえられていた可能性である。中華民国における意思決定の場である参議院に、各省、モンゴル、チベット、青海をそれぞれに代表する議員と並び、華僑議員という枠が設けられた。華僑はもともと中国国内の出自地で選挙権と被選挙権を持っていたが、これに加えて、中国国外の居住地で代表者を選び、その代表者の互選により議員を送る権利を認められた。華僑は、中華民国の政治に参加するうえで、中国を経由せず、海外から中央に直結する特別な経路を使う資格を持つこととなった。そのような意味において華僑という概念に積極的な意味を見いだし、活用した華人がいた可能性を本書は示した。

本書が扱った時期以降に中国では、華僑に対して中国国内における保護と政治参加を提供する制度が引き続き整備されていった。中国に帰国した華人を保護する機関として一九一二年八月に福建暨南局が設立され、同様の機関として北洋政府の下で一九二一年一二月に僑務局が、広東革命政府の下で一九二三年一二月に僑務局がそれぞれ設立され、南京国民政府の下で一九三一年一二月に僑務委員会が設立された。また一九一六年に国会が再開したときにも華僑議員が参加しており、一九三一年四月に公布された国民会議組織法と、一九三六年に公布された国民大会選挙方法・施行細則においても、華僑議員枠が置かれていた［張 2006, 43-44］。これらの制度がどのように機能し、ペナンの華人がこれらの制度に対してどのような認識を持ち関わったのか、またそのなかで華僑という身分がペナンの華人にどのように認識されていったのかについては、稿を改めて論じたい。

辛亥革命前後にペナンの華人が中国に対して行った資金的支援は、革命に対する支援というよりも、革命により生じた混乱からの救済や復興に対する支援という側面が強かった。またペナンの華人は、自分たちの支援がどこかに消えてしまうことなく、透明な運用制度の下で滞りなく被災者に届けられ、自分たちの支援が中国の公権力と社会に認知されることを求めていた。ペナンの華人は何の見返りも期待せず自己犠牲的に支援を行ったというよりは、中国において秩序が大きく転換するなかで、中国の公権力や社会と新たな関係を構築すべく支援を行い、だからこそ自身の支援が中国の公権力や社会に認知されることを重視していたと言えるだろう。中国の近現代史に華僑を位置づけるうえで、華僑が自己犠牲的に革命に献身した側面だけでなく、秩序の再編過程において生命や財産の安全を確保すべく、華僑が中国の国家や社会に口うるさく批判や指摘、注文を行い、それを受けて中国の国家や社会がどのように対応し、秩序が構築されていったのか、あるいはされなかったのかという側面からとらえる視点もまた重要であるように思われる。

東南アジアの文脈で規定される華人性

東南アジアの華人が華人性を維持し、「華人であること」を認識している場合に、そのことはしばしば中国との関係から説明されてきた。これに対して本書が扱ったペナンの華人の事例は、華人としての集団性が意識される契機が東南アジアでは歴史的にかつ日常的に存在していたことを示した。一五世紀から一八世紀の交易の時代に世界各地から商人が来航した東南アジアの港市国家には、中国からやってきた者を一つの人間集団としてとらえ、その長を通じて統治する統治形態が存在した。これは、中国からやってきた者は中国に出自を持つ者という枠組みに自らを位置づけることにより、東南アジア社会に自己を位置付けうる状況が存在したということである。そのような状況は、在地の王国が一八世紀以降華人を活用して資源開発を進め、徴税請負を通じて国家財政を確保するなかで、また一九世紀以降東南アジアに進出したヨーロッパ諸国が同様の手段を通じて植民地国家を運営するなかで、維持され強化された。

徴税請負の担い手としての華人という統治の枠組みは、植民地政府が自前の徴税制度を整備するなかで意義を失った。しかしその一方で、華人人口が多かった海峡植民地では、華人保護署や華人諮詢局、立法参事会における華人議員の任命など、華人という枠組みを通じて、数的に社会の大部分を占める住民を管理し、それと意思疎通を図る制度が構築された。中国から海峡植民地に渡航した者の中には、華人保護署を通じて身辺の安全を確保する者や、より有利な雇用条件を確保する者が少なくなかった。また華人公会堂は、華人諮詢局に積極的に代表者を送り込んだ。中国からペナンへの渡航者や、中国に出自を持つペナン居住者の中には、公権力が設定した華人という統治の枠組みを通じて海峡植民地の制度を活用する者が一般的に見られた。

こうしたなかで、華人という統治の枠組みに基づき制度への参加の拡大を海峡植民地に求めたのが、ペナン華人商業会議所であった。ペナン華人商業会議所は、ヨーロッパ人で構成されるペナン商業会議所が立法参事会に代表者を送っていることを踏まえ、自身にも同様の政治参加の機会を認めるよう海峡植民地政府に求めた。このように考えるなら、ペナン華人商業会議所の設立は、東南アジアにおける統治制度の変遷への対応としてとらえうる出来事であったと言える。

ペナンの華人が海峡植民地において自らの華人性を認識する契機は、公権力や統治者との縦の関係においてのみ存在していたわけではなく、異なる文明や文化を実践する隣人たちとの横の関係においても存在した。ペナン社会は、出身地や言語、文化、宗教が異なる多数の人間集団が存在するコスモポリタンな社会であると認識されていた。こうしたなかでペナン協会や納税者協会は、「社会のすべての構成要素(all sections of the community)」や「社会のあらゆる構成要素(every section of the community)」の参加や賛同を得ることを重視していた。しかしそうは言っても、ペナンに居住する人間集団すべてから参加や賛同を得ることは認識されていなかった。参加や賛同を得るべき対象として想定されていたのは、華人、マレー人/ムスリム、インド人、ヨーロッパ人であった。ペナン社会において横のつながりの中で展開する政治参加の流れに乗るうえでも、ペナン社会の構成要素として認知されていることが重要であった。

ペナン社会の構成要素として社会や公権力から認知を受けるうえで、イギリス王室関連行事は格好の機会となっていた。華人、シク人、ムスリム、チェッティなどが、イギリス王室を賞賛し、統治者としての責務の履行を求める祝辞を送るうえで、ほぼ同様のテンプレートの中に自らの固有性を流し込み、自らの存在を周囲に提示していた。

自身の存在を周囲に提示する機会は、日常の中にも存在していた。辮髪を切るか否かの論争は、シク人やムスリム、パターン人などの顎髭や髪型との対比の中で、中国に出自を持つ者がばらばらな個人として埋没することがないよう、集団性をいかに維持し周囲に提示していくべきかという問題意識の下で展開していた。こうしたなかでペナンには、相手の文化的背景を察知し、その人の文化に見合った対応をすることを礼儀とする発想も存在した。

本書が扱った時代のペナンでは、自らの文化的な固有性を周囲に示し、その固有性が集団的なものとして周囲に認知されていることが、ペナン社会において居場所を確保することにつながっていた。ペナン社会の構成要素として認知された人間集団は、意思決定の場に代表者を立てる資格があると認識されていた。本書が扱った時代のペナンでは、政治参加をするうえでより重要なのはイギリス国籍の有無ではなく、ペナン社会の構成要素として認知されているか否かであったと言える。このことは、ペナンでは文化的な固有性を維持し提示することによりペナン社会に帰属することができたということであり、さらに言えば、ペナン社会の構成要素として認知されている人間集団が文化的な固有性を維持・提示することが、その人間集団のペナン社会への統合を促進するような構造があったということである。

文化的に同化しない華人を東南アジア社会に統合されない存在として見る視点があり、そうした視点への批判として文化的な同化の度合いではなく当事者の意志を重視する「華僑から華人へ」という視点が生まれた。しかしこれらの視点はそもそも、文化的な固有性を維持することが社会への統合を保証しうる場合もあったという、東南アジア史に内在する諸相の一つを見落としていたと言えるだろう。

現代とのつながり

越境を生きるうえで複数の国家に関わるなかで、それぞれの国家において社会の一員として権利を主張し獲得するという海峡植民地ペナンの華人の生き方は、一九四〇年代末以降、有効性を失っていった。ペナンでの出入境の自由が、マラヤ連邦市民権およびイギリス国籍の取得によって保障されるようになり、マラヤ連邦市民権の取得要件が国籍唯一の原則に基づいて規定されたためである。

海峡植民地のうちペナンとマラッカはマラヤン連合およびそれを継承するマラヤ連邦に組み入れられ、シンガポールは切り離されて単独のイギリス直轄領となった。マラヤ共産党の武装蜂起を受けてイギリス植民地政府は一九四八年六月に非常事態を宣言し、マラヤ連邦とシンガポールへの外国人の入国を厳しく制限した。イギリス植民地政府は、マラヤ共産党員およびその支援者の多くは華人であると認識しており、共産党政権が成立しつつある中国との間を往来する華人越境者に疑念の目を向けるようになった。イギリス植民地政府は、一九四八年一〇月にマラヤへの入国を許可制とし（マラヤ出生者は除外）、一九五〇年一〇月にマラヤへの再入国にビザの取得を義務づけた（イギリスのパスポート所持者と永住許可所持者は除外）。

これ以前の時代にも、海峡植民地への入境が厳格化した時期はあった。第一次世界大戦期にイギリス本国が敵国者の入境を制限するため、イギリス領への入境者にパスポートの携帯を義務づける法律を導入したことに伴い、海峡植民地も一九一九年に入境者に対してパスポートの携帯を義務づけた。一九二〇年代に不況により失業者が増加したため、海峡植民地政府は一九二八年に外国からの労働者の入境を制限する移民制限条例を導入した。海峡植民地政府は、これらの入境時の管理強化に加え、一九三三年に入境証（Certificate of Admission）制度を導入し、入境者の海峡植民地での動向を把握・管理する制度を導入した。海峡植民地への入境を認められた非イギリス国籍者は、移民局での登録と入境証の取得を義務づけられた。

しかし入境証を取得してしまえば、海峡植民地と外部地域との間を自由に行き来することは可能であった。入境証は有効期限が二年間で、二年以上海峡植民地を不在としなければ有効であり続け、その間は自由に海峡植民地に入境することができた。入境証の期限が過ぎても、海峡植民地にいる知人などを通じて代理申請を行えば、入境証の期限を延長することもできた。入境証は更新が可能で、五回更新すると海峡植民地への永住資格を得ることができた。一九二〇年代以降、海峡植民地に労働目的で新たに渡航することは難しくなったが、入境証を所持していれば外国籍の者でもほぼ自由に海峡植民地に入境することができた。

これに対して一九四八年一〇月に施行された入国許可制は、マラヤへの入国・再入国に入境証の所持を義務付けるものであり、新たにマラヤに入国する者に対してより厳しい審査を課すものとなった。入境証の延長申請は、本人のみしか行えなくなった。また一九五〇年一〇月に導入されたビザ制度は、有効期限内の入境証を所持し海外に渡航する場合でも、マラヤへの再入国に際しビザの取得を義務づけるものであった。ビザは一回の渡航のみ有効で、渡航期間は三ヵ月以内とされた。一九五二年には、許可なくマラヤに入国できるのはマラヤ連邦市民とイギリス国籍者と規定された。ペナンに自由に出入境できる者は、マラヤ連邦市民とイギリス国籍者のみとなり、マラヤ連邦市民権は二重国籍を認めなかった。

こうしたなかで、複数の国家において社会の一員として権利を獲得し、複数の国家と交渉を行い、それぞれの国家と社会から移動の安全を確保し越境を生きた海峡植民地期のペナンの華人の生き方は、マラヤ連邦の一部となったペナンでは有効性を失っていった。しかしそのことは、彼らの生き方に意義がなかったことを必ずしも意味しない。国家と個人が相互に国籍にまつわる権利と義務を吟味し、新たな可能性を探りつつ、関係を結ぶ状況が増大している今日の世界においてこそ、海峡植民地期のペナンの華人の生き方から学び得る部分は多いように思われる。

さらに言えば、海峡植民地期のペナンで外部に出自を持つ人たち（華人も含む）が実践したプラナカン的な生き方は、人の移動が著しい今日の世界において多くの人が参照可能な生き方であるだろう。今日の世界では、国境は越えないにしても、生まれ育った場所だけで生涯を終える人はきわめて少なく、生活や事業の構築・発展のために移動を経験する人がほとんどであり、新たな土地で自らの居場所をどのように作っていくかという課題に向き合うことになる。そうしたなかで、自らの出自をたどりうる土地との関係性を維持し、参照点をいくつか持ちながら、新たな土地の社会のあり方の理解に努め、その土地の人たちと関係を構築し、自らにとっても居心地のよい社会のあり方を作っていこうとした海峡植民地期ペナンのプラナカンたちの生き方は、現代社会に生きる人びとが参照しうる生き方であるだろうし、プラナカンは時代や地域を超えて誕生し続けていると言える。

他方で、ペナンの華人の戦略が現在に至るまで引き継がれているものもある。それは、マレーシア半島部における政治参加の基本設定である「民族の政治」に見ることができる。

「はじめに」で述べたように今日のマレーシア半島部では、一九四〇年代末から一九五〇年代にかけて「民族の政治」が制度化していった。「民族の政治」は、社会の構成員はマレー人、華人、インド人のいずれかに所属することを前提とし、民族の代表者を通じて政治に参加し、資源の公的な分配や行政サービスを受けるという制度である。

こうした「民族の政治」は、社会の構成要素として認知された人間集団は意思決定の場に代表者を送る資格があると考えたペナン社会の発想と通じるところがある。「民族の政治」が制度化される過程においてペナンの人たちの発想が組み込まれたのか、あるいはペナン以外の地域にも同様の発想が存在したのかなど、検討すべき点はなお多いが、本書で扱ったペナン社会のあり方は、今日のマレーシア半島部における政治参加の基本設定につながる起源の一端であったと言えるだろう。

半島部マレーシアの「民族の政治」は、建国から今日に至る半世紀の間に、民族間の大きな対立や紛争が非常に限定的であったことをふまえると、それなりに機能してきたと言えるだろう。しかし「民族の政治」は今日、新たな局面にさしかかっているようにも思われる。

「民族の政治」は、越境者の流入により混成的となっていた社会を、外部からの入境を厳しく制限して社会の境界線を国境に沿って明確にしたうえで、その境界線内部にいる人たちの中で社会の構成要素として声をあげた人たちを、社会の構成要素として認めたものである。声をあげる主体となったのは、マレー人、華人、インド人という集団性であった。この時に、外部に出自を持ち、固有の文化を実践していた華人やインド人は、社会の構成要素となる意志のある者が社会に対して義務を履行する以上、出自や文化的背景を問わず社会の構成要素として認めるべきであると主張し、その主張が認められた。「民族の政治」は、外部に出自を持ち、異なる文化を実践する者も社会の構成要素として認め、政治参加の権利を認める制度でもあった。

この制度が適用されうるのは、「民族の政治」が導入された時点にマラヤおよびマレーシアにいた者のみに限られるのか、それともその時点以降の流入者も対象となりうるのかが、今日問われつつあるように思われる。マレーシアへの越境者の流入は、一九四〇年代・五〇年代で終わらず、その後も継続している。とりわけ一九七〇年代以降マレーシアの開発が進むなかで、マレーシアは周辺の東南アジア諸国や南アジア諸国に労働力の供給を依存してきた。現行のマレーシアの法律では、一時就労者にマレーシア国籍の取得やマレーシアでの永住権の取得を認めていないが、外部に出自を持つ人の中には、正規・非正規にマレーシア国籍を取得する人たちや、マレーシアに滞在し続ける人たちも増えている。こうした人たちは「民族の政治」においてどのように位置づけられるのであろうか。マレー人、華人、インド人に加えて、構成要素の単位が新たに付け加えられるのであろうか。それとも、構成要素の単位は不変で、マレー人、華人、インド人のいずれかに自らを位置づけることが求められ、マレー人、華人、インド人の内実がさらに多様になっていくのであろうか。その行方が注目されている。

あとがき

本書が海峡植民地期のペナンを扱ううえで念頭に置いているのは、今日のマレーシア社会とのつながりである。とりわけ建国以来今日に至るまでマレーシア半島部で展開してきた、民族という枠組みを通じた政治参加とのつながりを強く意識している。

マレーシア半島部における民族という枠組みを通じた政治参加は、二〇〇〇年代以降、肯定的にとらえられることが多くなった。しかし筆者がマレーシアについて本格的に学び始めた一九九〇年代半ば頃は、民族を通じた政治参加はマレーシア研究においてあまり肯定的にとらえていなかった。マレーシア研究が参照するディシプリンの一つに、東南アジア地域研究がある。当時の東南アジア地域研究では、多民族国家の国民統合が大きな関心の一つとなっていた。そこでは、各民族が固有性を残しながらも、民族としての意識よりも国民としての意識が優先するような国民統合のあり方が高く評価されていた。これに対してマレーシアについては、主に半島部の事例に基づき、民族の境界線が明確に存在し、国民としての意識よりも民族としての意識が優先され、各民族は民族政党を通じて競合・対立関係にあり、民族間の亀裂は深く、国民統合がいまだ不十分であると見られていた。

マレーシアはさらに、民族ごとに権利が異なるとして批判的にとらえられていた。マレーシアの憲法は、マレー人が「特別な地位」を享受しうると定めている。それに基づき一九七〇年に開始した新経済政策は、マレー人が政治的・文化的・経済的な優位性を確保するための政策として説明されてきた。マレー人の優位性について異議を差し挟むことは扇動法などの法律で禁止されており、民族に関する事柄は議論してはならない「敏感問題」であるとされ、マレー人政治指導者が民族間関係を権威主義的に規定していると理解されていた。

マレー人の優位性に異議を差し挟めないという状況を、非マレー人はどのように受け止めているのか。華人については、政治から距離を置くか政治に対して無関心を装っているという説明がなされていた。なぜマレーシアの華人は黙っていられれるのだろうか。この問いがマレーシアをもっと知りたいと思う動機となった。マレーシアに長期に滞在し生活してみたいと思い、マラヤ大学への留学を決めた。その際、マレーシアで調査活動を行ううえで取得が義務付けられているリサーチ・パスを申請した。申請書類には、華人の近現代史を調査・研究テーマとする旨を記した。このテーマに関してマレーシアを研究対象とする日本人研究者何人かに、そのテーマは敏感問題に当たるからパスの取得は難しいのではないかと言われた。

予想に反して、リサーチ・パスはあっさりと取得できた。一九九九年一〇月より、マラヤ大学人文社会学部歴史学科に籍を置き、学内の授業やセミナーに出席するとともに、マレー語、華語、英語の新聞を読むことを日課とした。生活のなかで、また新聞紙上で目にしたマレーシアの人たちは、民族に関する事柄に口をつぐむことなどなかった。とりわけ華人は、華人に保障されている権利が政府によって正当に守られているかを常に監視し、その権利が不当に扱われていると判断したときにはすかさず声を上げる傾向が顕著であるように見えた。

民族の権利や利益をめぐる議論において、それを一定の秩序内に収めているのが「敏感問題」であることも分かった。「敏感問題」は、マレー人の「特別な地位」に異議を差し挟むことを禁止する一方で、華人やインド人の国民としての権利や固有の文化の実践・継承を不当に侵害することを禁止するルールとしても機能している。また以下のことも分かった。半島部の国民はマレー人、華人、インド人のいずれかの民族に分類され、個人の権利を守る責務が民族政党に課され、個人は選挙を通じて民族政党に代表者としての責務の履行を迫る構造となっている。民族内では相互扶助が行われる一方で、民族間は相互不干渉の関係にあり、そのことによって各民族の自立が保証され、民族間の関係が安定している。

こうしたなかで筆者は、民族という枠組みを通じた政治参加のあり方は完璧なものではないにせよ、多民族社会をそれなりに安定させ、国民が代表者に責務を履行させる仕組みとして肯定的に評価しうるのではないかと考えるようになり、そのことを博士論文で示したいと思うに至った。そのテーマとして現代マレーシアの事例を扱うことも考えたが、民族間の亀裂が深刻な社会としてマレーシアをとらえる議論ではその起源が二〇世紀初頭に求められることが多いため、その時点を捉え直すこととした。マレーシアで民族間の亀裂が生じた要因の一つは、外部からの流入者がマレー人に同化しなかったことであり、華人はその最たる例とされてきた。華人は二〇世紀初頭以降中国に一元的に帰属意識を持つようになったとされ、その中で華人と中国との関係が説明されてきた。

二〇世紀初頭の華人の言動や思想をたどりうる資料を探すなかで、『ストレイツ・エコー』と『檳城新報』にたどり着いた。しかしこれらの新聞をじっくり読む前に、二年間の留学期間が終わってしまった。そのため二〇〇二年から二〇〇三年にシンガポールで五ヶ月間、二〇〇四年から二〇〇五年にマレーシア・クアラルンプールで一〇ヵ月間、資料収集を再度行った。

これらの資料をもとに、二〇〇七年に東京大学大学院総合文化研究科に提出した学位論文「二〇世紀初頭におけるペナンの華人と政治参加」を執筆するとともに、以下の論文を個別に発表した。本書は、これらの論文を大幅に加筆・修正して再構成したものである。

「シンガポールの海峡華人と『追放令』——植民地秩序の構築と現地コミュニティの対応に関する一考察」『東南アジア歴史と文化』三〇巻、七二-九七、二〇〇一年。

"Privileged Subjects?: Unification of the Straits Chinese and Banishment Ordinance in 1890s, Singapore", *Journal of Malaysian Chinese Studies*, 5, 2002, 59–80.

「シンガポール華人商業会議所の設立（一九〇六年）とその背景——移民による出身国での安全確保と出身国との関係強化」『アジア研究』五〇巻四号、三八-五四、二〇〇四年。

「シンガポールの華人社会における剪辮論争——異質な人々の中で集団性を維持するための諸対応」『中国研究月報』五八巻一〇号、一-一四、二〇〇四年。

「ペナン華人商業会議所の設立（一九〇三年）とその背景——前国民国家期における越境する人々と国家との関係」『アジア経済』四六巻四号、二-二〇、二〇〇五年。

"The Foundation of the Penang Chinese Chamber of Commerce in 1903: Protecting Chinese Business Interests in the Two States", *The Journal of Malaysian Branch of the Royal Asiatic Society*, 79(1), 2006, 43–65.

「海峡植民地の華人とイギリス国籍――権利の正当な行使と濫用をめぐるせめぎ合いの諸相」『華僑華人研究』五号、一〇〇－一二三、二〇〇八年。

"Re-positioning 'Patoriotism': Various Aspects of Financial Support to China in Penang around 1911", Ho Khai Leong ed, *Connecting & Distancing Southeast Asia and China*, Singapore: Institute of Southeast Asian Studies, 2009, 76–99.

「ペナンの広福宮と華人公会堂に見る「華」の展開――誰にどのようにまとまりを示すか」『中国研究月報』六五巻二号、一七－二八、二〇一一年。

"Contesting Chineseness: Bangsa and Queue-cutting in the Straits Settlements, 1896–1911", Yamamoto Hiroyuki, Anthony Milner, Kawashima Midori and ARAI Kazuhiro eds, *Bangsa and Umma: Development of People-grouping Concepts in Islamized Southeast Asia*, Kyoto University Press, 2011, 93–107.

「中華民国の成立とペナンの華人――越境を生きるための複数の場における政治参加」『地域研究』一四巻二号、一七八－一九八、二〇一四年。

これらの研究を行ううえで、また本書を刊行するうえで、多くの方々のお世話になった。民族やエスニシティ、ナショナリズムに関する理論的な枠組みや地域研究に臨む態度は、博士課程でご指導くださった古田元夫先生から学んだ。あまりできがよいわけではなかった筆者を博士課程から受け入れ、学ぶ機会を与えてくださり、辛抱強くご指導くださったことを、心より感謝申し上げる。

古田先生の議論は、実のところ独力では理解しきれなかったところも当初あり、古田ゼミの仲間たちとともに学ぶなかで理解できた部分も多かった。古田ゼミでは、地域の固有性をとらえつつ、そこに普遍性を見いだして、対象地域と世界とをつなぎうるような説明が求められた。古田ゼミで学んだことが、地域研究に対する筆者の心構えの基層を成している。とりわけ山本博之さんと西芳実さんとは、古田ゼミ時代から現在に至るまで調査・研究活動をともにする機会が多く、それらの活動を通じて二人から受ける刺激がマレーシア地域に対する筆者の認識を新たにしてくれることも多い。

博士論文の副査を務めてくださった原不二夫先生、並木頼寿先生、吉澤誠一郎先生、谷垣真理子先生には、拙い論文を丁寧に読んでくださり、厳しくそして暖かくご指導くださり、心よりお礼申し上げる。原先生には、定説を覆す努力をすることが研究者の責務であると教わった。しかし筆者は定説を覆そうという意気込みばかりが先走りしすぎてしまい、考証が意気込みについていっていないとしばしばお叱りを受けた。本書では、意気込みと考証とのギャップがいくばくか縮小していることを願う。並木先生は、拙稿「シンガポールの華人社会における剪辮論争」を太田勝洪記念中国学術研究賞に推薦くださり、そのことは大きな励みとなった。筆者は博士論文を提出した直後にマレーシアに移り、二〇〇九年三月に帰国してからは北九州での新たな生活に忙殺され、落ち着いたらご挨拶にうかがおうと思っていたのだが、並木先生は同年八月に逝去されてしまわれた。ご挨拶する機会を逸したことが、今でも大きな心残りとなっている。並木先生からまだ多くのことを学びたかった。吉澤先生には、中国近代史の視点から数多くのご指摘をいただいたのみならず、筆者の問題意識や主張をいったん受け入れたうえで、それらを論じるうえで必要な論理展開へと導いてくださるようなご助言を数多くいただいた。谷垣先生には、華人人口が大多数を占めるイギリス領という共通点を持つ香港の事例からご助言をいただいた。

博士論文を本にする過程においては、匿名の査読者の方々から貴重なコメントをいただいた。本としての構成が十分に練られていないまま提出した拙い原稿を丁寧にお読みくださり、議論の精緻化が必要な箇所について一つ一つご指摘・ご助言をいただいた。また本書を刊行する機会を得るうえで、華僑華人をともに研究する大学院時代からの友人である園田節子さんには、たいへんお世話になった。園田さんからのご指摘・ご助言は、華僑華人研究および移民研究という枠のなかに本書を位置付けるうえで、おおいに参考になった。

マレーシアでも多くの方々にお世話になった。マラヤ大学留学中は、クー・ケイキム教授に指導いただいた。筆者の初めての英語論文は、クー教授に丁寧にご指導いただいたおかげで、世に出すことができたものである。マラヤ大学の歴史学科では、一九世紀のペナンの交易を研究するロー・ウェイレン教授や、華人を中心にサバを研究するデニー・ウォン氏にも指導や助言をいただくとともに、マレーシアの研究コミュニティへの橋渡しをしていただいた。また当時マラヤ大学人文社会学部東アジア学科に所属しておられ、その後マレーシア華人研究センター、新紀元学院へと移られたヴン・ピンキョン教授は、筆者にマレーシアでの研究発表の場をたびたび設けてくださった。ペナンの華人の歴史や社会については、マレーシア孝恩文化基金会長のオン・センホアット博士から多くを教わった。マラヤ大学留学時代から現在に至るまでつながり続けてくれる友人たちや、ハウスメイトとして一緒に生活してくれたマレー系姉妹とインド系姉妹、部屋を間借りさせてくれて、家族のように接してくれたアザさん一家にも感謝したい。

博士論文の提出後、在マレーシア日本国大使館で専門調査員として勤務させていただく機会をいただいた。もっぱら学術的な視点からマレーシアを捉えてきた筆者は、ここでの経験を通じて、マレーシアを理解したいという欲求には多様なニーズがあることを改めて気づかされた。日本の外務本省と電信や公信をやり取りするなかで、本書で資料としたイギリス植民地省文書も同様の過程の中で生成されたことを思い、植民地文書を読むうえで想像力をより広げられるようになった。職場では上司と同僚（日本人、マレーシア人）に恵まれ、また職場の外でもたくさんの素晴らしい出会いがあった。お世話になったみなさまに感謝申し上げる。

本書の執筆作業の主な部分は、現在の勤務先である北九州市立大学より二〇一六年度にいただいた半年の研修期間に行われた。研修の機会を与えてくださった外国語学部の教職員のみなさま、とりわけ授業と学務の調整を図ってくださった国際関係学科の教職員のみなさまに感謝申し上げる。なかでも下野寿子さんは、学科内の教育開発の企画において筆者の抱えていた厄介な業務をすべて引き継いでくださり、筆者の執筆作業を気にかけ、常に叱咤激励してくださった。

九州大学出版会の永山俊二さんは、遅々として進まぬ著者の作業を数年間にわたり辛抱強く見守ってくださり、さまざまな無理なお願いに最後までご対応くださった。心よりお礼申し上げたい。

学会や研究会などを通じていただいたご意見やご助言も、本書の刊行にはなくてはならなかったものである。ここにお名前をすべて記すことはできないが、学会や研究会などを通じてご指導・ご鞭撻くださるみなさまに感謝申し上げる。

本書はこのように、多くの方々の助けを得て刊行されるものであるが、本書の誤りや不備の責任はすべて筆者が負うものである。

本書のもととなる研究を行ううえで以下の助成をいただいた。
文部省アジア諸国等派遣留学生（一九九九年―二〇〇一年）
国際交流基金アジア次世代リーダーフェローシップ「マラヤにおける華人社会のリーダーシップ―利益集団としての『華人』の起源」（二〇〇二年―二〇〇三年）
りそなアジア・オセアニア財団調査研究助成「マラヤにおけるナショナリズムの諸相―安寧を確保する枠組みとしての華人アイデンティティ」（二〇〇四年度）
また本書の刊行においては、以下の助成をいただいた。
りそなアジア・オセアニア財団啓発・広報活動助成（二〇一六年度）
北九州市立大学学長選考型研究費B（二〇一六年度）
ここに記して感謝申し上げる。

最後に、筆者を支えてくれた家族に感謝を伝えたい。母は、何らかの専門性を身につけて自立しろと、筆者と妹を育てた。筆者も妹も専門性を身につけるまであまりに長い時間がかかったが、母はずっと暖かく私たちを見守り、支えてくれた。その支えがなければ、本書の刊行もありえなかった。それぞれの分野で専門性を身につけるべく、励ましあいともに奮闘してきた妹は、同士である。「本は出さないのか」と会うたびに尋ねる父の期待にも、ようやく応えられそうである。
家庭と仕事のバランスがしばしば著しく崩れがちとなる筆者をいつも暖かく見守り、家庭でのバランスが欠けたところを穏やかに補い家庭を支えてくれる夫には、感謝しても仕切れない。もうじき六歳になる息子が、母親をしばしば不在にさせる「お仕事」のことを、いつか本書を通じて理解してくれたらうれしいことである。

二〇一七年六月　篠崎香織

ン・アータイ Ng Ah Thye 伍積齊	1840年生まれ。祖籍は広東省広州府新寧県修齊洛桃花朗。チョウ・シンヤンらとともに，船具や雑貨の販売・卸売を行う会社を設立。ペナン・アヘン・酒類専売請負に参加。ココナツのプランテーションを所有。1867年ペナン暴動に関して，海峡植民地政府より諮詢される。華人公会堂の設立メンバーで，理事を務めた。1883年に設立された南華医院の理事。福徳祠，広東系墓地（広東暨汀州義山）や広福宮，海珠嶼大伯公などへ多額の寄付を行ったことで知られている［Wong 2013h, 135–136］。
ン・シアーウォン Ng Seah Wong 伍社旺	1904年よりペナン華人諮詢局メンバー。1906年より華人公会堂の理事（広東幇）。
ン・シーシン Ng See Sin 伍時信	華人公会堂の創設メンバー。1906年より華人公会堂の委員（広東幇）。
ン・パックサン Ng Pak San 伍百山	1895年より華人公会堂の広東幇のトップ。1895年から1902年までペナン華人諮詢局メンバー。
熊玉珊	広東省嘉応州梅県出身。壮年でペナンにやって来て店員として働く。その後ペラで錫を採掘するが利益が上がらず，ペナンに戻り恒益興旅店を開業。徐々に利益を上げ経営を安定させていった［張少寛 2004, 264］。
徐洋溢	福建省漳州府海澄県出身。20代でペナンにやって来てゴム販売店舗で使用人として働く。その後，書籍や文房具を扱う兢兢図書局を開店。学校の設立が盛んな時期だったため，利益を得た［張少寛 2004, 292］。
林福全	福建省漳州府海澄県出身。幼い頃父とともにペナンに移る。ある商号で店員として働いているうちに，洋雑貨店に経理職として雇われるようになる。その店主に商才を見いだされ，合弁事業を開始。ゴム産業にも進出［張少寛 2004, 288］。

リョン・ロックヒン Leong Lok Hing 梁楽卿	1851 年広州生まれ。アメリカで教育を受け，カリフォルニアで商業に従事した後に，1888 年にペナンに移住し，輸入会社廣安號（Kwong On & Co.）を設立。ペラのイポーやタパーにも廣吉昌號（Kwong Kut Cheong & Co.）の名前で支社を設立。ヨーロッパ人の仲介会社を通して錫を売り，ヨーロッパからの食料品や雑貨を卸売りしていた。ペラのビドールやチェンドゥリアン，スランゴールのクアラルンプールに鉱山を所有。ウェルズリーのスンゲイスマンブにゴム，ココナツ，タピオカのプランテーションを所有。錫鉱山やプランテーションの労働者に対する食料供給も請け負った。華人公会堂，ペナン華人商業会議所，広東公司（広東・汀州会館）などの理事も歴任。ペナン華人諮詢局のメンバーや治安判事に任命された［Lee and Chow 1997, 97；檳州華人大會堂特刊編輯委員會 1983, 183–184］。
ロー・プイチー Lo Poey Chi 羅培芝	ペナン華人商業会議所設立メンバー。
ロー・ベンクアン Lo Beng Quang 羅栄光	1906 年より華人公会堂の理事（広東幇）。
ロク・ユウ Loke Yew 陸祐	1846 年広東省肇慶府鶴山県生まれ。黄姓の出身であったが，陸顕の養子となったと言われている。1858 年にシンガポールに移り，中国食料品を主に扱う雑貨店の店員として従事。その間に蓄えた 90 ドルを資本に，自身の店をシンガポールで開店。1869 年頃，ペラのラルッに移り，同地域内のカムンティンで錫鉱山を所有したが，ラルッの内戦によりその開発は頓挫した。しかし内戦中にイギリス軍への食糧供給を請け負い，資本を蓄積し，内戦終了後にカムンティンで 1876 年に錫鉱山の開発を再開した。ペラやスランゴール，パハンでも賭博場や質屋の経営や，アヘンや酒類の専売業にて富を蓄積し，1890 年代よりスランゴールのアンパン，スンガイブシ，ラサ，ラワン，スルンダーなどで錫鉱山の開発に成功。さらにゴムやココナツ油，セメントなどの生産や流通を手掛け，Malayan Collieries, Straits Steamship Company, Straits Trading, Federal Engineering Company, Raub Gold Mine, Pahang Motorcar Service Company などの株を所有。1892 年にスランゴール国参事会（Selangor State Council）に広東人代表として議員に任命され，クアラルンプール市衛生局の局員に任命された。スランゴール華人商業会議所の初代会長［Lee and Chow 1997, 123–125］。

	どにも輸出した。クライテリオン・プレスおよび『ストレイツ・エコー』の取締役。ペナン・フリースクールの運営委員や華人公会堂の理事を務めた［Lee and Chow 1997, 108］。
リム・ユートー Lim Eu Toh 林有道	1871年ペナン生まれ。父親のリム・チングアン（Lim Chin Guan）もペナン生まれのイギリス国籍者で，清朝の税関に勤務した。セント・ザビエル学院を卒業後，1887年にフッテンバック・リバート社（Huttenbach Liebert & Co.）に入社。1896年に退社し，ヨー・ペックタットなど5人のパートナーとともに長利公司を設立。イギリスからセメント，金属製品，家庭用品，建築資材，鉄製品，木綿・綿製品を輸入し，ラングーンから米を輸入，オーストラリアから小麦粉と精糖，ヨーロッパ各地からワインやビールなどのアルコール類，イギリスとアメリカからタバコを仕入れ，マラヤに流通。ヨーロッパやアメリカ，日本，中国に，胡椒，タピオカ，コプラ，ナツメグなどの地元産品を輸出。ウェルズリーに700エーカーのゴムとココナツのプランテーションを所有していた。ペナン・フリースクールの理事，ジョージタウン市政委員を1905年と1907年に務めた［Wright and Cartwright 1908, 766］。1908年に治安判事に任命された。1910年に自社（Lim Eu Toh and Company）を設立，1915年に化学製品会社を設立。『光華日報』の社長。1918年から1920年と1923年から1925年にペナン華人商業会議所会長を務めた。1920年以降は華人公会堂，ペナン・フリースクール，中華学校，鐘霊中学などの理事を務めた［Lee and Chow 1997, 108–109］。
リム・レンチーク Lim Leng Cheak 林寧綽	経歴は第1章参照。
リョン・フィー Leong Fee 梁広輝	1857年広東省嘉応州梅県白土堡三角地生まれ。客家系。中国で教育を受けた後，1876年にペナンに移住。その後，ペラのイポーに移住し，事務員として働いた後，自身の店舗を持ちつつ，錫の鉱脈を探り，錫で成功。イポーから東に約8キロのタンブンでコーヒーの栽培に着手して失敗したが，その栽培用地から非常に豊かな錫の鉱脈を発見した。当初は伝統的な労働集約的な手法を用いていたが，のちに近代的設備を導入し，錫で成功を収めた。1895年から1908年にペラ国参事会のメンバーを務め，1909年にマレー諸国連邦参事会のメンバーに任命された。チア・チュンセンの娘と結婚［Lee and Chow 1997, 102］。1903年1月から1906年12月に在ペナン清朝副領事を務めた［鄭 1998, 105］。

	者アブドゥル・ガニ・モハマド・カシム（Abdul Ghani b. Mohd. Kassim）を迎え，マレー語新聞『チャハヤ・プラウ・ピナン』を，1903年に香港のジャーナリストのチェズニー・ドゥンカン（Chesney Duncan）を編集者に迎え，『ストレイツ・エコー』をそれぞれ創刊。クライテリオン・プレスは1902年に有限会社となり，リム・センフイは常務取締役に就任。イースタン貿易商社の理事や，シンガポールのグレート・イースタン保険会社の代理人でもあった。ペナン華人諮詢局メンバー，治安判事，郡病院委員などに任命された。華人公会堂やペナン華人商業会議所，広福宮，福建公司で理事や理事長を務めた［Lee and Chow 1997, 114–115；Roff 1972, 5；檳州華人大會堂特刊編輯委員會 1983, 170］。
リム・チェンロウ Lim Cheng Law 林清露	1888年生まれ。セント・ザビエル学院で教育を受けたのち，ヨーロッパ人企業で働き，その後父親の会社に入る。兄とともに精米工場や製油工場を設立。プロヴィンス・ウェルズリーにココナツ・プランテーションを所有し，コプラも生産。ペナン華人商業会議所会員。［Khor 2013, 114–115］。
リム・テックスアン Lim Teck Suan 林擇選	1906年から1909年にペナン華人商業会議所理事。
リム・ホアチアム Lim Hua Chiam 林花鐕	1837年（一説には1835年）福建省漳州府海澄県三都鰲冠社生まれ。1850年にペナンに移住し，店員として10年程務め，蓄積した資金を元手にアチェとの交易に従事するが，オランダとアチェが戦争を開始したため，ペナンで中国薬剤の販売に転業。1883年にクライテリオン・プレスを設立し，印刷業を始めた。福建系の公司であったキエンテックで指導的地位にあった。華人公会堂の創設メンバーで1906年以降理事長を務めた。1890年に華人諮詢局のメンバーに，1905年に治安判事に任命された。1908年には清朝政府から道員の称号を授与された［SE 1912. 2. 13；鄭 1983, 170］。
リム・ヤウホン Lim Eow Hong 林耀煌	1878年ペナン生まれ。祖籍は福建省漳州府海澄県林東社。父親はリム・レンチーク。ペナン・フリースクールと中国式学校で教育を受け，父親の事業の手伝いを経て1899年にクダのアロースターに製糖所を設立するとともに，クリムでタピオカのプランテーションを設立。生産物を輸出するために蒸気船を所有。砂糖は周辺地域に供給され，タピオカはロンドンなどヨーロッパに輸出された。また精米会社を所有し，米を輸入して精米し，クダ，プロヴィンス・ウェルズリー，マレー諸国などに供給するとともに，一部をセイロン，インド，モーリシャスな

	にペラでチュン・ケンクイとともに事業を展開，酒類の専売と賭博場・質屋の経営を請け負うとともに，錫鉱山を開発し，安価な木炭でも利用可能な反射炉を開発し，より安価で純度の高い錫の精錬方法を開発した。リー・チンホーはタイピンで育ち，同地に錫の貿易・精錬会社を設立。1897年にペナンに錫精錬会社・成記鎔錫廠（Seng Kee Tin Smelting Works）を設立，石炭やガスを燃料とする反射炉を先駆的に導入した。同社は1907年に設立されたイースタン精錬社に買収され，精錬技術を提供した。リー・チンホーは1918年以降，ペナン華人商業会議所の理事となり，1921年から23年には副会長を務めた［Seow 2013b, 107–108］。
リム・アーチャム Lim Ah Cham 林参	1906年より華人公会堂の委員（福建幇）。
リム・インブン Lim Eng Boon 林英文	1912年より華人公会堂の委員（福建幇）。
リム・ケックチュアン Lim Kek Chuan 林克全	1858年ペナン生まれ。ペナン・フリースクール卒業後，海運会社に就職。その後，自ら米の取引を始め，ラングーン，カルカッタ，マンダレーなどに支社を持った。鉱業にも進出し，いくつかの鉱山を一部所有。ペナン・アヘン・酒類専売請負にも参加。ペナンのビジネスマンやヨーロッパ人とともに，ペラのクリアン郡バガンスライにゴム会社を設立し，同社の取締役に就任。コー一族のアヘン・シンジケートやイースタン貿易商社，イースタン精錬社にも参加。多数の不動産も所有。華人公会堂の理事・理事長，ペナン華人諮詢局のメンバーを務めた［Lee and Chow 1997, 111］。
リム・サンホー Lim Sun Ho 林山河	1904年よりペナン華人諮詢局メンバー。1905年にペナン華人商業会議所の理事。
リム・ジューテック Lim Joo Tek 林如德	福建省漳州府海澄県林東社出身。米較公司の総経理を務める。1928年から1933年華人公会堂の委員。鍾霊中学や中華学校などの学校の理事を務めた［鄭 1983, 179］。ペナン閲書報社に参加。
リム・センフイ Lim Seng Hooi 林成輝	1872年ペナン生まれ。中国式教育を受けるとともに，英語を個人教授で習得。父のリム・ホアチアムはペナンの有力華人。リム・センフイは，父が1883年に設立したクライテリオン・プレスを経営し，1895年に『檳城新報』を，1900年にシンガポールの『ジャウィ・プラナカン（Jawi Peranakan）』の編集

ヨー・シウビアウ Yeoh Sew Beow 楊秀苗	1845年ペナン生まれ。ペナン・フリースクールで教育を受けたのち，1861年に公共事業局に入る。一度同局を辞すが，1874年に戻り，1889年まで務めた。退職後はアヘンや酒類の専売シンジケートに参加。『ストレイツ・エコー』にたびたび寄稿していた。極楽寺の建設に土地を提供。1877年に6名の華人とともに文化交流サークル清芳閣（Chinese Club）を設立［Wong 2013j, 177］。
ヨー・チアンアン Yeoh Cheang Aun 楊章安	1881年ペナン生まれ。祖籍は福建省漳州府海澄県三都霞陽社。アングロ・チャイニーズスクールを卒業後，ペナンとイポーでヨー・ペックタットとリム・ユートーが設立した長利公司(Tiang Joo & Co.）の経営提携者となる。1923年に治安判事に任命され，1924年から市政委員（ペナン華人商業会議所代表)。ペナン華人商業会議所やペナン海峡華人系英国臣民協会，楊公司，華人公会堂などで理事を務めた［Lee and Chow 1997, 193］。
ヨー・ペックタット Yeoh Paik Tat 楊碧達	1874年ペナン生まれ。ペナン・フリースクールで学んだ。リム・ユートーと長利公司を設立，ペナンにおいて輸出入品の卸売を先駆けたうちの一人。ヨーロッパ企業を主な取引相手とした。ブリティッシュ・アメリカン・タバコの代理店を所有。1916年には自身の商社・碧達公司（Paik Tatt & Co.）を設立。慈善・福祉活動を統括したことが知られており，干ばつで飢饉に陥った中国を救うために1920年に始まった国際支援活動・華洋義賑会のペナンでの活動の統括や，第一次世界大戦時の海峡植民地赤十字募金員・執行部員，1921年に設立されたペナン華人労働者失業基金の長などを務めた。海峡植民地政府より治安判事に任命された。華人公会堂や広福宮の理事を務めたほか，福建公司で要職を務めた［Lee and Chow 1997, 193–194；檳州華人大會堂特刊編輯委員會 1983, 184］。
ヨン・チアンリウ Iun Chiang Liu 楊章柳	華人公会堂の初代理事。福建幇。
ライ・クアンサム Lay Khuan Sum 黎觀森	広東省広州府香山県が祖籍。広致祥を設立し，パンやビスケットを製造。資金を蓄えた後，ゴム・プランテーションや不動産業に進出。華人公会堂委員，ペナン華人商業会議所理事を務めた［鄭 1983, 176］。
リー・チンホー Lee Chin Ho 李振和	1863年ペナン生まれ。祖籍は福建省漳州府海澄県三都長江社。祖父に連れられてペナンに移住した父リー・ピンペー（Lee Pean Peh/李邊坪）はイギリス国籍に帰化し，タイピンを拠点

フー・イアンション Foo Eang Sean 胡炎宣	ペナン生まれ。父親はフー・タイシン。ペナン・フリースクールを卒業し，ベンメイヤー社のペナン支店で支店長を務める。シャム領マレー諸国にタピオカ，ココナツ，ゴムのプランテーションを所有し，スランゴールで錫鉱山の経営に携わる［Wright and Cartwright 1908, 781］。
フー・タイシン Foo Tye Sin 胡泰興	1825年ペナン生まれ。祖籍は福建省汀州府永定県で，客家系である。中国的な伝統教育を受けた後，ペナン・フリースクールで学び，高い英語の運用能力を持つ人物であったとされる。貿易会社とプランテーションを所有したほか，ラルッで錫鉱山を経営し，財を成した。ハイサンと近い関係にあったがそのメンバーではなかったとされ，1867年のペナン暴動や第三次ラルッ戦争に関して海峡植民地政府は中立者としての意見をフー・タイシンに求めた。1874年に治安判事に，1875年にジョージタウン市政委員に任命された［鄭 1983, 169–170；Wong 2013d, 75］。
フー・チューチュン Foo Choo Choon 胡子春	胡国廉と表記されることもある。1860年福建省汀州府永定県生まれ。客家系。祖父がペナンに移り，父親はペナン生まれ。13歳の時に父親とともにペナンに移り，数年間，伝統的な中国式の教育を受けた。その後，ペラのタイピンで錫鉱業を操業しているおじの元で働き，その近郊のラハットで自身も錫鉱山を開発し，成功を収めたが，体調を崩し，数年間中国で療養。その後再度マラヤに戻り，ペラのトゥロノーで機械による採掘法を取り入れて，大きな成功を収めた。その後，ペラのイポー，プルリスのカキブキッ，スランゴールのスンガイブシ，シャム南部のトンカーなどでも錫鉱山の開発を行った。1906年以降は中国の鉱業に進出。清朝政府に多額の寄付金を提供し，称号を得た。また福建省鉄道会社（Fukien Province Railway Company）の株を自ら大量に購入したほか，マラヤにおいて同社の株を販売する代理人となるなど，中国における鉄道事業にも進出していた。1905年にペラ国参事会の議員に任命された。1907年にペラ華人商業会議所を設立し，会長を務めた［Lee and Chow 1997, 42–43］。
ヘン・モンチア Heng Meng Chia 王孟正	1885年より華人公会堂の理事（広東幇）。1893年から1898年までペナン華人諮詢局メンバー。
ヨー・グアンセオック Yeoh Guan Seok 楊元続	1883年ペナン生まれ。ペナン・フリースクールで教育を受けた後，1901年に女王奨学金を獲得。ケンブリッジ大学に留学し，法律を学び，ペナンで最初の華人弁護士となった［鄭 1983, 185；Lee and Chow 1997, 193］。

	にカピタンに，1911年にマイヨールに任命され，華人社会の管理を任された。チョン・ヨンヒアンの死後，デリ華人商業会議所の会長に就任した［Suryadinata 1995, 210］。
チョン・ヨンヒアン Tjong Yong Hian 張榕軒	Chang Yu Nan／張煜南とも表記される。1855年（あるいは1851年）広東省嘉応州梅県松口生まれ。客家系。チョン・アーフィーの兄。17歳の時にバタビアに移住し，チャン・ピーシーの下で働いたのち独立し，1880年までにデリに移った。デリでチャン・ピーシーとともにリーワン社を立ち上げ，プランテーションを経営した。デリに移ってきた弟チョン・アーフィーとともに起業し，汕頭などからの労働者の移送に従事するとともにアヘン専売請負も手掛けた。1884年にデリのルーテナントに任命され，その後1893年にカピタンに，1898年にマイヨールに任命された。1894年7月から1898年5月に在ペナン清朝副領事を務めた。1903年以降，潮汕鉄道の建設に着手。デリ華人商業会議所の設立を主導し，初代会長に就任した［Suryadinata 1995, 211–212；Lee and Chow 1997, 12；鄭 1998, 105；梅県地方志辦公室 2007］。
テオ・ケンフン Teo Kheng Hoon 趙慶雲	1906年より華人公会堂の理事（福建幇）。
テオ・スンケン Teoh Soon Kheng 張舜卿	1865年広東省潮州府大埔県黄堂村生まれ。非常に聡明であったとされ，チャン・ピーシーに見いだされてバタビアに移り，その後ペナンでチャン・ピーシーの企業である萬裕興総公司で支配人を務めた。チャン・ピーシーが在ペナン清朝副領事に在任中，チャンの不在時に領事代行を務めた［鄭 1983, 174］。1906年より華人公会堂委員。
ヒア・スイリー Heah Swee Lee 連端利	1875年プロヴィンス・ウェルズリーのバトゥカワン生まれ。潮州系。祖籍を広東省潮州府潮陽県大歩郷とする。父親はペラのクアラクラウにおける砂糖キビ栽培の先駆者。スイリーは父親の事業を相続し，さらに拡大させた。そのほかにもタイピンやウェルズリーでゴムやココナツのプランテーション，精米業，不動産業，錫やコプラの流通業などに従事。ペラ国参事会やペナン華人諮詢局，保良局などのメンバーに任命された。ペナン華人商業会議所の会長（1917–1918年）や広東公司（広東・汀州会館）の会長を務め，潮州会館，広福宮，華人公会堂の理事を務めた［Lee and Chow 1997, 51–52］。

チュー・チーファット Choe Chee Fat 曹遲發	1906年より華人公会堂の理事（広東幇）。
チュン・ケンクイ Chung Keng Kwee 鄭景貴	1821年広東省広州府増城県生まれ。客家系である。1841年から1849年の間にマラヤに渡り，ペラのクリアンパウで事業を行っていた父親と兄に合流した。1860年代から1884年までペナンおよびラルッにおけるハイサンの頭目として知られ，ギーヒンとしばしば武力衝突した。1874年パンコール条約の調印者の一人で，ペラのカピタン・チナに任命され，1877年にペラ国参事会のメンバーに任命された。1880年以降，ラルッにおいて錫鉱山を経営し，賭博場や質屋の経営権や，アヘンや酒類の専売権を認可され，財を成した。1895年に華人公会堂の理事となった［Lee and Chow 1997：38–39］。
チュン・タイピン Chung Thye Phin 鄭太平	1879年ペラ・タイピン生まれ。ペナン島ジョージタウンのセント・ザビエル学院を卒業後，父親（チュン・ケンクイ）の事業に参加し，父親が経営していた海記桟を引き継いだ。自身で平記錫鉱公司（Ping Kee Mining Company）と商店・平記桟（Ping Kee Chan）を設立。ペラのトゥロノーやバトゥトゥゴなどに鉱山を持ち，ヨーロッパ人技師の監督の下，最新の技術を取り入れて採鉱。コー・グループのペナン・キエングアン保険会社，アヘン専売シンジケート，イースタン精錬社などに参加。各種専売権を政府から獲得したほか，プランテーションも経営。イギリス政府に考察錫鉱専員に任命された。マレー諸国連邦参事会，ペラ国参事会，治安判事などに任命されたほか，1921年にペラのスルタンにペラ最後のカピタン・チナに任命された。華人公会堂やペナン増龍会館の理事［Lee and Chow 1997, 39–40；檳州華人大會堂特刊編輯委員會 1983, 171］。
チョン・アーフィー Tjong A Fie 張耀軒	Tiong Yiauw Hian／Chang Hang Nan（張鴻南）とも表記される。1859年（あるいは1861年）広東省嘉応州梅県松口生まれ。客家系。チョン・ヨンヒアンの弟。1880年にスマトラ島デリに移って以降，そこを拠点に事業を展開した。1870年代以降，スマトラにおける開発が進み，労働力の需要が急増していた中で，チャン・ヨンヒアンとチョン・アーフィー兄弟はデリで起業し（Chong Lee & Co.），汕頭などから労働者を移送する事業に従事するとともに，プランテーションの経営やアヘン専売請負なども手掛けた。1905年に中華信局を設立し，本局をデリに，分局を香港，汕頭，嘉応に設立した。1907年にはデリ銀行を設立した。チョン・アーフィーは，オランダ植民地政府より1888年にルーテナントに任命され，その後1890年

チェン・グンアン Cheng Gun Ann 荘銀安	1854年福建省同安県生まれ。早期にビルマに移住し，源記桟号を開業しプランテーション事業に従事した。ラングーンの建徳公司幹部。1903年に徐賛周らとともに中華義学を設立し，また同校に益商夜校を付設。1908年8月に徐賛周らとともに『光華報』を創刊し，同紙の社長を務めた。同年11月に中国同盟会ラングーン分会会長となる。『光華報』は主要記者の国外追放により停刊に追い込まれたため，チェンはペナンに逃れた。武昌蜂起後，南洋各都市同盟会総代表に選ばれ，厦門に戻り，福建省も清朝から独立を果たすべきだと呼びかけた。福建省が清朝から独立を宣言した後，省政府顧問や厦門参事会議長，財政庁長に任命された。第二革命が失敗したあと，ビルマに戻り，大同油工場を創業。福建華僑公会会長を務めた。晩年は福建に戻り，福建僑務委員会委員に任ぜられ，のちに代理主任委員に任ぜられた［周 1995, 320；長田 2016, 68］。
チャン・ピーシー Chang Pi Shi 張弼士	Cheong Fatt Tze または Thio Thiau Siat（張兆燮），Chang Chin Hsun（張振勲）と表記されることもある。詳しい経歴は第8章参照。
チャン・ライカム Chan Lai Kam 陳麗琴	1885年より華人公会堂の理事（広東幇）。1890年から1893年までペナン華人諮詢局メンバー。
チュア・キーフン Chuah Kee Foon 蔡奇逢	1907年より華人公会堂の委員（広東幇）。
チュア・チュウィーギー Chuah Chwee Ghee 蔡水義	1906年より華人公会堂の委員（福建幇）。
チュウ・コックヒアン Chew Kok Hean 周国賢	ペナンで教育を受け，ロク・ユウの元で働いていた人物で，康有為の秘書を務め，梁啓超の娘婿となり，熊希齢内閣で法務大臣となった梁啓超の秘書や，ラングーンやマニラの中華民国総領事を務めた［ST 1903.9.4；1913.10.8；1918.7.15；1920.12.3］。
チュウ・シンヨン Chew Sin Yong 周興揚	1841年ペナン生まれ。祖籍は広東省広州府南海で，広東系である。ペナン・フリースクールで学び，英語を流暢に話せた。ン・アータイらとともに船具や雑貨を扱う企業を共同経営するとともに，ペナンおよびシンガポールのアヘン専売請負に参加。華人公会堂の創設メンバー。広東系墓地（広東暨汀州義塚）の理事（1885–1891年）やペナン・フリースクールの経営委員を務めた。ペナン華人諮詢局のメンバーと保良局の委員に任命された［Wong 2013c, 56–57］。

チア・チュンセン Cheah Choon Seng 謝春生	1847年ポンティアナック生まれ。客家系で，祖籍は広東省嘉応州梅県松口。中国系言語で教育を受けた。オランダ政府から食料や日用雑貨の供給事業を請け負った後，アチェに移り，鉄道建設やアヘン専売請負など，オランダ政府のさまざまな公共事業を請け負った。アチェのルーテナント・チナおよびカピタン・チナを長年務めた。1898年にアチェでの事業を自身の代理人に託し，ペナンに移住。チャン・ピーシーやリョン・フィーを主な事業パートナーとし，ペナンやメダンでのアヘン専売請負や，パハンやペラでの錫鉱山経営に参加。またチョン・ヨンヒアンとともに潮汕鉄道に参加［Lee and Chow 1997, 14–15］。子女の婚姻を通じて，チョン・ヨンヒアンとリョン・フィーと親戚関係にあった［檳榔嶼客属公会，738］。1898年5月から1903年1月と1906年12月から1907年12月に，在ペナン清朝副領事を務めた［鄭 1998, 105］。1906年より華人公会堂の理事（広東幇）。
チア・テックスン Cheah Tek Soon 謝徳順	1852年ペナン生まれ。祖籍は福建省漳州府海澄県石塘社。父親のチア・チョウファン（Cheah Chow Phan/謝昭盼）は合資で小型帆船を所有し，ビルマのアラカン・ペナン・中国を結ぶ貿易に従事。チア・テックスンはペナンで英語教育と中国式教育を受け，卒業後は父の会社を経て錫貿易会社を設立。1880年にペナンでのアヘン専売を請け負うシンジケートに参加し，1881年にはチア・チェンイォックと提携し，シンガポール，ムラカ，ペラ，スランゴールでアヘン専売を請け負った。またチュア・ユーカイ（Chuah Yu Khay/蔡有格）と提携し，デリとペナンを結ぶ船を運行。2人は1892年にクダのスルタンからクアラムダで製材場と精米場の設立を許可された。コー一族が中心となって設立したペナン・キエングアン保険会社に参加し，理事の一人を務めた。バトゥランチャン，バトゥガントゥン，プラウティクスの福建系墓地の理事を務めた。1904年から1906年までペナン華人商業会議所の理事［Wong 2013b, 53–54］。
チア・ユーギー Cheah Eu Gi 陳有義	1885年より華人公会堂の理事（福建幇）。1890年から1902年までペナン華人諮詢局メンバー。
チー・シーティアン Chee See Tiang 徐時忠	1860年ペナン生まれ。福建省漳州府海澄県三都文山社を祖籍とする。ペナンで商業に従事した後，クダで源興号を設立し，造船や家屋の建築用の木版を製造［鄭 1983, 176］。

	ンバーに任命された。1923年にイポーに海峡華人系英国臣民協会を設立。同年にペラ国の治安判事に任命された。1936年から48年まで華人公会堂の理事。ペラ福建公司の会長や，ペラ華人商業会議所の副会長を務めた［Lee and Chow 1997, 12–13］。
チア・チェンイォック Cheah Chen Eok 謝増煜	ペナンの商人の息子として1852年にペナンで生まれる。祖籍は福建省漳州府長泰県。ペナン・フリースクールを卒業後，華人の船具商会社を経て，インド・ロンドン・中国特許商業銀行（Chartered Mercantile Bank of India, London and China）のペナン支店に勤務。1872年にフー・タイシンの娘と結婚。義父の支援を受けて自身の企業増煜公司（Chop Chen Eok & Co）を1876年に設立。船具商と貿易に従事し，香港やタイの華人商人と関係を構築し，事業を発展させた。1888年にペラでアヘンと酒類の専売を請け負い，シンガポールおよびペナンでも同事業に進出した。リム・ケックチュアンと錫の取引で関係を構築し，またチャン・ピーシーのペナンでの事業を管理した。コー一族のペナン・ケングアン保険会社に出資。1888年にペナン市政委員に任命される。1890年にペナン華人諮詢局のメンバーに任命され，1910年まで務めた。プラウティクスの福建墓地の理事。1897年にヴィクトリア女王の在位60周年を記念し，キング・エドワード・プレースに時計台を寄贈。1897年に清朝から道員の官位を付与された。1901年に治安判事に任命された［Tan and Hung 2013a, 47–49］。
チア・チューユー Cheah Choo Yew 謝自友	クダのバガンダラムから19世紀初期にペナンに移ってきた著名な商人チア・ヤム（Cheah Yam/謝寒掩）の息子。1841年生まれ。祖籍は福建省漳州府海澄県石塘社。ペナン・フリースクールで教育を受けるとともに，中国系言語による教育も受けた。卒業後は兄とともにペナンとアチェやランカットを結ぶ貿易に従事。デリで輸出入税の徴税請負やアヘンや酒類の専売請負，賭博場の経営などを認可された。ペナン・アヘン専売請負シンジケートにも参加。同シンジケートのパートナーたちと，ペラや香港，バンコク，シンガポールなどでもアヘンの専売を請け負った。このほかにも，ココナツや果物のプランテーションを所有し，イースタン海運社の創設者の一人となった。海峡植民地政府より，華人諮詢局および地方局（Rural Board）メンバーに任命され，また治安判事に任命された。謝公司の理事・会長を務めたほか，複数の中国系寺廟の理事を務めた。1906年から1912年に華人公会堂の理事［Wong 2013a, 49–50］。

	され福建へ戻るが，その後シャム南部で精米工場を設立。1921年1月にペナン閲書報社設立13年を記念して行った演説が，『華僑革命史』として残っている。1924年死去［Lee and Chow 1997, 163］。
タン・チューベン Tan Choo Beng 陳子栄	1906年より華人公会堂の委員（広東幇）。
タン・チョンティユ Tan Chong Tew 陳宗趙	1907年より華人公会堂の委員（広東幇）。
タン・ハップスイ Tan Hup Swee 陳合水	華人公会堂の初代理事。福建幇。
チア・イーティーン Cheah Yee Tean 謝雨田	1859年広東省広州府新会県丹灶生まれ。20歳でペナンに移り，朱宝蘭紅煙荘で従事。50歳の時に共同出資で，プルリスのカキブキッで錫鉱山を開発し，成功。1920年から21年に華人公会堂の委員を務めた［鄭 1983, 177］。
チア・ウンイップ Cheah Oon Yeap 謝允協	華人公会堂の初代理事。福建幇。
チア・ゴーオー Cheah Ngoh Oh 謝五湖	1906年より華人公会堂の理事（福建幇）。
チア・チアンリム Cheah Cheang Lim 謝昌林	1875年ペラ・タイピン生まれ。祖籍は福建省漳州府海澄県。祖父のチア・キムティン（Cheah Kim Ting/謝金錠）は1780年代にペナンに移り，永発行を設立し，胡椒と布の貿易に従事した後，中国との貿易業および海運業に事業を拡大。父のブンヒアン（Boon Hean/文賢）はタイピンで新福興号を設立し，プランテーションと錫産業に従事。チアンリムはタイピンのキング・エドワード7世校で教育を受け，1890年にタイピンの郵便電信局に就職。1894年に第二等副郵便局長とウエルド港，タンジョンマリム，ラハットの郵便局長に任命される。しかし同年，郵便電信局を辞め，母方のおじにあたるフー・チューチュンの私設秘書となり，錫開発用地を獲得。1900年にフーの企業の総支配人および法定代理人となる。1908年に自身の企業を設立しペラのアザルドゥンサンやラハットで錫産業に従事。1927年にマレー諸国連邦参事会（Federal Council）のメ

	年12月から1912年に在ペナン清朝副領事を務めた［鄭 1998, 105］。
タイ・セオックユエン Tye Seok Yuen 戴淑源	タイ・キーユンの次男。ペナンのアングロ・チャイニーズスクールで教育を受けたあと，広東省潮州府大埔で教育を受けた。その後北京に上京し，刑部に勤務。1905年にペナンに戻り，父の個人事業と領事職の仕事を補佐［Lee and Chow 1997, 173］。
タイ・チーティン Tye Chee Teng 戴芷汀	経歴は第10章参照。
タン・カンホック Tan Kang Hock 陳江福	1852年，プロヴィンス・ウェルズリーのバトゥカワン生まれ。祖籍は広東省潮州府潮陽県。一族がペラ北部のバガンスライにプランテーションを所有。タン・カンホックは萬福興（Ban Hock Hin）という企業を興し，ペラ北部にサトウキビやゴムのプランテーションを所有した。潮州系の代表として1890年にペナン華人諮詢局メンバーに任命された。1891年および1901年に，広東および汀州の墓地（広東暨汀州義山）の事務局を務めた［Wong 2013i, 162–163］。
タン・キムケン Tan Kim Keng 陳錦慶	1885年より華人公会堂の理事（福建幇）。1890年から1902年までペナン華人諮詢局メンバー。
タン・キムリョン Tan Kim Leong 陳錦隆	1912年より華人公会堂の理事（福建幇）。
タン・シムホー Tan Sim Ho 陳新和	1895年より華人公会堂の理事（福建幇）。1890年から1900年までペナン華人諮詢局メンバー。
タン・シンチェン Tan Sin Cheng 陳新政	1881年に福建省泉州府同安県で生まれたが，父親がペナンで事業を行っており，その事業を手伝うために18歳の時にペナンにやって来た。シンチェンはさらに事業を拡大し，貿易会社やゴム工場を設立したほか海運業にも進出し，財を成した。元々の名前はタン・ランまたはタン・ウェントゥであったが，同盟会に入会したときにシンチェン（新政）に改名した。1914年に国民党ペナン分会の会長を務めた。1913年から1918年までペナン華人商業会議所の理事を務め，1916・17年には同会議所の副会長を務めた。1917年に鍾霊中学を設立。1920年に教育条例に強硬に反対し，1921年10月に海峡植民地から追放

	を学び1900年に卒業。1901年にペナンに戻り，ゴー・リエントゥックとともに診療所を開業。1905年に上海で設立された世界華人学生連合会（環球学生連合会）の設立者の一人。孫文や黄興，胡漢民と関係が近い時期もあり，中国同盟会ペナン支部創設時のメンバー。ただしペナン閲書報社には参加していない。南華医院や中華学校の理事，市政委員（華人公会堂代表），ペナン華人商業会議所理事などを務めた［Lee and Chow 1997, 74］。
ゴー・リエントゥック Gnoh Lean Tuck 呉連徳	1879年ペナン生まれ。中国からペナンに渡り，金飾商として成功した父親と，ペナン生まれの母親を持つ。1886年ペナン・フリースクールに入学し，1896年に女王奨学金を獲得しケンブリッジ大学で医学を修め，その後ロンドンのセント・メリー病院や，リバプール大学熱帯医学校，ドイツのハレ大学，パリのパスツール研究所などを経て，1903年にマラヤに戻る。クアラルンプール医療研究所に勤め，1904年にペナンで開業。シンガポールのリム・ブンケンと交流があり，1905年に『海峡華人雑誌』の編集を務めた。1905年8月にウォン・ナイシオン（Wong Nai Siong/黄乃裳）の次女と結婚。1907年7月に中国に渡り，袁世凱の北洋陸軍医学校の校長を務めた。1910年12月に東北地方で結核とペストが流行した際，全権総医官としてハルビンに派遣され，その収束に成功。1911年4月に奉天で行われたペスト研究大会では会長に選ばれ，1912年には中華民国大総統医務官に就任，1916年中華医学会会長就任。1923年に張作霖の命を受けて奉垣に東北病院を設立。同年，中国代表としてシンガポールで行われた万国熱帯病研究会に出席。1924年アメリカに留学し，公衆衛生博士を取得。1925年に友人と科発製薬大薬房を上海に創業し，副理事を務める。1926年に結核に関する論文で東京帝国医科大学から医学博士を授与される。1937年にジャワに滞在中，日中戦争開始を知り，中国には戻らずペナンに戻り，開業した［Lee and Chow 1997, 182–183；檳州華人大会堂特刊編輯委員会 1983, 186］。
シエ・リャンムー Hsieh Liang Mu 謝良牧	経歴は第10章参照。
タイ・キーユン Tye Kee Yoon 戴喜雲	1849年に広東省潮州府大埔県永興甲汶上で生まれる。客家系。1873年にペナンに移住し，労働者，屋台売りを経て，ペラにおけるアヘンや酒類の専売や質屋や賭博場の経営などの事業をペラ政府から請け負った。またタイピンとイポーで薬局を開き，その事業でも成功した［Lee and Chow 1997, 173］。1907

コー・チェンシアン Koh Cheng Sian 辜禎善	1863年ペナン生まれ。父親はコー・ションタット。ペナン・フリースクールで学んだのち，カルカッタのドヴェトン・カレッジに進んだ。卒業後，ペナンに戻り，兄弟と合弁で海運会社を設立したが，兄弟の死去により会社を閉鎖。1899年に香港でアヘンの専売権を獲得し，4年間それに従事。1903年にペナンに戻ってからは，父親の仕事を継いだ［Lee and Chow 1997, 72］。
ゴー・テックチー Goh Taik Chee 呉徳志	1862年ペナン生まれ。客家系。父親が福建省汀州府永定県出身で，父の代にペナンに移住。ペナン・フリースクールで教育を受け，華人系企業で働いた後，1890年に自身の事業を立ち上げた。錫鉱山やプランテーションで使用する機器の輸入業に従事した。ゴムのプランテーションを経営し，イースタン海運社の株主の1人。広東公司（広東・汀州会館）の会長。ペナン華人商業会議所の副会長（1912–14，1917–18）。華人公会堂委員［Lee and Chow 1997, 48–49；鄭 1983, 172–173］。
コー・ブーアン Khaw Boo Aun 許武安	1837年プロヴィンス・ウェルズリー生まれ。祖籍は広東省潮州府潮安県宏安宰で，潮州系である。父親は，プロヴィンス・ウェルズリーで砂糖キビの栽培と製糖で財を成した人物。コー・ブーアンは父親の事業を引き継ぎ，拡大することに成功した。ギーヒンを指導し，第3次ラルッ戦争でラジャ・アブドゥッラーを支援し，ペラ北部に徴税請負等の事業を拡大した。1870年代から1904年まで潮州系組織の韓江家廟のトップを務め，広東系の墓地（広東暨汀州義塚）や広東公司（広東・汀州会館）の理事を務めた。華人公会堂の創設メンバー。ペラ国参事会（Perak State Council）やペナン華人諮詢局のメンバーに任命された［鄭永美 1983, 170；陳剣虹 2010, 34；Tan 2013, 90–91］。
ゴー・ブンケン Goh Boon Keng 呉文景	1872年ペナン生まれ。ペナン・フリースクール卒業後，マーカンタイル銀行（Mercantile Bank）で3年間働いた後，ベンメイヤー社に移る。1896年以降，ペナン，クダ，プルリス，ペラ，ヌグリ・スンビラン，スランゴール，シャム南部など20箇所でアヘン・酒類の販売や賭博場の経営などの専売請負に従事。ペナンで精米所を経営。錫鉱業にも進出。『ストレイツ・エコー』や，コー・グループのペナン・ケエグアン保険会社やイースタン貿易商社（Eastern Trading Company），イースタン精錬社などの理事を務めた［Lee and Chow 1997, 47］。
コー・リープテン Koh Leap Teng 辜立亭	1875年ペナン生まれ。福建省漳州府海澄県辜厝を祖籍とする。父方のおじはコー・ションタット。ペナン・フリースクールで教育を受けた後，女王奨学金を獲得してエジンバラ大学で医学

	く。一度シャムに移ったが，8年後にペナンに戻り，コウ・グアン社の常務取締役に就任。コウ・グアン社は1903年に中国からの労働者の輸送を開始し，それ以降海運企業として急成長した。ペナンとビルマ，シャム，スマトラ，シンガポール，中国との航路を網羅的に結んだ。1907年にはクア・ベンキーのベン兄弟社やその他の海運企業とともにイースタン海運社を設立し，理事を務めた。また叔父のコー・シムビーが設立したトンカー湾錫浚渫社や，コー一族が中心となって1885年に設立したペナン・キエングアン保険会社およびイースタン精錬社などで理事を務めた。ペナン，クダ，ペラ，バンコク，シンガポールを包括するアヘン専売シンジケートにも参加。ペナン華人商業会議所の設立メンバー。1906年より華人公会堂の委員。1918年にペナン華人諮詢局のメンバーに任命された。治安判事に任命された［Lee and Chow 1997, 58–59；Cushman 1991, 56–84］。
コー・ションタット Koh Seang Tat 辜上達	1831年ペナン生まれ。曾祖父は，ペナン最初の華人カピタンのコー・レイホアン（第4章参照）。ペナン・フリースクールで学んだあと，ペナン最高裁判所での勤務を経て，自身で事業を開始。フー・タイシンと起業し，輸出入業を営み，アヘン専売にも進出。ジョホール，ペラ，シンガポールなどを包括するアヘンと酒類専売請負の巨大シンジケートを築いた。ラルッ戦争の際には，チュン・ケンクイおよびガ・イブラヒムに資金を提供したとされる。ペナンの華人初の治安判事（1877年任命）。選挙で選ばれ，市政委員を数回務めた［Lee and Chow 1907, 74–74；Seow 2013a, 104–106］。
コー・スーチアン Khaw Soo Cheang 許泗漳	経歴は第1章参照。
ゴー・セイイン Goh Say Eng 呉世栄	1875年ペナン生まれ。個人教授で華語・英語を習得。福建省漳州府海澄県出身のゴー・ユーツァイ（Goh Yu Chai/呉有才）を父親とし，ペナンで生まれた。父が興した小麦粉，ビーフン，マッチ製造に従事する瑞福号（Chop Swee Hock）を受け継いだ。ペナン華人商業会議所の設立時の理事。孫文の革命運動を支持し，1906年に設立されたペナン同盟会の創立者であり会長。1910年に『光華日報』を創刊。1912年に上海に設立された華僑連合会の副会長を務めた［Lee and Chow 1997：48；張少寛 2004, 258–259］。

	動で兄とともに治安を乱したとしてクダに追放となるが，出生によるイギリス国籍者であったためのちにペナンに復帰。1884年にイギリス船舶ニセロ号が座礁しテノムで拘束された際に，ペナン駐在参事官に依頼され，クー・ティエンポーがテノム首長と交渉し，船員の解放に成功。この功績をたたえ，ヴィクトリア女王から時計が贈られた。文山堂邱公司やバトゥランチャンおよびプラウティクスの福建墓地の理事を務めた。1895年より華人公会堂の理事［Wong 2013f, 99–100］。
クー・ハンイァン Khoo Hun Yeang 邱漢陽	1859年ペナン生まれ。父親はキエンテックの指導者クー・ティエンテック。教育を終えたのち，プロヴィンス・ウェルズリーで父親が所有するココナツ・プランテーションを管理し，同じく父親が参加していたペナン・アヘン・酒類専売請負に参加。1891年に父親が亡くなり，その事業を受け継ぎ，質屋，アヘン専売請負，プランテーションなどを経営した。1897年に錫などを扱う貿易会社を設立。1899年に兄弟や叔父などペナンの実業家たちとともにシンガポールのアヘン・酒類専売請負に進出。ジョホールやサラワクでもアヘンの専売を請け負った。1906年から1916年まで華人公会堂の理事。極楽寺など複数の中国系寺廟の理事も務めた［Wong 2013e, 95–96］。
クー・ベンチアン Khoo Beng Cheang 邱明昶	福建省漳州府海澄県三都新垵社出身。壮年にペナンへやってきて最初は店舗の事務員を務め，その後油やロープを扱う吉昌号を設立。シンガポールやスマトラ島東海岸のバヤンアピなどにも支店を設けた。また土地を購入し米やゴムを扱った。1909年に剪辮を行った。華人公会堂の委員やペナン華人商業会議所の理事を務めた［鄭 1983, 175］。
クー・ユーヨン Khoo Eu Yong 邱有用	1905年より華人諮詢局メンバー。1906年より華人公会堂理事（福建幇）。
コー・シムビー Khaw Sim Bee 許心美	19世紀後半にシャム南西部で台頭したコー一族の一人で，コー・スーチアンの息子。クラブリ県やトラン県の知事を務めた後，1900年にプーケット州の高等弁務官に任命された。オーストラリア人実業家とトンカー湾錫浚渫社（Tongkah Harbor Tin Dredging Company）を設立し，シャム南部で錫鉱山を開発するなど，政治・経済両面において大きな影響力を誇った［Cushman 1991, 9–15］。
コー・ジュートック Khaw Joo Tok 許如琢	1871年ペナン生まれ。祖父はコー・スーチアン。ペナン・フリースクールを卒業後，コー・スーチアンがペナンでの事業拠点として設立したコウ・グアン社（Koe Guan／高源）で働

クー・シムビー Khoo Sim Bee 邱心美	華人公会堂の初代理事。福建幇。
クー・チューティオン Khoo Cheow Teong 邱昭忠	1849 年ペナン生まれ。中国系言語で教授する学校で学び，華人企業でアシスタントとして働いた後，ペラで貿易に従事した。その後スマトラ東海岸のアサハンに移り，商人として成功。マラヤとの行き来も頻繁で，マラッカに滞在していたとき，1874 年に当地の著名な米商人の娘と結婚。1878 年にはオランダ領東インド政府にアサハンのカピタン・チナに任命された。その後，アサハン，デリ，ブンカリス，ペナンなどで徴税請負業に従事した。1904 年にアサハンのカピタン・チナを引退したが，そこでの事業は精力的に継続。60 歳のとき（1909 年頃）よりペナンに居住するが，すでにペナンにも多くの不動産を持ち，富裕な実業家として知られていた［Wright and Cartwright 1908, 777；鄭 1983, 184］。
クー・ティエンテック Khoo Thean Teik 邱天徳	1818 年ペナン生まれ。祖籍は福建省漳州府海澄県三都新按社。貿易や海運，中国からの労働者の輸送などを行う企業を所有するとともに，錫鉱山を経営し，アヘンの専売を請け負った。キエンテックの指導者。ラルッでの錫鉱山の開発においては，ハイサンの指導者であったチュン・ケンクイと協力関係にあった。ペナンでのアヘン徴税請負をめぐりギーヒンと対立し，マレー／ムスリムの組織である赤旗会と結び，武力に訴えて利益を確保しようとし，1867 年のペナン暴動を招いた。逮捕され，死刑を宣告されたが，シンガポールへの 2 年間の追放と懲役刑にとどまった。ペナンに再び戻り，1882 年までにアヘンの専売請負権を獲得。チュン・ケンクイとの提携の下でペラにおけるアヘン専売請負権も獲得。1885 年にコー一族が中心となって設立したペナン・キエングアン保険会社（Penang Khean Guan Insurance Company Ltd/乾元保険公司）に参加。龍山堂邱公司および文山堂邱公司や，バトゥランチャンおよびバトゥガントゥンの福建系墓地の理事を務めた。広福宮および華人公会堂の理事を務めた［Wong 2013g, 100–101］。
クー・ティエンポー Khoo Thean Poh 邱天保	1833 年ペナン生まれ。兄にクー・ティエンテック。1860 年代よりアチェ西海岸のムラボを拠点に，テノムのラジャであるトゥク・イマム（Teuku Imam）やアチェの有力商人トゥク・イット（Teuku Yit），サイド・モハメド・アラタス（Syed Mohame Alatas）などと関係を構築し，北スマトラにて胡椒貿易に従事。ペナンの華人と共同で海運会社を設立。キエンテックでは兄に次ぐ指導的地位にあった。1867 年のペナン暴

キー・テッククイ Kee Tek Kui 紀徳貴	1899年より華人諮詢局メンバー。父親はキー・ライホアット[Tan and Hung 2013b, 184]。
クア・ベンキー Quah Beng Kee 柯孟淇	1872年ペナン生まれ。ペナン・フリースクール，カルカッタのロバート・カレッジ（Robert College）で学んだ。1891年に卒業後，シンガポールで1840年に設立されたドイツ系貿易会社ベンメイヤー社のペナン支社（Behn, Meyer & Co.）で2年間働き，船舶手配を行うベン兄弟社（Beng Brothers/孟兄弟公司）を設立。同社は1903年に解散，その後ペナンとその対岸のウェルズリーを結ぶフェリーを運航。兄弟たちと設立したグアン・リーヒン汽船会社（Guan Lee Hin Steamship Company/源利興輪船公司）を1908年に株式会社化し，イースタン海運社（Eastern Shipping Company/東方船務有限公司）として経営を開始した。同社は1,500人を雇用し，40隻の小型蒸気船を所有，シャム，インドネシア，ビルマ間を運航したほか，造船・修繕場も操業，クア・ベンキーは同社の常務取締役に就任した。またコー・ジュートックとともにテックリーグア社（Taik Lee Gua & Co.）の株を所有。同社は6隻の船を所有し，シンガポール，ペナン，バンコク，汕頭，ラングーン，厦門間を航行し，中国からの労働者の輸送を担った。さらにペナン島南東部のスンゲイニボンに3,000エーカーのゴムのプランテーションを所有。第一次大戦中に海峡植民地政府が民間船舶を戦時用に徴用した際，管理官を務めた。1919年から21年に食糧調整局の米分配官を務めたほか，ペラのクリアン郡バガンスライとクアラクラウの政府精米所の取締役に就任し，マレー諸国連邦政府精米所のペナン代理店を管理。クライテリオン・プレスの理事と『ストレイツ・エコー』の会長や，シンガポールのグレート・イースタン保険会社（Great Eastern Assurance Company/大東方人寿保険）の顧問を務めた。1925年にペナン–ウェルズリー間のフェリー運航を港務局が引き継ぐと，同局の理事に就任。華人公会堂の理事長も務めた［Lee and Chow 1997, 139–140；檳州華人大會堂特刊編輯委員會 1983, 185］。華人諮詢局，市政委員（1902–18年），立法参事会議員（1926–29年），保良局，郡病院委員など政府の要職を務めた。
クー・キムケン Khoo Kim Keng 邱金経	福建省漳州府海澄県三都新垵社出身で，ペナンに50年から60年居住。少年時にペナンにやって来て，商店で庶務を担い，その後自ら会社を興し，米の流通に携わった［鄭 1983, 174］。

オー・アーミン Oh Ah Min 胡亞明	ペナン華人商業会議所の設立メンバー。
オン・ティエンセン Ong Thean Seng 王天星	1906 年より華人公会堂の委員（福建幇）。
オン・ハンチョン Ong Hun Chong 王漢宗	1852 年ペナン生まれ。ペナンで中国系言語による教育を受けた。アチェ，ペラ，マラヤ半島部北部などの錫，胡椒，塩などを取り扱っていた父の会社萬珍南（Ban Tin Lum）公司に従事。1907 年にペナンおよびプロヴァンス・ウェルズリーにおけるアヘンおよび酒の専売を請け負ったペナン・アヘン酒類専売請負（Penang Opium and Spirit Farms）の出資者の 1 人（他の主な出資者に，チャン・ピーシー，ゴー・ブンケン，クー・チューティオン，リョン・フィー，リム・ケックチュアンなど［Godley 1933, 89–90］）。プーケットのトンカーの酒類専売権の筆頭株主。父の死後，兄弟とともに事業を受け継ぎ，1908 年に唯一の所有者となった。ジョージタウン郊外にココナツ・プランテーションを所有。コー・グループのアヘン専売シンジケートとイースタン精錬社（Eastern Smelting Company）に参加。華人公会堂の委員［Lee and Chow 1997, 135］。
ガン・ゴービー Gan Gnoh Bee 顔五美	サイゴンの米商人ガン・グアンティート（Gan Guan Teat）の息子として 1859 年出生。カルカッタ（コルカタ）のドヴェトン・カレッジ（Doveton College）を卒業した後，1889 年に叔父と兄弟とともにカルカッタにて胡椒や錫の輸出入業を開始し，ペナンとラングーンにその支社を開設。自身は 1889 年にカルカッタからシンガポールに移り，アヘンや酒類の専売事業に参加。1897 年から 1907 年にペナンにおけるアヘンや酒類の専売事業に従事。ペラのトゥロノー錫鉱山の株の多くを所有し，チュリアットに自身の錫鉱山を所有。ロンドン芸術協会（London Society of Arts），以文齋社（Pinang Literary Association）のメンバー。ペナン・フリースクールの理事［Wright and Cartwright 1908, 761；766］。
キー・ライホアット Kee Lye Huat 紀来発	1834 年広東省澄海県浮隴尾生まれ。1852 年にペナンに移り，コー・ローハップ（コー・ブーアンの父）の下で労働者として働き，コー・ローハップの娘と結婚。サトウキビの生産・流通で成功。プロヴィンス・ウェルズリーのスンガイバカップで事業を発展させた［Tan and Hung 2013b, 184］。

別表　本書に登場する主な人物の経歴

イェップ・イーンカイ Yaip Yean Khye 葉寅階	ペナン華人商業会議所の設立メンバー。
ウィ・キムケン Wee Kim Kheng/ Ng Kim Keng 黄金慶	ペナン出身。出自は福建省泉州府同安県にたどれるが，その家系はすでに数世代にわたってシャムで事業を行っており，父親の代にシャムからペナンに移ってきた。父親はペナンで得昌号を興し，錫の流通に携わった。父の死後，キムケンはその事業を受け継いで財を成し，シャム南部のプーケット州ラノン県の総督補佐（Assistant Governor）を務めたコー・シムコンの娘と結婚してシャムでの基盤も固めた。しかし晩年は事業がうまくいかず，1915 年にシンガポールに移り，中華国貨公司の経理を務めたが，1916 年に病に倒れ死去した［張少寛 2004, 121–125］。
ウィ・ホックブン Ooi Hock Boon 黄学文	福建省泉州府同安県錦宅郷を祖籍とする。ペナンで出生し，英語教育を受けた。福東安号を設立し，砂糖，油，米，雑貨などを取り扱った［鄭 1983, 177］。
ウォン・チューケン Wong Choo Keng 黄子経	1906 年より華人公会堂の委員（広東幇）。
ウォン・チンチョン Wong Chin Chong 黄進総	ギーヒンの広東系指導者［Wong 2015, 64］。1885 年より華人公会堂の理事（広東幇）。
ウン・ブンタン Oon Boon Tang 温文旦	ペナン華人商業会議所創設メンバー。1906 年より華人公会堂理事。
ウン・ボックフイ Ung Bok Hoey 翁木火	1872 年にペナンで出生。ペナン・フリースクールで学んだ後，1893 年に女王奨学金を獲得し，ケンブリッジ大学とミドルテンプル法学院で法学を学んだ。しかし健康を害したため 1897 年に退学し，1900 年末にペナンに戻った。1901 年 8 月にプーケット州ラノン県で県知事付英文秘書として赴任。1905 年 1 月よりクライテリオン・プレスの秘書兼『ストレイツ・エコー』の発行人，のちに同紙の編集者に就任［Lee and Chow 1997, 174］。
オウヤン・チャッハン Au Yen Chat Hung 歐陽子衡	1911 年より華人公会堂の委員（広東幇）。

7 衆議院議員の被選挙権を有する者は衆議院議員選挙法第5条と第6条で以下のように規定されている。第5条：中華民国国籍の男子で満25歳以上の者は，すべて衆議院議員の被選挙権を持つ。第6条：以下の条件のいずれかに当てはまる者は選挙権および被選挙権を持たない。①公権を剝奪されまだ復権していない者，②破産宣告を受けてそれがまだ撤回されていない者，③精神病患者，④アヘンの吸引者，⑤非識字者。第7条：以下の者の選挙権および被選挙権は停止される。①現役の海陸軍人および徴兵中の予備兵，②現役の行政職員，司法職員および警官，③僧侶やその他宗教師。第8条：以下の者の被選挙権は停止される。①小学校教員，②学生［東方雑誌 1912f, 22001-22002］。

8 第6条は「参議院議員の任期は6年で，2年おきに3分の1を改選する」と定めていた。

9 1912年6月頃の資料によると，中央政府は国務院，外交部，内務部，財政部，陸軍部，海軍部，教育部，司法部，農林部，工商部，交通部，参謀部，法院によって構成され，各部の長を「総長」が務めた。工商部の総長は劉揆一であった［東方雑誌 1913c, 24156-24158］。

10 工商部は在ペナン領事に対して，選挙法が公布された1912年8月10日以前に設立された中華会館，中華公所，書報社を調べて明らかにし，工商部に打電するよう依頼した。在ペナン領事は各会館，公所，および書報社に対して，住所や設立年月日を提出するよう依頼した［檳城新報 1912.12.28］。

11 ただし，本書第3章で論じたとおり，海峡植民地政府のイギリス国籍者の認定基準は，海峡植民地以外のイギリス人行政官に受け入れられないこともあった。

12 ペナン閲書報社は，ペナン華人商業会議所で代表者選挙が行われた翌11月29日に，約50名の出席者を迎えて全体会議を開き，華僑選挙会への代表者選定について協議した。メンバーから推薦された10名に加え，メンバー外の人材も含めて，広く適任者を検討することとなった。推薦を受けた10名は，陳匪石，ゴー・セイイン，リム・ジューテック，熊玉珊，ウィ・キムケン，徐洋溢，クー・ベンチアン，謝任伯，タン・シンチェン，邱文紹であった。12月5日午前10時から12時まで投票が行われ［檳城新報 1912.11.30］，ゴー・セイインが代表に選出された［檳城新報 1913.1.28］

13 中国同盟会は1912年8月に，統一共和党，国民公党，国民共進会，共和実進会，全国連合進行会を吸収合併して，国民党に改組した［深町 1999, 82］。

行，汀州，惠州

12 金細工職人・宝石商ギルド（打金行），鍛冶職人ギルド（打鉄行），石工職人ギルド（打石行），左官ギルド（魯城行），大工ギルド（魯北行，城北行），その他，機器行，姑蘇行，綢衣行，番衣行，洗衣行，呂羅堂，連義堂などそれぞれの同業者団体の当時の指導者が，自身のギルド・団体に働きかけることとなった。この時代のペナンの華人同業者団体に関して［今堀 1969；1970］が詳しい。

13 臨時政府が北京に移った後，南京に残っていた軍隊を整頓するため，黄興は4月1日にこの役職に任命された［東方雑誌 1912b, 21230］。この役職は6月1日に廃止され，江蘇省都督が業務を引き継いだ［東方雑誌 1912b, 21622］。

第11章　中華民国の成立と新たな経路の構築

1 名前と所属が確認できる投票代表者は以下のとおりであった（□は判読不明の文字）。リム・ブンケン（シンガポール華人商業会議所），林鏡秋（シンガポール華人商業会議所），呉湘（シンガポール同徳書報社），朱賢生（シンガポール書報社），王少文（スラバヤ中華会館），蔣逸波（スマラン楽郡書報社），鄭鐘瑛（アンプナン中華商会），王仁裳（ベントゥン書報社），周之楨（マニラ華人商業会議所），呉偉康（バタヴィア書報社），李超（台湾淡水書報社），沈沢□（ラングーン華人商業会議所），曾進慶（バンカ島ムントッ流石書報社），龔顕燦（イロイロ華人商業会議所），連横（ペナン閲書報社），許維舟（スマラン華人商業会議所），チェン・グンアン（ラングーン覚民書報社）［檳城新報 1913.5.26］。

2 ペナン華人商業会議所と華人公会堂双方に関わる者7名は，チア・テクスン，クア・ベンキー，リム・センフイ，オン・ハンチョン，リム・ヤウホン，ゴー・テックチー，ウン・ブンタン。華人公会堂の理事1名は，リム・ジューテック。ペナン閲書報者メンバー10名は，ウィ・キムケン，クー・ベンチアン，タン・シンチェン，林世安，熊玉珊，邱文韶，徐洋溢，林福全，陳山泉，邱哲卿［檳城新報 1912.5.28］。

3 福建臨時省議会に派遣された華僑議員の功績として，福建曁南局の設立がある。これは，華僑が産業を興すときに窓口となり，教育を興すときはそれを指導し，国際的な交渉事や民事訴訟においては調整役を果たす機関として1912年8月に厦門に設立され［檳城新報 1912.10.5］，福州，晋江，龍渓などにも分局が設置された。福建曁南局は1927年に福建僑務委員会が設立されるまで存在した［叻報 1912.10.11；周 1995, 846］。

4 1912年1月28日から4月8日に南京で開かれた臨時参議院を，本書では便宜的に南京臨時参議院と呼ぶ。南京臨時参議院は，各省都督府代表連合会が制定した中華民国臨時政府組織大綱に基づいて開かれ，軍政府の代表者で構成された。

5 広州将軍孚琦を暗殺した温生才や，広東水師提督李準を暗殺しようとした陳敬嶽と林冠慈が例に挙げられている。

6 1912年4月29日から1913年4月8日まで北京で開会した臨時参議院を，本書では便宜的に北京臨時参議院と呼ぶ。北京臨時参議院は，中華民国臨時約法に基づき，各省の省議会が選出した代表者により構成された。

劉は，『国父年譜』を資料とし，孫文が同盟会シンガポール分会の幹部を自ら率いてペナン分会を設立したとする説もあることを指摘している［劉 1986, 55］。

5 リム・ニースンの母方のおじ。タンやリムと同様，シンガポール生まれで，父親の代までに事業を確立した家系の出身。ババあるいはプラナカンの家系の出身として認識されていた［Frost 2003, 32］。

6 張少寛は，この時期がいつかをめぐって諸説あるとし，以下のように整理している。馮自由は，孫文が1909年5月にシンガポールを出発するときにすでに南洋支部をペナンに移していたと記録している。ペナン閲書報社の資料には，1910年2月中旬から3月上旬のある日，中国同盟会南洋総機関部をシンガポールからペナンに移し，積極的にこれを運営するように孫文から同会に指令があったとある。『檳榔嶼光華日報二十周年紀念刊』で「辛亥三月二十九，広州之役与檳榔嶼」を著した楊漢翔は，相次ぐ蜂起の失敗に続いて1910年2月に広州新軍蜂起が失敗したため，孫文は国内外の同志を再結集して事態に臨むべく，アメリカを発ちペナンを訪れ，その時にペナンに中国同盟会南洋総機関部を移したとする［張 2004, 48–49］。

7 ［Lim 1992, 100］によると『光華日報』の現物が確認できるのは1927年以降で，それ以前に発行されたものを所蔵している機関はないようである。

8 黄興は，中国同盟会が結成された当初から同会の中心人物。東京弘文学院卒業。軍国民教育会，長沙明徳学堂教員，華興会会長を務め，中国同盟会結成時に執行部で庶務部を務めた［深町 1999, 38］。その後，中国同盟会革命軍統籌部長・協理，南京臨時政府陸軍総長・参謀総長を経て，1912年4月25日に開催された国民党成立大会で理事に選出された［深町 1999, 82］。

9 地域ごとの内訳は，マラヤ4万7,659元，オランダ領東インド3万2,550元，フランス領インドシナとシャム合計3万434元，アメリカ1万5,000元，カナダ7万4,000元，キューバ300元であった［陳 1986, 250］。

10 ペナンに置かれていた中国同盟会南洋総機関部は1911年10月11日に武昌と上海から蜂起について電信を受け取り，上海に2万海峡ドルを送ったという指摘もある［Yen 1986, 70］。

11 募金推進員をペナン華人商業会議所，華人公会堂，ペナン閲書報社への所属状況で分けると以下のとおり。

華人商業会議所・華人公会堂：リョン・ロックヒン，リム・ヤウホン，ゴー・テックチー，チア・テックスン，リム・センフイ，ウィ・ホックブン，ライ・クアンサム，チア・チュンセン，リム・インブン

華人公会堂：リム・ホアチアム，チア・チューユー，ン・シアーウォン，ロー・ベンクアン，ウィ・チェンション，クー・ユーヨン，オウヤン・チャッハン，ヨー・チアンツァイ，クー・ハンイァン，ヒア・スイリー，リム・ジューテック，タン・チョンティユ

ペナン閲書報社：楊錦泉，ウィ・キムケン，楊玉吉，謝殿秋

不明：クー・キムケン，陳錦龍，陳文計，劉子寛，張登元，周忠乾，クー・ユービー，クー・シンホー，オン・ハンシウ，林如瑞，林文晉，林開佐，謝丕郁，周泗川，邱衡本，羅子剛，陳畊全，陶楽甫，伍文雅，連義堂，周満堂，打金

な結論に導く」べく，「海峡植民地を故郷とするさまざまな人種（races）の慣習や社会生活，民俗，歴史，宗教に関して有益な事柄や，興味・好奇心を誘う事柄を議論する場を提供する」ことを目的とした［Anonymous 1897a, 2］。1部50セント，年間購読（年4回発行）1.5ドルで販売。1907年12月に資金不足により停刊［Song 1894, 296］。

5 マレー人になることが経済的な急場をしのぐ方策となりえたのには，以下のような背景があった。15世紀初頭にムラカ王国が，スルタンを頂点とした，イスラム教と在地の慣習法に基づく統治システムを確立して以降，ムスリムとなってスルタンの統治を受け入れた人はマレー人と呼ばれるようになった。マラッカ海峡周辺およびボルネオでは次第に，「ムスリムになる」ことと「マレー人になる」ことは同義となった［Milner 1995；西尾 2001；弘末 2004］。改宗者や債務者は，イスラム教では慈善行為の受給者であり，喜捨による救済の対象であった。例えばその根拠として，クルアン第9章60節に「施しは，貧者，困窮者，施しの事務を管理する者，および心が真理に傾いてきた者のため，また身の代金や債務救済のため，またアッラーの道のために率先して努力するもの，ならびに旅人のためのものである。これはアッラーのおきてである。アッラーは全知者・英明者であられる（日本ムスリム協会訳)」とある。

6 頭家については第4章注11参照。

7 『ストレイツ・エコー』には，「見義不為無勇也 Kiau Chi Put Ooi Boo Iong Ia」というように，原文を漢字で引用し，それに福建語の読み方を付し，英訳を付けるかたちで掲載された。

8 立憲制度準備の一環として北京に設置された議事機関で，全国から議員が北京に集まり政治の諮問に応じた。1910年10月3日に正式に開舎した［吉澤 2003, 119；140］。

9 パターン人については第1章3(2)を参照。

第10章　辛亥革命期の資金的支援

1 ホアンは，「華僑は革命の母」に当たる表現は孫文の演説や著作には見当たらず，テオ・インホックの回顧録『南洋與創立民国』で孫文がそう述べたと伝えられているのみだと指摘する。ホアンはこの表現が，孫文と同盟会のリーダーシップを強調したい中国国民党と，中華の中心に自らを位置づけることで中華世界での関係性を構築しようとするシンガポールの指導者や研究者によって積極的に使われている側面があると指摘する［Huang 2006］。

2 当時リョン・ロックヒンは，華人公会堂で広東幇のトップを務め，ペナン華人商業会議所で会長を務めるなど，ペナンの華人社会において中心的な立場にあった。

3 タンもリムもシンガポール生まれで，父親の代までに事業が確立していた家系の出身である。とりわけリムは英語教育を受け，文化的・血統的に現地化しているとされるババあるいはプラナカンとして認識されている［Frost 2003, 32］。

4 ［Yen 1976］と［張 2004］は馮自由『華僑革命開国史』を資料とし，［張 2004］はまたテオ・インホック『南洋与創立民国』もその根拠として示している。他方で

1975；1991；倉橋 1976；陳 1996］。

16 例えば［檳城新報，1904.12.16］は，福建—広東間の鉄道敷設に関する仕事が一段落したらチャンは南洋各地に赴き，商業視察と資金調達を行うと報じている。

17 華人のほかにヨーロッパ人，ユーラシアン，アラブ人，インド人，マレー人などの人数も記録されているが，本章の表では華人の人数のみを取り上げる。

18 中国国内の商業会議所の商事裁判権の強化を，［曽田 1975］は秩序維持のための経済外強制力とし，［倉橋 1976］は商業活性化のための負債や倒産からの救済措置とする。

19 楊士琦は当時農工商部の侍郎で，1907年末から1908年初めにかけて南洋を訪れた。農工商部は，東南アジア各都市の華人を慰問するとともに，その商業事情を視察・調査し，中国への投資や事業進出を誘致する目的で，楊士琦を東南アジア各都市に派遣するよう朝廷に上奏し，朝廷は1907年8月にこれを許可した［東方雑誌 1907］。楊士琦は1907年10月26日に上海を出発し，アメリカ領フィリピンやフランス領インドシナ，シャム，オランダ領東インド，マラヤなどを訪れた。楊士琦の南洋訪問を『檳城新報』は，批判的に見ていた。この訪問は見せかけの慰問であり，実際の目的は華僑が血と汗を流して築いた財を手中にすることだと論じていた［檳城新報 1908.1.7］。

20 旅館。倉庫業・運輸業を兼業する場合もあった。

第9章　剪辮《せんべん》論争

1 海峡植民地の英語文献では，辮髪を指す語として，“queue”とともに“touchang（頭鬃）”という語も広く用いられた。

2 アンダーソンの議論では，たとえば宗教共同体のようなネイション以前の共同体も想像の産物である。宗教共同体と，「本来的に限定され，かつ主権的なもの〔最高の意思決定主体〕として想像される［アンダーソン 1997, 24］」ネイションとの違いは，想像の仕方の違いに由来すると説明される。世俗語による出版物を媒体として想像される共同体と，教育と行政の「巡礼圏」を媒体として想像される共同体，もしくはその両方を媒体として想像される共同体がネイションとされる。ネイションは下から自発的に想像されるべきものであり，これに対して国家が上から働きかけて想像された共同体は，公定ナショナリズムと呼ばれ区別される。また人口統計に基づき，資源の分配を想定して想像された共同体はエスニシティと呼ばれ，ネーションと区別される［アンダーソン 1997；Anderson 1998, 318–323］。

3 華人学究会は1896年3月にリム・ブンケンによって設立され，1897年9月の時点で会員数は35名を数えた［Anonymous 1897b, 33］。会員の多くは華人青年であった。音楽会や小旅行などのレクリエーション行事，討論会や講演会，勉強会などが催された。

4 『海峡華人雑誌』は，華人キリスト教徒協会の会員がロンドン文学協会の雑誌を模して作った雑誌に，華人学究会が合流する形で1897年3月に創刊され，リム・ブンケンとソン・オンシアンが編集を務めた［Song 1894, 295–296］。同誌は「海峡生まれの人々の知的活動を促し，混沌とした状況にある彼らの世論を何らかの明確

付与された。

2 『商務官報』は1906年より商部が発行した政府刊行物。商業活動に関わる論説，公文書，法律・章程，報告書，記事などを掲載し，1ヵ月に3回発行された［陳玉申 2003, 292］。

3 チョン・ヨンヒアンとチョン・アーフィーは兄弟で，広東省嘉応州梅県松口生まれである。兄であるチョン・ヨンヒアンが先にバタビアに移住し，そこでチャン・ピーシーに雇われ，チャン・ピーシーと面識を得たと言われている。チョン・ヨンヒアンはデリに移り，弟チョン・アーフィーを呼び寄せ，ともにプランテーションの経営や中国からの労働者の移送，アヘン専売請負などの事業を行っていた［Suryadinata 1995, 210–212］。

4 チャンがペナンにおいて寄付事業を共同で行ったチア・チュンセンやフー・チューチュン，リョン・フィー，チョン・ヨンヒアン，チョン・アーフィーらも，中国の鉄道業や鉱業に参入した。これについては［Godley 1981］が詳しい。

5 リム・ブンケンやゴー・リエントゥックは，マラヤの華人に中国進出を強く奨励した［Lim 1903, 98–100；ST 1908. 9. 5］。

6 盛宣懐については［Feuerwerker 1958］および［中井 1994, 251–283］を参照。

7 清朝の位階には一品から九品まであり，さらにそれぞれ「正」と「従」に分かれ，計18等級あった。位階と官職は連動し，ある位階を持つ人はある官職に就く資格を有していた［清国行政法 1914, 187］。「京堂」は三品および四品の位階を持つが実質的な権限を持たない名誉称号であることを示す。「候補」は，官職に就く資格はあるが，ポストに空きが出るのを待つ人員［臨時台湾旧慣調査会 1914, 229］

8 「侍郎」は，中央省庁の副大臣に当たる役職。

9 「護照」は現代中国語では「パスポート，旅券」を意味する。今日のパスポートは，パスポート発行国がパスポート所持者の国籍や身分を証明し，パスポート所持者の自国での出入国を許可する文書として，またパスポート所持者が渡航する国家の政府に対してパスポート所持者の保護を依頼する文書として機能している。これに対して1894年に駐シンガポール清朝領事が発給した「護照」は，もっぱら「中国に戻るときに中国での身の安全を保障する文書」を意味した。そのため本書では「護照」に保護証という訳語を充てる。

10 「汀漳龍道」は，福建省の汀州府，漳州府，龍岩州で構成された。

11 官吏や政務を監察する役職。

12 12の項目は，①農工路鉱業と資本招致，②農業・鉱業の振興，③開墾・農業，④開墾・鉱業，⑤⑥水利振興，⑦肥料・種の貸付け会社の設立，⑧製造業の振興と労働者雇用，⑨鉄道の建設・運営，⑩海外商人の誘致，⑪度量衡の統一，⑫商業官吏の設置。

13 「接待所」は1904年春に商部が上海に設立した［劉 2002, 48–49］。

14 中国国内の商業会議所は分会も含めると，1904年に19ヵ所，1905年に51ヵ所，1906年に143ヵ所設立され，1911年には約700ヵ所を数えた［倉橋 1976, 120］。

15 中国の商業会議所の発展を主導したのは民間か官かは議論が分かれるが，商業会議所は商人が管理し運営する民間の組織であるという認識は一致している［曽田

ロー，Yeoh Wee Gark，Lim Cheng Tek），2名が華人公会堂理事が2名（クー・ユーヨン，チア・チューユー）。さらにタイ・キーユン在ペナン清朝副領事の代理も出席。華人以外の出席者は，C. W. バーネット，ロック，アフマド・オスマン・メリカン，Abdul Kader（モハメド・マシュルディン・メリカン・ヌルディンの代理）［SE 1910.11.14］。

14 華人の委員は25名。そのうち華人公会堂理事・委員兼ペナン華人商業会議所理事は9名（オン・ハンチョン，チア・テックスン，コー・ジュートック，ゴー・ブンケン，チュン・タイピン，コー・リープテン，テオ・スンケン，リム・ヤウホン，ゴー・テックチー），ペナン華人商業会議所理事が4名（リム・センフイ，リム・ユートー，Yeoh Wee Gark，Lim Cheng Tek），華人公会堂理事・委員が7名（ガン・ゴービー，ヒア・スイリー，チア・チューユー，タン・キムリョン，ン・シアーウォン，クー・ユーヨン，ヨー・チアンツァイ）。そのほかは，タイ・キーユン駐ペナン清朝副領事，1899年より華人諮詢局メンバーを務めたキー・テッククイ。さらに，タン・カンホック，リー・チンホー，Yeap Keng Teng。華人以外の委員は，ヨーロッパ人およびユーラシアン6名（ロック，C. W. バーネット，H. A. ニューブロナー，J. Chenney，J. D. スカリー，J. Martin），ムスリム4名（アフマド・オスマン・メリカン，モハメド・マシュルディン・メリカン・ヌルディン，K. パッチー，ハジ・ザカリア），インド人1名（R. K. ナンバイヤー）［SE 1910.11.14］。

15 1872年マラッカ生まれ。ロンドンのアレクサンドラ・パーク・カレッジで学び，建築士の資格を取得。ロンドンで働いた後，1899年頃ペナンに移り，シャム領事を務めた。その後友人とともに設計事務所を設立。ペナンの主要な建築物や個人の邸宅のほとんどが同設計事務所の設計・施工によって建設された。その中には寄進財局から請け負った事業として，カピタン・クリン・モスクとアチェ通りマレー・モスクの増築と，ナゴール寺院の修築，ランガー・モスクとアリムサ・モスクが所有する家屋の修築などがあった［RAP 1909］。またスポーツでの実績が有名。1898年にはサッカーのイギリス代表チームのメンバーとして，フランス代表チームとの対抗戦に出場。サッカーとクリケットで海峡植民地の構成地域やイギリスの保護国となっているマレー諸国の間での対抗試合でペナンチームの主将を務めた。ゴルフや水泳，ビリヤード，体操などの種目においても，数々の賞を獲得［Wright and Cartwright 1908, 751］。

16 例として挙げられているのが，フッテンバック対McClarty，フッテンバック対アダムス，コー・ションタット対チア・チェンイォック。コー対チアは投票総数800票で，票数はほぼ二分され，チアが7票差でかろうじて勝利したとのことである［SE 1910.12.7］。

第8章　中国との往来における安全確保

1 関防は，皇帝が臨時に任命した非常設の官員（欽差大臣や欽差官員）に付与された公印である。当初は臨時に派遣され，のちに常設化した職位（総督，巡撫，総兵，道員など）や，欽差大臣として海外に派遣された在外常駐使節（公使）にも関防がドラサなども建てられ，アチェ人，マレー人，アラブ人，ジャウィ・プラナカンなど，さまざまな出自を持つムスリム・コミュニティが形成された。半島部やスマトラ，タイ南部など周辺地域のムスリムがメッカ巡礼に向かうとき，その多くがペナンを経由し，このモスクに集った。そのためこのモスクはかつて「第2のジェッダ(メッカへの中継地点として有名)」と呼ばれた。こうした状況は，飛行機での巡礼が一般化する1970年代まで続いた［Khoo 2002, 301］。

10 カピタン・クリン・モスクに由来するワカフの面積は，40万1,729平方フィート(うち5万6,325平方フィートは道路など）であった。その所在地・物件数は具体的には以下の通り。バッキンガム通り57物件，カルナルヴォン通り33物件，ピット通り30物件，クレイマント・プレイス24物件，チュリア通り19物件，ピット・レーン18物件，キャンベル通り1物件［Report 1903］。海峡植民地政府や市政委員会はジョージタウン市中心部の開発を試みていたが，宗教的用途以外でワカフを譲渡・売却したり，抵当としたりすることができないという理由により，介入をしばしば拒否されていた。またワカフとされた土地の買収がたとえ可能であったとしても，同じワカフに対して管理権を主張する人が複数いたり，管理者が不明だったりして，交渉相手を確定するのが困難なケースもあった。こうしたなかで海峡植民地政府は1903年3月に，ムスリムの宗教的・慈善的寄進財を植民地政府が管理しうる制度の法制化に着手した。立法参事会において，ペナンの法務長官と最高裁判所の補助裁判官，土地税徴収官が調査委員に任命され，ペナンのモスクやワカフの管理者やワカフをめぐる裁判に立ち会った裁判官，その他行政官など42人の関係者に聞き取り調査を行った［Report 1903］。こうしてワカフの管理者・所有者を明確化したうえで，ムスリムおよびヒンドゥー教徒の寄進財局（第1章注16を参照）が設立された。この経緯については，［Khoo 2002］が詳しい。

11 出席者のうち名前が分かる人物は36名で，そのうち華人出席者は32名。華人出席者のうち6名がペナン華人商業会議所および華人公会堂の理事（オン・ハンチョン，リョン・ロックヒン，ゴー・テックチー，ゴー・ブンケン，チア・テックスン，ウィ・ホックブン），3名がペナン華人商業会議所理事（リム・センフイ，ヨー・グアンセオック，ライ・フンサン），2名が華人公会堂理事（ヨー・チアンチツァイ，チア・ゴーオー)。華人以外の出席者は，P. V. ロック，C. W. バーネット，S. N. メリカン，モハメド・マシュルディン・メリカン・ヌルディン［PGSC 1910. 9. 26；SE 1910. 9. 26］。

12 残りの9名は，C. W. バーネット，モハメド・マシュルディン・メリカン・ヌルディン，ペナン華人商業会議所および華人公会堂の理事4名（リョン・ロックヒン，チュン・タイピン，ゴー・ブンケン，ゴー・テックチー)，華人公会堂の理事1名（チア・チューユー)，およびリー・チンホーとChee Kok Peng。

13 華人の出席者は26名で，そのうち11名は華人公会堂理事・委員兼ペナン華人商業会議所理事（テオ・スンケン，クア・ベンキー，リョン・ロックヒン，コー・リープテン，オン・ハンチョン，コー・ジュートック，ゴー・テックチー，ライ・クアンサム，リム・ヤウホン，ウィー・ホックブン，チア・テックスン），5名がペナン華人商業会議所理事（リム・センフイ，ヨー・グアンセオック，リム・チェン

ないため，権力関係があることを前提に，その中でいかにして社会の個々の成員が権利を確保するかに着目すべきであるとする［山本 2006］。

2　ジョージタウン市以外の地域は，市政委員会や市政委員長に与えられているのと同等の権限が，ペナン島北東郡ではペナンの土地税徴税官に，その他の郡は各郡の郡長（District Officer）に，それぞれ付与された［SSGG 1887. 10. 14］。1908 年以降は，ペナン島のジョージタウン市以外の地域と，プロヴィンス・ウェルズリーに地方局（Rural Board）が設置され，各地区の行政官に住民代表（行政官による指名なのか住民による互選なのかは不明）を交えた定例の諮問会議が行われるようになった。

3　例えば 1906 年 1 月から 6 月までの市の収入は 53 万 7,501 ドル 42 セントで，その内訳は以下のとおりであった。家屋税 15 万 6,915 ドル 9 セント，税金 4 万 4,212 ドル 56 セント，許認可・手数料 1 万 2,405 ドル 1 セント，特別水供給費 5 万 4,083 ドル 8 セント，河川・港湾管理費 3 万 6,449 ドル，市所有不動産賃貸収入 4 万 8,551 ドル 72 セント，食肉処理場・豚市場使用料 1 万 4,712 ドル 64 セント，獣医 1,931 ドル 60 セント，電力供給費 3 万 9,608 ドル 30 セント，電動トラム 5 万 6,433 ドル 78 セント，その他 7 万 2,198 ドル 64 セント［PGSC 1906. 7. 30］。

4　以下のいずれかに当てはまる者。①市内に不動産を所有し半年に 20 ドル以上の家屋税を支払っている者，②年間評価額が 480 ドル以上の建物の賃借人，③市内の不動産の賃借人で賃貸料を年間 480 ドル以上支払っている者。

5　以下のいずれかに当てはまる者。①市内に不動産を所有し半年に 6 ドル以上の家屋税を支払っている者，②年間評価額が 150 ドル以上の建物の賃借人，③年間評価額が 150 ドル以上の建物の一部の賃借者で，月に 12 ドル以上の賃貸料を支払っている者。

6　アフマド・オスマン・メリカン（Ahmad Osman Merican）は，1854 年生まれ。マレー語学校に通った後英語学校に通い政府職員となり，裁判所保証人を務めた。1870 年頃からアチェ通りで香港から輸入した樟脳箱を扱う事業を開始。それで得た資金を元手にペナンとスンガイ・パタニ（クダ）で土地・不動産業に進出して成功し，ペナンのもっとも富裕な「マレー人」の一人として認識されていた。しかし事業の成功に対するねたみを受けることも多く，養豚を行う華人に不動産を貸していたため，ペナンのムスリム・コミュニティの間では Che Teh Babi（“Che Teh” はアフマド・オスマン・メリカンの別名，“Babi” はブタ）と呼ばれていた［Fujimoto 1989, 74–75］。

7　この 3 人は民選議員であった。1904 年当時のジョージタウン市政委員会はこの 3 人の他に，市政委員長のハリファックス，ゴムのプランテーションを合弁で経営していたフィリップス（R. P. Phillips），保健衛生官が務めていた。

8　ワカフはワクフ（waqf）と表記することもあるが，マレーシアではワカフ（wakaf/waqaf）という表記が一般的であるため，本書はこれに従って表記する。

9　アチェ王族の血統を持つアラブ系の富裕な商人で，1792 年に一族とともにペナンに移ってきたトゥンク・サイド・フセイン・アルイディド（Tengku Syed Hussain Al-Idid）が，1808 年に設立したモスクである。モスクの周辺には店舗，住居，マ減が見込まれるなかで，海峡植民地政府の歳入の一部を置換基金とし，それをイギリスの政府証券に投資して増やすことで，歳入減に対応しようとする計画であった［後藤 2005, 106-107］。しかし民間人の間には，ヨーロッパ人および華人ともに，海峡植民地の歳入を基金に繰り入れることに反対する声や，基金が歳入の損失埋め合わせに使われない場合に海峡植民地と直接関係のない他の目的に振り向けられることを懸念する声が強かった［後藤 2005, 117］。第 12 回の商連会の会議では，海峡植民地の歳入を基金に繰り入れることへの反対と，基金の使用は海峡植民地内に限るべきであるとの提案を，海峡植民地政府に提出することが決定した。

第 6 章　ペナンの地位向上を求める民族横断的な協働

1　フルネームは Percival Vincent Locke だが，資料では一般に P. V. Locke と表記されている。1869 年にペナンで出まれ，父親はインド系，母親は中国系の混血者であった。父方の祖父はインド軍で少佐を務め，父親はマドラスとペナンを拠点としていた人物で，母親は英語教育を受けた華人と伝えられている［ST 1911. 7. 14］。1887 年に女王奨学金を獲得し，エジンバラ大学で医学を学んだ。1893 年に海峡植民地に戻り，シンガポールでの勤務を経てペナンで開業し，医務官や副保健衛生官に任命された。1903 年 12 月に市政委員選挙で当選し，1904 年 1 月に市政委員に任命されて以降，1911 年 7 月に死去するまでほぼ継続的に市政委員を務めた［SE 1903. 11. 26；1911. 7. 13］。

2　あとの 2 人はリム・ユートーとン・シアーウォン。リム・ユートーは 1918 年以降，ペナン華人商業会議所の会長を務めた。ン・シアーウォンは華人公会堂の理事。

3　セントビンセント島は，カリブ海西インド諸島を構成するウィンドワード諸島にある。ウィンドワード諸島のうちイギリス領の島々が 1871 年にウィンドワード諸島植民地連邦（Federal Colony of the Windward Islands）として再編された。セントビンセント島の面積は約 340 km^2 で，ペナン島（面積 295 km^2）より大きいが，プロヴィンス・ウェルズリー（面積 751 km^2）を含めた行政単位としてのペナンよりは小さいということになる。

4　当時の立法参事会の非官職議員は，フッテンバックとブロムヘッド・マシューズ（Broamhead Matthews）。ブロムヘッド・マシューズは 1906 年 12 月 21 日に植民地大臣を訪れ，ペナンがシンガポールと同等の扱いを受け，ペナンに副総督を復活させるよう求めた。またロンドンで発行されている『モーニング・ポスト』に，ペナンの状況を訴える投書を行った［CO273/324/47100］。

5　アダムスは 1907 年 10 月にペナン商業会議所の代表として非官職議員に任命された。フッテンバックは，イギリスに一時帰国した議員の代行として非官職議員を臨時に務めた［RAP 1907］。

第 7 章　民族内の不和が壊した多民族間の協働

1　山本は，東南アジア史研究では，植民地支配から民族が自立を獲得する過程において，権力者である「外部の敵」を排除すべく戦う側面ばかりが注目されてきたと批判的に指摘する。山本は，現実の社会では権力関係が完全になくなることはありえ

設立され，マニラ華人商業会議所の前身となったGremio de Chinos (Chinese Guild)［Amyot 1973, 14］であると思われる。

2　第4章注12を参照。

3　会則は英語［SE 1903.10.13］と華語［檳城新報 1903.9.5；9.7］でそれぞれ作成された。

4　1869年にフー・アーカイ（Hoo Ah Kay/胡亜基）が任命されてから1923年まで，シアー・リアンシアー（Seah Liang Seah/佘連城，1883–1890年），タン・ジアクキム（Tam Jiak Kim/陳若錦，1890–1894年，1902–1915年），リム・ブンケン（1894–1902年，1915–1921年）などシンガポールの華人が代々議員を務めた。

5　イギリス・シャーボーン出身の事務弁護士。1887年に海峡植民地に移り，1904年に合資で法律事務所を設立し，クダ政府やOpium and Spirit Farm，銀行，錫採掘企業やプランテーション企業などの弁護士を務めた。ジョージタウン市政委員を務めたほか，1907年よりペナン商業会議所の推薦により立法参事会議員を務めた［Wright and Cartwright 1908, 127］。

6　このうちジョージタウン市政委員はリム・ユートー，ペナン華人商業会議所および華人公会堂理事はクア・ベンキー，リョン・ロックヒン，華人公会堂理事はロー・ベンクアン，ペナン華人商業会議所理事はリム・センフイ，ゴー・テックチー，ヨー・グアンセオック，Lim Cheng Tiek［SE 1908.5.14］。

7　イギリス・ドルはボンベイの造幣局で鋳造されたものが，メキシコ・ドルはサンフランシスコやロンドンを経由して，海峡植民地に持ち込まれていた［Anthonisz, 1913, 6］。

8　1940年代後半にはペナン・ムスリム商業会議所（Penang Muslim Chamber of Commerce）が存在していた。同会議所はフジモトによれば1880年代に設立されたとされる［Fujimoto 1989, 67］が，その詳細は不明である。またクーによれば，1912年ごろにムスリム商人協会（Muslim Merchant's Society）が，1914年ごろにムスリム・マジャハナ協会（Muslim Majahana Sabha, majahanaはサンスクリット語で偉人，貿易やカースト，商人などの長という意味［Gaganendra 2011, 201］）が設立された［Khoo 2011, 4–7］。いずれも南インドに出自を持つムスリムによるものとされる。

9　1938年の第18回会議において，華語の名称が変更された。マラヤにあたる部分が，「巫来由」から「馬来亜」に代わり，英属馬来亜中華商会聯合会となった。

10　商連会と同様の枠組みは，1947年に設立されたマラヤ華人商業会議所連合会（The Associated Chinese Chambers of Commerce of Malaya／馬来亜中華商会聯合会）に引き継がれた。同会はその後，1963年にマレーシア華人商業会議所連合会（The Associated Chinese Chambers of Commerce of Malaysia／馬来西亜中華商会聯合会）に，また1975年にマレーシア華人商工会議所連合会（The Associated Chinese Chambers of Commerce and Industry of Malaysia／馬来西亜中華工商聯合会，華語名称は2010年に馬来西亜中華総商会に改称）に改称し，現在に至る。

11　アヘン歳入置換準備基金とは，1924年のジュネーヴ国際アヘン会議を経てイギリス本国がアヘンの規制に転じたため，アヘンに依存してきた海峡植民地政府の歳入

16 インド人の代表として委員に任命されたのは Allagapa Chetty, Byramjee Brujojee, Mootyia, Borasamy Pillay, Raman Chetty。

17 華人の代表として委員に任命された者のうち華人公会堂の理事経験者は，コー・ションタット，チア・テクスン，リョン・ロックヒン，リム・ホアチアム，タン・キムケン，タン・シムホー，ウォン・チンチョン，チア・チェンイォック，ン・パックサン，クー・ハンイァン，ヘン・モンチアの 11 名。そのほかに委員に任命された 10 名のうち，経歴が分かる人物として，リム・レンチークとリム・サンホーがいる。

18 華人が集めた寄付金に関して，以文齋社のメンバーから 1,058 ドルの寄付があったことが，1897 年 4 月 11 日に開かれた記念祭準備委員会にて報告されていた［檳城新報 1897.4.15］。以文齋社は 1895 年 6 月に設立された団体で，英語名称をペナン文芸協会（Penang Literary Association）とし，会員資格を華人に限定し，チア・チェンイォックがその長を務めていた［SE 1904.11.24］。エスプラナードの近くに所在していた［Lo 1900, 230］。以文齋社を通じて寄付した人たちは 17 名おり，その中にはチア・チェンイォック，チア・チュンセン，リム・ケックチュアン，ン・パックサンなど華人公会堂の理事の名前もある［檳城新報 1897.4.15］。

19 華人公会堂以外の 2 団体は，以文齋社と清芳閣であった。清芳閣は，ヨー・シウビアウが 6 名の華人とともに 1877 年に設立した組織で［Wong 2013j, 177］，マカリスター通りにあった［Lo 1900, 230］。

20 華人公会堂の理事で任命されたのはリム・ケックチュアン，リョン・ロックヒン，チア・チュンセン，チア・チェンイォック。残りの 1 名はコー・チェンシアン。

21 福建幇は 16 名で，そのうち 7 名が華人公会堂の理事・委員およびペナン華人商業会議所の理事（リム・センフイ，オン・ハンチョン，クア・ベンキー，ヨー・ペックタット，リム・ヤウホン，チア・テクスン，ウン・ブンタン）。2 名が華人商業会議所の理事（ヨー・グアンセオック，リム・チェンテック）。ほかに経歴が分かる人物として，リー・チンホーとクー・キムケンがいる。広東幇からは 18 名で，そのうち 3 名が華人公会堂の理事・委員およびペナン華人商業会議所の理事（リョン・ロックヒン，チュン・タイピン，ゴー・テックチー），5 名が華人公会堂の理事・委員（フー・チューチュン，テオ・スンケン，ロー・ベンクアン，ヒア・スィリー，ン・シアーウォン）であった。その後，まだ人員が必要であるとして，32 名が委員に追加任命された。華人公会堂の理事・委員およびペナン華人商業会議所の理事が 3 名（コー・ジュートック，コー・リープテン，チア・チュンセン，）華人公会堂の理事・委員経験者が 3 名（チア・チューユー，チア・ユーギー，チア・チェンイォック）いたほか，清朝副領事を務めた者（リョン・フィー，タイ・セオックユェン），孫文の革命を支持する者（ゴー・セイイン）など，さまざまな背景の人物が見られた［檳城新報 1911.3.13］。

第 5 章　意思決定の場に代表者を送るための働きかけ

1 香港の華人商業会議所は 1900 年に設立されたが，マニラのそれは 1904 年 8 月設立とされる。マニラの華人の商業会議所としてヨーが認識していたのは，1870 年にペラ国の幹部たちは，王位継承者の中からラジャ・イスマイルを国王にする手続きを進め，ラジャ・イスマイルが国王に即位した。ラジャ・イスマイルは王族ではなく，スマトラのシアク出身者で，国王と近い人物であった。ラジャ・アブドゥッラーが王位継承の手続きに応じなかった理由はよく分かっておらず，下位の王位継承者から脅しがあったことや，スルタン・アリとラジャ・アブドゥッラーとの不和などが理由として推察されている ［Azmi 2012, 54–55］。

9 1836年インド北部のメーラト生まれ。父親ジェイムズ・スピーディー（James Speedy）は，イギリス領下のアイルランド・ダブリンで生まれ，ベンガルやメーラト，ボンベイ，シンドなどに駐在した軍人。トリストラム・スピーディーも父と同様，1854年にイギリスで軍隊に入り，メーラトやパンジャーブ，ペシャワールなどに駐在した。除隊後は，在マッサワ・イギリス副領事や，ニュージーランドおよびオーストラリアでの滞在を経て，1871年に海峡植民地に渡り，1872年秋までにペナン警察署長に任命された。スピーディーはガ・イブラヒムの依頼を受けるにあたり，ペナン警察署長を退職し，1873年9月に兵士のリクルートのためにインドに向かった。スピーディーについては，［Gullick 1953］を参照。

10 後述するように，1895年の理事にはチュン・ケンクイも含まれていた。

11 頭家（tauke）は福建語で，日本語で商家などの主人に対して使われる「旦那」に相当する。

12 この条例によって，10人以上の会員によって構成される結社は，その性質を問わず，設立日から6ヵ月以内に海峡植民地政府に登録することが義務付けられた。その義務を怠った結社は非合法なものとされ，非合法結社による集まりや活動は500ドル以下の罰金か6ヵ月以内の禁固刑，あるいはその両方が課されることとなった。ただし以下の結社は，同条例の対象外とされた。①株式会社に関する法律の下に登録されている企業，②国王による特許状や免許状，イギリス本国の法令の下に設立された企業や団体，③イギリスにおいてフリーメーソンの統括機構として認められている諸機構の下に設立されたフリーメーソンの支部，④海峡植民地政府によって登録を免除された結社，⑤銀行業以外の分野で合法的な事業を行うことを目的とした20人以下の企業［Ordinance No. I of 1889］。

13 内訳は，福建人がチア・チェンイォック，チア・チューユー，タン・キムケン，タン・シムホー，ヨン・チアンリウ，リム・ホアチアム，Khoo Sim Bee, Li Chin Thoan。広東人がチャン・ライカム，チュウ・シンヨン，Lok Peng Si, Moey Fook Seng。潮州人がコー・ブーアン，キー・ライホアット，タン・カンホック。客家系がChong Ah Kong, Chia Song Giok［SSGG 28 March 1890］。

14 イギリスとドイツで教育を受けたのちに，1879年にマラヤにやってきた。カッツ・ブラザーズで働いたのちに，ジョージタウン市職員として働き，1900年から1906年まで市政委員長を務めた。引退後は仲介業や競売業に従事。1936年にイギリスで死去した［ST. 1936.1.3］。

15 ムスリムの代表として委員に任命されたのは，Ahmad Othman Merican Bab, Pah Itam, Kader Rawa, Mahomed Ariff, Noordin M.M., Said Akil, Shaik Mahomed Mercan, Said Arifin。

生したか否かを問わず，①出生時父親が中国人であった者，②父の死後に出生した者でその父が死亡時中国人だった者，③母親が中国人で，父親が国籍不明または無国籍である者」。また第2条は，父母ともに国籍不明または無国籍であった場合，中国で出生した者は清国国籍者であると定めた。第11条は，すべての中国人は外国国籍を取得する際は，清国国籍を離脱しなくてはならないと定めた［東方雑誌 1909, 14531–14535］。

15　第1条は，該当者のうち長期の外国滞在を経て帰国した者に関する規定で，手続きは以下のようであった。該当者は帰国時に最初に上陸した清国内の港で，自身が国籍を取得した国家の領事に清国国籍の離脱を申し入れる。当該国の領事は清国の地方官に対し，その人物が当該国の国籍を取得した年月日を通知する。第2条は，該当者のうち清国の通商港の租界に居住している者に関する規定で，手続きは以下のようであった。該当者は1年以内に清国の地方官に対して清国国籍の離脱を申し入れる。その者が外国国籍を取得したことを，地方官が当該国の領事に確認する。

第4章　華人という集団性の認識と組織化

1　広福宮の理事の中に広東人の存在が確認できるのが1862年以降であることから，当初の運営においては福建人が優勢であったとする指摘もある［張 2003, 126–135］。

2　『アブドゥッラー物語』については，「はじめに」注10を参照。

3　この箇所は，著者のアブドゥッラーが自らの幼少時を回想している部分で，オランダ統治下にあったムラカが1795年から1818年まで一時的にイギリス統治下に置かれた時期にあたる。

4　オランダ統治期は，オランダ東インド会社がカピタンを任命した。カピタンは同社に対して職務を負い，紛争解決や治安維持，徴税，周辺王朝への使節などを務めた。

5　イギリス東インド会社はこの時期のムラカ統治において，オランダの司法制度を維持した。フィスカルはオランダ人官吏で，軽犯罪を裁く権限を有した。フェイトーは治安判事にあたり，民事・刑事訴訟を扱った。裁判所は国家の治安に関わる犯罪を扱った。ムラカは1818年にオランダに返還されたが，1824年英蘭条約でイギリス領に画定され，1826年にイギリスの法制度が導入された。

6　現代マレー語では「村落」を意味するが，ムラカではさまざまな出自を持つ人が言語・出身地域別に居住している居住区をカンポンと呼んでいた［西尾 2001, 154–155］。

7　ラルッと呼ばれた地域は現在，タイピンと呼ばれる地域に当たる。ラルッ地域を再建するために街が作られ，その街が中国語で「平和」を意味するタイピン（太平）と名付けられた。

8　ペラ国王であったスルタン・アリ（Sultan Ali）が1871年5月に死去したのち，正式な手続きを経てラジャ・イスマイル（Raja Ismail）が国王に就任した。本来はスルタン・アリの息子であるラジャ・アブドゥッラーが最上位の王位継承者であったが，ラジャ・アブドゥッラーは王位継承の手続きに応じなかった。こうしたなかで

る地元の乗客を乗せた定員10名以上の船舶（local passenger ship）は除外された。

2　イギリスあるいは外国の政府の許可証があれば，点検の義務を免除された。

3　1895年のOrder in Council under“The Naturalization Act 1868”によれば，帰化証書の発行にかかる費用は200ドルであった。

4　イギリスの直轄領である海峡植民地に出生した者と，イギリスの保護国であるマレー諸国連邦に出生した者とでは，それぞれの領域外に出たときに享受しうるイギリス政府の対応は異なった。イギリスの同連邦に対する義務は，同連邦の外交と同連邦を外国の侵略や攻撃から保護することであった。したがって同連邦のスルタンの国籍者が同連邦を離れた場合，イギリス政府はその人物に対する保護の義務を負わず，その人物のために便宜と手助けを図るものとされた［CO 273/305/20609］。

5　海峡植民地立法参事会における非官職議員リム・ブンケンの発言［PLCSS 1899. 8. 8］。リム・ブンケンについては第9章を参照。

6　追放条例（Banishment Ordinance）は出生によるイギリス国籍者ではない人を対象として，海峡植民地からの追放を定めた条例。1867年以降，治安維持条例の一項目として数次の改正を経て，1888年に独自の条例として成立。追放条令の制定過程とそれが海峡植民地の華人に与えた影響について，篠崎（2001）で詳細に論じている。

7　Official Correspondence from the Straits Settlements Governor Mitchell to Joseph Chembalein, 17 May 1899.

8　タン・アーユについては［Wu 2003, 82–85］も論じているが，タン・アーユがどのような交渉を行ったのかについては言及されていない。

9　クダは1909年にイギリスの保護国となった。

10　この地域の現在の表記はBagan Samakとなっている。

11　「道」は複数の府や州，県によって構成される。「恵潮嘉道」は，広東省の恵州府，潮州府，嘉応州で構成される一つの道。これを「道員」が管轄する。

12　これについては［Tang 1971］も参照。

13　1899年11月29日にバンコクで締結された「シャムにおけるイギリス国籍者の登録に関するイギリス―シャム国間合意」では，シャムのイギリス領事館でイギリス国籍者として登録する資格を持ち，シャム政府がイギリス国籍者と認める者の中に，アジア系イギリス国籍者も含まれていた。具体的には①非アジア人の出生・帰化によるイギリス国籍者，②①のカテゴリーで登録した両親の下にシャムで生まれた子どもや孫で，イギリスの法律に基づきイギリス国籍者の資格を持つ者，③アジア人の場合，イギリス領で出生した者，グレートブリテン及び北アイルランド連合王国で帰化した者，インドで出生した者，ただし1886年1月1日以前にシャムに住んでいた上ビルマとイギリス領シャン国の原住民を除く，④シャムで生まれたが③で登録する資格を持つ人の子ども，ただし③で登録する資格を持つ人の孫でかつシャムで出生した者は，シャムの保護を受ける，⑤上記のいずれかのカテゴリーにおいて登録する資格を持つ人の妻や未亡人［SSGG 1900. 9. 21］。

14　同条例第1条によると，清国国民として認められるのは以下のとおり。「中国で出語からそのつど翻訳されたものと思われるためである。なお海峡植民地の華人保護官は，1903 年 11 月にマレー諸国連邦の華人事務長官（Secretary for Chinese Affairs, Federated Malay States）を兼任するようになり，1904 年に海峡植民地およびマレー諸国連邦華人事務長官（Secretary for Chinese Affairs, Straits Settlements and Federated Malay States）に改称した。シンガポールとペナンには，華人保護官補佐（Assistant Protector of Chinese）が置かれた［RCP, 1904］。これらの役職名の華語での表記は，華人事務長官は「七州府華民政務司［檳城新報 1905.2.14；1908.9.7］」と表記され，華人保護官補佐は「華民政務司［檳城新報 1913.3.27］」や「華民護衛司［檳城新報 1913.7.16］」などと表記された。

3 この条約は男子の渡航を前提としたうえ，イギリス領香港では効力を持たなかった。そのため，香港から海峡植民地への婦女子の渡航が可能となり，広東における婦女子の誘拐や人身売買を誘発した。これについては香港の保良局を中心に扱った［可児 1979］が詳しい。ペナンにも 1885 年に保良局（英語名は漢字の表記を広東語の発音で表した Po Leung Kuk）が設立された。このことについて，［Khor and Khoo 2004］の研究がある。

4 中国から労働者などとして新たに渡ってきた者を指す語。

5 なお華人以外の渡航者も，華人保護署で労働契約を結んでいた。1881 年の統計によると華人保護署で契約を結んだのは 1 万 3,430 人だが，その内訳は福建人 729 人，潮州人 4,697 人，潮州客家人 85 人，広東人 318 人，嘉応州人 1,198 人，恵州人 3,586 人，高州人 83 人，雷州人 63 人，海南人 1,158 人，広西人 58 人のほかに，マレー人 104 人，ボヤン人 1,044 人，ジャワ人 115 人，クリン人 150 人，マニラ人 16 人であった。また華人保護署は，渡航者用の旅館の管理も任務としていたが，それも華人だけとは限らなかった。1898 年の報告では，華人旅館 39 軒，巡礼者用旅館 82 軒，タイ人旅館 2 軒，日本人旅館 6 軒が，華人保護署に登録されたとある［RCP 1881］。なお，オランダ領東インドからの労働者については，1908 年にオランダ領東インド労働者保護条例が制定・施行され，オランダ領東インド移民監督官が管轄するようになった［Ordinance No. XXI of 1908］。

6 本書では，饒宗頤編，1994，『新加坡古時記』香港中文大学に収められているテキストを参照した。『新嘉坡風土記』のオリジナルは，光緒 21 年（1895 年）陰暦 5 月に長沙使院から発行された。

7 例えばイエンは，1875 年に清朝政府が在アメリカ・スペイン・ペルー清朝公使を派遣した主要な目的は当地の華人保護であったと論じている［Yen 1985, 138–139］。

8 例えば 1908 年ムスリム婚姻条例（Ordinance No. XXV of 1908）はカディに対し，ムスリムの婚姻をめぐる争いのうち争っている金額が 50 ドル以下の案件について，調査・審議し，調停する権限を与え，その判決は地方裁判所が執行するよう定めていた［CO 273/338/47471］。

第 3 章　華人系イギリス国籍者の認知をめぐるせめぎ合い

1 イギリスあるいは外国の戦艦および王室・政府所有船舶と，マラッカ海峡を航行す

Moheedin Merican としても知られる）によって設立された。彼は，クリン人コミュニティにおいて最も富裕で，影響力を持つ人物として認識されており，1801 年にイギリス東インド会社からカピタン・クリンに任命された。ペナンの交易が増大し，ペナンを訪れるムスリム商人やインド人軍関係者が増えたため，イギリス東インド会社は 1801 年に「ムスリムの教会」の建設用地として，約 7.3ha の土地をカディルに譲与した。カディルは，ムスリム商人やインド人軍関係者から寄付金を募り，モスクを建設した［Report 1903］。

16 1905 年に制定されたイスラム教とヒンドゥー教の宗教的・慈善的寄進財条例に基づき，ムスリムおよびヒンドゥー教徒の寄進財局が設立された。総督により任命された寄進財局委員会が置かれ，寄進財の運営・管理・監督を行う権限を付与された。寄進財局委員会は，植民地官僚 1 人と，その宗教を信仰する人物 1 人以上で構成された［CO273/310/37660］。ペナンでは 1906 年に，カピタン・クリン・モスク［SSGG 1906. 2. 26］やウォーターフォールのヒンドゥー寺院，マカリスター通りのヒンドゥー人墓地［SSGG 1906. 5. 4］，ナゴール寺院［SSGG 1906. 9. 14］，ジュルトン・モスク［SSGG 1906. 9. 21］，アチェ通りのマレー・モスク［SSGG 1906. 10. 19］などが寄進財局の下に置かれた。

17 今日のマレーシアでは，「クリン」をインド人に対する蔑称として受け止める人もいる。スランゴール・連邦直轄区ムスリム系インド人指導者グループ（Angkatan Pelopor India Muslim Selangor and Wilayah Persekutuan）は，言語・文芸局（Dewan Bahasadan Pustaka）が出版した辞書の中にクリンという語とその派生語が掲載されていることに対して，インド系ムスリムの感情を害するものだとし，それらの語の削除を求めて訴訟を起こした［New Straits Times 2003. 7. 30；Star 2003. 8. 7］。

18 ヒンディー語で集会，会議，委員会，協会などを意味する「サバー（sabha）」に，会議という訳を当てた。

19 1801 年にイギリス東インド会社よりチェッティ・コミュニティに寄付された土地に，1833 年に建設されたヒンドゥー教寺院。タミル地方などインド南部で，雨と豊穣をもたらし疫病を癒すとして広く信仰されている母神マリアマンを祀る。現在はスリ・マハマリアマン寺院（Sri Mahamariamman Temple）として知られ，ペナンで最古のヒンドゥー寺院と言われている［Khoo 2001, 154］。

第 2 章　海峡植民地の制度に訴える華人越境者

1 漢民族の中国大陸内での移住と海外への移住を連続してとらえようとする主な試みに，［西澤 1996］や［瀬川 1996］などがある。

2 本書における Chinese Protector および Chinese Protectorate の日本語訳は，英語名称に基づいている。華語の名称は，華人保護官は「護衛司［叻報 1890. 2. 4；1892. 4. 9］」，「華民護衛司［叻報 1890. 7. 19］」，「華民護政司［叻報 1897. 4. 23］」，「華民政務司［檳城新報 1896. 9. 1；1901. 10. 19；1905. 5. 5］」など，また華人保護署は「護署［叻報 1890. 5. 27］」，「護堂［叻報 1892. 4. 9］」，「護衛司署［叻報 1890. 2. 14］」，「華民政務司衙門［檳城新報 1897. 8. 27］」など一貫しておらず，英県と国の間に位置した。1932 年に廃止された。

7 シンガポールで 1864 年から 65 年にヘルマン・カッツ（Herman Katz）が設立した貿易会社。ヘルマン・カッツはドイツに出自を持つイギリス国籍帰化者。カッツ・ブラザーズ社はペナンに 1870 年に支社を設立。アチェ戦争でオランダ軍に食糧・日用品を提供した［Khoo 2006, 121］。

8 五大姓の公司は以下のとおり。

(1) 龍山堂邱公司：福建省漳州府海澄県三都（現在の福建省厦門市海滄区に所在）新江社を出自とする邱姓の者たちが 1851 年に設立［朱・陳 2003, 2］。

(2) 霞陽植徳堂楊公司：漳州府海澄県三都霞陽社を出自とする楊姓の者たちが 1836 年（または 1841 年）に設立［張 2003, 39–40］。

(3) 宗徳堂謝公司：漳州府海澄県三都石塘社を出自とする謝姓の者たちが 1858 年に設立［張 2003, 63］。

(4) 九龍堂林公司：漳州府海澄県三都鰲冠社を出自とする林姓の者たちが 1866 年に設立［張 2003, 45–46］。

(5) 穎川堂陳公司：福建省泉州府同安県（現在の厦門市同安区）を出自とする陳姓の者たちが設立。設立時期は 1878 年とされてきたが，1867 年の資料に穎川公司の名称が確認できること，また堂内に 1857 年作成と推定しうる扁額や，1852 年作成と推定しうる香炉があることから，その頃にはすでに存在していたとする見方もある［張 2003, 27–36］。また穎川堂陳公司の前身は陳聖王公司であるとし，その設立年である 1810 年を穎川堂陳公司の設立時期とする見方もある［陳 2010, 65］。

9 1795 年に埋葬されたことを示す墓石があることから，同年設立とする立場がある［張 2003, 25–26］。今日の広東・汀州会館は，1795 年より同会館の歴史を数えている［檳榔嶼広東暨汀州会館 2014a］。他方で，墓地への参道の建設記念碑に参道の建設が 1801 年より始まったとあることから，同年設立とする見方もある［梁 1971, 6；張 2003, 25–26］。1971 年に同会館は，1801 年から数えて設立 170 周年を記念する式典を行った［梁 1971, 6］。

10 大埔県出身者は 19 世紀末に大安社を組織し，永定出身者は 1927 年に永安社を組織し，海珠嶼大伯公の祭礼に参加していたという［王 1998b, 52–53；胡 1973, 112］。1936 年に大埔同郷会が，1947 年に永定同郷会が設立された［戴 1968, 51；胡 1973, 112］。これらは個別に広東・汀州会館に所属している。

11 他の地域では，潮州人の組織に大埔県出身者が含まれないこともある。例えばシンガポールでは，1845 年に設立された義安公司を前身として，1928 年にシンガポール潮州八邑会館が設立されたが，大埔県は含まれていない［新加坡潮州八邑会館 2011a；2011b］。

12 「色仔乳」は“serani”に由来［Lo, 1900, 212］。

13 瓊州会館という名称を正式に使用したのは，1925 年以降とする説もある［檳城瓊州会館 1973, 97］。1991 年に海南会館に改称した［檳榔嶼広東暨汀州会館 2014b］。

14 赤旗会と白旗会については，［Mahani 2003］の研究がある。

15 カピタン・クリン・モスクは，ナゴールやナーガパッタム，クダなどで交易を行っていたカディル・マイディン・メリカン（Kader Mydin Merican, Cauder

活動の三つに限定して分析を行っている。個別接触について扱っていないのは，データとして使用した「選挙に関する全国意識調査（明るい選挙推進協会），1987年」に個別接触について問う項目がなかったためである［蒲島 1988, 85–86］。暴力についても同様の理由で分析から外れているものと思われる。

44 山田は，政治参加と社会運動は重複する部分がありながらも，政治参加は政策への影響行使を目的としているのに対し，社会運動はそれを含みつつもそれにとどまることなく社会における支配的な価値観そのものを変容させようとするものであると区別してとらえる［山田 2016, 39］。

45 上諭とは，清代の皇帝が日常の政務を処理するなかで発布した命令や指示である。皇帝が特別に発布する命令を「諭」と称し，大臣が皇帝に奏請して発布される指示・意見を「旨」と称した［鄒 2002］。本書ではこれらを区別せず，上諭とする。

第1章　海峡植民地ペナンの法的地位と多民族社会の構成

1 現在のプーケット島。18世紀末にプーケット島は，ジャンクセイロン島と呼ばれたほか，マレー語ではウジュンサランと呼ばれ，タイ語ではタラーン島と呼ばれていた。

2 3管区はもともと相互に独立性が高く，法令を制定する権限は各管区に属し，各管区の民事・刑事裁判所が最終審であり，各管区にそれぞれ最高司令官が存在した。しかし1774年以降，3管区の関係は完全に同等というものではなく，ベンガル管区の知事は総督に格上げされ，マドラス，ボンベイ両管区知事はベンガル総督に従属するものとされた。1833年にベンガル総督はインド総督に改称された［小谷・辛島 2004, 292］。

3 キリスト教徒についてNordinはとくに説明していないが，後述するように，この時期にペナンに入って来たキリスト教徒とはおそらくプーケットからやって来たポルトガル人とタイ人との混血者のカトリック教徒だったと思われる。

4 1826年の特許状において総督と駐在参事官に裁判官としての権限が与えられていたが，海峡植民地において総督と駐在参事官という役職が不在となったため，治安判事裁判所以外の裁判所がすべて閉鎖することになった。そのため1832年にこれらの名称を便宜的に復活させた［Mills 2003, 106–107］。

5 1874年以降，イギリスはスルタンを首長とする4つのマレー王国（スランゴール，ペラ，パハン，ヌグリスンビラン）をそれぞれ保護国化し，1896年に植民地行政機構を統合してFederated Malay Statesを発足させた。今日のマレーシアではstate（マレー語でnegeri）は州に相当するが，本論で扱う時期にはスルタンを首長とする政府（kerajaan）を持つそれぞれ個別の国家（negeri）として認識されていた［Ariffin 1993, 4–6］。クランタン，クダ，トレンガヌ，プルリス，ジョホールなどイギリスの保護下にあるが連邦化されてないマレー諸国もあった。本論はFederated Malay Statesを「イギリスの保護下にある複数のマレー王国のうち，統一の植民地行政機構の下に置かれた諸王国」としてとらえ，「マレー諸国連邦」という訳を当てる。

6 “Monthon”は中央集権化を進めるために1896年に導入された地方行政区分で，

出自を持つ者も多く，これらの外来系のマレー人／ムスリムが行政的な役職に任じられることも多かった。これに対して海峡植民地では，「純粋なマレー人」がマレー人／ムスリム・コミュニティを代表するべきだという主張が現れ，「純粋なマレー人」を自称する人物が立法参事会の議員に任命された［Ariffin 1993；Roff 1994］。坪井は，同じ時期のスランゴールにおいて，イギリス人官吏，在地のマレー人，外来マレー系移民との相互作用の中で，行政的な枠組みとしてマレー人概念が形成されていったと論じている［坪井 2004；2011；2013］。

35 愛国一辺倒でない見方をする研究もあり，例えば［明石 1971］がある。明石は，1931 年 9 月の柳条湖事件後の南洋華僑による日貨排斥運動の事例を通じて，国民党や中国政府は南洋華僑を動員しうる強い組織力を持っていたわけではなく，南洋華僑は国民党や中国政府の影響や支持から自立的であり，自己の利益に従って運動を展開し，純粋な愛国心と打算的な動機が融合していたと指摘する。

36 成田の議論については本章注 19 を参照。

37 例えば孫文は，1920 年 11 月に設立した第二次広東軍政府への支援を求め，「南洋各都市の華僑」に向けて書簡を送った。そのなかで，「みなさんは熱誠に国を愛し，先駆けて賛助してくれました。命を犠牲にし，兵器・糧食を援助し，力を合わせて心を一つにし，清朝を倒しました」と述べ，同様の精神で第二次広東軍政府を支援するよう呼びかけた［孫文 1921］。

38 例えば，［陳 1921］，テオ・インホック（Teo Eng Hock/張永福），1933，『南洋与創立民国』上海：上海中華書局，馮自由，1947，『華僑革命開国史』上海：商務，馮自由，1954，『華僑革命組織史話』台北：正中書局などがある。

39 例えばスルヤディナタは，華人に ethnic Chinese という英語訳を充てており，文化的・血統的な属性として扱っている［Suryadinata 1978a, 1］。

40 このようなとらえ方は，［古田 1995］および［山本 2006］の議論を参考にした。いずれも民族が自立を獲得する方法は，必ずしも独自の国民国家の形成に収斂するわけではないととらえる。このようなとらえ方は，複数の民族が自立性を維持し，自立性を高めながらともに一つの国家を作り上げていくという選択や，出生国や出自国とは異なる国家を自らの国家とするという選択を，独自の国民国家を形成するという選択と同等に扱う見方である。また古田は，民族が国家を通じて自立を獲得するうえで，時代ごとに国家の原理が異なることに対応して，民族のあり方も変化するととらえている。古田は，国民国家以前に存在した国家の原理に即して自立を獲得しようとする試みを現在の国民国家との関連性の中でとらえているが，民族が自立を確保する枠組みとして現在の国民国家を最終的な完成形として設定し，そこに歴史が収斂していくとはとらえていない。

41 これについて東南アジア史の研究史を整理したものに，［西 2003］および［菅原 2009］がある。

42 個別接触とは，本人やその家族の便宜のために官僚や政治家に接触することである［蒲島 1988, 10］。蒲島は，公的な問題の解決のために官僚や政治家，有力者，役職者に働きかけることを地域活動に含んでいる。

43 日本人の政治参加を論じるうえで蒲島は，政治参加の形態を投票，選挙活動，地域

ら1940年までの流入人口を推計している。それによると，アメリカへはヨーロッパから約5,500万人から5,800万人が，アジアから250万人が，それぞれ流入した。満洲・シベリア・中央アジア・日本へは，東北アジアとロシアから約4,600万人から5,100万人が流入した。東南アジア地域には，中国やインドから約4,800万人から5,200万人が，ヨーロッパや中東，アフリカ，北東アジアから約400万人が，それぞれ流入した［McKeown 2004］。

30 なおイギリスでは，1948年の国籍法及び1981年の国籍法においても，イギリスに帰化する外国人の場合も，他国に帰化するイギリス国民の場合も，国籍放棄は義務づけられることなく，重国籍が容認されている［近藤 2004，61］。

31 アメリカにおけるこうした状況に関する研究として，例えばバッシュやシラーらの研究がある。その概要は以下のとおりである。1970年代以降経済のグローバル化が進展し，出自国を離れてアメリカで生計を立てる人たちが増加するなかで，越境者の送り出し国は越境者を自国経済に包摂すべく，越境者に自国の国籍とアメリカ国籍の重国籍を認めるようになった。そのようななかで，越境者は出自国と居住国のいずれにもかかわり，複数国の間を行き来したり，金・モノ・情報をやりとりしたりするなかで，自分の生存を可能とする場を作り出している［Basch, et al. 1994；Schiller, et al. 1995］。園田によればこうした議論は，北アメリカにおける華僑華人研究において積極的に導入されているという［園田 2006］。園田自身もこの議論を援用し，19世紀後半に南北アメリカに渡った華人が出自国と居住国との往来の中で秩序や安全を確保するために，自らの庇護者として清朝政府を認識していく過程と，清朝政府がそれに応えて南北アメリカの華人と行政的な関係を構築していく過程を論じた［園田 2010］。越境者が出自国にも居住国にもかかわり，複数国間を往来するなかで自らの生存を可能とする場を作り出しているという議論は，本書の趣旨と共通する。

32 中華文明の継承者を自認する東南アジアの華人が，文明の「本場」である中国と比較して，自身が実践する中華文明の混血性・周縁性に自信のなさを感じる側面と，そのような意識を相対化し乗り越える試みについて，筆者は，東南アジアの華人監督による映画を題材として論じた［篠崎 2013］。なお，東南アジアにおいて自らの文明実践の混血性・周縁性を意識しているのは華人だけではない。これに関連して，［山本 2013］や［西 2013］を参照。

33 これに関してハーシュマンは，マラヤにおける人口統計の民族分類の変化に着目し，1891年頃までにイギリス人行政官が華人，マレー人，インド人というカテゴリーで住民を把握していたと指摘する［Hirshman 1987］。アンダーソンと白石は，統治者が作成した人口統計が統治される側にも参照され，人口統計の分類枠組みに即してアイデンティティが形成されたり活性化されたりし，それがのちに国民統合を困難にしたと指摘する［Anderson 1998；白石 1996b］。ただしこれらの研究は，人口統計のデータを元にイギリス人行政官が具体的にどのような統治を行ったのかということや，統治の枠組みに対して統治される側がどのように対応したのかについて論じていない。この指摘については，［山本 2006］を参照。

34 マラヤのマレー人／ムスリムには，アラブやインド，ジャワやスマトラなど外来の人については，プラナカンとトトッの2つの集団に分けて一般に論じられてきた。2つの集団は当初は政治的にそれほど隔たっておらず，1900年代にはいずれも「強い中国」を自らの後ろ盾として期待する者が多かったが，1911年の辛亥革命をピークにオランダ領東インドの華人社会で中国志向が強まり，トトッ指導層が台頭したとされる。これに対してオランダ植民地政府は主にプラナカンを取り込むことを目的とし，現地生まれの華人に国籍およびオランダ臣民籍を付与し，さまざまな権利を認め，プラナカンとトトッとの引き離しを図った。このことは，1918年のフォルクスラート（植民地参議会）開設を前に，華人の代表を送るか否かをめぐり，華人社会が中国を志向するグループと現地を志向するグループとに分裂する遠因となったとされる［永積 1972；白石 1972；1973；Suryadinata 1981；貞好 2016］。

24 東南アジアでは，華語を教授言語とする近代的な学校が1900年代以降普及していくが，それ以前は広東語や福建語など方言を教授言語とする私塾での教育が行われていた。

25 プラナカン，ババ，ニョニャは，現地生まれの混血児を指す語である。プラナカンは，華人とマレー人との混血児のみならず，南インド出身のムスリムとマレー人の混血児に対しても，「ジャウィ・プラナカン」などとして使われた。ジャウィ・プラナカンについては「はじめに」および第1章を参照。ババとニョニャは，おおむね華人系の血筋を持つ人たちのみに使われた。海峡華人は血統や文化的な混血性よりも，現地に生まれイギリス国籍を持つことを強調する概念であった。［Vaughan 1974；Clammer 1980；Tan 1988；Fujimoto 1989］を参照。

26 初期の中国系移民はほとんど男性で，女性はごくわずかであった。そのため中国系の男性と東南アジアの原住民系の女性との通婚が多かった。そのため，プラナカンやババ，ニョニャ，海峡華人と呼ばれる人たちの中には，母親や祖母など女性の祖先を通じてマレー系の血筋を引く者も多かった。

27 ただし山本は，マレーシアにおける「民族の政治」は必ずしも万能ではないとも指摘する。山本はマレーシアにおける「民族の政治」について，民族の境界をまたがる存在や公に認知された民族に所属しない存在を取りこぼしうる構造を持つと指摘する。また公に認知された民族に属していても，その民族の成員として当然身につけるべき民族文化に照らして「逸脱」とみなされる恐れがあると指摘する［山本 2006, 15］。

28 例えば，数少ない例としてタン・チェンロック（Tan Cheng Lock/陳禎禄）やリム・ブンケン（Lim Boon Keng/林文慶）が挙げられている［Heng 1988, 26–27；30］。しかし現実には，マレーシアおよびシンガポールでは，英語派の顔も華語派の顔も併せ持つ人物は少なくなく，出身地や教育的背景，使用言語等で容易には分類できない。これに関して，1950年代から1960年代のマラヤ／マレーシアについては，［篠崎 2003］を参照。20世紀初頭のシンガポールについては，［篠崎 2001；2004］を参照。

29 マッケオンは移民が大量に流入した地域として，アメリカ，満洲・シベリア・中央アジア・日本，東南アジア・インド洋・南太平洋地域の3地域を挙げ，1846年かとりわけ［貞好 2016］は，インドネシアにおける華人の位置づけについて植民地期からポスト・スハルト時代までを扱う通史となっている。同書は，「生きる地を共にする」ことを共同性の基礎に置く［貞好 2016，348］ナショナリズムが21世紀のインドネシアで成立する過程において，インドネシアを志向する華人が果たしてきた役割を論じている。

17 5月13日事件の原因を共産主義活動に求め，それを中国系住民と結びつけるような論調に対して，それを相対化するような議論も数多く出ている。これについては［金子 2001，280–288］を参照。

18 岡部は，共産主義の脅威は多分に過大に宣伝された傾向があると指摘する。PAPはマレーシア結成を促進する武器として脅威を誇大視する傾向があったと指摘している［岡部 1968，17］。社会主義戦線は，シンガポールがマレーシアと合併することにより連邦政府の治安維持力がシンガポールにも適用され，それが労働組合運動や学生運動の抑圧につながると考えていたため，マレーシア結成に反対していた。

19 華僑という語の起源について，成田の指摘もしばしば参照される。成田は，華僑という語が使われ始めたのは1894年頃であるとする。在イギリス清朝公使の薛福成による1893年の文書に華僑という語は使われておらず，華民や華工という語が使われていたことから，この時代にはまだ華僑という語は普及していなかったとする。一方で，1898年に横浜に華僑学校が設立されていたことを指摘し，華僑という語の出現はそれよりも数年前のはずだとする。また華僑の語は革命党が使い始めたと推測する。その根拠として，清朝の文書には光緒期（1875年から1908年）を通じて，華僑とすべき箇所に華民，華人，華商，華工などの語が充てられていた一方で，シンガポールで1907年に刊行された『中興日報』に中国同盟会の胡漢民が寄せた刊行の辞には，華僑の語が一面に用いられていたことが挙げられている［成田 1941，3–4］。

20 岡部は，中国共産党に東南アジアの中国系住民を動員する意図があったか否かについても論考している。中国共産党がマラヤ共産党に影響を及ぼしていたと思われる時期（1951年から1950年代前半）もあったが，1950年代半ば以降は文革期を除き，中国共産党は東南アジアの中国系住民との政治的な関係性を否定する方針を取っていたと結論付けている［岡部 1971；1972］。

21 戴の懸念は，現実のものとなった。東南アジアでは日本企業の急激な進出に対して批判が巻き起こり，タイやインドネシアで反日運動が発生した。インドネシアでは1974年1月に，日本企業のみならず，日本企業の合弁相手である中国系企業，さらには中国系商店を狙った暴動（マラリ事件）がジャカルタで発生した。

22 例えば日本国内においては，［朱 1994］や［佐和 1997］，［寺島 2004］などがある。これらの議論は，東南アジアの華人の間に，また東南アジアの華人と中国との間に，地縁や血縁に基づくネットワークが存在し，それがビジネスにつながっているという論理となっている。このような議論に対してオンは，地縁や血縁などの共通性は，事業を引き寄せるために強調される側面を指摘している［Ong 1999］。

23 東南アジアの華人についてこのような視点からのアプローチは，オランダ領東インドを対象とした研究において蓄積が多いように思われる。オランダ領東インドの華ガポールを含む地域を指す。マラヤは1946年以降，シンガポールが個別の行政単位に置かれ，それ以外の地域にはマラヤン連合（1946年から1948年）とマラヤ連邦（1948年から1963年，1957年に独立）という植民地行政単位および独立国家が存在した。

5 植民地官僚を務めていたパーセルも，ほぼ同じ時期に同様の内容を述べており，こうした見方が華人のみの見方ではないことが分かる。パーセルは，華人がいなければジャングルや沼地には道も橋も建物も病院も学校も法廷もなく，マラヤは80年前とほとんど変わらなかっただろうとし，近代的なマラヤの主要な部分はイギリスと中国が共同で作り上げたものだと述べている［Purcell 1948, vii］。

6 このような表現が実際にいつからどのような文脈で誰によって使われ始めたのかについて定説はないが，［Wang 1991b, 32；1991c, 132］や［Suryadinata 1978a, 4］は，西側諸国においてこうしたイメージが普及していたと述べている。河部は文中でこの表現を使うにあたり，スキナーが1963年3月に行った講義を典拠として注で示している［河部 1972，38］。

7 冷戦下で東南アジアの華人研究が進展したとする指摘について［Nonini and Ong 1997］を参照。小泉はタイの事例を詳細に論じながら，同様の指摘を行っている［小泉 2006］。

8 インドネシアについてこの点を重点的に論じた研究に［Lea 1960］がある。

9 ウィルモットは，文化的・血統的に現地社会との混血が進んでいるとみなされる人がプラナカンとして認識され，両親とも文化的・血統的に純粋な華人であるなど中国的な要素を残しているとみなされる人がトトッと認識されているとしている。インドネシア生まれかどうかはあまり重要ではなく，インドネシア生まれでも文化的・血統的混血がない人はトトッとして認識されると述べている。しかしその境界線は状況によって変化しうるものであり，中国からの新来移民の流入が停止している当時の状況から判断すれば，社会的・文化的な差異は縮小するだろうと指摘した［Willmott 1960, 103–104］。

10 1940年代後半から1960年代における東南アジアの華僑華人研究について，河部の整理が参考になる［河部 1972］。

11 なお近年の研究においては，中国系住民のカトリックへの改宗は植民地初期にはそれほどうまくいかず，18世紀中葉以降進展したことが指摘されている。このことについて，ウィックバーグの議論を相対化する方向で発展してきたフィリピンの中国系住民に関する研究の流れと合わせて，［菅谷 2006］を参照。

12 北京語音を標準とした標準中国語。中国で普通話，台湾で国語と呼ばれる言語に相当する。マラヤでは，中国語は中国の言語を意味しうることから，華人の言語という意味を込めて華語という語を使うようになった。

13 この経緯については，［Heng 1988；Tan 1996；金子 2001］が詳しい。

14 例えばその例として［須山 1955］や［米沢 1958］などがある。

15 1963年にマラヤ，サバ，サラワク，シンガポールで構成されるマレーシアが発足し，1965年にシンガポールがマレーシアから分離独立した。

16 この経緯については，［山本 2004；2012；貞好 2008；2016；相沢 2010］を参照。

ドゥッラー 1980］に収められている中原道子の解説を参照。『アブドゥッラー物語』は1843年に完成し，1849年にシンガポールで出版された。著者のアブドゥッラー・アブドゥル・カディール（1779–1854）はアラブ人，インド人，マレー人の血を引き，マラッカに生まれた。苦学の末マレー語とタミル語に熟達し，ラッフルズなどイギリス東インド会社駐在官やキリスト教宣教師の書記やマレー語教師を勤めた。『アブドゥッラー物語』は，マレー文学の中で初めてリアリズムと言うべき分野を切り開いた著作として位置づけられている。またマラッカ海峡の勢力図がめまぐるしく変化し，イギリスの新たな貿易拠点としてシンガポールが急速に発展していく状況を，つぶさに描いた史料としても貴重なものである。

11　このような意味でプラナカンという概念を使っている研究に［山本 2008］がある。山本はその中で，マレーシアサバ州において，非主流派が主流派と自分たちをともに含むかたちで新しい集合アイデンティティを構築した事例を論じ，秩序構築における非主流派の積極的な役割に着目している。

序章　東南アジアの華僑華人をとらえる視点

1　例えば『世界華僑華人詞典』でタン・カーキーは「愛国華僑の指導者」と紹介されている［周 1995，456］。タン・カーキーは1874年福建省泉州府同安県集美村生まれで，1890年にシンガポールに移り，父親が興した事業を元に，パイナップルやゴム，米などのプランテーション経営や関連事業，海運業，新聞業などで財を成した。教育・慈善事業に熱心で，厦門集美学校や厦門大学，シンガポール南洋華僑中学などを設立した。辛亥革命後に福建保安会を設立し，福建革命軍政府を支援し，また1938年に設立された南洋華僑祖国難民募金支援総会で会長を務めた。1950年にシンガポールを去り，中華人民共和国で全国政経委員や人民代表大会執行委員，華僑事務委員会委員，全国帰僑連合会主席などを務めた［周 1995，456–457；市川 1984］。なお［市川 1984］は，改革開放以降の中国で中国国外に居住する華人の投資を誘致するうえで，タン・カーキーを「愛国華僑」であると称賛する傾向が強まりつつあることを指摘し，そうした見方を相対化するような議論を展開している。

2　櫻田は，『南洋商報』は1929年にオー・ブンホー（Aw Boon Haw：胡文虎）がシンガポールで創刊した『星洲日報』とともに，第二次世界大戦以前においては華人企業家の事業促進を担うと同時に祖国中国との心理的・物理的紐帯を密接にする媒体であったとする［櫻田 2013：112–113］。

3　マレー人は，マラヤン連合（Malayan Union）はマラヤン人（Malayan）の国を作るものであり，マレー人がそこから排除されていると解釈し，大きな反対運動を行うに至った。マラヤの華人とインド人の中には1930年代頃から，マレー人と同じようにマラヤに生まれ，マレー人と同等の権利を享受する資格を持つべき者としてマラヤン人を名乗る者が現れた。マレー人の間には，マラヤン人にはマレー人が含まれていないと認識していた者が多かった。この議論については，［Ariffin 1993］および［山本 2006］を参照。

4　本書においてマラヤは，特に断り書きがない場合，今日のマレーシア半島部とシン

注

はじめに

1　マラヤ地域では華語の名称は「華人商務局」,「中華商務総会」,「中華商務局」,「中華商会」など時代と場所によってさまざまである。その一方で英語名はほぼ一様に「地名＋ Chinese Chamber of Commerce」であり，本論の扱う時期にはほとんど変更がない。本書は英語名称に基づき,“Chinese Chamber of Commerce”を「華人の商業会議所」ととらえ,「地名＋華人商業会議所」という日本語を充てる。

　また本書では華人の名前を表記するにあたり，以下のような原則を取る。マラヤの華人に関しては，英語表記が分かる場合その発音をカタカナで表記し，英語表記が不明である者に関しては華語で表記する。中国の華人に関しては，すでに華語表記が一般的である場合も多いため，華語表記とする。なお本書の直接の議論の対象である19世紀末から20世紀初頭にペナンを拠点としていた華人の氏名の英語表記および華語表記は本文に記載せず，別表「本書に登場する主な人物の経歴」に記載する。

2　ブミプトラはマレー語で「土地の子」を意味する。これは，華人とインド人を「外来者」と位置づけることで成立する概念である。ブミプトラには，マレー人と半島部，サバ，サラワクの「原住民」が内包される。

3　マラッカは英語に基づく発音であり，ムラカはマレー語に基づく発音である。

4　ペナンとマラッカの世界文化遺産登録の意義については,［篠崎 2011a］を参照。

5　1969年5月13日に首都クアラルンプールでマレー人と華人が衝突し，死者196人，負傷者439人を出す惨事に発展した。この事件の原因は，半島部のマレー人と非マレー人との経済的な不均衡にあるとされた。それを是正し国民統合を促進するために，資源の分配に政府が積極的に介入し，ブミプトラに一定の割当てを確保する政策が1970年に導入された。これと並行して,「土着」の文化やイスラム教を核とした国民文化の創出を目指す政策が掲げられ，それ以外の文化は積極的に認知されなかった。

6　この経緯については,［Ariffin 1993］を参照。

7　1963年のマレーシア発足により，MCAはマレーシア華人協会（Malaysian Chinese Association）に，MICはマレーシア・インド国民会議（Malaysian Indian Congress：MIC）にそれぞれ改称し，現在に至る。

8　マレーシア現代政治史を「民族の政治」という概念から説明したものとして,［篠崎 2011b］がある。

9　ペナンにつどった人々の子孫による今日の日々の営みを描いたものに［宇高 2008］がある。

10　インドや中東に出自をたどりうるムスリムのマレー人認識については,［アブ

――――　2013「フロンティアとしての混成社会――東南アジア映画の舞台設定」『地域研究』13(2)，128–132.
游仲勲 1990『華僑――ネットワークする経済民族』講談社。
吉澤誠一郎 2003『愛国主義の創成――ナショナリズムから近代中国をみる』岩波書店。
吉原和夫 1995「中国人社会の同郷結合と社会関係ネットワーク」可児・游編 1995, 195–218.
米沢秀夫 1958「東南アジア華僑の動向」『アジア經濟旬報』366, 13–24.
李盈彗（仲井陽平訳） 2003「清末革命及び東南アジア各国の独立運動と華僑」孫文研究会編, 2003,『辛亥革命の多元構造』汲古書院, 196–236.
劉香織 1990『断髪――近代東アジアの文化衝突』朝日新聞社。
臨時台湾旧慣調査会 1913『清国行政法』, 第1巻上。
――――　1914『清国行政法』, 第1巻下。

波講座東南アジア史 3　東南アジア近世の成立』岩波書店，151–177.
西澤治彦 1996「村を出る人・残る人，村に戻る人・戻らぬ人——漢族の移動に関する諸問題」可児編，1996，1–37.
箱田恵子 2012『外交官の誕生近代——中国の対外態勢の変容と在外公館』名古屋大学出版会。
原不二夫 1993「戦後のマラヤ華僑と中国」原不二夫編『東南アジア華僑と中国——中国帰属意識から華人意識へ』アジア経済研究所，153–262.
——— 2001『マラヤ華僑と中国——帰属意識転換過程の研究』龍渓書舎。
——— 2002「マラヤ連合の頓挫とマラヤ連邦」後藤乾一編『岩波講座東南アジア史 8　国民国家形成の時代』，203–224.
日比野丈夫 1969「マラッカのチャイニーズ・カピタンの系譜」『東南アジア研究』6 (4)，758–778.
弘末雅士 1999「交易の時代と近世国家の成立」池端雪浦編『世界各国史 6　東南アジア史Ⅱ島嶼部』，82–137.
——— 2004『東南アジアの港市世界——地域社会の形成と世界秩序』岩波書店。
深町英夫 1999『近代中国における政党・社会・国家——中国国民党の形成過程』中央大学出版部。
藤谷浩悦 2003「中国近代史研究の動向と課題」『歴史評論』638，6 月，3–14.
夫馬進 1997『中国善会善堂史研究』，同朋舎出版。
古田元夫 1984「ベトナム——インドシナの民族的諸相」『東洋文化』64，45–86.
——— 1995『ベトナムの世界史』東京大学出版会。
古屋博子 2009『アメリカのベトナム人——祖国との絆とベトナム政府の政策転換』明石書店。
村上衛 2000「五港開港期厦門における帰国華僑」『東アジア近代史』3，112–130.
——— 2013『海の近代中国——福建人の活動とイギリス・清朝』名古屋大学出版会。
持田洋平 2012「シンガポール華人社会の『近代』の始まりに関する一考察——林文慶と辮髪切除活動を中心に」『華僑華人研究』9，7–27.
本野英一 2004『伝統中国商業秩序の崩壊——不平等条約体制と「英語を話す中国人」』名古屋大学出版会。
森川眞規雄 1995「華僑の異文化適応と受容力」可児・游編 1995，155–171.
山影進 1994『対立と共存の国際理論——国民国家体系のゆくえ』東京大学出版会。
山田真裕 2016『政治参加と民主政治』東京大学出版会。
山本信人 2004「排除された市民の再構築——インドネシア国家と華人系住民」関根政美，山本信人編，2004，『海域アジア』慶應義塾大学出版会，231–257.
——— 2012「華人・インドネシア・中国——華人をめぐる虚構と実体」『華僑華人研究』9，33–50.
山本博之 2006『脱植民地化とナショナリズム——英領北ボルネオにおける民族形成』東京大学出版会。
——— 2008「プラナカン性とリージョナリズム——マレーシア・サバ州の事例から」『地域研究』8 (1)，49–66.

1995,『グレーター・チャイナの政治変容』勁草書房，288-312.
――――― 2002『移民と国家――東南アジア華人世界の変容』名古屋大学出版会。
田村愛理 1988「マレー・ナショナリズムにおける政治組織とシンボル操作――マレー性／イスラームをめぐる政治的集団形成の分析」『アジア経済』29（4），2-26.
田村慶子 2013『多民族国家シンガポールの政治と言語――「消滅」した南洋大学の25年』明石書店。
陳来幸 1996「清末民初の商会と中国社会」『現代中国』70，172-185.
――――― 2016『近代中国の総商会制度――繋がる華人の世界』京都大学学術出版会。
津田浩司 2011『「華人性」の民族誌：体制転換期インドネシアの地方都市のフィールドから』世界思想社。
坪井祐司 2004「英領期マラヤにおける『マレー人』枠組みの形成と移民の位置づけ――スランゴル州のプンフルを事例に」『東南アジア 歴史と文化』33，3-25.
――――― 2011「英領マラヤにおけるマレー人概念の土着化――スランゴル州におけるマレー人エリート層の形成」『東洋学報』93(2)，246-221.
――――― 2013「英領マラヤにおけるマレー人像の相克――スランゴル州における対マレー人土地政策の展開」『マレーシア研究』2，72-87.
寺島実郎 2004「未来に対する歴史責任」渡辺利夫・寺島実郎・朱建栄編『大中華圏――その実像と虚像』岩波書店，166-174.
中井英基 1994「近代中国の企業家精神」『講座現代アジア1　ナショナリズムと国民国家』東京大学出版会，251-283.
永積昭 1972「中華民国成立期における在インドネシア華僑の動向」河部編 1972，41-66.
奈倉京子 2011『中国系移民の故郷認識――帰還体験をフィールドワーク』風響社。
――――― 2012『帰国華僑――華南移民の帰還体験と文化的適応』風響社。
――――― 2014「中国系移民の複合的な『ホーム』――あるミャンマー帰国華僑女性のライフヒストリーを事例として」『地域研究』14(2)，196-215.
並木頼寿 1989「中国の近代史と歴史意識――洋務運動・曾国藩の評価をめぐって」『岩波講座現代中国4　歴史と近代化』岩波書店，39-76.
――――― 1993「日本における中国近代史研究の動向」小島晋治・並木頼寿編『近代中国研究案内』岩波書店，3-31.
並木頼寿・井上裕正 1997『中華帝国の危機』中央公論社。
成田節男 1941『増補　華僑史』蛍雪書院。
西芳実 2003「東南アジアにおけるナショナリズム研究の課題と現状――池端雪浦編『岩波講座東南アジア史7　植民地抵抗運動とナショナリズムの展開』，後藤乾一編『岩波講座東南アジア史8　国民国家形成の時代』，末廣昭編『岩波講座東南アジア史9　「開発」の時代と「模索」の時代』」『東南アジア　歴史と文化』32，118-132.
――――― 2013「信仰と共生――バリ島爆破テロ事件以降のインドネシアの自画像」『地域研究』13(2)，176-200.
西尾寛治 2001「17世紀のムラユ諸国――その構造と諸変化」石井米雄編，2001，『岩菅谷成子 2006「スペイン領フィリピンにおける『中国人』――“Sangley,”“Mestizo” および“Indio”のあいだ」『東南アジア研究』43(4), 374–396.
――― 2016「中国人移民の『脱中国人』化あるいは『臣民』化――スペイン領フィリピンにおける中国系メスティーソ興隆の背後」貴志俊彦編, 2016,『近代アジアの自画像と他者――地域社会と「外国人」問題』京都大学学術出版会, 17–37.
杉原薫 1996『アジア間貿易の形成と構造』ミネルヴァ書房。
――― 1999「近代世界システムと人間の移動」杉原薫編『岩波講座世界歴史 19 移動と移民』岩波書店, 3–61.
――― 2001「国際分業と東南アジア植民地経済」加納啓良編『岩波講座東南アジア史 6 植民地経済の繁栄と凋落』岩波書店, 249–372.
鈴木恒之 1999「近世国家の展開」池端雪浦編『世界各国史 6 東南アジア史Ⅱ 島嶼部』, 138–181.
須山卓 1955「東南アジアの華僑問題」『アジア研究』2(3・4), 9–41.
須山卓・日比野丈夫・蔵居良造 1974『華僑 改訂版』日本放送出版協会。
瀬川昌久 1996「南へ――連続的視点からみた漢族の国内／海外移動」可児編, 1996, 98–115.
曽田三郎 1975「商会の設立」『歴史学研究』422, 43–55.
――― 1991「清末における『商戦』論の展開と商務局の設置」『アジア研究』38(1), 47–78.
園田節子 2006「北アメリカの華僑・華人研究――アジア系の歴史の創出とその模索」『東南アジア研究』43(4), 419–436.
――― 2010『南北アメリカ華民と近代中国――19 世紀トランスナショナル・マイグレーション』東京大学出版会。
戴国煇 1974「東南アジア華人研究の視点」戴国煇編, 1974,『東南アジア華人社会の研究 上』アジア経済研究所, 3–24.
――― 1980a『華僑――「落葉帰根」から「落地生根」への苦悶と矛盾』研文出版。
――― 1980b「私の『華僑』試論」戴, 1980a, 29–44（初出は, 戴国煇, 1971,「東南アジアの華僑経済――私の華僑小試論」,『アナリスト』17(2), 22–35）。
――― 1980c「『落地帰根』から『落地生根』への苦悶と矛盾」戴, 1980a, 73–95（初出は, 戴国煇, 1972,「華僑観の誤解を解く――“落地帰根”から“落地生根”への苦悶と矛盾」『中央公論経営問題』11(2), 180–192）。
――― 1991「序文にかえて」戴国煇編, 1991, v–x.
戴国煇編 1991『もっと知りたい華僑』弘文堂。
高田洋子 2003「法と植民地主義――ベトナムにおけるフランス近代法導入をめぐる一考察」『敬愛大学国際研究』, 12, 1–22.
高橋五郎 2003「劉亨賻と葉飛 二人の『華僑将軍』――華僑の事例的研究の一方法として」『中国 21』17, 67–112.
田中恭子 1990「中国外交と華僑・華人」岡部達味編, 1990,『岩波講座現代中国 第 6 巻 中国をめぐる国際環境』岩波書店, 285–322.
――― 1995「シンガポール華人と中国――リー・クアンユーの中国観」岡部達味編,

櫻田涼子 2013「新聞記事にみるマレーシア華人の社会関係の変容――『星洲日報』1929年から2012年の告知記事の分析を通じて」『白山人類学』16, 109–131.
貞好康志 2004「ジャワで＜華人＞をどう識るか――同化政策30年の後で」加藤剛編『変容する東南アジア――民族・宗教・文化の動態』めこん, 61–92.
――― 2006「蘭領期インドネシア華人の多重『国籍』と法的地位の実相」『近代』96, 1–34.
――― 2008「スハルト体制の華人政策と反応」『華僑華人研究』5, 124–143.
――― 2016『華人のインドネシア現代史――はるかな国民統合への道』木犀社。
佐和隆光 1997「中国人・華人経済圏」『朝日新聞』1997年6月30日。
重松伸司 1999『国際移動の歴史社会学――近代タミル移民研究』名古屋大学出版会。
――― 2012『ペナン――マラッカ海峡のコスモポリス』大学教育出版。
篠崎香織 2001「シンガポールの海峡華人と『追放令』――植民地秩序の構築と現地コミュニティの対応に関する一考察」『東南アジア　歴史と文化』30, 72–97.
――― 2003「書評　金子芳樹著『マレーシアの政治とエスニシティ』」『アジア研究』49(1), 112–117.
――― 2004「シンガポールの華人社会における剪辮論争――異質な人々の中で集団性を維持するための諸対応――」『中国研究月報』58(10), No. 680（10月）, 1–14.
――― 2011a「東南アジア史へのいざない――世界文化遺産ペナンからのアプローチ」小尾美千代・中野博文・久木尚志編『国際関係学の第一歩』法律文化社, 213–234.
――― 2011b「マレーシア――『民族の政治』に基づく民主主義」清水一史・田村慶子・横山豪志編著『東南アジア現代政治入門』ミネルヴァ書房, 35–56.
――― 2013「継承と成功――東南アジア華人の『家』づくり」『地域研究』13(2), 149–175.
信夫清三郎 1968『ラッフルズ伝』平凡社。
白石隆 1972「ジャワの華僑運動 1900–1918年――複合社会の形成(1)」『東南アジア　歴史と文化』2, 35–74.
――― 1973「ジャワの華僑運動 1900–1918年――複合社会の形成(2)」『東南アジア　歴史と文化』3, 28–58.
――― 1975「華民護衛署の設立と会党――19世紀シンガポール華僑社会の政治的変化」『アジア研究』22(2), 75–102.
――― 1996「『最後の波』のあとに――20世紀ナショナリズムのさらなる冒険」井上俊ほか編『岩波講座現代社会学24　民族・国家・エスニシティ』岩波書店, 211–229.
鄒愛蓮（外間みどり訳）2002「軍機処上諭档中の中琉関係史料」『史料編集室紀要』27, 59–64.
朱炎 1994「中国の経済成長を支える華人ネットワーク」『世界』598, 90–93.
菅原由美 2009「インドネシア――植民地史観とナショナリズム」東南アジア史学会40周年記念事業委員会『東南アジア史研究の展開』山川出版社, 42–56.

報』44 (3)，6–10.
今堀誠二 1969「ペナン華僑の手工業ギルド　上」『アジア研究』16 (3)，84–106.
――――― 1970「ペナン華僑の手工業ギルド　下」『アジア研究』16 (4)，96–110.
――――― 1973『マラヤの華僑社会』アジア経済研究所。
岩崎育夫 1997『華人資本の政治経済学――土着化とボーダレスの間で』東洋経済新報社。
宇高雄志 2008『住まいと暮らしからみる多民族社会マレーシア』南船北馬舎。
岡部達味 1968「シンガポール華人と中国」『アジア経済』9 (4)，14–37.
――――― 1971『現代中国の対外政策』東京大学出版会。
――――― 1972「華僑『同化』と中国」河部編，1972，『東南アジア華僑社会変動論』，67–105.
――――― 1989「ASEAN における統合と華人・中国」岡部達味編，1989，『ASEAN における国民統合と地域統合』日本国際問題研究所，1–28.
岡村美保子 2003「重国籍――我が国の法制と各国の動向」『レファレンス』634，11月，56–63.
長田紀之 2016『胎動する国境――英領ビルマの移民問題と都市統治』山川出版社。
加藤剛 1990「『エスニシティ』概念の展開」坪内良博編『講座東南アジア学　第 3 巻　東南アジアの社会』弘文堂，215–245.
可児弘明 1979『近代中国の苦力と「豬花」』岩波書店。
可児弘明編 1996『僑郷華南――華僑・華人研究の現在』行路社。
可児弘明・游仲勲編 1995『華僑華人――ボーダレスの世紀へ』東方書店。
金子芳樹 2001『マレーシアの政治とエスニシティ――華人政治と国民統合』晃洋書房。
蒲島郁夫 1988『政治参加』東京大学出版会.
河部利夫編 1972『東南アジア華僑社会変動論』アジア経済研究所。
――――― 1972「東南アジア華僑研究の視点――華僑の同化と非同化と」河部編，1972，『東南アジア華僑社会変動論』，1–40.
北村由美 2014「『西』への道――オランダにおけるインドネシア出身華人の軌跡」『地域研究』14 (2)，219–239.
倉橋正直 1976「清末の商会と中国のブルジョアジー」『歴史学研究別冊特集　世界史の新局面と世界史像の再検討』438（11 月），117–126.
黒田景子 2001「マレー半島の華人港市国家」桜井由躬雄編，2001，『岩波講座東南アジア史 4　東南アジア近世国家群の展開』岩波書店，161–187.
小泉順子 2006「タイ中国人社会研究の歴史性と地域性――冷戦期アメリカにおける華僑・華人研究と地域研究に関する一考察」『東南アジア研究』43 (4)，437–466.
黄蘊 2011『東南アジアの華人教団と扶鸞信仰――徳教の展開とネットワーク化』風響社。
小谷汪之・辛島昇 2004「イギリス植民地支配の始まりとインド社会」辛島昇編『南アジア史』山川出版社，273–321.
後藤春美 2005『アヘンとイギリス帝国――国際規制の高まり』山川出版社。
近藤敦 2004「市民権の重層化と帰化行政」『地域研究』6 (2)，49–79.

英属馬来亜中華商会聯合会 1939「英属馬来亜中華商会聯合会第 18 期議案」。
張堅 2004「民族主義視野下的民初華僑回国参政」『華僑華人歴史研究』2004 年 3 月第 1 期，46-53.
張克恭 1913「謝君碧田偉績」劉士木，1913，5-7.
張賽群 2006「近代華僑国内参政議政権深討」『八桂僑刊』3（2006 年 9 月），41-47.
張盛満 2010「華僑参政権研究」江西師範大学碩士論文。
張少寛 1994「十九世紀檳榔嶼福建公塚研究」檳城聯合福建公塚董事会，1994，249-261.
——— 2003『檳榔嶼華人史話続編』Penang：南洋田野研究室。
——— 2004『孫中山与庇能会議策動広州三，二九之役』Penang：南洋田野研究室。
鄭良樹 1998『馬來西亞華文教育発展史』第 1 分冊，吉隆坡：馬來西亞華校教師会総会。
鄭永美 1978「檳州中華総商会戰前史料」檳州中華総商会，1978，75-87.
——— 1983「平章先賢列傳」檳州華人大会堂特刊編輯委員会，1983，169-193.
周南京（主編）1995『世界華僑華人詞典』，香港，新加坡，馬來西亞柔仏新山：智力出版社（原由北京大学出版社出版，1991）。
朱志強・陳耀威編 2003『檳城龍山堂邱公司：歴史與建築』Penang：檳城龍山堂邱公司。
荘国土 1989『中国封建政府的華僑政策』厦門：厦門大学出版社。

7. 日本語書籍・論文

相沢伸宏 2010『華人と国家――インドネシアの「チナ」問題』書籍工房早山。
青山治世 2014『近代中国の在外領事とアジア』名古屋大学出版会。
明石陽至 1971「南洋華僑と満洲事変」『東南アジア　歴史と文化』1，52-78.
——— 1980「シンガポール華人改革者林文慶と文化摩擦」，山本達郎・衛藤瀋吉監修，永積昭編『アジアにおける文化摩擦　東南アジアの留学生と民族主義運動』巌南堂書店，105-141.
アブドゥッラー（中原道子訳）1980『アブドゥッラー物語』平凡社。
アンダーソン，ベネディクト（白石さや・白石隆訳） 1997『増補版想像の共同体――ナショナリズムの起源と流行』NTT 出版 (Anderson, Benedict. 1991. *Imagined Communities: Reflections on the Origin and Spread of Nationalism*, Revised Edition, Verso, London and New York).
池端雪浦 1994「東南アジア史へのアプローチ」池端雪浦編，1994，『変わる東南アジア史像』山川出版会，3-22.
——— 2002「フィリピン革命――ビサヤの視点から」池端雪浦編，2002，『岩波講座東南アジア史 7　植民地抵抗運動とナショナリズムの展開』岩波書店，111-134.
市川健二郎 1984「陳嘉庚――ある華僑の心の故郷」『東南アジア　歴史と文化』13，3-28.
市川哲 2009「新たな移民母村の誕生――パプアニューギニア華人のトランスナショナルな社会空間」『国立民族学博物館研究報告』33(4)，551-598.
今冨正巳 1991「華僑から華人へ――東南アジア華人の思想意識の変容を探る」『学術月

梁錦耀 1973「本会会史」檳城広東暨汀州会館，1973，6–11.
柳定生 1984「金陵詞壇名宿陳匪石伝略」『南京史志』一九八四年第三期，南京市地方志編纂委員会辨公室「南京地方志」ウェブサイト，http：//njdfz.nje.cn/HTMLNEWS/1210%5C2009715192528.htm（最終閲覧日 2013 年 9 月 25 日）。
林水檬・駱静山編 1984『馬来西亜華人史』Kuala Lumpur：馬来西亜留台同学会聯合総会。
林文立 1983「檳城華文報業的過去与現在」檳州華人大会堂特刊編輯委員会，1983，410–418.
劉士木 1913『華僑参政権全案』上海華僑聯合会（耿素麗，張軍選編『民国華僑史料彙編』第 1 冊，国家図書館出版社，2011 年所収の中国図書公司 1913 年鉛印本版）。
劉世昌 1986「中山先生与南洋」辛亥革命南洋華人研討会論文集編輯委員会，1986，47–64.
劉惟明・汪起予・陳少蘇・王徳清・陳景雲 1937『檳城閲書報社卅周年紀念特刊』檳城：檳城閲書報社。
駱静山 1984「大馬半島華人宗教的今昔」林・駱編 1984，409–449.
羅道雲・胡観臣 1973「檳城恵州会館簡史」檳城広東暨汀州会館，1973，114.
梅県地方志辨公室 2007『梅県客家杰出人物』梅県地方志辨公室。
孫文 1921「致南洋各埠華僑派方瑞麟前來宣慰函」，1921 年 2 月 12 日，『国父全集』第五冊，299–300.
杜裕根・蒋順興 1992「論華僑参議員的設立及其歴史地位」『民国档案』1992 年第 3 期，93–97.
王琛発 1998a「檳榔嶼潮州会館史論」檳榔嶼潮州会館 1998，14–36.
——— 1998b『檳城客家両百年』Penang：檳榔嶼客属公会。
——— 1999『広福宮歴史与伝奇』檳城州政府華人宗教（社会事務）理事会，檳榔嶼広福宮信理部聯合出版。
——— 2010「論清代馬来亜之漢伝仏教」『華僑大学学報道（哲学社会科学版）』2010 年第 3 期，12–27.
王賡武 1978「華人，華僑与東南亜史」崔貴強・古鴻廷編 1978『東南亜華人問題之研究』Singapore：教育出版社，27–32（1975 年 3 月 23 日假新加坡中華總商會演講）。
王慷鼎 1995『新加坡華文日報道社論研究 1945–1959』新加坡国立大学中文系漢学研究中心。
謝詩堅 1984『馬来西亜華人政治思潮演変』Penang：友達企業有限公司。
辛亥革命南洋華人研討会論文集編輯委員会 1986『辛亥革命与南洋華人研討会論文集』台北：国立政治大学国際関係研究中心。
新加坡中華総商会 1964『新加坡中華総商会大厦落成紀念刊』新加坡中華総商会。
新加坡潮州八邑会館 2011a「会館簡史」新加坡潮州八邑会館網站，http：//www.teochew.org.sg/history.shtml（最終閲覧日：2014 年 2 月 19 日）。
——— 2011b「潮属団体」新加坡潮州八邑会館網站，http：//www.teochew.org.sg/organi.shtml（最終閲覧日：2014 年 2 月 19 日）。
徐友春編 2007『民国人物大辞典』石家庄：河北人民出版社。

檳州中華商会 1978a『檳州中華商会贊禧紀念特刊（1903–1978）』檳城：Penang Chinese Chamber of Commerce.
——— 1978b「戦前的馬華商聯会資料」檳州中華商会 1978a，95–102.
——— 1978c「檳州中華総商会歴屆職員名単」檳州中華商会 1978a，103–158.
檳州中華総商会 2003『檳州中華総商会 100 周年記念特刊』Penang：檳州中華総商会。
檳州華人大会堂特刊編輯委員会 1983『檳州華人大会堂慶祝成立一百週年新厦落成開幕紀念特刊』檳州華人大会堂。
蔡史君 1984「戦時馬来亜的華人」林・駱編，1984，『馬来西亜華人史』，67–89.
陳樹強 1986「辛亥革命時期南洋華人支援起義経費之研究」辛亥革命南洋華人研討会論文集編輯委員会，1986，238–266.
陳新政 1921『華僑革命史』張少寬，2004，200–237.
陳剣虹 1983「平章会館的歴史発展輪廓 1881–1974」檳州華人大会堂特刊編輯委員会，1983，135–162.
——— 1984「戦後大馬華人的政治発展」林・駱編，1984，91–137.
——— 2003「檳州中華総商会的百年発展」檳州中華総商会，2003，43–46.
——— 2007『檳榔嶼華人史図録』Penang：Areca Books.
——— 2010『檳榔嶼潮州人史綱』檳榔嶼潮州会館。
——— 2014「檳榔嶼潮州会館史略」檳榔嶼潮州会館ウェブサイト，http：//www.penangteochew.org.my/history.php#jump（最終閲覧日 2014 年 2 月 19 日）。
陳綠漪 2003「從局面，匯流和爭執的角度透視檳城歴史」檳州中華総商会，2003，281–291.
陳玉申 2003『晩清報業史』済南：山東画報出版社。
程映虹 2008「毛主義和“文革”与新加坡左翼運動間関係」『当代中国研究』2008 年第 1 期（総第 100 期），http：//www.modernchinastudies.org/cn/issues/past-issues/99-mcs-2008-issue-1/1039-2012-01-05-15-35-31.html
崔貴強 1990『新馬華人国家認同的転向　1945–1959』，新加坡：南洋学会出版会。
戴荔岩 1968「本会会史」檳榔嶼大埔同郷会 1968『檳榔嶼大埔同郷会三十周年紀念刊』檳城：大埔同郷会，51–52.
胡茂東 1973「永定同郷会史略暨会務概況」檳城広東暨汀州会館 1973，111–112.
黄賢強 2015『跨域史学：近代中国与南洋華人研究的新視野』台北：龍視界。
高麗珍 2010「『神道設教』與海外華人地域社会的跨界與整合：馬來西亜檳城的実例」『台灣東南亞學刊』，7 (1)，75–122.
将賢斌・李琴 2008「民初華僑代議権問題深析」『江西師範大学学報』41 (6)（2008 年 12 月），50–54.
蒋永敬 1986「辛亥前南洋華人対孫中山先生革命運動之支援」辛亥革命南洋華人研討会論文集編輯委員会，1986，222–237.
鄺国祥 1979「檳城客属人士概況」檳榔嶼客属公会四十周年紀念刊編輯委員会，1979，726–730.
李鐘珏 1994「新嘉坡風土記」，饒宗頤編『新加坡古時記』香港中文大学，159–172.
鯉城区志編纂委員会編 2007「鯉城姓氏資料滙編」。

———. 2015. *Penang Chinese Commerce in the 19th Century : The Rise and Fall of the Big Five,* Singapore : ISEAS Publishing.
Wu Xiao An. 2003. *Chinese Business in the Making of A Malay State 1882–1941,* London : Routledge Curzon.
———. 2009. "A Prominent Chinese Towkay from the Periphery : The Choong Family", Yeoh et al. eds., 2009, 190–212.
Yen, Ching Hwang. 1970. "Ch'ing's Sale of Honours and the Chinese Leadership in Singapore and Malaya (1877–1912) ", *Journal of Southeast Asian Studies,* 1 (2) , 20–32.
———. 1976. *The Overseas Chinese and the 1911 Revolution : With Special Reference to Singapore and Malaya,* Kuala Lumpur : Oxford University Press.
———. 1985. *Coolies and Mandarins,* Singapore : Singapore University Press.
———. 1986, "Penang Chinese and the 1911 Chinese Revolution", *Journal of South Seas Society,* 41 (1&2) , 63–77.
Yeoh, Seng Guan, Loh Wei Leng, Khoo Salma Nastion and Neil Khor, eds. 2009. *Penang and Its Region : The Story of an Asian Entrepôt,* Singapore : NUS Press.
Yong, C.F. 1968. "A Preliminary Study of Chinese Leadership in Singapore, 1900–1941", *Journal of Southeast Asian History*, 9 (2) , 258–285.
———. 1992a. *Chinese Leadership and Power in Colonial Singapore,* Singapore : Times Academic Press.
———. 1992b. "Patterns and Traditions of Loyalty in the Chinese Community of Singapore, 1900–1914", Yong, 1992a, 82–96 (first published in *the New Zealand Journal of History,* 4 (1) , 1970).
———. 1992c. "Some Thoughts on the Creation of a Singaporean Identity among the Chinese : the Pre-PAP Phase, 1949–1959 ", Yong, 1992a, 273–284 (first published in *Review of Southeast Asian Studies,* 15, 1985).

6. 華語書籍・論文

檳城聯合福建公塚董事会 1994『檳城聯合福建公塚二百年』檳城。
檳城瓊州会館 1973「檳城瓊州会館館史」檳城広東暨汀州会館，1973，97–99.
檳城広東暨汀州会館 1973『檳城広東暨汀州会館　170 週年紀念特刊』檳城：広東暨汀州会館。
檳榔嶼広東暨汀州会館 2014a「会館史略」檳榔嶼広東暨汀州会館ウェブサイト，http : //www.kwangteng-pg.org/history.php#jump（最終閲覧日：2014 年 2 月 16 日）。
檳榔嶼広東暨汀州会館 2014b「檳城海南会館」檳榔嶼広東暨汀州会館ウェブサイト，http : //www.kwangteng-pg.org/archive.php?file = 15（最終閲覧日：2014 年 2 月 16 日）。
檳榔嶼客属公会四十周年紀念刊編輯委員会 1979『檳榔嶼客属公会四十周年紀念刊』，Penang.
檳榔嶼中華総商会 1925『檳榔嶼中華総商会中華民国十三周年報告書』檳城。

Verba, Sidney, Norman H. Nie and Jae-On Kim. 1971. *The Modes of Democratic Participation : A Cross-National Comparison,* Beverly Hills, Calif : Sage Publications.

Verba, Sidney and Norman H. Nie. 1972. *Paticipation in America : Social Equality and Political Democracy,* New York : Haper & Row.

Wang, Gungwu. 1970. "Chinese Politics in Malaya", *China Quarterly,* 43 (July-September, 1970), 1-30.

———. 1981. "A Note on the Origins of Hua-Ch'iao ", Wang Gungwu, 1981, *Community and Nation : Essays on Southeast Asia and the Chinese,* selected by Anthony Reid, Singapore : Heinemann Educational Books (Asia), 118-127 (originally written for the Festschrift for C. R. Boxer and given as a seminar paper in the department of Far Eastern History, Australian National University, 1976).

Wang, Gungwu. 1991a. *China and the Chinese Overseas*, Singapore : Times Academic Press.

———. 1991b. "Southeast Asian Huaqiao in Chinese History-Writing", Wang 1991a, 22-40 (first published in *Journal of Southeast Asian Studies,* 12 (1) , 1981).

———. 1991c. "Political Chinese : Their Contribution to Modern Southeast Asian History", Wang 1991a, 130-145 (first published in Bernhard Grossman ed., 1972. *Southeast Asia in the Modern World,* Wiesbaden : Otto Harrassowitz).

Wikeberg, E. 1964 "The Chinese Mestizo in Philippine History", *Journal of Southeast Asian History,* 5 (1) , March, 63-71.

Willmott, Donald E. 1960. *The Chinese of Semarang : A Changing Minority Community in Indonesia,* Ithaca : Cornell University Press.

Winstedt, R.O. 1931. *The Constitution of the Colony of the Straits Settlements and of the Federated and Unfederated Malay States,* London : The Royal Institute of International Affairs.

Wright, Arnold and Cartwright, H. A. eds. 1908. *Twentieth Century Impressions of British Malaya : Its History, People, Commerce, Industries, and Resources,* London : Lloyd's Greater Britain Publishing Company Ltd.

Wong, Yee Tuan. 2013a. "Cheah Choo Yew", Loh et al. eds., 2013, 49-50.

———. 2013b. "Cheah Tek Soon", Loh et al. eds., 2013, 53-54.

———. 2013c. "Chew Sin Yong", Loh et al. eds., 2013, 56-57.

———. 2013d. "Foo Tye Sin", Loh et al. eds., 2013, 74-75.

———. 2013e. "Khoo Hun Yeang", Loh et al. eds., 2013, 95-96.

———. 2013f. "Khoo Thean Poh", Loh et al. eds., 2013, 99-100.

———. 2013g. "Koo Thean Teik", Loh et al. eds., 2013, 100-101.

———. 2013h. "Ng Ah Thye", Loh et al. eds., 2013, 135-136.

———. 2013i. "Tan Kang Hock", Loh et al. eds., 2013, 162-163.

———. 2013j. "Yeoh Sew Beow", Loh et al. eds., 2013, 177.

Journal of Asian Studies, 11 (2) , February 1952, 268–270.
———. 1957. *Chinese Society in Thailand : An Analytical History,* Ithaca : Cornell University Press.
———. 1960. "Change and Persistence in Chinese Culture Overseas : A Comparison of Thailand and Java", *Journal of the South Seas Society,* 16, 86–100.
Song, Ong Siang. 1984. *One Hundred Years' History of the Chinese in Singapore,* Singapore : Oxford University Press (first published by John Murray in 1902).
Spiro, Peter J. 2010. "Dual Citizenship as Human Right", *I・CON* , 8 (1) , 111–130.
Suryadinata, Leo. 1978a. *'Overseas Chinese' in Southeast Asia and China's Foreign Policy : An Interpretative Essay,* Research Notes and Discussion Paper, No.11, Singapore : Institute of Southeast Asian Studies.
———. 1978b. *Pribumi Indonesians, the Chinese Minority and China,* Kuala Lumpur : Heinemann Educational Books.
———. 1981. *Peranakan Chinese Politics in Java, 1917–1942,* Singapore : Singapore University Press.
———. 1995. *Prominent Indonesian Chinese : Biographical Sketches,* Singapore : Institute of Southeast Asian Studies.
Tan, Chee Beng. 1988. *The Baba of Melaka : Culture and Identity of a Chinese Peranakan Community in Malaysia,* Petaling Jaya : Pelanduk Publication.
Tan, Kim Hong. 2013. "Khaw Boo Aun", Loh et al. eds., 2013.
Tan, Kim Hong and Hung Bee Ling. 2013a. "Cheah Chen Eok", Loh et al. eds., 2013, 47–49.
———. 2013b. "Kee Lye Huat", Loh et al. eds., 2013, 184.
Tan, Liok Ee. 1996. *The Politics of Chinese Education in Malaya,* 1945–1961, Kuala Lumpur : Oxford University Press.
Tang, E. 1971. "The Status in China of Chinese British Subjects from the Straits Settlements 1844–1900", Papers on Far Eastern History (Department of Far Eastern History, The Australian National University), 3 March, 1971, 189–209.
Thio, E. 1960. "The Singapore Chinese Protectorate : Events and Conditions Leading to its Establishment 1823–1877", *Journal of the South Seas Society,* 26, 40–80.
Trocki, Carl A. 1990. *Opium and Empire, Chinese Society in Colonial Singapore, 1800–1910,* Ithaca : Cornell University Press.
———. 2007. *Prince of Pirates : the Temenggongs and the Development of Johor and Singapore, 1874–1885,* 2nd edition, Singapore : NUS Press.
Ummadevi Suppiah and Sivachandralingam Sundara Raja. 2016. *The Chettiar Role in Malaysia's Economic History*, Kuala Lumpur : University of Malaya Press.
Vaughan, J. D. 1974. *The manners and customs of the Chinese of the Straits Settlements*, Kuala Lumpur : Oxford University Press (first published by Singapore : Mission Press, 1879).

published in *Journal of the Malayan Branch of the Royal Asiatic Society,* Vol.3, Part2, 1925).
Ng, Siew Yoong. 1961. "The Chinese Protectorate in Singapore, 1877-1900", *Journal of Southeast Asian History,* 2 (1), March, 76-99.
Nonini, Donald M. and Aihwa Ong, 1997, "Introduction : Chinese Transnationalism as an Alternative Modernity", Aihwa Ong and Donald M. Nonini eds., 1997, *Ungrounded Empires : The Cultural Politics of Modern Chinese Transnationalism,* New York : Routledge, 1-33.
Nordin Hussin. 2007. *Trade and Society in the Straits of Melaka : Dutch Melaka and English Penang,* 1780-1830, Singapore : NUS Press.
Ong, Aihwa. 1999. *Flexible Citizenship : The Cultural Logic of Transnationality,* Durham and Lodon : Duke University Press.
Purcell, Victor. 1948. *The Chinese in Malaya,* London : Oxford University Press.
———. 1951. *The Chinese in Southeast Asia,* London and New York : Oxford University Press.
Rajindar Singh Bedi. 2001. "The Earliest Arrival of Sikhs in Malaya", paper presented for the colloquium on "Indians in Penang : A Historical Perspective", organised by Penang Heritage Trust, and co-organised by The Indian Chamber of Commerce and Industry, Penang, September 22, 2001.
Reid, Anthony. 1993. "The Origins of Revenue Farming in Southeast Asia", Butcher and Howard eds., 1993, 69-79.
———. 2005. *An Indonesian Frontier : Acehnese & Other Histories of Sumatra,* Asia Research Institute, Singapore : National University of Singapore.
Roff, William R. 1972. *Bibliography of Malay and Arabic Periodicals : Published in the Straits Settlements and Peninsular Malay States 1876-1941,* London : Oxford University Press.
———. 1994. *Origins of Malay Nationalism,* 2nd edition, Kuala Lumpur : Oxford University Press.
Rush, James R. 1990. *Opium to Java : Revenue Farming and Chinese Enterprise in Colonial Indonesia 1860-1910,* Ithaca : Cornel University Press.
Schiller, Nina Glick, Linda Basch, and Cristina Szanton Blanc. 1995. "From Immigrant to Transmigrant : Theorizing Transnational Migration", *Anthropology Quarterly,* 68 (1), 48-63.
Seow, Jeffery. 2013a. "Koh Seang Tat", Loh et al. eds., 2013, 104-106.
———. 2013b. "Lee Chin Ho", Loh et. al eds., 2013, 107-108.
Sibert, Anthony E. 2002. "The History of Penang Eurasians", paper presented at Fourth Colloquium of The Penang Story on "Penang's Historical Minorities", City Bayview Hotel, Penang, 2 February, 2002.
Skinner, G. William. 1952. "*The Chinese in Southeast Asia* by Victor Purcell, London and New York : Oxford University Press, 1951, xxxvii, 801 p. $11.50", *The*

Koslowski, Rey. 2003. "Challenges of International Cooperation in a World of Increasing Dual Nationality", Kay Hailbronner and David Martin eds., 2003, *Rights and Duties of Dual Nationals : Evolution and Prospects,* The Hague : Kluwer Law Publishers, 157-182.

Laffan, Michael F. 2003. *Islamic Nationhood and Colonial Indonesia : The Umma below the Wind,* London and New York : Routledge Curzon.

Lea, Williams. 1960. *Overseas Chinese Nationalism : The Genesis of the Pan-Chinese Movement in Indonesia, 1900-1916,* Glencoe, Illinois : Free Press.

Lee Kam Hing. 1995. *The Sultanate of Aceh : Relations with the British 1760-1824,* Kuala Lumpur : Oxford University Press.

Lee, Kam Hing and Chow Mun Seong. 1997. *Biographical Dictionary of the Chinese in Malaysia,* Petaling Jaya : Pelanduk Publications.

Lim, Patricia Pui Huen 1992. *Singapore, Malaysian and Brunei Newspapers : An International Union List,* Singapore : Institute of Southeast Asian Studies.

Lin, Lee Loh-Lim. 2002. *The Blue Mansion : The Story of Mandarin Splendour Reborn,* Penang : L'Plan.

Lo, Man Yuk. 1900. "Chinese Names of Streets in Penang", *Journal of the Straits Branch of the Royal Asiatic Society,* 33, January, 197-246.

Loh Wei Ling. 2009. "Penang's Trade and Shipping in the Imperial Age", Yeoh et al. eds., 2009, 83-102.

Loh, Wei Ling, Badriyah Haji Salleh, Mahani Musa, Wong Yee Tuan and Marcus Langdon eds., 2013, *Biographical Dictionary of Mercantile Personalities of Penang*, George Town : Think City and Malaysian Branch of the Royal Asiatic Society.

Mahani Musa. 2003. *Kongsi Gelap Melayu : Di Negeri-negeri Utara Pantai Barat Semenanjung Tanah Melayu 1821-1940-an,* Kuala Lumpur : Malaysian Branch of the Royal Asiatic Society.

———. 2013. "Merican, Mohamed Noordin", Loh et al. eds., 2013, 130.

Mak, Lau Fong. 1973. "Forgotten and the Rejected Community : A Sociological Study of Chinese Secret Societies in Singapore and West Malaysia", Working papers, No. 18, Department of Sociology, University of Singapore.

McKeown, Adam. 2004. "Global Migration, 1846-1940", *Journal of World History,* 15 (2), June, 155-189.

Metcalf, Thomas R. 2008. *Imperial Connections : India in the Indian Ocean Arena, 1860-1920,* Berkley and Los Angeles : University of California Press.

Milner, Anothony Crothers. 1994. *The Invention of Politics in Colonial Malaya : Contesting Nationalism and the Expansion of the Public Sphere,* Cambridge : Cambridge University Press.

Mills, L.A. 2003. *British Malaya 1824-1867,* MBRAS (reprint from the *Journal of the Malayan Branch of the Royal Asiatic Society,* Vol.33 Part 3, No.191, 1960. First

Godley, Michael R. 1981. *The Mandarin-capitalists from Nanyang : Overseas Chinese Enterprise in the Modernization of China 1893–1911,* Cambridge : Cambridge University Press.

———. 1993. "Chinese Revenue Farm Networks : The Penang Connection", Butcher and Dick eds., 1993, 89–99.

Gullick, John M. 1953. "Captain Speedy of Larut", *Journal of the Malayan Branch of the Royal Asiatic Society,* 26 (3) , (163) , 3–103.

Hatton, Timothy J. and Jeffrey G. Williamson. 1998. *The Age of Mass Migration : Causes and Economic Impact,* New York : Oxford University Press.

Heng, Pek Koon. 1988. *Chinese Politics in Malaysia : A History of the Malayan Chinese Association,* Singapore : Oxford University Press.

Hirschman, Charles. 1987. "The Meaning and Measurement of Ethnicity in Malaysia : An Analysis of Census Classifications", *The Journal of Asian Studies,* 46 (3) , 555–582.

Huang Jianli. 2006. "Writings on Sun Yat-Sen, Tongmenghui and the 1911 Revolution : Surveying the Field and Locating Southeast Asia", Leo Suryadinata ed., *Tongmenghui, Sun Yat Sen and the Chinese in Southeast Aisa : A Revisit,* Singapore : Chinese Heritage Center, 61–107.

Huntington, Samuel P. and Joan M. Nelson. 1976. *No Easy Choice : Political Participation in Developing Countries*, Cambridge, Mass : Harvard University Press.

Khoo, Kay Kim. 1991. "Taipin (Larut) : The Early History of a Mining Settlement", *Journal of the Malaysian Branch of the Royal Asiatic Society,* 64 (1) , (260) , 1–32.

———. 2009. "Tanjong, Hilir Perak, Larut and Kinta : The Penang-Perak Nexus in History", Yeoh et al. eds., 2009, 54–82.

Khoo, Salma Nasution. 2002. "Colonial Intervention and Transformation of Muslim Waqf Settlements in Urban Penang : The Role of the Endowments Board", *Journal of Muslim Minority Affairs,* 22 (2) , 299–315.

———. 2006. *More Than Merchants : A History of the German-Speaking Community in Penang, 1800s–1940s*, Penang : Areca Books.

———. 2011. "Tamil Muslims in the Penang Port, 1900–1940", paper presented at the Penang & the Indian Ocean : An International conference, Georgetown, Penang, 17–18 September 2011.

Khoo, Su Nin. 2001. *Streets of George Town, Penang : An Illustrated Guide to Penang's City Streets and Historic Attractions,* Third Edition (first published in 1993), Penang : Janus Print and Resources.

Khor, Neil Jin Keong and Khoo Keat Siew. 2004. *The Po Leung Kuk : Chinese Women, Prostitution and a Welfare Organization,* Selangor : The Malaysian Branch of the Royal Asiatic Society.

Khor, Neil Jin Keong. 2013. "Lim Cheng Law", Loh et al. eds., 2013, 114–115.

Politics & Strategic Studies, 39 (1) , 50–75.

Basch, Linda G., Nina Click Schiller, and Cristina Szanton Blanc. 1994. *Nations Unbound : Transnational Projects, Postcolonial Predicaments, and Deterritorialized Nation–States,* Amsterdam : Overseas Publishers Association.

Braddell, Roland. 1931. *The Legal Status of the Malay States,* Singapore : Malaya Publishing House Limited.

Blythe, Wilfred. 1969. *The impact of Chinese secret societies in Malaya : A Historical Study,* London : Oxford University Press.

Butcher, John G. 1993. "Revenue Farming and the Changing State in Southeast Asia", Butcher and Dick eds. 1993, 19–43.

Butcher, John G. and Howard Dick eds. 1993. *The Rise and Fall of Revenue Farming : Business Elites and the Emergence of the Modern State in Southeast Asia,* New York : St. Martin's Press.

Chen, Mong Hock. 1967. *The Early Chinese Newspapers of Singapore 1881–1912,* Singapore : University of Malaya Press.

Chuleeporn Virunha. 2009. "From Regional Entrepot to Malayan Port : Penang's Trade and Trading Communities, 1890–1940", Yeoh et al. eds., 2009, 103–130.

City Council of Georgetown 1966. *Penang : Past and Present 1786–1963,* Penang.

Clammer, John R. 1980. *Straits Chinese Society : Studies in the Sociology of the Baba Community of Malaysia and Singapore,* Singapore : Singapore University Press.

Cushman, Jennifer W., Craog J. Reynolds ed. 1991. *Family and State : The Formation of a Sino–Thai Tin–mining Dynasty 1797–1932,* Singapore : Oxford University Press.

Feuerwerker, Albert. 1958. *China's Early Industrialization : Sheng Hsuan–Huai (1844–1916) and Mandarin Enterprise,* Cambridge, Massachusetts : Harvard University Press.

Fitzgerald, Stephen. 1972. *China and the Overseas Chinese : A Study of Peking's Changing Policy, 1949–1970,* London : Cambridge University Press.

Fong, Lai Yoke. 1990. "The Singapore Chinese Advisory Board 1889–1933 ", Academic Exercise, Department of History, National University of Singapore.

Frost, Mark Ravinder. 2003. "Transcultural Diaspora : The Straits Chinese in Singapore, 1819–1918", Working Paper Series No.10, Asia Research Institute, National University of Singapore.

Fujimoto, Helen. 1989. *The South Indian Muslim Community and the Evolution of the Jawi Peranakan in Penang up to 1948,* Tokyo : The Research Institute for Languages and Cultures of Asia and Africa.

Gaganendra Nath Dash. 2011. "Rediscovering Ramachandra Mangaraj and Historicizing Senapati's Critique of Colonialism", Satya P. Mohanty ed., 2011, *Colonialism, Modernity and Lieterature : A View form India,* New York : Palgrave Macmillan, 187–206.

古梅鈍根生 1899b「厦門保商局宜商辦不宜官辦論　続前稿」『檳城新報』1899 年 12 月 1 日。
漁古 1902「論華官保商不力之弊」『叻報』1902 年 12 月 18 日。
鄭秀民 1957「掌握我們的命運公民権与星、馬華人」『南洋商報』1957 年 11 月 1 日。

【雑誌】

東方雑誌 1905 2 (6) 光緒三十一年六月二十五日
——— 1907 4 (8) 光緒三十三年八月二十五日
——— 1909 6 (4) 宣統元年三月二十五日
——— 1912a 8 (10) 民国元年四月初一日
——— 1912b 8 (11) 民国元年五月初一日
——— 1912c 8 (12) 民国元年六月初一日
——— 1912d 9 (1) 民国元年七月初一日
——— 1912e 9 (2) 民国元年八月初一日
——— 1912f 9 (3) 民国元年九月初一日
——— 1912g 9 (6) 民国元年十二月二日
——— 1913a 9 (7) 民国二年正月二日
——— 1913b 9 (12) 民国二年六月一日
——— 1913c 10 (1) 民国二年七月初一日
——— 1913d 10 (3) 民国二年九月一日
——— 1913e 10 (6) 民国二年十二月一日

5. 英語・マレー語書籍・論文

Abdul Hamid Omar. 1994. *The Judiciary in Malaysia,* Kuala Lumpur : Asia Pacific Publication.

Abdullah Abdul Kadir. 1963. *Hikayat Abdullah,* Kuala Lumpur : Penerbitan Pustaka Antara.

Amyot, Jacaues, S. J. 1973. *The Manila Chinese : Familism in the Philippine Environment,* Institute of Philippine Culture, Quezon City : Ateneo de Manila University.

Andaya, Barbara Watson and Leonard Y. 1982. *A History of Malaysia,* London : Macmillan.

Anderson, Benedict. 1998. *The Spectre of Comparisons : Nationalism, Southeast Asia and the World,* London and New York : Verso.

Anthonisz, J. O. 1913. *Currency Reform in the Straits Settlements,* London : Richmond.

Ariffin Omar. 1993. *Bangsa Melayu : Malay Concept of Democracy and Community 1945–1950*, Kuala Lumpur : Oxford University Press.

Azmi Arifin. 2012. "Perak Disturbances 1871–75 : British Colonialism, the Chinese Secret Societies and the Malays Rulers", *Jebat : Malaysian Journal of History,*

1904年1月16日)。
――― 1904:『光緒朝東華録』190, 光緒三十年十一月(1904年12月7日―1905年1月5日)。
――― 1905a:『光緒朝東華錄』193, 光緒三十一年五月(1905年6月3日―7月2日)。
――― 1905b:『光緒朝東華錄』194, 光緒三十一年六月(1906年7月3日―31日)。
實録 1903:『大清徳宗景皇帝實録』516, 光緒二十九年五月(1903年5月27日―6月24日)。
参議院第二次会議速記録(1912年5月6日)『政府公報』11(1912年5月11日)。
参議院第三次会議速記録(1912年5月8日)『政府公報』12(1912年5月12日)。
参議院第七次会議速記録(1912年5月15日)『政府公報』18(1912年5月18日)。
参議院第八次会議速記録(1912年5月17日)『政府公報』21(1912年5月21日)。
参議院第二十五次会議速記録(1912年6月27日)『政府公報』66(1912年7月5日)。
商務官報 1906「商部奏参保護回籍華商不力官員摺」,『商務官報』丙午第六冊, 光緒三十二年閏四月二十五日(1906年6月16日)。
商務官報 1907「本部奏南洋檳榔嶼擬設中華商務総会者摺」,『商務官報』丁未第一冊, 光緒三十三年正月二十五日(1907年3月9日)。

4. 定期刊行物

【新聞】

MM : *Malay Mail.*
PGSC : *Penang Gazette and Straits Chronicle.*
SE : *Straits Echo.*
ST : *Straits Times.*
『檳城新報』
『叻報』
『益智録』(『檳城新報』付録)

【新聞・雑誌署名記事】

Anonymous. 1897a. "Our Programme", *Straits Chinese Magazine,* 1 (1) , March, 1–2.
Anonymous. 1897b. "Notice", *Straits Chinese Magazine,* 1 (1) , March, 33.
Anonymous. 1901. "Straits Chinese British Association", *Straits Chinese Magazine,* 5 (19) , September, 119–121.
Anonymous. 1905. "Our Penang Letter", *Straits Chinese Magazine,* 9 (4) , December, 187–189.
Lim Boon Keng. 1899. "Straits Chinese Reform I. The Queue Question", *Straits Chinese Magazine,* 3 (9) , March, 22–25.
―――. 1903. "The Role of the Babas in Development of China", *Straits Chinese Magazine,* 7 (3) , September, 98–100.
古梅鈍根生 1899a「厦門保商局宜商辦不宜官辦論」『檳城新報』1899年11月30日。

Straits Settlements. 1898. " Status of British subjects of Chinese descent when residing or travelling in China", enclosed in CO273/235/6930.
Weld, Fred. 1886. Dispatch 311, "Governor Sir Weld to Mr. Stanhope", 30 September 1886, enclosed in CO273/142/22732.

【海峡植民地条例】

Ordinance No. VIII of 1867 : Naturalization Act of 1867.
Ordinance No. IV of 1870 : Excise Ordinance, 1870.
Ordinance No. XII of 1871 : Invention Ordinance, 1871.
Ordinance No. VI of 1872 : Preservation of the Peace Ordinance, 1872.
Ordinance No. VII of 1872 : Pawnbrokers Ordinance, 1872.
Ordinance No. V of 1873 : The Court's Ordinance, 1873.
Ordinance No. I of 1876 : Indian Immigrants' Protection Ordinance, 1876.
Ordinance No. II of 1877 : Chinese Immigrants Ordinance, 1877.
Ordinance No. III of 1877 : Crimping Ordinance, 1877.
Ordinance No. III of 1878 : Courts Ordinance, 1878.
Ordinance No. XV of 1879 : Resident Councillors' Ordinance, 1879.
Ordinance No. II of 1885 : Steam-vessels Amendment Ordinance, 1885.
Ordinance No. IX of 1887 : Municipal Ordinance, 1887.
Ordinance No. I of 1889 : Societies Ordinance, 1889.
Ordinance No. VII of 1890 : Passenger Ships Ordinance, 1890.
Ordinance No. VII of 1899 : Indian Immigration Ordinance, 1899.
Ordinance No. XXI of 1908 : Netherland Indian Labourer's Protection Ordinance, 1908.
Ordinance No. XXV of 1908 : Muhammadan Marriage Ordinance, 1908.
Ordinance No. IX of 1909 : Fisheries Ordinance, 1909.

2. マレーシア政府公文書

Government of Malaysia, 2007. "Historic Cities of Straits of Malacca : Melaka and George Town", Nomination Dossier to the World Heritage Center, UNESCO.
National Operations Council. 1969. *The May 13 Tragedy : A Report*, National Operation Council, Malaysia, Kuala Lumpur, 19 October, 1969.

3. 清朝・中華民国公文書

東華録 1899 :『光緒朝東華録』153, 光緒二十五年四月（1899 年 5 月 10 日―6 月 7 日）。

――― 1900 :『光緒朝東華録』158, 光緒二十六年正月（1900 年 1 月 31 日―2 月 28 日）。

――― 1903a :『光緒朝東華録』178, 光緒二十九年二月（1903 年 2 月 27 日―3 月 28 日）。

――― 1903b :『光緒朝東華録』184, 光緒二十九年十一月（1903 年 12 月 19 日―

CO273/275/16450 : “Copy of a Note which I have addressed to the French Minister for Foreign Affairs”, FO to CO, 10 May 1901.
CO273/275/21281 : “Status of Chinese British Subjects in French Indochina”, FO to CO, 19 June 1901.
CO273/275/18735 : “Exclusion of British Chinese Subjects from the Philippines”, FO to CO, 30 May 1901.
CO273/292/451 : “Importation of Straits Dollars into Achin”, SS to CO, 10 December 1903.
CO273/299/7944 : “Exportation of Straits Dollars”, SS to CO, 10 February 1904.
CO273/300/35711 : “Petition respecting Tan Ah Yu”, SS to CO, 21 September 1904.
CO273/305/20609 : “Passports for natives of FMS”, FO to CO, 10 June 1904.
CO273/310/37660 : “Ordinance 17 of 1905, Mohammedan and Hindu Endowments”, SS to CO, 28 September 1905.
CO273/316/40328 : “Seiziure of his property in Kedah”, Tan Ah Yew to Sir Edward Grey, 17 October 1905.
CO273/322/38458 : “Penang Horbour Improvement”, Crown Agent to CO, 17 October 1906.
CO273/323/32357 : “Claim of Tan Ah Yu against Kedah”, FO to CO, 30 August 1906.
CO273/324/47100 : “Lieut-General, Penang”, CO to SS, 21 December 1906.
CO273/332/27832 : “Penang Pier”, SS to CO, 11 July 1907.
CO273/332/30208 : “Penang Horbour Scheme”, Crown Agent to CO, 21 August 1907.
CO273/336/13662 : “Memorial of Chinese Chamber of Commerce, Penang”, SS to CO, 25 March 1908.
CO273/337/37006 : “Loading, storing and shipping of goods at Penang”, SS to CO, 17 September 1908.
CO273/338/47471 : “Ordinance 25 of 1908 Muhammadan Marriage”, 2 December 1908.
CO273/343/11375 : “Claim of Tan Ah Yew”, FO to CO, 30 March 1908.
CO273/402/10753 : “Representation in Chinese Parliament of Chinese Residents Abroad”, FO to CO, 31 March 1913.

【CO273 ファイル内添付報告書】

Alcock, Rutherford. 1868. “Circular No. 10, Pekin”, October 7, to Consul in Shanghai, enclosed in CO273/124/2839.
Hornby, Edmund. 1865. “Instructions to His Majesty’s Consular Officers”, enclosed in CO/273/116/19611.
O’Conor, N.R. 1885. “Mr. O’Conor to the Marquis of Salisbury”, 26 December 1885, enclosed in CO273/142/22732.
Stokes, H.J. 1870.“Acting Sub-collector to the Collector of Tanjore”, Magapatam, 21 June, enclosed in CO273/45/3119.

Report 1953 : “Report on the Introduction of Elections in the Municipality of George Town, Penang, 1951”, Kuala Lumpur : Government Printer.

【CO273 : Straits Settlements Original Correspondence, Colonial Office Record.】

CO273/45/3119 : “Indian Coolie immigrants to Straits, Madras Government Objects”, SS (Straits Settlements) to CO (Colonial Office), 24 February 1871.
CO273/67/8641 : “Petition of Chinese Traders for greater protection their commercial pursuits in adjacent Malay States”, SS to CO, 10 July 1873.
CO273/84/9220 : “Petition of owners & masters of Chinese trading junks complaining of a case of piracy off coast of Cochin China”, SS (Penang) to CO, 23 June 1876.
CO273/100/441 : “Petition of certain Chinese leaders of Penang respecting action taken by Dutch Netherlands at Passangan in Sumatra”, SS to CO, 13 December 1879.
CO273/104/15927 : “Ordinance 5/80 Appointment of Kadis for Mohammedan Marriages”, SS to CO, 11 September 1880.
CO273/116/19611 : “Certificates of Nationality of Certain Penang Chinese Traders”, SS to CO, 27 September 1882.
CO273/124/1563 : “Recognition of passports to Chinese Traders”, FO (Foreign Office) to CO, 27 January 1883.
CO273/124/2839 : “Recognition of Passports granted to Chinese Traders of Penang by the Government”, FO (Foreign Office) to CO, 15 February 1883.
CO273/124/9001 : “Passports granted to two Chinese Traders of Penang”, FO to CO, 28 May 1883.
CO273/142/22732 : “British Protection to Anglo Chinese in China”, FO to CO, 15 December 1886.
CO273/152/7141 : “Status of Chinese British subject”, SS to CO, 14 March 1888.
CO273/156/9019 : “Position of Anglo-Chinese in China”, FO to CO, 7 May 1888.
CO273/164/324 : “Extension of Privileges of Naturalization to Amoy”, Lim Cheong Siang to CO, 5 December 1889.
CO273/226/17842 : “Queen’s Reign Celebration”, SS to CO, 21 July 1897.
CO/273/235/6930 : “Chinese British Subject”, SS to CO, 4 March 1898.
CO273/243/818 : “Imprisonment of Chinese British Subjects”, FO to CO, 11 January 1898.
CO273/243/7349 : “Chinese British Subjects”, FO to CO, 1 April 1898.
CO273/243/10015 : “Chinese British Subjects”, FO to CO, 5 May 1898.
CO273/253/1648 : “Arrest of Singapore Chinese at Swatow”, FO to CO, 19 January 1899.
CO273/256/13334 : “Status of Chinese British Subjects in French Indochina”, SS to CO, 5 April 1900.
CO/273/256/14145 : “Anglo-Chinese in China”, FO to CO, 14 July 1888.

参考文献

1. 海峡植民地公文書

【政府官報】

SSGG : *Straits Settlements Government Gazette.*

【各部局年次報告書】

BBSS : *Straits Settlements Blue Book.*
RAP : *Annual Administration Report, Penang,* 1880–1913.
RBO : *Report on the Working of "The Bankruptcy Ordinance 1888"*, 1891–1906.
RCP : *Annual Report on the Chinese Protectorate,* 1877–1912.
RASS : *Straits Settlements Administration Report.*
RMD : *Report on the Marine Department, Straits Settlements*, 1870–1890.
RTSS : *Report on the Trade of Straits Settlements,* 1895–1915.

【立法参事会議事録】

PLCSS : *Proceedings of the Legislative Council, Straits Settlements.*

【報告書・陳情書】

Innes, J. R. 1901. "Report on the census of the Straits Settlements, taken on the 1st March 1901", Singapore : Government Printing Office.

Merewether, E. M. 1892. "Report on the census of the Straits Settlements, taken on the 5th April 1891", Singapore : Government Printing Office.

Nathan, J. E. 1922. *Report on the Population of British Malaya*, London : Waterlow & Sons.

Petition 1896 : "Petitions from Chinese in Singapore, Penang and Malacca regarding some of the provisions of 'The Bankruptcy Ordinance Amendment Bill'", 2 April 1896.

Report 1894 : "Report on the Fisheries of the Settlement of Penang", paper laid before the Legislative Council by Command of the His Excellency Governor, 27 July 1894.

Report 1903 : "General Report upon the Moslem Trusts and Foundations in Penang", 29 November 1903, paper laid before the Legislative Council by Command of His Excellency the Governor, Straits Settlements, 30 March 1904.

Report 1921 : "Report of the Select Committee appointed to consider whether any and what changes are desirable in the constitution of the Legislative Council of the Straits Settlements", 21 February 1921.

ワ行・ン

ナ行

ハ行

マ行

ヤ行

ラ行

タ行

サ行

人名索引

ヤ行

ラ・ワ行

マ行

ナ行

ハ行

タ行

サ行

カ行

事項索引

ア行

〈著者紹介〉

篠崎香織（しのざき　かおり）

1972年千葉県千葉市生まれ。1994年，東京女子大学現代文化学部地域文化学科卒業。1999年から2001年にマレーシア・マラヤ大学人文社会学部歴史学科に留学。2005年，東京大学大学院総合文化研究科博士課程地域文化研究専攻単位取得退学。2007年博士（学術）学位取得。在マレーシア日本国大使館広報文化部専門調査員を経て，2009年より北九州市立大学外国語学部准教授。

主な著作：
「シンガポールの華人社会における剪辮《せんべん》論争――異質な人々の中で集団性を維持するための諸対応」（『中国研究月報』58巻10号，2004年，第1回太田勝洪記念中国学術研究賞受賞），「ペナン華人商業会議所の設立（1903年）とその背景――前国民国家期における越境する人々と国家との関係」（『アジア経済』46巻4号，2005年），「マレーシア――『民族の政治』に基づく民主主義」（清水一史ほか編『東南アジア現代政治入門』ミネルヴァ書房，2011年），「継承と成功――東南アジア華人の『家』づくり」（『地域研究』13巻2号，2013年）など。

プラナカンの誕生《たんじょう》
海峡植民地ペナンの華人と政治参加

2017年9月25日　初版発行

著　者　篠崎　香織

発行者　五十川直行

発行所　一般財団法人　九州大学出版会
〒814-0001　福岡市早良区百道浜3-8-34
九州大学産学官連携イノベーションプラザ305
電話　092-833-9150
URL　http://kup.or.jp/
印刷・製本／大同印刷㈱

ISBN 978-4-7985-0211-3